ドイツ啓蒙と非ヨーロッパ世界

——クニッゲ、レッシング、ヘルダー

笠原賢介◆著

未來社

ドイツ啓蒙と非ヨーロッパ世界——クニッゲ、レッシング、ヘルダー★目次

第3章 ヘルダー『イデーン』における非ヨーロッパとヨーロッパ……199

結語……285

凡　例

1　原典からの引用にあたっては、略号を用いる場合がある。略号は、文献表のなかで〔　〕内に示した。例――〔LM〕

2　略号を用いた場合、巻数をローマ数字で、頁数をアラビア数字で示す。例――LM V, 315.

3　引用文中で原文を示す場合、文中のイタリック体、ゲシュペルト体（隔字体）表記は、イタリック体に統一した。原文中の〔　〕は、引用者による補いまたは省略を示す。

4　原文の表記は、原典の正書法に従った。

5　古典ギリシア語はラテン文字によって表記する。

6　引用文中における……は、原文にある省略、〔……〕は引用者による省略、〔　〕内は引用者による補いを表わす。原文におけるイタリック、ゲシュペルトなどによる強調は、訳文において傍点で示した。

7　引用文は、原則として筆者による日本語訳である。ただし、原典からの引用にさいして、注のなかに原典の頁数と訳書の頁数を併記してある場合、訳文はその訳書に従っている。表記の統一上、一部変更、補いを行なった場合がある。

ドイツ啓蒙と非ヨーロッパ世界

——クニッゲ、レッシング、ヘルダー

装幀——岸顯樹郎

序論

本書の主題は、十八世紀ドイツの著作家たちが、非ヨーロッパとの接触を通してそれをどのように省察し、作品化し、どのような視点を提示したのか、また、その背景には、ヨーロッパ、非ヨーロッパを含む世界に対する彼らのどのような把握や態度があるのかを明らかにすることである。以下、本書の考察の対象、主題、全体の構成、研究史との関係、各章の要点を述べることとしたい。

十八世紀は啓蒙（Aufklärung, Les lumières, Enlightenment）の世紀と言われる。啓蒙は、十七世紀後半から十八世紀にかけて起こったヨーロッパの思想運動——そこには文学、批評が含まれる——の総称である。ドイツにおいては、哲学に関しては、クリスティアン・ヴォルフ（一六七九〜一七五四年）、また、ヴォルフを批判するカント（一七二四〜一八〇四年）が、文学、批評に関しては、ヴォルフの影響下にあるゴットシェート（一七〇〇〜六六年）、ゴットシェートを批判する形で登場するレッシング（一七二九〜八一年）がこれに含まれる。ヴォルフ、ゴットシェートをドイツにおける前期啓蒙、カント、レッシングを後期啓蒙と呼ぶとするならば、本書の考察の対象は、後期啓蒙、とりわけレッシングにある。[☆1] レッシングを中心に据え、啓蒙の著作家として一九六〇年代以降注目されるようになったアドルフ・フライヘル・クニッゲ（一七五二〜九六年）、啓蒙の批判者とされるヘルダー（一七四四〜一八〇三年）を前後に配し、レッシングに結実した非ヨーロッパ世界の把握が同時代のどのような脈絡のなかにあるのかを示してみたい。

啓蒙は、しばしば、科学技術や技術的合理性を手放しで礼賛した楽天的な思想潮流と解され、指弾される。技術による自然の無制限の支配がもたらす危機、その元凶とされるのである。ディドロ（一七一三～八四年）らによる『百科全書』*Encyclopédie ou Dictionnaire raisonné des sciences, des ars et des métiers*（一七五一～八〇年）に見られるように、啓蒙のなかに科学や技術を重んじ、普及しようとする流れがあることは確かである。だが、ディドロ自身に限っても、その作品（たとえば『ラモーの甥』*Le Neveu de Rameau*（一七七三／七四年））に一歩踏み込むならば、そのような啓蒙理解がいかに図式的なものにすぎないかはただちに判明しよう。

啓蒙に対するこのような理解は、ドイツにおいては、独特のニュアンスをもって反復されてきた。二十世紀の初頭から二つの大戦を経て戦後の一九五〇年代にかけて力を持った精神史（Geistesgeschichte）の立場からのドイツ文学史叙述における啓蒙観である。そこにおいては、〈西欧的なもの〉と〈ドイツ的精神〉が対置され、前者に啓蒙、合理主義、感覚主義（Sensualismus）、功利主義、個人主義が、後者には、〈詩（Dichtung）〉の創造、非合理主義、〈共同体〉の創出が割り振られ、啓蒙はひたすら批判、否定の対象となる。ゲーテ（一七四九～一八三二年）、シラー（一七五九～一八〇五年）を中心とするいわゆる〈ゲーテ時代〉のドイツの文学者・思想家、さらにはロマン派の営みが、〈ドイツ的精神〉の展開の過程とされ、彼らの〈詩〉によって〈西欧〉の浅薄な啓蒙が〈克服（überwinden）〉され、〈ドイツ的〉な国民精神の基礎が据えられることになったとされるのである。☆2

啓蒙を科学技術や技術的合理性を手放しで礼賛した思想潮流と見る見方をはじめ、これらの見方は、わが国においていまもなお有形無形の影響を持ち続けているのかもしれない。だが、ドイツにおいては、一九六〇年代以降、このような啓蒙像は急速に見直しが行なわれ、新たな見方がさまざまな形で提示されるにいたっている。いわゆる〈ゲーテ時代〉のドイツの文学者や初期ロマン派に関しても、汎ヨーロッパ的な啓蒙との関係が問いなおされている。たとえば、ヘルダーである。ヘルダーは啓蒙の批判者とされるが、近年、ヘルダーがドイツ語圏を超えた汎ヨーロッパ的な啓蒙の諸著作を養分とし、それらとの不断の対話のなかで思考を展開していったことが解明されている。☆3　啓蒙批判が見られるにしても、そのコンテクストが繊細に考察されなければならないのである。

☆1　前期啓蒙、後期啓蒙はあくまでもドイツにおける啓蒙の潮流に関する概括的な区分である。より詳細な区分は可能である。たとえば、現代における十八世紀に関する代表的なドイツ文学史である次の文献はドイツ啓蒙を四つの時期に分けている。S. A. Jørgensen u. a., *Geschichte der deutschen Literatur von den Anfängen bis zur Gegewart, 6. Bd. Aufklärung, Sturm und Drang, Frühe Klassik 1740-1789*, München: Beck, 1990, S. 15ff. 同書によれば、第一は、クリスティアン・トマージウス（一六五五～一七二八年）に代表される一六八〇～一七二〇年まで、第二は、ヴォルフに代表される一七二〇～一七四〇年まで、第三は、ヴォルフの影響が残ると同時にヴォルテール（一六九四～一七七八年）の影響が強まる一七四〇年から五〇年代初めにかけて、第四は、カントの批判哲学の登場にきわまる一七五〇年代以降である。第四の局面で啓蒙は、自己批評的な〈啓蒙の啓蒙（Aufklärung über Aufklärung）〉の局面に入ったとする。また、感情や感覚にたいする関心も高まってくる。本書で言う初期啓蒙はこれらの第一～第三までの局面を、後期啓蒙は第四の局面を指す。

☆2　この点については、ドイツにおける啓蒙研究を振り返った次の文献を参照。H. Dainat, Die wichtigste aller Epochen: Geistesgeschichtliche Aufklärungsforschung, in: H. Dainat u. W. Voßkamp (Hgg.), *Aufklärungsforschung in Deutschland*, Heidelberg: Winter, 1999, S. 21ff. ダイナトは、このような潮流の文学史家の例としてヘルマン・アウグスト・コルフ（一八八二～一九六三年）を挙げる。ダイナトが言及するコルフの講演「ロマン主義の本質」Das Wesen der Romantik. Ein Vortrag においては、「啓蒙は自然科学の絶対化」であり「自然科学は、感覚経験、および、数学においてもっとも鋭く現われる純粋知性 (d[er] rein[e] Verstand) の共通の娘である」とされ、このような「啓蒙にたいして、ロマン派は古典主義と肩を並べて、合理主義とリアリズムに反対する、同一の、より高い精神性の闘いを闘ったのである」と述べられている (H. A. Korff, Das Wesen der Romantik. Ein Vortrag, in: *Zeitschrift für Deutschkunde* 43 (1929), S. 547f.)。ヘルマン・ノール（一八七九～一九六〇年）も啓蒙を次のように特徴づける。「啓蒙の現実は、もろもろの機械論的な自然科学の産物であった。それは、因果律のもとにある物質にほかならず、因果律を越えたとしても、概念の抽象的な連関に導く抽象的な推論を行なうだけなのである。魂は実体と偶有性の概念で把握されることによって、個々別々の抽象的な能力に分解してしまった。魂は機械的な世界のなかでの孤立した点にすぎず、たいていはそれ自身が機械化され、もろもろの表象のアトムからなる法則的な因果の連鎖となった。［……］一言で言えば、合理的なもののみが認められているのである。」(H. Nohl, *Die Deutsche Bewegung. Vorlesungen und Aufsätze zur Geistesgeschichte von 1770-1830*, hrsg. von O. F. Bollnow u. F. Rodi, Göttingen: Vandenhoeck & Ruprecht, 1970, S. 94)

本書は、六〇年代以降の啓蒙の見直しの成果をふまえながら、そこに新たな寄与を付け加えようと試みるものである。考察の軸となる問題は、啓蒙が非ヨーロッパをどのように捉え、作品化したか、その背景にはヨーロッパ、非ヨーロッパを含め世界に対する彼らのどのような把握や態度があるのかという問題である。六〇年代以降の啓蒙の見直しのなかで、これらの問題は、十分に主題化されてきたとは言いがたい。見直しの過程については、後に研究史を述べるさいに具体的に示すが、そこにおいては、啓蒙を現代ヨーロッパの原点と捉えたうえでの再評価、発掘が基調となっている。本書は、そこに、それとは別の角度からの考察を付け加えることを試みるものである。[☆4]

どの文化、時代においても、自文化の優位を自明とする見方は見られるものであろう。啓蒙においても例外ではない。ヨーロッパ十八世紀が到達した〈文明〉が最高のものであり、非ヨーロッパにおける生活形態や文化はそれより劣ったものとする見方である。啓蒙は、さまざまな偏見からの解放を唱えるものではあるが、残念ながらこのような見方は、啓蒙の思想家、文学者においてさまざまな形で指摘することができる。[☆5] このことと、技術的合理性を手放しで礼賛したという先の啓蒙理解とが結びつくならば、啓蒙は、ヨーロッパによる非ヨーロッパの支配、植民地化の元凶として弾劾されることにもなろう。

だが、啓蒙の時代は、ヨーロッパの伝統的な価値観や制度が大きく揺らいだ時代でもあった。そのなかで、さまざまな制約をともないながらも非ヨーロッパに目を向け、自らの文化や伝統の自明性を問いなおす流れも生まれてくるのである。[☆6] ドイツにおいては、ヴォルフによる中国への高い評価(『中国人の実践哲学に関する講演』*Oratio de Sinarum philosophia practica*(一七二六年刊))、イスラームをユダヤ教、キリスト教とともに対等の宗教と見ようとするレッシング(『賢者ナータン』*Nathan der Weise*(一七七九年))がその例である。思想家や文学者、また読者の感性や思考が伝統的な神学的発想から解放されてゆく時代潮流、また、非ヨーロッパに関する知識の革新、増大、非ヨーロッパとの交流の拡大がそれらの背景にある。もっとも、先に指摘したように、十八世紀ヨーロッパに生きた人びとのすべてが非ヨーロッパに対して開かれた感性や思考を持っていたわけではない。ヴォルフも、一七二一年に行なった『中国人の実践哲学に関する講演』によってハレ大学を追放され、レッシングも当時における『賢者ナータン』の上演の困難を感じていた。ドイツでは、演劇そのものが聖職者によって「地獄に通ずる大道（die grade Heerstraße zur Hölle）」（LM IX, 192）と指弾されている。

☆3　二〇〇二年に完結したハンザー版ヘルダー著作集（*Johann Gottfried Herder Werke*, hrsg. von W. Proß, München /Wien: Hanser, 1984-2002）の解説と注釈がこれである。この点、および、近年におけるヘルダーの見直しについては、第3章・第1節を参照。

☆4　ここで考察を進めるにあたっての本書の基本視点を示しておきたい。啓蒙の非ヨーロッパ把握を問題にするとき、個々の著作家における非ヨーロッパに関する固定観念や偏見の一々を取り出してその制限を論じることが考察の視点のひとつとして成り立ちうる。だが、本書はこれを主題とするものではない。このような固定観念や偏見は、表象（Vorstellung, representation）という概念に包摂することができよう。自明性に解消できない事柄を主観にとっての自明性に解消し、その結果として生まれた事柄についての観念という意味での表象である（この意味での表象についての原理的な考察は、ハイデガーが次の文献で行なっている。M. Heidegger, Die Zeit des Weltbildes, in: *Martin Heidegger Gesamtausgabe, I. Abteilung: Veröffentlichte Schriften 1914-1970, Bd. 5, Holzwege*, Frankfurt a. M.: Klostermann, 1977, S. 75ff., bes. S. 86ff.）。以下の本文で触れる〈オリエンタリズム〉もそれと交叉しよう。本書は、このような意味での表象を考察の主題とするものではない。当時における非ヨーロッパに関する固定観念、偏見、理解の制限については、本書においても必要な限り指摘することになるが、本書の主題は、そのような制約を負いながらも、非ヨーロッパとの接触を通してその接触を個々の著作家がどのように省察し、作品化し、それを通してどのような視点を提示したのか。また、その背景には、世界に対する彼らのどのような把握や態度があるのかを明らかにすることにある。なお、本書で作品という語を用いる場合、多様な解釈を許すテクストとして提示されているものを指す。本書では、そのようなテクストとして、クニッゲ『人間交際術』（第1章）、レッシング『カルダーヌス弁護』、『賢者ナータン』（第2章）、ヘルダー『人類歴史哲学考』（第3章）を扱う。

☆5　この点については、三島憲一「哲学と非ヨーロッパ世界」、大橋良介・野家啓一編『〈哲学〉――〈知〉の新たな展開』、ミネルヴァ書房、一九九九年、二四頁以下を参照。三島論文は、デイヴィッド・ヒューム（一七一一〜七六年）、カントの例を挙げている。

れていた時代でもあった。[☆7]

フリードリヒ・シュレーゲル（一七七二〜一八二九年）は、『歴史の哲学』*Philosophie der Geschichte*（一八二九年）において、イスラームを「平板で空虚な有神論」にすぎず、新味は「狂信的な征服欲」にしかないと断じる。[☆8] このような見方に比して、十八世紀は少数であれ、より開かれた知性や感性を生み出した時代であったように思われる。もとより、彼らの営みが、ヨーロッパ近代とともに有形・無形の〈制度〉として確立されていったとされる〈オリエンタリズム〉といかなる関係にあるかは別に問われなければならない。だが、彼らの営みを具体的に考察することなしに、それを〈オリエンタリズム〉と同一視することは妥当でないと思うのである。[☆9]

本書では、このような角度から、十八世紀ドイツの著作家たちを考察する。そのさいには、先に述べたように、後期啓蒙が考察の中心となる。後期啓蒙は、前期啓蒙を批判する形で登場し、それぞれ内実を異にする。後期啓蒙によって、ヴォルフの硬直した体系的〈合理性〉が批判され、それとともに非ヨーロッパ把握、関心の所在も変化してゆくことになる。

後期啓蒙の考察の軸となるのはレッシングであり、彼における非ヨーロッパ把握、とりわけ、彼のイスラーム把握が本書の考察の中心となる。同時に、それを踏まえ、レッシングや啓蒙との連続性に注意を払いながら、人類の文化の多様性を肯定するヘルダーの思考を考察してみたい。レッシングとヘルダーは啓蒙とその批判者としてしばしば対照的に位置づけられるが、先にふれたように、近年、ヘルダーと啓蒙との連続面が明らかにされつつある。本書のヘルダー論は、そのような動向への、非ヨーロッパ把握という主題からの一寄与たらんとするものである。また、本書においては、レッシングとヘルダーの非ヨーロッパに対する開かれた思考と感性の背景をなす啓蒙の世紀の思想の特性に関しても新たな光をあててゆく。

これらの考察を遂行するにあたっては、啓蒙の汎ヨーロッパ的な性格に鑑みて、彼らに影響を与えたドイツ語圏以

☆6　ポール・アザールは『ヨーロッパ精神の危機　1680～1715』の第一章「静から動へ」のなかで、十八世紀への世紀転換期前後における非ヨーロッパとの接触が「古いヨーロッパの意識が攪乱され、望むがままに根底からくつがえされるひとつの原因となった」とし、いくつかの例を挙げている。Vgl. P. Hazard, *La Crise de la conscience européenne 1680-1715*, Fayard, 1961（初版は一九三五年）, S. 3ff. アザール（野沢協訳）『ヨーロッパ精神の危機　1680～1715』、法政大学出版局、一九七三年、一〇頁以下。アザールが挙げる、レラント［レランドゥス］（一六七六～一七一八年）、オックレー（一六七九～一七二〇年）は、第2章で見るように、レッシングのイスラーム理解に影響を与えた東洋学者である。

☆7　周知のように、十八世紀には、美術、建築、音楽、文学などさまざまな分野における異国趣味――中国趣味やトルコ趣味が流行現象となった。非ヨーロッパに関する知識の革新、交流の拡大に対応する現象である。だが、この現象が、自らの文化伝統の自明性を問いなおす動きといかなる関係に立つかは別に問われなければならない。本書の第2章で見るように、イスラームに対する理解を阻む底流的な〈常識〉の層は十八世紀においても厚いと思われる。イスラーム以外に関しても同様であろう。レッシングが『賢者ナータン』の上演の困難を感じていたことは、『賢者ナータン』の「序文」草稿のなかの「ドイツでこの作品がいますぐに上演可能であるような地を、私はまだ知らない。初演の地に幸いあれ！」（LM XVI, 445）という言葉が示している。初演は、レッシングの死後、一七八三年四月十四日であった。『賢者ナータン』の上演の困難に関しては、弟のカールに宛てた一七七九年四月十八日の手紙（LM XVIII, 314）も参照。十八世紀におけるトルコ趣味については、結語でふれることとなろう。

☆8　F. Schlegel, *Philosophie der Geschichte. In achtzehn Vorlesungen gehalten zu Wien im Jahre 1828*, hrsg. u. eingel. von J.-J. Anstett, Paderborn: Schöningh, 1971, S. 275. ヘーゲル（一七七〇～一八三一年）は、「東洋人はひとりが自由であると知っただけである。だが、ギリシアとローマの世界は幾人かが自由であると知っていた。ところが、我々はすべての人間が、すなわち、人間が人間として自由であると知っている」と述べている（G. W. F. Hegel, *Werke in zwanzig Bänden, Bd. 12 Vorlesungen über die Philosophie der Geschichte*, Frankfurt a. M.: Suhrkamp, 1982, S. 32）。これは、ヨーロッパ中心的な発言として広く知られているが、この言葉の意味、またヘーゲルのオリエント観については、ヘーゲル文献学の視点から再検討の試みが始められている。この点については、神山伸広（研究代表者）『ヘーゲルとオリエント　ヘーゲル世界史哲学にオリエント世界像を結ばせた文化接触資料とその世界像の反歴史性』、平成二十一～二十三年度科学研究費補助金基盤研究（B）研究成果報告書、二〇一二年を参照。なお、一八一九年に刊行されたゲーテの『西東詩集』*West-östlicher Divan* は、以下、本書で考察するレッシング、ヘルダーの非ヨーロッパへの見方を引き継ぐ作品である。

外の著作家にも目を配る。そのさいには、それら著作家の作品のドイツ語訳が、原典とともに視野に収められる。これらを含め、考察に関連するテクストについては、校訂本やリプリント版になっていないものも範囲に含めた。近年、ドイツの図書館では十七世紀から十八世紀の図書のディジタル化が急速に進んでいる。本書は、こうした動向に呼応し、また、ディジタル化されていないものに関しては現地の図書館での調査を行ない、考察を掘り下げることに努めた。

本書は、三つの章と結語からなる。これらのうち、第2章でレッシングの非ヨーロッパ把握、第3章で人類の文化の多様性を肯定するヘルダーの思考が考察される。第1章ではクニッゲを中心として、両者の背景をなすドイツ啓蒙の共通基盤が明らかにされる。

第1章「クニッゲと啓蒙の社交性――カント、シュライアーマッハー、レッシングとの連関のなかで」は、ドイツ啓蒙を〈社交性（sociabilitas, socialitas, Geselligkeit）〉、〈交際（conversatio, Umgang, Verkehr）〉という角度から考察することがその主題である。

第1章の考察は、第2章、第3章の主題であるレッシングとヘルダーの非ヨーロッパへの開かれた思考と感性の背景にある啓蒙の共通基盤を明らかにしようとするものである。〈社交性〉、〈交際〉は、人間が自閉的な存在ではなく、交流を求める性格を持つことを意味する。レッシングやヘルダーにおける非ヨーロッパへの開かれた思考と感性は、単なる異国趣味ではなく、啓蒙において浮上した〈社交性〉、〈交際〉の主題を地球大に拡大したところに成立していると見ることができるのである。

〈社交性〉、〈交際〉の問題は、一九六〇年代以降の啓蒙の見直しのなかで提示された論点である。第1章は、この問題を引き継ぎ、ドイツ後期啓蒙についての考察を展開することによって、啓蒙の見直しに関する新たな寄与を付け加えようとするものである。第1章の要点を述べるに先立って、六〇年代以降の啓蒙の見直しに関わる研究史を振り返っておきたい。

十八世紀ドイツ文学の研究者、シェーネルトは、六〇年代以降のドイツにおける啓蒙研究の局面を、(1)〈政治化(Politisierung)〉(六〇年代半ば～七〇年代半ば)、(2)〈社会学化(Soziologisierung)〉(七〇年代半ば～八〇年代半ば)、(3)〈歴史化(Historisierung)〉(八〇年代半ば以降)の三つに分けている。☆10

〈政治化〉は、十八世紀ドイツの文学や思想に、市民階級(Bürgertum)の立場からの政治批判や社会的現実からの解

☆9 〈オリエンタリズム〉については、vgl. E. W. Said, *Orientalism*, New York: Pantheon, 1978.(サイード(板垣雄三・杉田英明監修、今沢紀子訳)『オリエンタリズム』平凡社、一九八六年)同書においては、ヴォルフ、レッシングへの批判は見られない。

☆10 J. Schönert, Konstellationen und Entwicklungen der germanistischen Forschung zur Aufklärung seit 1960, in: *Aufklärungsforschung in Deutschland*, S. 39ff. シェーネルトのこの論文、および注2に示したダイナトの論文を収めた、ダイナトとフォースカンプが編んだ論集『ドイツにおける啓蒙研究』*Aufklärungsforschung in Deutschland* は、ミュンスターでの国際18世紀学会(一九九五年)のさいの討議(この討議、およびそこでのドイツ側の発表に関しては、鷲見洋一「国際18世紀学会報告」、『日本18世紀学会年報』第一一号、一九九六年、八四頁以下に報告がなされている)をきっかけとして、他のヨーロッパ諸国での啓蒙研究との比較のなかでドイツの啓蒙研究を振り返り、研究の意義と課題を提示すべく編まれた密度の濃い研究史である。ドイツでの啓蒙研究に関しては、次に収められた諸論考も参照されたい。Aufklärungsforschung -Bilanzen und Perspektiven, in: *Das achtzehnte Jahrhundert. Mitteilungen der Deutschen Gesellschaft für die Erforschung des achtzehnten Jahrhunderts*, Jg. 19 Heft 2, 1995. なお、シェーネルトは触れていないが、六〇年代以降、作家・思想家の受容史への批判的検討も盛んになる。そのようなものとして、クニッゲに関しては、M. Schlott (Hg.), *Wirkungen und Wertungen. Adolph Freiherr Knigge im Urteil der Nachwelt (1796-1994). Eine Dokumentensammlung*, Göttingen: Wallstein, 1998、レッシングに関しては、H. Steinmetz (Hg.), *Lessing - ein unpoetischer Dichter. Dokumente aus drei Jahrhunderten zur Wirkungsgeschichte Lessings in Deutschland*, Frankfurt a. M. /Bonn: Athenäum, 1969、ヘルダーに関しては、B. Becker, *Herder-Rezeption in Deutschland. Eine ideologiekritische Untersuchung*, St. Ingbert: Röhrig, 1987がある。

放を求めるベクトルを読み取ろうとするものである。〈詩〉は内面性のみに関わるとした精神史のパラダイムは崩され、フランス革命への否定的評価は覆される。クニッゲは、このようななかで再評価、再発見された著作家である。クニッゲは、フランス革命を擁護する論陣を展開しているからである（第1章・第4節）[☆11]。

〈社会学化〉は、十八世紀の文学・思想の展開を社会史との連関で考察しようとする視角である。啓蒙思想や十八世紀文学の考察が、書籍、雑誌、手紙、喫茶店、サロン、フリーメーソン[☆12]、読書会（Lesegesellschaft）、劇場などのコミュニケーションの媒体や場、また、これらの媒体や場のネットワークのなかに置かれた読者、観客や文学者・思想家の社会史的分析とリンクしてなされるようになる。啓蒙における〈社交性〉、〈交際〉への問題関心、さらには、十八世紀を〈社交の世紀〉と捉える見方は、このような視角から生まれたものである。呼び水となったのは、ハバーマスの『公共性の構造転換』*Strukturwandel der Öffentlichkeit*（一九六二年）に示された、文学・思想の展開を視野に入れた十八世紀ヨーロッパ社会の分析である[☆13]。同書においては、王の権威や身分秩序を再現する従来の〈代表的具現の公共性（repräsentative Öffentlichkeit）〉に代わって、自由な議論によって形作られる〈市民的公共性（bürgerliche Öffentlichkeit）〉の場が、多層的な形で十八世紀ヨーロッパに成立したことが描き出されている。十八世紀は、実利以外に社会的な繋がりを志向することのない〈個人主義〉の時代であったとする〈精神史〉の立場からの啓蒙観は覆される。他方で、〈政治化〉の段階で前提となっていた、ジャコバン独裁を市民階級の解放の頂点とする古典的な〈物語〉も相対化され、十八世紀が現代に至る原点の時代として再評価されることになる[☆14]。〈ドイツ的〉なものによる啓蒙の〈克服〉は問題とならなくなる。

〈歴史化〉は、十八世紀を歴史的過去として距離を取って考察する視角であり、心性史、ジェンダー研究、新たなテクストの発掘などさまざまな潮流に細分化している。フーコーの影響を受けたディスクルス分析、伝統が解体するなかでの科学と文学における人間了解の転換を総合的に問う〈人間学史（die Geschichte der Anthropologie）〉の視角もこれに

☆11　〈政治化〉の段階の研究の諸相については、*Aufklärungsforschung in Deutschland* に収められた次の論文を参照。M. Schlott, „Politische Aufklärung" durch wissenschaftliche „Kopplungsmanöver". Germanistische Literaturwissenschaft und geschichtswissenschaftliche Jakobinerforschung zwischen 1965 und 1990. 六〇年代におけるクニッゲの再発見については、第1章の注42を参照。なお、旧東ドイツにおける啓蒙研究であるが、シェーネルトは、〈政治化〉に対応する啓蒙研究は、公式理論である〈遺産－理論（Erbe-Theorie）〉と抵触するという問題があり、主流にならなかったとしている（Schönert, a. a. O., S. 83)。フォースカンプは、旧東ドイツにおける啓蒙研究の中心はフランス啓蒙にあったと指摘している（Voßkamp, Aufklärungsforschung in Deutschland. Einleitung, in: *Aufklärungsforschung in Deutschland*, S. 3f.)。

☆12　啓蒙の見直しには、十八世紀ヨーロッパにおけるフリーメーソンの機能の見直しが含まれている。次にふれるハバーマスは、十八世紀のフリーメーソンを十八世紀における〈市民的公共性〉の展開の場のひとつとしてとらえている（J. Habermas, *Strukturwandel der Öffentlichkeit. Untersuchungen zu einer Kategorie der bürgerlichen Gesellschaft*, Darmstadt /Neuwied: Luchterhand, 1962, S. 50f.)。啓蒙の見直しに立って社会史的な視角から十八世紀ドイツにおけるフリーメーソンと啓蒙の関係を論じたものとして次がある。R. Vierhaus, Aufklärung und Freimaurerei in Deutschland, in: H. Reinalter (Hg.), *Freimaurer und Geheimbünde im 18. Jahrhundert in Mitteleuropa*, Frankfurt a. M. : Suhrkamp, 1983, S. 115ff. 啓蒙の見直し以後のフリーメーソン研究の動向については、次を参照。H. Reinalter, Einleitung. Zur Aufgabestellung der gegenwärtigen Freimaurerforschung, in : Reinalter (Hg.), a. a. O., S. 7ff.

☆13　〈社会学化〉の視点には、この他、ラインハルト・コゼレックの『批判と危機——市民社会の病因論』*Kritik und Krise. Eine Studie zur Pathogenese der bürgerlichen Welt*（一九五九年）の啓蒙分析やニクラス・ルーマンの社会理論も取り入れられている。なお、ドイツ文学研究からのハバーマス批判に次がある。G. v. Graevenitz, Innerlichkeit und Öffentlichkeit. Aspekte deutscher „bürgerlicher" Literatur im frühen 18. Jahrhundert, in: *Deutsche Vierteljahrsschrift für Literaturwissenschaft und Geistesgeschichte*, 49. Jg. Sonderheft „18. Jahrhundert" (1975). このような批判にも関わらず、ハバーマスの影響は潜在的なものも含めて大きいと言わなければならない。ハバーマスは、十八世紀における文学の展開を視野に収めており、『公共性の構造転換』では、ゲーテの『ヴィルヘルム・マイスターの修業時代』*Wilhelm Meisters Lehrjahre*（一七九五〜九六年）や書簡体形式の小説の流行が〈市民的公共性〉との関係で論じられている（Habermas, a. a. O., S. 25ff. u. S. 66ff.)。ヨーロッパ十八世紀を〈社交の世紀〉として描き出した研究に次がある。U. Im Hof, *Das gesellige Jahrhundert. Gesellschaft und Gesellschaften im Zeitalter der Aufklärung*, München: Beck, 1982.

含まれる。[15]このような形で十八世紀を歴史的過去として相対化するさいには、いずれの視角にせよ、自らの立つ立脚点がどこにあるのかが同時に問われなければならないであろう。ディスクルス分析においては、十八世紀における感情の規律化とそれに対応するディスクルスの生成が主題化されるが、この研究視角については、エァハルトが述べるように、「解釈の成果が〔フーコー的な〕理論の命ずるところを検証しているだけのようになる危険性[16]」が指摘されなければならない。

現在は、これら三つの局面で提出された視角が混沌として並存している状況である。なお、シェーネルトの以上の報告を収めた『ドイツにおける啓蒙研究』*Aufklärungsforschung in Deutschland*（一九九九年）の編者のひとりであるフォースカンプは、この整理を踏まえて「今後の重要な研究領域」として「啓蒙におけるコミュニケーションの諸形態の体系的研究」を挙げ、第二の局面で示された視点がまだ十分には展開されていないとの判断を示している。[17]

本書の第1章は、このような状況を踏まえての一寄与たらんとするものである。

クニッゲは第一の〈政治化〉の局面において注目された著作家である。だが、第二の〈社会学化〉の局面で提示された〈社交の世紀〉の脈絡のなかで考察することは十分になされていない。このことがクニッゲ理解の一面化を招いている。[18]第1章の考察は、これを訂正しようとするものである。

ドイツにおいて〈社交性〉、〈交際〉は、十八世紀初頭のトマージウス（一六五五～一七二八年）においてフランスの宮廷文化を範として強調され始めるが、レッシング、クニッゲ、ヘルダーの登場する十八世紀後半には宮廷文化に対する批判が前面に出てくる。だがこの批判は〈社交性〉、〈交際〉そのものの否定ではなく、宮廷とは異なった自由な〈社交性〉、〈交際〉の希求と一体のものであった。この点をクニッゲの主著『人間交際術』*Über den Umgang mit Menschen*（一七八八年初版）を中心にして明らかにし、啓蒙の代表者であるカントとレッシングにも同様の問題が共有されていることを示すのが第1章の趣旨である（ヘルダーにおける〈社交性〉、〈交際〉の主題については、第3章の

第3節と第6節で論じられる)。なお、〈社交の世紀〉という視角は社会史的なものであるが、本書の力点はあくまでもテクストの分析にある。テクストは現実を単になぞるものではない。また、〈社交の世紀〉とはいうものの、自由

☆14 十八世紀を原点と見る見方の例として、シェーネルトも指摘する(Schönert, a. a. O., S. 41)、次の文献がある。W. Voßkamp, Probleme und Aufgaben einer sozialgeschichtlich orientierten Literaturgeschichte des achtzehnten Jahrhunderts, in: B. Fabian u. W. Schmidt-Biggemann (Hgg.), *Das achtzehnte Jahrhundert als Epoche*, Nendeln: KTO, 1978, S. 53ff., bes. S. 58. そこにおいては、「現代に至るまで作用し続けている近代性(Modernität)の契機」として、「文学的主観性の問題、公共性と私性の関係、美的なものの自律化、広汎な公衆にとっての読書の発見」とともに「啓蒙の理論と啓蒙の弁証法」が挙げられている。また、ハバーマスは、一九八〇年に行なった講演「近代——未完のプロジェクト」Die Moderne -ein unvollendetes Projekt において、十九世紀半ばないし、世紀転換期の芸術運動に用いられる〈モデルネ(近代)〉の概念を、芸術、科学、道徳を包括する概念に拡大して、〈モデルネ〉の出発点を十八世紀に見ている(Habermas, Die Moderne -ein unvollendetes Projekt, in: Habermas, *Kleine Politische Schriften I-IV*, Franfurt a. M.: Suhrkamp, 1981, S. 444ff., bes. S. 452ff.)。ハバーマスの見方は、啓蒙を含め十八世紀の文学・芸術・思想の諸潮流を十九世紀半ば以降の〈モデルネ〉の先駆と捉える見方である。興味深い論点である。啓蒙において提示されたさまざまな理念が現代社会の原点となっている点については、歴史家フィーアハウスの次の文献を参照。R. Vierhaus, *Was war Aufklärung?*, Göttingen: Wallstein, 1995. 〈社会学化〉の時期に属する研究書としては、R. Grimminger (Hg.), *Hansers Sozialgeschichte der deutschen Literatur, Bd. 3, Deutsche Aufklärung bis zur Französischen Revolution 1680-1789*, München /Wien: Hanser, 1980 がある。十八世紀中葉から末葉にかけて成立した芸術観を近代の芸術観の原点と捉えて詳細に考察した研究に、小田部胤久『芸術の逆説　近代美学の成立』、東京大学出版会、二〇〇一年がある。

☆15 ディスクルス分析と〈人間学史〉からの研究については、次を参照。W. Erhart, Nach der Aufklärungsforschung?, in: *Aufklärungsforschung in Deutschland*, S. 99ff. エァハルトは〈人間学史〉の視点からの研究として J. Heinz, *Wissen vom Menschen und Erzählen vom Einzelfall. Untersuchungen zum anthropologischen Roman der Spätaufklärung*, Berlin / New York: de Gruyter, 1996. ディスクルス分析の視角からの研究として M. Luserke, *Die Bändigung der wilden Seele. Literatur und Leidenschaft in der Aufklärung*, Stuttgart /Weimar: Metzler, 1995 などを挙げる。

☆16 Erhart, a. a. O., S. 122.

な〈交際〉が理想的な形で実現していたわけでもない。テクストのなかに、当時のドイツの困難な現実のなかでの〈交際〉への希求、また、希求ゆえの屈折を読み取ろうとするのが本書の視角である。

カントについては、『啓蒙とは何か』*Beantwortung der Frage: Was ist Aufklärung?*（一七八四年）、『実用的見地における人間学』*Anthropologie in pragmatischer Hinsicht*（一七九八年）（以下、『人間学』）、『人倫の形而上学』*Die Metaphysik der Sitten*（一七九七年）、『判断力批判』*Kritik der Urteilskraft*（一七九〇年）が、レッシングについては、対話篇『エルンストとファルク　フリーメーソンのための対話』*Ernst und Falk. Gespräche für Freymäurer*（一七七八、一七八〇年）（以下、『エルンストとファルク』）が取り上げられる。これらとの連関で、初期ロマン派のシュライアーマッハー（一七六八～一八三四年）の『社交的な振舞いの試論』*Versuch einer Theorie des geselligen Betragens*（一七九九年）が取り上げられ、〈社交性〉、〈交際〉の問題をめぐる啓蒙と初期ロマン派との連続性と不連続が考察される。『エルンストとファルク』の考察を通して、レッシングにおいて〈社交性〉、〈交際〉の問題圏が、イスラームをユダヤ教、キリスト教とともに対等の宗教と見る『賢者ナータン』の問題圏と重なり合っていることが示される。

啓蒙の非ヨーロッパ把握の問題は、先に見た六〇年代以降の啓蒙の見直しのなかで主流とならなかった問題である。[19]だが、この問題は、六〇年代以降の見直しのなかで明らかにされてきた啓蒙のあり方、啓蒙における〈社交性〉、〈交際〉の問題圏と無関係ではなく、それを背景としていることを示すのが、本書の構成の意図である。〈社交性〉、〈交際〉を希求した十八世紀後半のドイツの文学者・思想家のすべてが非ヨーロッパに対して開かれた感性と思考を持っていたわけではない。だが、レッシング、ヘルダーにおいては、〈社交性〉、〈交際〉の問題がヨーロッパ外に拡大されて、独自の視点と作品が生み出されていると思われるのである。本書は、それを通して啓蒙の可能性のひとつを発掘しようと試みるものである。[20]

第2章「レッシングと非ヨーロッパ世界――『カルダーヌス弁護』におけるイスラームをめぐって」は、レッシング初期の作品『カルダーヌス弁護』*Rettung des Hier. Cardanus*（一七五四年）を、そこに登場するイスラームを中心に

☆17 Voßkamp, Aufklärungsforschung in Deutschland. Einleitung, in: *Aufklärungsforschung in Deutschland*, S. 6. 一九九九年に出た*Aufklärungsforschung in Deutschland*以後の基本動向については、十八世紀研究の専門誌である、*Aufklärung. Interdisziplinäres Jahrbuch zur Erforschung des 18. Jahrhunderts und seiner Wirkungsgeshichte*, Hamburg: Meinerや叢書*Studien zum 18. Jahrhundert*, Hamburg: Meiner、叢書*Das achtzehnte Jahrhundert, Supplementa*, Göttingen: Wallsteinなどによって知ることができる。

☆18 クニッゲ研究史については、第1章・第4節冒頭、および、第1章の注42、注44を参照。

☆19 このテーマは、注6で述べたように、古くはアザールが指摘していた。また、カッシーラー『啓蒙主義の哲学』*Die Philosophie der Aufklärung*（一九三二年）も、宗教・道徳の問題に関して、非ヨーロッパとの接触による自己相対化の動きをライプニッツ、ヴォルフ、ヴォルテール、モンテスキュー（一六八九～一七五五年）に言及しながら指摘している（ECW XV, 173）。だが、このような方向は、六〇年代以降の啓蒙の見直しのなかでの主流とはなっていない。ただし、このことは、このような方向の研究が皆無であることを意味するものではない。たとえば、ドイツ十八世紀学会二〇〇八年大会での報告に基づく次の論文集がある。B. Schmidt-Haberkamp (Hg.), *Europa und die Türkei im 18. Jahrhundert /Europe and Turkey in the 18th Century*, Göttingen: V&R unipress, 2011. また、十八世紀ヨーロッパを、それ以後に比して非ヨーロッパ文化に開かれた態度が見られる時代と捉えて、十八世紀ヨーロッパのアジア像を研究したものに、J. Osterhammel, *Die Entzauberung Asiens. Europa und die asiatischen Reiche im 18. Jahrhundert*, München: Beck, 2013（初版は一九九八年）がある。同様の観点から十八世紀ヨーロッパの異国趣味を扱った英語圏の論集として、C. S. Rousseau u. R. Porter (Hgg.), *Exoticism in the Enlightenment*, Manchester /New York: Manchester Univ. Press, 1990がある。ヨーロッパとアジアの共同研究として、中川久定、J・シュローバッハ編『十八世紀における他者のイメージ』、河合文化教育研究所、二〇〇六年、がある。二〇一一年七月、オーストリアのグラーツで五日間にわたって開催された第一三回国際十八世紀学会においては、日韓の参加者によるセクションを除いて、非ヨーロッパを主題とする発表は微々たるものであった（vgl. H. Heppner (Hg.), *Katalog zum Kongress zur Erforschung des 18. Jahrhunderts. 25. -29. Juli 2011, Graz /Austria*, Graz: Karl-Franzens-Universität Graz, 2011）。現在の研究動向を反映するものといえよう。レッシングとイスラームに関わる研究については、第2章・第1節を参照。

して考察することを主題とする。

『カルダーヌス弁護』は、ルネサンスの奇才ジロラモ・カルダーノ（一五〇一〜一五七六年）の名誉回復を主題とする作品である。レッシングは、カルダーノが著書『精妙さについて』*De subtilitate*（一五五〇年）のなかでキリスト教を偶像崇拝、ユダヤ教、イスラームと比較したがために蒙った〈無神論者〉という世評からカルダーノを救い出そうとするのである。

ユダヤ教、キリスト教、イスラームの問題は晩年の『賢者ナータン』において作品化されている。また、本書の見るところ、そこには、それら三宗教のいずれにも属さない偶像崇拝に分類される諸宗教――三宗教の領域の外にある諸宗教、三宗教の領域のなかにかつて存在した諸宗教――の問題が含まれている。だが、これらの問題は、レッシングの生涯を貫くものであり、『カルダーヌス弁護』に萌芽が見られる。本章は『賢者ナータン』に比して考察されることの少ない『カルダーヌス弁護』を取り上げ、そこから『賢者ナータン』への道筋を照らし出そうとするものである。

『カルダーヌス弁護』は通常、神学批判の論文に分類されている。だが、読者に読解を求める多義的な作品として構成されていると捉えるのが、本書の考察の基本視角である。『カルダーヌス弁護』を作品として理解する鍵は、ピエール・ベール（一六四七〜一七〇六年）の『歴史批評辞典』*Dictionnaire historique et critique*（一六九六年初版）にある。『カルダーヌス弁護』は、『歴史批評辞典』「カルダーノ」の項への〈補足〉として構想されているからである。考察にあたっては、ゴットシェートによる独訳『歴史批評辞典』（一七四一〜四四年）に着目する。

『カルダーヌス弁護』は、ユダヤ教徒とイスラーム教徒の弁論によって論述が中断される特異な論文である。イスラーム教徒の弁論の考察を通して、レッシングが十八世紀初頭のイスラーム認識の進展を踏まえ、イスラームを偽宗教とする『歴史批評辞典』に見られる伝統的なイスラーム観を転換していること、だが、ベールとの関係は単純な否定ではなく、ベールの寛容思想を引き継いでいることが明らかにされる。これらの論述のなかで、イスラーム教徒の弁論に関わるこれまで十分に明らかでなかった依拠資料が示される。ユダヤ教徒の弁論に関しては、『ヨブ記』との関わりが考察される。

『カルダーヌス弁護』は『歴史批評辞典』「カルダーノ」の項への〈補足〉として始まるが、イスラーム教徒の弁論は『歴史批評辞典』「マホメット」の項への〈補足〉となっている。論述は二つの弁論によって中断され、論述そのものも展開の過程で語の意味がずれてゆき、多義的な意味の場が形成されている。注釈に注釈を重ね時に真意の所在が不明になる『歴史批評辞典』の文体が、『カルダーヌス弁護』の構成に創造的に作用した可能性が指摘される。併せて『ヨブ記』との連関が指摘される。

カルダーノによる宗教比較のなかには偶像崇拝者が登場するにもかかわらず、レッシングの本文には偶像崇拝者が登場しない。イスラーム教徒の弁論の考察を通して、偶像崇拝者の登場が意識的に避けられていることが明らかにされる。偶像崇拝者の不在は、イスラーム、キリスト教、ユダヤ教の地域にかつて存在していた偶像崇拝者の抹殺の問題を提起するものであることが示される。

以上を踏まえて、『カルダーヌス弁護』から『賢者ナータン』に至る道筋が辿られる。考察にあたっては、両作品の間の時期に書かれた『アダム・ノイザー』*Von Adam Neusern, einige authentische*

☆20　非ヨーロッパ把握に関して本書で取り上げるのは、レッシングとヘルダーである。クニッゲに関しては、非ヨーロッパが登場する作品に『ベンヤミン・ノルトマンのアビシニア啓蒙物語』*Benjamin Noldmann's Geschichte der Aufklärung in Abyssinien*（一七九一年）など、いくつかのものがあるが、レッシングやヘルダーにおける水準での省察がなされているとは言いがたい。『ベンヤミン・ノルトマンのアビシニア啓蒙物語』は、フランス革命を擁護するなかで書かれたものであり、クニッゲの立論のために、非ヨーロッパがいわば道具化されていると言わなければならない。

Nachrichten（一七七四年）に注意を払う。『アダム・ノイザー』は、宗教改革の激動期にドイツからイスタンブールに移住し、イスラームに改宗、同地で没したドイツ人神学者、アダム・ノイザー（?～一五七六年）の名誉回復を図った論文である。そこに見られる、さまざまな状況下、人は対立する宗教やヨーロッパと非ヨーロッパの境をも越えて移動し、関係を取り結ぶというモチーフが、『カルダーヌス弁護』における宗教の複数性、多声性の問題と編み合わされて、オリエントの〈聖地〉エルサレムの争奪を核とする錯綜した人間関係が織りなす劇『賢者ナータン』に結実していることが示される。登場人物のひとりであるイスラームの托鉢僧アル・ハーフィの考察を通して、『カルダーヌス弁護』において声の不在という形で示された〈異教徒〉の問題が『賢者ナータン』に引き継がれていることが示される。

レッシングにおいては、イスラームのみならず、一神教的空間の外に広がる広大な〈異教徒〉の領域が視野に収められている。『カルダーヌス弁護』と『賢者ナータン』においては、非ヨーロッパの声（またその不在）が造形され、ヨーロッパのなかの非ヨーロッパと言うべきユダヤ教の声と交錯しながら、ヨーロッパの読者と観客に作品として提示されている。ヨーロッパ啓蒙の〈交際〉の場に、その内と外からの別の声が登場するのである。

第3章「ヘルダー『イデーン』における非ヨーロッパとヨーロッパ」においては、ヘルダーの主著『人類歴史哲学考』*Ideen zur Philosophie der Geschichte der Menschheit*（一七八四～九一年）（以下、『イデーン』）が考察される。多岐にわたる叙述のなかから、非ヨーロッパへの視点、それと連関するヨーロッパへの省察、両者を支える同書の基本視点を取り出すことが主題である。それを通して、ヘルダーとレッシング、啓蒙との間の連続性が炙り出される。

『イデーン』の基本視点として〈地球（Erde）〉と〈変容（Metamorphose）〉が取り出され、これらの視点に基づく『イデーン』のヨーロッパ中心主義批判が考察される。そこにおいては、〈幸福（Glückseligkeit）〉のみならず、〈文化

〈Kultur〉や〈啓蒙(Aufklärung)〉に関してもヨーロッパからの脱中心化が行なわれ、多様性が承認されている。だが同時に、多様性の承認は規範なき相対主義を意味するものではないことが明らかにされる。多様性の承認が文化横断的な規範と結びつくことによって、〈文化〉と〈啓蒙〉は、人間の活動力の成果であると同時に、生を破壊する側面をも持つ明暗両様の性格を持つものとして捉えられることになるのである。

これを踏まえて、〈文化〉と〈啓蒙〉を明暗両様のものと見るヘルダーの複眼的な視点の背景が、ベールとゲーテを手がかりにして考察され、『イデーン』のヨーロッパ論が考察される。ヨーロッパ中心主義を批判しながらも、『イデーン』に提示されたさまざまな視点は、ヨーロッパに生きる者の省察として、結尾をなす第Ⅳ部のヨーロッパ論に接合されている。ヘルダーは、ヨーロッパの形成にキリスト教が果たした役割を評価しながらも、十字軍を含め中世から近世にかけてのキリスト教の歴史を批判する。人類の足跡に対する複眼的な視点がヨーロッパを例外とするものではなく、ヨーロッパに向けられたものであったことが明らかにされる。そのさいにヘルダーは、パレスチナの地に生きたイエスとヨーロッパのキリスト教を区別し、後者を批判する。この点に、レッシングの『キリストの宗教』*Die Religion Christi*(一七八〇年成立、一七八四年公刊)との連続性が指摘される。

ヘルダーは、レッシングによる伝統的なイスラーム観の転換を引き継ぐ形で、ヨーロッパの形成にあたってイスラーム圏が果たした役割を評価し、文学の形成にイスラーム圏が与えた影響を強調する。イスラーム圏における詩への情熱がヨーロッパに波及し、〈すべての近代ヨーロッパ文学の母〉たるプロヴァンス語文学の成立を促したとするのである。この点が、ヘルダーが参照したアラビア文学とスペイン文学に関する同時代の著作を手がかりにして考察される。

以上を踏まえて、諸地域を交流の相のもとで見る『イデーン』の視点の根底にあるものが、初期ヘルダーの『自然と恩寵に関するライプニッツの原則について』*Über Leibnitzens Grundsätze von der Natur und Gnade*(一七六九年)

に遡って考察される。それを通して、第1章で確認した、人間を、交流を求める〈社交的〉な存在と捉えるドイツ啓蒙の見方をヘルダーが共有していること、それが文化の多様性を肯定するヘルダーの視点の基礎にあることが確認される。

最後に、啓蒙、カント、レッシングと『イデーン』との関係がまとめられる。『イデーン』の背景には、ニュートンをはじめとする自然認識の変革、歴史を救済史観から解放して経験的に考察するヴォルテールの〈歴史哲学〉、歴史的伝承に対するベールの懐疑と批判的検討の精神、存在の多様性に驚き、肯定するライプニッツの思想があることが整理され、啓蒙の哲学者カントによる『イデーン』批判が、『純粋理性批判』*Kritik der reinen Vernunft*（一七八一年）によって批判哲学を確立したカントとそれ以前の啓蒙を養分としながら独自の思想を展開したヘルダーとの間の対立と捉えうることが確認される。カントとヘルダーの間には、すれ違い、カントによる曲解があること、両者の対立にもかかわらず、架橋の可能性があることが示される。

レッシングに関しては、〈思考の自主性（Selbstdenken）〉と『キリストの宗教』の二点に関して整理がなされる。レッシングの『ハンブルク演劇論』*Hamburgische Dramaturgie*（一七六七〜六九年）の第九五篇、ヘルダーの『人間性促進のための書簡』*Briefe zu Beförderung der Humanität*（一七九三〜九七年）第七九書簡によって、ヘルダーが啓蒙の標語である〈思考の自主性〉の思想を継承していることが示され、ヘルダーと啓蒙の連続性が確認される。

ヘルダーは、レッシングの『キリストの宗教』を引き継いで、パレスチナの地に生きたイエスその人とヨーロッパのキリスト教とを区別し、後者の歴史に批判の目を向ける。これによって、ヨーロッパを尺度とせずに、地球上に展開する人類の活動を対等に見る視点が切り開かれていることが整理される。

結語においては、展望とまとめが述べられる。

第1章　クニッゲと啓蒙の社交性

――カント、シュライアーマッハー、レッシングとの連関のなかで

Nun blüht für uns alle / Das heiterste Glück. *Gesänge aus dem Singspiele Figaro's Heyrath, übersetzt von Freyherrn von Knigge*[☆1]

...und aus diesem beständigen Widerspruche zwischen meiner Lage und meinen Herzenstrieben, wird man ungeheure Fehler, unerhörte Unglücksfälle und zugleich (die Stärke der Seele ausgenommen) alle Arten von Tugenden entstehen sehen, die Achtung für das Misgeschick einflößen können. *Fortsetzung der Bekenntnisse J. J. Rousseau's, übersetzt von Adolph Freyherrn Knigge*[☆2]

☆1　クニッゲはモーツァルト／ダ・ポンテ『フィガロの結婚』*Le nozze di Figaro*（一七八六年初演）を独訳した。この訳による上演は一七八九年五月、ハノーファで行なわれ、当作品がドイツで普及するにあたって大きな役割を果たした。この点については、本章・第4節・（1）および（4）を参照。引用箇所は、『フィガロの結婚』第四幕・終景、アルマヴィーヴァ伯爵が伯爵夫人に赦しを乞うた後、全員が歌う言葉。――「限りなく晴れやかな幸いが我ら皆に溢れてゆく。」(KSW XXIII, 595)

☆2　クニッゲはルソー『告白』*Les Confessions* 第II部（一七八九年）の独訳を一七九〇年に刊行した。この点については、本章・第4節・（4）を見られたい。引用箇所は、『告白』第II部の冒頭、第七巻からのものである。――「[……]私の境遇と性向の間のこうした絶えることのない矛盾から、とてつもない過失、前代未聞の不幸、同時にまた（心の強さは別として）、逆境に対して尊崇の念を抱くことを可能にするあらゆる種類の美徳が生まれてくるのを見ることになるだろう。」

1 序

本章では〈社交性（sociabilitas, socialitas, Geselligkeit）〉、〈交際（conversatio, Umgang, Verkehr）[☆3]〉という角度からドイツ後期啓蒙の思想・文学を考察してみたい。表題「クニッゲと啓蒙の社交性」にあるクニッゲとは、後期啓蒙の著作家アドルフ・フライヘル・クニッゲ（一七五二〜九六年）のことである。代表作は『人間交際術』（一七八八年初版）であり、彼の名前は現在のドイツでも広く記憶されている。だが、多岐にわたる彼の著作が注目されるようになったのは、啓蒙の見直しが行なわれるようになった一九六〇年代以降になってからである。本章では『人間交際術』を中心に据え、彼の著作活動のもうひとつの見落とせない領域であるフランス革命についての著作にも言及する。考察にあたっては、カント（一七二四〜一八〇四年）、レッシング（一七二九〜八一年）、さらには、初期ロマン派のシュライアーマッハー（一七六八〜一八三四年）をクニッゲの周囲に配して、問題を同時代のより広い脈絡のなかに置きなおしながら進めてゆく。ただし、ここで取り上げようと思うカントは、いわゆるカント哲学ではなく、『啓蒙とは何か』（一七八四年）、『人間学』（一七九八年）の著者としてのカントである。その脈絡で、『人倫の形而上学』（一七九七年）、『判断力批判』（一七九〇年）にもふれることとなろう。レッシングについては晩年の対話篇『エルンストとファルク』（一七七八、一七八〇年）を取り上げる。シュライアーマッハーは『宗教論』*Über die Religion. Reden an die Gebildeten unter ihren Verächtern*（一七九九年）などの神学的著作で知られるが、ここで問題にしたいのは、『社交的な振舞いの試論』（一七九九年）という小論である。『人間交際術』、『人間学』、『社交的な振舞いの試論』は、いずれも文学史や思想史の通例の叙述においては周辺ないし傍流に位置する作品である。『啓蒙とは何か』、『エルンストとファルク』は一九六〇年代以降、改めて注目を集めるようになった作品である。クニッゲの時代を扱うドイツ文学史においては、〈ゲーテ時代〉という呼称のもと大作家ゲーテ（一七四九～一八三二年）に収斂させてゆく一種、目的論的な記述がなされたりもする。思想史や哲学史においては、カント哲学からドイツ観念論に至る哲学体系の峰々が焦点となる。本章では、そのような枠組みによっては位置づけがたいこれらの作品を取り上げ、それらを結ぶことで、〈社交性〉、〈交際〉をめぐるドイツ後期啓蒙の脈絡を浮かび上がらせてみたいと思うのである。☆4 同時に、カントの体系的な著作である『人倫の形而上学』、『判断力批判』の行間にも同様の脈絡が看取されることを示してゆきたい。

　これらの考察を通して、第2章、第3章で見るレッシングとヘルダーの非ヨーロッパに対する開かれた思考と感性の背景にあるドイツ後期啓蒙の特質に光を当てることが本章の趣旨である。

☆3　ヨーロッパにおける〈社交性〉概念については、W. Hinrichs, Geselligkeit, gesellig, in: J. Ritter u. K. Gründer (Hgg.), *Historisches Wörterbuch der Philosophie, Bd. 3*, Basel /Stuttgart: Schwabe, 1974, Sp., 456ff. を、〈交際〉概念については、Th. Pittrof, Umgang, in: a. a. O., *Bd. 11*, Basel: Schwabe, 2001, Sp., 85f. を参照。なお、G. Ueding (Hg.), *Historisches Wörterbuch der Rhetorik*, Tübingen: Niemeyer, 1992ff. のなかでも Geselligkeit の項目が立てられている (K. -H. Göttert, Geselligkeit, in: a. a. O., *Bd. 3*, Tübingen: Niemeyer, 1996, Sp., 907ff.)。同項目の叙述は古代以来の問題の広がりを概観するうえで便利であるが、カント、クニッゲ、シュライアーマッハーについては叙述の不十分や欠如が指摘されねばならない。

☆4　本章の主題に関係するドイツ後期啓蒙の思想家として、ほかにクリスティアン・ガルヴェ（一七四二～九八年）が挙げられる。ガルヴェは、スミス（一七二三～一七九〇年）、バーク（一七二九～一七九七年）、キケロ（BC一〇六～四三年）の翻訳・紹介者として知られるが、社交についての考察も残している (vgl. C. Garve, *Versuche über verschiedene Gegenstände aus der Moral, der Literatur und dem gesellschaftlichen Leben*, Breslau: Korn, 1792-1802. Neudruck, Hildesheim /Zürich /New York: Olms, 1985)。ガルヴェの生涯と思想については、vgl. L. Koch-Schwarzer, *Populare Moralphilosophie und Volkskunde. Christian Garve (1742-1798) Reflexionen zur Fachgeschichte*, Marburg: Elwert, 1998.

2　社交の世紀としての十八世紀

後期啓蒙に限らず啓蒙思想や十八世紀ヨーロッパを〈社交性〉、〈交際〉という角度から、あるいはさらに一般的に言って、コミュニケーションという角度から考察することは、近年におけるこの分野の文学史、思想史、社会史研究に見られる新たな切り口のひとつである。はじめに、このような視点について、これまでの研究にふれながら基本的な事柄を述べておきたい。

序論で述べたように、啓蒙といえば、科学技術を楽天的に信奉した考え方という理解が一般的であろう。啓蒙＝Aufklärung, Les lumières, Enlightenmentとは、そのような考え方が促進しようとする合理的で技術的な洞察の光である、というわけである。このように一括された場合、啓蒙は科学技術万能主義、功利主義として弾劾されることにもなる。

ロマン主義に由来するこのような啓蒙観[☆5]にはさまざまなものがあるが、ドイツ語圏ではとりわけ二十世紀初頭から独特のニュアンスをともなって反復されることとなった。精神史の観点からのドイツ文学史に見られる啓蒙像である。序論でも述べたように、そこにおいては、合理主義、自然科学の精神、ロココ、感覚主義、個人主義といった特性が啓蒙に割り振られる。このように特徴づけられた啓蒙に対しては、疾風怒濤以後のゲーテ、シラー（一七五九〜一八〇五年）やロマン派の文学者たちが〈ドイツ的精神〉の展開として対置されることとなる。彼らの営みは世界の真の理解をもたらす〈詩〉の創造であり、啓蒙の〈合理主義〉に端的に対立するとされるのである。このような〈ドイツ的精神〉の展開にはさらに、〈共同体〉の創出、〈エゴイズムの克服〉、犠牲の賛美といった政治的なベクトルが付け加わる場合もある。この対立は、西欧対ドイツという地域的な対立でもある。啓蒙は〈ドイツ的精神〉による〈克服〉の対象であり、そのようなものとして、ひたすら否定的な役が振り当てられることになるのである。[☆6]『百科全書』のプロジェクトに見られるように、科学や技術を重んじてそれを普及しようとする考え方が啓蒙にあることは確かである。[☆7]だが、啓蒙のもとに括られる思想家や文学者の営みのすべてがそのような特徴で尽くされるわけではない。カッシーラーの『啓蒙主義の哲学』*Die Philosophie der Aufklärung*（一九三二年）は、啓蒙に対する先のような叙述がドイツにおいて支配するなかで啓蒙の再評価を試みた著作であるが、「思惟形式」、「自然と自然認識」、「心理学と認識論」、「宗教の理念」、「歴史的世界の征服」、「法、国家および社会」、「美学の基本問題」という多角的な章立てを設定している。啓蒙が単純な図式には収まらない多様性を持つことを示すものである。同著は、今日でもなお当該分野の基礎文献としての生命を保っている。[☆8]

カッシーラーの著作は、ヒトラー政権成立前夜の一九三二年に書かれた先駆的なものであったが、序論で述べたように、一九六〇年代以後、精神史の観点からの文学史に見られた図式的な啓蒙像は急速に見直され、学問研究においては過去のパラダイムとして歴史的な距離を置いて眺められるようになる。[☆9]この見直しの過程で啓蒙と十八世紀に関

☆5　前川貞次郎「啓蒙思想の特質——啓蒙思想像の変化——」、荒松雄他編『岩波講座　世界歴史　17　近代4』、岩波書店、一九七〇年、一三七頁以下。

☆6　精神史の観点からのドイツ文学史における啓蒙像については、vgl. Dainat, a. a. O., in: *Aufklärungsforschung in Deutschland*, S. 21ff. この潮流を代表する者としては、序論の注2でふれたコルフやノールのほかに、カール・フィーエター（一八九二〜一九五一年）、ルドルフ・ウンガー（一八七六〜一九四二年）、ゲァハルト・フリッケ（一九〇一〜一九八〇年）が挙げられる。なお、ディルタイ（一八三三〜一九一一年）はこのような文学史の成立にさまざまな関わりを持つが、啓蒙に対しての理解は異なっており（ebd., S. 31）、彼等と一律に論ずることはできない。また、カッシーラー（一八七四〜一九四五年）は、以下の本論で述べるように、このような文学史叙述が大勢を占めるなかで『啓蒙主義の哲学』を書いて啓蒙の多様性を擁護したが、彼においても精神史の概念は独自の展開を遂げている。

☆7　桑原武夫編『フランス百科全書の研究』、岩波書店、一九五四年、二頁以下。

する新たな視点がさまざまな形で提示されることとなった。〈社交性〉、〈交際〉、コミュニケーションという視点もそのひとつである。[☆10]

すでに十九世紀の末に文化史家のシュタインハウゼンは、『ドイツの手紙の歴史』*Geschichte des deutschen Briefes*（一八八九〜九一年）のなかで十八世紀を「手紙の世紀」と名づけていた。[☆11] 当時の多くの男女が熱心に手紙を書いたことを指してのものである。ドイツに限定された考察ではあるが、手紙というコミュニケーションの媒体に注目した先駆的な研究である。一九六〇年代以後においては、〈市民的公共性〉の概念によって十八世紀の西欧を横断的に考察したハバーマスの『公共性の構造転換』（一九六二年）[☆12]が、現在もなお、それに対する批判も含めて、[☆13]有形無形に影響を与え続けている古典的な研究として挙げられなければならない。〈市民的公共性〉とは、書籍や雑誌などの出版物や手紙といった文字媒体を不可欠の要素として「議論する私人たちからなる公衆」[☆14]が作り出した十八世紀ヨーロッパにおけるコミュニケーションの多層的な空間のことである。〈社交性〉や〈交際〉に焦点をあてた研究としては、十八世紀の中葉を〈社交性の偉大な時代のひとつ〉として描き出したリチャード・セネットの『公共性の喪失』*The Fall of Public Man*（一九七七年）[☆15]がある。セネットの研究は、十八世紀のロンドンやパリなど大都市において偽装や煩瑣な儀礼に満ちた宮廷的社交に代わる新たな〈交際〉のあり方が創出されたことに注目したものである。また、一九八二年に出たウルリッヒ・イム・ホーフの『社交的な世紀　啓蒙の時代の社会と協会』*Das gesellige Jahrhundert. Gesellschaft und Gesellschaften im Zeitalter der Aufklärung* は、ヨーロッパの諸地域を広く概観して、読書会、学術的協会やフリーメーソンなどの集いの場（Gesellschaften）が、啓蒙の世紀のヨーロッパに多様な形で生成したことを明らかにしている。[☆16]

いずれにしても十八世紀ヨーロッパは、煩瑣な儀礼に基づく宮廷的社交に代わる新たな交際の様式、身分秩序の壁を越えた自由な交際やコミュニケーションの諸形態が模索された時代であり、多様な意見の交錯による〈批評／批判

〈Kritik〉〉を不可欠の要素とする啓蒙の思想運動は[☆17]、人間相互の関係の形成に関わるこのような模索と並行して成立し

☆8　同著は、一九七三年に第三版が刊行されている（E. Cassirer, *Die Philosophie der Aufklärung,* 3. Aufl., unveränderter Nachdruck der 2. Aufl., Tübingen: Mohr, 1973）。なお、同著を含めカッシーラーの仕事は、一九九〇年代半ばから再評価の動きが高まっている。一九九四年にはヴァイマルで大規模なシンポジウム「エルンスト・カッシーラー——二十世紀における文化批判」が行なわれ、その成果は E. Rudolph u. B. -O. Küppers (Hgg.), *Kulturkritik nach Ernst Cassirer Cassirer-Forschungen, Bd. 1,* Hamburg: Meiner, 1995 としてまとめられている。一九九五年からはカッシーラー遺稿集、一九九八年からは、本書でECWと略記したハンブルク版カッシーラー全集の刊行が開始された（以上については、カッシーラー（笠原賢介・森淑仁訳）『象徴形式の形而上学　エルンスト・カッシーラー遺稿集第一巻』、法政大学出版局、二〇一〇年、「訳者あとがき」を参照）。一九九七年にはカッシーラーを再評価するハバーマスのエッセー Die befreiende Kraft der symbolischen Formgebung. Ernst Cassirers humanistisches Erbe und die Bibliothek Warburg が刊行された（J. Habermas, *Vom sinnlichen Eindruck zum symbolischen Ausdruck,* Frankfurt a. M.:Suhrkamp, 1997 所収）。本書でのカッシーラーへの言及は、『啓蒙主義の哲学』の基礎文献としての価値、および、九〇年代半ば以降のカッシーラー再評価の流れを踏まえたものである。

☆9　二十世紀のドイツの歴史のなかで、精神史の観点からのドイツ文学史における啓蒙像が持った文脈については、vgl. Voßkamp, a. a. O., in: *Aufklärungsforschung in Deutschland,* S. 2f. なお、戦後ドイツにおける啓蒙再評価のきっかけを与えたもののひとつに、ホルクハイマーとアドルノの『啓蒙の弁証法』*Dialektik der Aufklärung*（一九四七年）がある（Voßkamp, a. a. O., S. 3.）。『啓蒙の弁証法』も啓蒙を技術的合理性に等置する論点を強調するが、彼らの論点はそれに尽きるものではない。アドルノ「形式としてのエッセー」Der Essay als Form（一九五四〜五八年執筆）におけるエッセーと啓蒙との関係の強調、文人（homme de lettres）を高く評価する論点が一例である。Vgl. Th. W. Adorno, Der Essay als Form, in: *Theodor W. Adorno Gesammelte Schriften,* hrsg. von R. Tiedemann, *Bd. 11 Noten zur Literatur,* Frankfurt a. M.: Suhrkamp, 1974, S. 10ff.

☆10　この視角の研究史における位置と意義については、序論で行なった一九六〇年代以降の啓蒙研究史の概観を参照。

☆11　G. Steinhausen, *Geschichte des deutschen Briefes. Zur Kulturgeschichte des deutschen Volkes, 2. Teil,* Dublin /Zürich: Weidmann, 1891, S. 245ff.

☆12　J. Habermas, *Strukturwandel der Öffentlichkeit. Untersuchungen zu einer Kategorie der bürgerlichen Gesellschaft,* Darmstadt /Neuwied: Luchterhand, 1962.

たものである。そのような営みの背景には、ポール・アザールが〈ヨーロッパ精神〔意識〕の危機〉との関連において指摘した、旧来の静的な秩序の流動化[18]があったと見ることができよう。

なお以上の点に限らず、啓蒙の時代がさまざまな角度から見直されるなかで、レンツ（一七五一～九二年）、ハーマン（一七三〇～八八年）、また、第3章で考察するヘルダー（一七四四～一八〇三年）など、従来はひたすら啓蒙と対立すると見られてきたドイツの文学者や思想家の営みも、啓蒙と深く関わり、事柄を共有することが明らかにされてきていることも付言しておきたい。[19]

以下、本章においては、前述の研究成果を踏まえながら、本章の冒頭に挙げた十八世紀ドイツの著作家――後期啓蒙、さらには初期ロマン派の著作家――を考察してゆく。ドイツにおいて〈社交性〉、〈交際〉の問題は、前期啓蒙のトマージウス（一六五五～一七二八年）において、フランスの宮廷文化を範として強調され始める。[20]これに対して、後期啓蒙においては、身分秩序をはじめとして、宮廷文化に対する批判が前面に出てくる。このような特徴は、後に示すように、『人間交際術』、『人倫の形而上学』、『エルンストとファルク』にも見て取ることができる。本章の考察の趣旨は、後期啓蒙におけるこのような宮廷批判は〈社交〉、〈交際〉そのものの否定ではなく、宮廷的な身分秩序とは異なった自由な〈社交〉、〈交際〉の追求と一体のものであったことを示す点にある。ドイツにおいてはセネットが着目したような大都市はなかったものの、さまざまな制約や屈折をともないながら、新たな〈社交〉、〈交際〉が追求されたと思われるのである。しかも、市民間の〈交際〉にとどまらず、クニッゲにおいては、この主題が身分横断的な〈交際〉の構想に拡大され、カントとレッシングにおいては、この構想を包摂する形で、世界大の〈交際〉への志向と結び合わされているのである。

エリアスは、ドイツの後期啓蒙や疾風怒濤でなされた宮廷批判を通して〈文化（Kultur）〉と〈文明（Zivilisation）〉の二項対立、ドイツ〈文化〉の高唱と西欧〈文明〉への批判が登場することを明らかにしている。[21]エリアスによれば、

〈文明〉は「他者との関係において、多かれ少なかれ相対的な自律性を持ちながらも、けっして絶対的で全体的な自

☆13　同書への批判とそれに対するハバーマスからの応答については、vgl. Habermas, Vorwort zur Neuauflage 1990, in: *Strukturwandel der Öffentlichkeit. Untersuchungen zu einer Kategorie der bürgerlichen Gesellschaft. Mit einem Vorwort zur Neuauflage 1990*, Frankfurt a. M.: Suhrkamp, 1990, S.11ff. ドイツ文学研究からの批判については、序論の注13を参照。

☆14　Habermas, *Strukturwandel der Öffentlichkeit*, Darmstadt /Neuwied 1962, S. 8.

☆15　R. Sennett, *The Fall of Public Man*, New York: Knopf, 1977. 独訳：*Verfall und Ende des öffentlichen Lebens. Die Tyrannei der Intimität*, übers. von R. Kaiser, Frankfurt a. M.: Fischer, 1983.

☆16　Im Hof, a. a. O. ドイツに関しては次の文献を参照。R. van Dülmen, *Die Gesellschaft der Aufklärer. Zur bürgerlichen Emanzipation und aufklärerischen Kultur in Deutschland*, Frankfurt a. M.: Fischer, 1986. わが国においては、成瀬治・山田欣吾・木村靖二編『世界歴史大系　ドイツ史2——一六四八年〜一八九〇年』、山川出版社、一九九六年、第四章「十八世紀ドイツの文化と社会」（坂井榮八郎執筆）において「啓蒙とコミュニケーション」の節が立てられている。

☆17　Cassirer, *Die Philosophie der Aufklärung*, in: ECW XV, 288.

☆18　Hazard, a. a. O. アザール（野沢協訳）、前掲書。

☆19　この点については、佐藤研一『劇作家J・M・R・レンツの研究』、未來社、二〇〇二年、一二頁以下、川中子義勝『ハーマンの思想と生涯』、教文館、一九九六年、一三頁以下、二一五頁以下を見られたい。ヘルダーについては、R. Otto u. J. H. Zammito (Hgg.), *Vom Selbstdenken. Aufklärung und Aufklärungskritik in Herders »Ideen zur Philosophie der Geschichte der Menschheit«*, Heidelberg: Synchron, 2001 を参照。

☆20　E. Weigl, *Schauplätze der deutschen Aufklärung. Ein Städterundgang*, Reinbek bei Hamburg: Rowohlt, 1997, S. 34ff. エンゲルハルト・ヴァイグル（三島憲一・宮田敦子訳）『啓蒙の都市周遊』、岩波書店、一九九七年、四〇頁以下。なお、ヴァイグルは、エリアスに従って、十八世紀ドイツにおける〈社交性〉をもっぱら宮廷社会、宮廷文化に関連づけている。だが、本書では、宮廷的社交と市民的社交とを区別するセネットの見解に従う。エリアスに従った場合、本章で以下に考察する、十八世紀後半のドイツの文学・思想における宮廷批判と自由な〈社交〉の追求の並存が不可解なものとなるからである。

☆21　N. Elias, *Über den Prozeß der Zivilisation. Soziogenetische und psychogenetische Untersuchungen, Bd. 1 Wandlungen des Verhaltens in den weltlichen Oberschichten des Abendlandes*, Frankfurt. a. M.: Suhrkamp, 1976.

律性を持ってはいない〈開かれた人格（offene[n] Persönlichkeit）[☆22]〉」としての人間が相互に形成してゆく関係――本書の視角からするならば〈社交〉、〈交際〉――を不可欠の要素とする。本章の以下の考察は、エリアスのこのような見解への批判的応答の試みでもある。〈開かれた人格〉を擁護するエリアスの問題意識を是としながらも、ドイツ後期啓蒙における宮廷批判は、〈社交〉、〈交際〉の排除を意味するものではなく、宮廷とは別種の〈社交〉、〈交際〉の追求と結びついていたと思われるのである。以下、この点をめぐって、カント、クニッゲ、シュライアーマッハー、レッシングを順次考察してゆきたい。

3　カントにおける啓蒙と社交性

啓蒙といえば、権威から自立した思考としての啓蒙を説いたカントの『啓蒙とは何か』を挙げなければならない。『啓蒙とは何か』の冒頭に掲げられた啓蒙の定義は次のようなものである。

> 啓蒙とは、人間が自分自身で招いた未成年状態から抜け出ることである。未成年状態とは、他人の指導なしには（ohne Leitung eines anderen）自分の知性を使用することができないことである。〔……〕知る勇気を持て（Sapere aude）。汝自身の知性を（deines *eigenen* Verstandes）用いる勇気を持て。これが〔……〕啓蒙の標語にほかならない。（KGS VIII, 35）

カントはこのようにして、「他人の指導」からの各人の思考の自立を説いたわけであるが、実生活においては、同時代の伝記作者ヤッハマンが生き生きと描き出しているように、他の人間と関わる交際を積極的に求めた「きわめて快活で洗練された社交家」であった。[☆23] しかもカントは、このような生活態度の次元にとどまらず、著作のなかでも〈交際〉や〈社交〉について主題的に論じている。本節では、『人間学』と『人倫の形而上学』を中心にして、〈交際〉、〈社交〉をめぐるカントの思想を取り出してゆくことにしたい。

『人間学』は、カントが晩年にそれまでの講義をまとめて刊行した著作である。『人間学』は二部からなるが、第I部の結尾をなす「最高の道徳的‐自然的な善について（Von dem höchsten moralisch-physischen Gut）」という節（第八八節）においてカントは、よき生にとっての〈交際〉の重要性を説いて、次のように述べている。

> 快適な生活（Wohlleben）と徳とを交際のなかで結合する考え方が人間性（*Humanität*）である。〔……〕真の人間性に〔……〕もっともよく合致すると思われる快適な生活は、よき（しかもできうれば入れ替わる）交際仲間（*Gesellschaft*）の間でのよき食事である。これについてチェスターフィールドは、その仲間は優美の女神の数〔三人〕よりも少なくてはならず、しかも学藝の女神の数〔九人〕を越えてもならない、と言っている。（KGS VII, 277f.）

カントはこの箇所に自ら注をつけ、このような集まりにはさらに主人役がいる、集まりの適切な数はそれゆえ最大十人であると述べている。〈交際〉を人間が人間であるための不可欠の要素として位置づけるこのような考え方は、

☆22　Ebd., S. LXVII.

☆23　R. B. Jachmann, *Immanuel Kant, geschildert in Briefen an einen Freund*, Dreizehnter Brief. Kant als Gesellschafter, in: F. Groß (Hg.), *Immanuel Kant. Sein Leben in Darstellungen von Zeitgenossen. Die Biographien von L. E. Borowski, R. B. Jachmann und E. A. Ch. Wasianski*, Darmstadt: Wissenschaftliche Buchgesellschaft, 1993, S. 155ff.

同じ節において次のように変奏されてゆく。

ひとりで食事をすること（食卓での独我論（solipsismus convictorii））は哲学する学者にとっては不健康である。それは元気の回復ではなく（とりわけそれがまったく孤独に美食に耽ることとなる場合には）元気の消耗である。疲労困憊させる労働であって、思考を生き返らせる遊戯ではない。孤独な食事の間中、思考のなかで自分自身を食い尽くす（im Denken [...]an sich selbst zehrt）ようにして飲食を楽しむ人間は、しだいに快活さを失ってゆく。これに対して、食卓仲間（Tischgenosse）が彼に変化のある着想を示して、彼自身では探し出せなかったような新しい材料を提供して活気づける場合には、快活さが手に入るのである。（Ebd., 279f.）

他の人間との対話の「遊戯（Spiel）」を欠いた「食卓での独我論」が斥けられている。「食卓仲間」を排して自己の内部だけで思考を回転させてゆく哲学者のモノローグは、「思考のなかで自分自身を食い尽くす」ことにほかならない。それは、飲食への耽溺という名の「労働」に陥ることでもある。食卓は「談話（Unterredung）」の場である（ebd., 280）[☆24]。「談話」に基づいた〈交際〉を欠いた思考のあり方をカントは斥けるのである。この節におけるカントの結論は次のようなものである。

社交的な（gesellschaftlich[es]）快適な生活を欠いたキニク学派の純粋主義（*Purism des Cynikers*）と世捨て人の禁欲（*Fleischestödtung des Anachoreten*）とは、徳のゆがんだ形態であり、人を徳にいざなうものではない。むしろ、優美の女神からも見捨てられ、人間性を名乗ることのできないものなのである。（Ebd., 282）

『純粋理性批判』について、それを「理性の純粋主義」として批判したのはカントとの交流もあったハーマンであった。[☆25]だが『人間学』におけるカントは、生活における「純粋主義」を斥けている。グリムの辞典によれば〈純粋主義（Purismus）〉とは、言葉を外来語から純化しようとする極端な熱狂的態度を意味する。[☆26]〈交際〉の場面に移して言えば、それは、異なった視点からの「談話」の言葉の多様性を排して自己のモノローグに閉塞してゆく「食卓での独我論」にほかならない。カントが同節の注のひとつで、プラトンの『饗宴』に言及している（ebd 278）のは興味深い。樽のなかに暮らすディオゲネスや初期キリスト教時代の「世捨て人（Anachoret）」の態度はカントの採るところではないのである。

『人間学』のこのような考え方は、すでに指摘されているように、彼の社交的な生活態度の反映にとどまるものではない。別の節で述べられている「複数主義」の思想と呼応してカントの思想の世界を形づくっていると見ることができるのである。[☆27]「複数主義」については、「エゴイズムについて」と題された『人間学』第Ⅰ部の第二節において次のように述べられている。

☆24　カントはこの箇所で、食卓における「談話」を、「物語ること（Erzählen）」、「議論すること（Räsonniren）」、「冗談を言うこと（Scherzen）」の三段階を経てゆき、「笑い（Lachen）」に終わるものとしている。
☆25　J. G. Hamann, *Metakritik über den Purismum der Vernunft*, in: *Johann Georg Hamann Sämtliche Werke Historisch-kritische Ausgabe von Josef Nadler, Bd 3*, Wien : Herder, 1951, S. 281ff.
☆26　Art. Purismus, in: Jacob u. Wilhelm Grimm, *Deutsches Wörterbuch*, hrsg. von der Deutschen Akademie der Wissenschaften zu Berlin, Leipzig: Hirzel, 1854-1960.
☆27　浜田義文『カント哲学の諸相』、法政大学出版局、一九九四年、一二頁以下を参照。

> 論理的エゴイストは、自分の判断を他人の知性によっても吟味することを、不必要と見なす。まるで、このような試金石（真理の外的な基準）などまったく必要でないかのようにである。〔……〕エゴイズムに対置することのできるものは複数主義（*Pluralism*）だけである。すなわち、自己を全世界として自分のなかに包含するのではなく、自己を単なる一世界市民（einen bloßen Weltbürger）と見なし、かつ振る舞うような考え方である。（Ebd., 128ff.）

「複数主義」が「論理的エゴイスト」に対比されている。「論理的エゴイスト」は自分の知性や論理のなかに閉塞して他を顧みることのない態度のことであり、「複数主義」は「自分の判断」を「他人の知性によっても吟味する」ことを不可欠と考える立場のことである。それはまた、自己を多様な言葉からなる不断の「談話」に満ちた「世界」のなかの「単なる一世界市民」と見なす立場でもある。「論理的エゴイスト」と「複数主義」のこのような対置は『人間学』の第八八節で見た「食卓での独我論」と「談話」に基づいた〈交際〉との対比と平行するものである。

　本節の冒頭で見た『啓蒙とは何か』においては、各人の思考の自立が勧められていた。『人間学』の言う「複数主義」は、それと対立するものではなく、それを包含し、豊富化する考え方である点が重要である。「複数主義」とはいっても、自分の思考を「他人の知性」の複数性のなかに解消してしまうことではないからである。判断する自己（「自分の判断」）を前提としたうえで、それを「他人の知性」という「試金石」にかけることが必要であると言うのである。この脈絡で想い起こされるべきなのは、『啓蒙とは何か』においても言論が自由に行き交うことを前提とする「理性」の「公的使用（der öffentliche Gebrauch）」が「啓蒙」の実現と不可分のものとして語られていることである（KGS VIII, 37）。カントの『啓蒙とは何か』自体も啓蒙の理解をめぐる議論のなかに一石として投じられた雑誌論文である。[☆28] 思考の自立としての「啓蒙」は、複数の考え方の存在やそれによる自己の思考の吟味に意義を認めない「論理的エゴイスト」、自閉的なモノローグとは似て非なるものと言わなければならない。「複数主義」を説く『人間学』第I部の第二節において「文筆の自由（*Freiheit der Feder*）」が擁護されている（KGS VII, 128f.）ことは示唆的である。[☆29]『啓蒙とは何か』に述べられた思考の自立、「汝自身の知性を用いる勇気を持て」という標語は、『人間学』においては、第四三節などでの「思考の自主性（Selbstdenken）」（ebd., 200, u. a.）の強調となって現われる。〈思考の自主性（Selbstdenken ないし selbst denken）〉は、啓蒙の標語であり、カントだけでなく、レッシングやヘルダーなどこの時代の文学者や思想家に共有されたモチーフでもある。[☆30] カントにおいては、『人間学』の各節に散在する「思考の自主性」が「複数主義」、〈交際〉のモチーフと呼応しながら、また、『啓蒙とは何か』における「汝自身の知性を用いる勇気を持て」とも呼応しながら、思考の星座を形づくっていると思われるのである。『人間学』の前年に刊行された『人倫の形而上学』には、それらをまとめて述べた一節がある。同書の第II部「徳論の形而上学的基礎論」の第四八節「交際の諸徳について（Von den Umgangstugenden）」がそれである。この節を見ることによって、それらの連関を確認しておこう。

☆28 『啓蒙とは何か』が発表されたのは、雑誌『ベルリン月報』*Berlinische Monatsschrift* である。啓蒙とは何かをめぐる当時のドイツでの議論、およびカントの論文の位置については、vgl. N. Hinske, Einleitung, in: *Was ist Aufklärung?: Beiträge aus der Berlinischen Monatsschrift*, in Zsarb. mit M. Albrecht ausgew., eingel. u. mit Anm. vers. von N. Hinske, 3., im Anmerkungsteil erg. Aufl., Darmstadt: Wissenschaftliche Buchgesellschaft, 1981. また、同書に収められた次の文献も参照。N. Hinske: Nachwort zur zweiten Auflage. Die Diskussion der Frage: Was ist Aufklärung? durch Mendelssohn und Kant im Licht der jüngsten Forschungen. 『啓蒙とは何か』およびそれに関連する論文類を集めたアンソロジー、E. Bahr (Hg.), *Kant, Erhard, Hamann, Herder, Lessing, Mendelssohn, Riem, Schiller, Wieland. Was ist Aufklärung? Thesen und Definitionen*, Stuttgart: Reclam, 1976 によっても同時代の議論の広がりを知ることができる。

☆29 なお『人間学』のこの節では、「論理的エゴイスト」のほかに「美的エゴイスト」（自己の「趣味（Geschmack）」に閉塞してそれを客観的に陶冶することのない立場）と「道徳的エゴイスト」（文字通りのエゴイスト）についてふれられている。

自分のもろもろの人倫的完全性を働かせて相互に交際（Verkehr）を行なうこと（交際の義務、社交性（officium commercii, sociabilitas））、孤立する（別々に暮らす（separatistam agere））ことをしないことは、自分自身に対する義務であるとともに、他人に対する義務でもある。たしかに、自分自身を、自分のもろもろの原則の不動の中心点とするのではあるが、自分のまわりにこのようにして引かれた円周を、世界市民的な志操を持つ人びとすべてを包括するひとつの円周の部分をなすものとも見なすこと。世界の最善を目的として促進するためというのではなく、それへと間接的に導く相互的なもの、すなわち、相互的なものにおける快適さ、協調性、相互の愛と尊敬（尊大でないこと（Leutseligkeit）と振舞いの適切さ（Wohlanständigkeit）、〔すなわち〕尊大でない感覚と適正（humanitas aesthetica,[☆31] et decorum））をひたすら培い、このようにして徳に優美の女神たちを仲間として加えること。これを実行することはそれ自体徳の義務である。（KGS VI, 473）

〈交際〉という事柄が『人間学』に見られた「食卓」の場面から切り離され、それを含み込む形で一般化、抽象化されて述べられている。「交際（Verkehr）」、「社交性（sociabilitas）」が、自己と他者に対する普遍的な「義務」とされるのである。〈思考の自主性〉のモチーフは「自分自身を、自分のもろもろの原則の不動の中心点とする」こととして、「複数主義」は、自分を「世界市民的な志操を持つ人びとすべてを包括するひとつの円周の部分をなすものとも見なすこと」として現われている。「交際」、「社交性」とは、自己をそのような「ひとつの円周の部分をなすもの」と見なして、「世界」の人びとと関わってゆくことにほかならない。カントにおいては、日常茶飯における「交際」から、「複数主義」を介して「世界市民的な志操を持つ人びと」が切り開いてゆくであろう世界大の「交際」の空間の理念に至るまでの一本の線が引かれることになるのである。[☆32]

なお、「社交性」や「交際」、食卓における「談話」というと贅沢な感じもするが、それらは、ヴァルター・ベンヤミン（一八九二～一九四〇年）の言う十八世紀ドイツの質素な「市民の集う部屋（Bürgerstube）の狭さ」☆33のなかで思考され、

☆30 Vgl. auch U. Dierse, Selbstdenken, in: *Historisches Wörterbuch der Philosophie, Bd. 1*, Basel /Stuttgart: Schwabe, 1971, Sp., 386ff.「思考の自主性」の訳語は、浜田前掲書による。『人間学』では、第五九節（KGS VII, 228）、第六節（ebd., 138f.）にも見られる。レッシングでは次章以下で論ずる『カルダーヌス弁護』（第2章・第2節を参照）、『ハンブルク演劇論』第九五篇（第3章・第7節を参照）などに見られる。ヘルダーでは、『人間性形成のための歴史哲学異説』*Auch eine Philosophie der Geschichte zur Bildung der Menschheit*（一七七四年）、『人間性促進のための書簡』などに見られる（いずれも第3章・第7節を参照）。

☆31 humanitas aesthetica は、「感覚的な人間らしさ」とも訳しうるが、humanitas を直前の Leutseligkeit と同義に取った。この点については、麻生建・黒崎政男・小田部胤久・山内志郎編『羅独‐独羅学術語彙辞典』、哲学書房、一九八九年、一六一頁も参照。

☆32 〈思考の自主性〉をめぐる星座は『判断力批判』にも登場する。同書の第四〇節「一種の共通感覚としての趣味」では「普通の人間悟性の格率」として「1　思考の自主性、2　あらゆる他人の立場に立って考えること、3　いつでも自分自身と一致して考えること」が挙げられている。二番目の確率は〈複数主義〉、〈交際〉の問題と重なっている。〈社交性〉は第六〇節「付録　趣味の方法論について」などに登場するが、これについては、本章の第5節でふれたい。なお、〈交際〉、〈社交性〉に関連する事柄に、カントが『世界市民的見地における一般史の理念』*Idee zu einer allgemeinen Geschichte in weltbürgerlicher Absicht*（一七八四年）で説いた〈非社交的社交性（ungesellige Geselligkeit）〉がある。〈非社交的社交性〉に比べて注目されることの少ない〈社交性〉に光を当てて、ひとつの脈絡を浮かび上がらせるのが本章の考察の趣旨である。カントにおける〈社交性〉が注目されていないことは、代表的な研究便覧である G. Irrlitz, *Kant-Handbuch. Leben und Werk*, Stuttgart /Weimar: Metzler, 2002 の Sachregister に »ungesellige Geselligkeit«（非社交的社交性）の項目があるにもかかわらず、Geselligkeit（社交性）や Umgang（交際）や Verkehr（交際／交通）の項目がないことが示している。そのようななかで〈社交性〉に光を当てた研究としては、先に挙げた浜田義文『カント哲学の諸相』のほかに次のものが重要である。H. Arendt, *Lectures on Kant's Political Philosophy*, edited and with an Interpretive Essay by R. Beiner, Chicago: Chicago Univ. Press, 1982, siehe bes. S. 72ff. アーレント（浜田義文監訳）『カント政治哲学の講義』、法政大学出版局、一九八七年、とりわけ、一一一頁以下。

行なわれたものであることが注意されるべきである。ベンヤミンは一七八三年から一八八三年までの百年間に書かれたドイツ語圏の手紙二七通にコメントを加えた『ドイツの人びと』*Deutsche Menschen. Eine Folge von Briefen* という作品を一九三六年にスイスで出版している。☆34 そのなかで彼は、カントの弟ヨーハン・ハインリヒ（一七三五～一八〇〇年）が一七八九年の八月二十一日にカントに宛てた手紙を取り上げている。ベンヤミンはそれにコメントを加え、バルト海沿岸地方の都市ケーニヒスベルクで営まれたカントの生活空間を次のように描き出している。

次の手紙の精神のなかに正しく身を置き入れるためには、借金と四人の子供以外にはほとんど何もない、バルト海沿岸地方の牧師の家計の貧しさだけでなく、この手紙の宛先の家、〔ケーニヒスベルクの〕城の堀近くにあったイマヌエル・カントの家のことも、ありありと思い浮かべなければならない。その家には、「壁紙を張ったり華やかに彩色を施した部屋も、絵画のコレクションや銅版画も、豊富な什器や華美な家具も、あるいは少しでも価値のありそうな家具も、――それどころか、たいていは部屋の調度品にすぎない蔵書すら」見られない。「さらに、その家では、費用のかかる遊覧の旅や馬車の遠乗りなどは思いも寄らず、晩年においてすら、いかなるものであれ遊びに思いが向かうことはなかった」。家のなかに入ると、「平穏な静けさが支配していた。……階段を登って、……左手のまったく簡素な、装飾のない、ところどころ煤けた玄関の間を通り抜けると、やや大きな部屋に入る。その部屋は客間となっているのだが、華美なものは何もなかった。一台のソファ、布張りの数脚の椅子、磁器をいくつか収めたガラス戸棚、銀貨や予備のお金を入れた事務机、そのほかに寒暖計と張り出し棚……これらが家具のすべてで、白い壁の一部を被っていた。そこから、まったく簡素で粗末なドアを通ると、同じように粗末な無憂宮（Sans-Souci）〔フリードリヒ大王の離宮、ここではカントの書斎〕があった。ドアをノックすると、〈お入り！〉という快活な声がして、招き入れられるのだった」。次の手紙をケーニヒスベルクまで届けた若い学生も、そのように

招き入れられたのかもしれない。[☆35]

ベンヤミンの文章は引用を連ねたものとなっているが、カントと交流のあったヨーハン・ゴットフリート・ハッセ（一七五九〜一八〇六年）という人物が書いたカント伝からのものである。[☆36] ほとんど忘れられた書物を用いて、同様に忘れられてしまったカントの生活空間が浮き彫りにされている。状況は、ロンドンやパリなどの大都市とは大きく異なっている。ベンヤミンのコメントに続くカントの弟の手紙においては、カントの住まうケーニヒスベルクから約三〇〇キロ北東に離れたバルト海沿岸地方の村の「孤独（Einsamkeit）のなかでの」「社交的な交際の欠如（Mangel des

---

☆33　W. Benjamin, *Deutsche Menschen. Eine Folge von Briefen*, in: *Walter Benjamin Gesammelte Schriften*, hrsg. von R. Tiedemann u. H. Schweppenhäuser, *Bd. IV・1 Kleine Prosa Baudelaire-Übertragungen*, Frankfurt a. M.: Suhrkamp, 1991, S. 157.

☆34　デートレフ・ホルツ（Detlev Holz）という偽名で出版。同書のもとになったのは、一九三一年から三二年にかけての『フランクフルト新聞』*Frankfurter Zeitung* への連載である。

☆35　Benjamin, a. a. O., S. 156.

☆36　ハッセのカント伝をベンヤミン全集の注解（Anmerkungen des Herausgebers, in: *Walter Benjamin Gesammelte Schriften IV・2*, S. 956）は、『カントの最後の言葉――彼の同時代人のひとりによる』*Letzte Äußerungen Kant's von einem seiner Zeitgenossen*, Königsberg 1804 とするが、『カントの最後の言葉――彼の食卓仲間のひとりによる』*Letzte Äußerungen Kant's, von einem seiner Tischgenossen*, Königsberg 1804 または、『カントの貴重な言葉――彼の食卓仲間のひとりによる』*Merkwürdige Äußerungen Kant's, von einem seiner Tischgenossen*, Königsberg 1804 であろう。なお、ベンヤミンの文章の後半部にある「平穏な静けさが支配していた。……」以下は、引用の省略の仕方を含め、カッシーラー『カントの生涯と学説』*Kants Leben und Lehre*（一九一八年）の第七章「晩年の諸著作と闘争――『単なる理性の限界内の宗教』およびプロイセン政府との衝突」の冒頭にあるハッセからの引用と重なる（vgl. ECW VIII, 347）。ベンヤミンがカッシーラーを意識的に踏まえている可能性がある。

gesellschaftlichen Umgangs)」が語られている。[37]「社交」、食卓における「談話」、手紙のやりとり、世界大の「交際」の理念をめぐる思索は、経済的な貧しさや移動の困難など、交流を妨げ押し留めるさまざまな力が働く生活空間のなかで、それに根ざしながらそれを超えるべく行なわれ、思考されたものである点が注意されるべきである。ハーマンはカントの『啓蒙とは何か』を「ナイトキャップを被り暖炉の陰に隠れた」立場からのものにすぎないとする。[38] ハーマンの批判は別途検討されなければならないが、以上述べてきた〈交際〉という事柄の意義、それが思考され営まれた質素な生活空間、「つましい、制約された生活と真の人間性の間の相関[39]」が忘れられてはならない。

4 クニッゲと『人間交際術』

以上の考察をふまえながら、本節では、クニッゲの『人間交際術』を見てゆくことにしたい。はじめに、研究の動向について一言述べておきたい。

『人間交際術』は森鷗外（一八六二〜一九二二年）が一部を『智恵袋』、『心頭語』と題して自由に翻訳、紹介している作品でもある。このこととの関連で、クニッゲと『人間交際術』については、わが国では鷗外研究の視点からすでに紹介がなされている。[40]〈クニッゲと森鷗外〉というテーマが発見されたのは一九七〇年代はじめであったが、奇しくもこれとほぼ時を同じくしてドイツでもクニッゲへの関心が高まっていった。それは、序論で述べた一九六〇年代以降における啓蒙の見直しの動きと並行するものであり、啓明結社で活動したり、フランス革命の理念を擁護する論陣を張ったりといった啓蒙の著作家としてのクニッゲに向けられたものである。そこで明らかになったクニッゲ像は、森鷗外との関係で描き出されたそれとは別のものとなっている。因習的な礼儀作法の手引書の著者クニッゲという、十九世紀以来流布してきたイメージが覆されたのである。[41] これとともに『人間交際術』にもフランス革命期のクニッゲの著作との連続性が指摘されるに至っている。[42] このようなクニッゲ理解に関しては、一九六〇年代〜七〇年代半ばにおけるドイツのゲルマニスティク特有の〈偏差〉を割り引かねばならないとしても、[43] その後もさまざまな修正や繊細化を経ながら研究が蓄積されて、現在に及んでいることが見過ごされてはならない。また、クニッゲへの関心が高まるなかで、『人間交際術』を古代以来の〈振舞いの文学〉(後述)の伝統と関連づけて考察する研究も現われている。ただ、いずれの場合においても、第2節で見た〈社交の世紀〉としての十八世紀のなかにクニッゲを位置づけることに成功しているとは言いがたい。[44] 本節ではこれらの点を踏まえながら、考察を進めてゆくことにしたい。

（1）クニッゲの生涯

まず、クニッゲはどのような人物なのか、わが国において正確には伝えられていない彼の生涯を簡単に辿っておきたい。[45]

クニッゲは一七五二年に中部ドイツの都市ハノーファ郊外のブレーデンベックで生まれた。クニッゲ家は相当の所

☆37 *Walter Benjamin Gesammelte Schriften IV・1*, S. 158. カントの弟の居住地については、浜田前掲書二八七頁を参照。
☆38 Hamann an Christian Jacob Kraus, 18. Dezember 1784, in: Bahr (Hg.), a.a.O., S. 21.
☆39 Benjamin, a.a.O, S. 157.
☆40 小堀桂一郎「森鷗外の処世哲学――『智慧袋』『心頭語』の原典について――」、『比較文學研究』第二〇号、一九七一年、小堀「クニッゲ――『交際法』を生んだ時代背景」、『ゲーテ年鑑』第二七号、一九八五年など。
☆41 現代ドイツ語で Knigge は、礼儀作法の指南書、マニュアル本の代名詞として用いられている。Art. Knigge, in: *Ullstein Lexikon der deutschen Sprache*, Frankfurt a. M. /Berlin: Ullstein, 1969. また、Art. Knigge, in: *Duden. Das große Wörterbuch der deutschen Sprache*, Mannheim: Duden, 1976-1981 などを参照。本章の序でクニッゲの名は現在のドイツでも広く記憶されているとと述べたのはこの意味においてである。

領を持つ貴族で、父はハノーファの宮廷に仕える官吏・法律家であったが、クニッゲが幼いときに父母は莫大な負債を残して相次いで世を去ってしまう。負債は前の代からの借金と父の贅沢な暮らしが原因であったという。返済はクニッゲの肩にかかり、それによる困窮が生涯の基調をなすこととなる。

一七六九年、一七歳のクニッゲはゲッティンゲン大学の法学部に入学、かたわら宮廷での職を求め、一八歳のときからカッセルの宮廷に仕官する。経済関係の部署に属し、タバコ工場の経営に携わるなどスタートは順調であったが、やがて宮廷内の人間関係の変化、率直な物言いや駆け引きの不器用さが原因となって、一七七五年、二二歳のときに早くも辞職してしまう。なおこの間、一七七三年に結婚、七四年にはひとり娘のフィリピーネ(一七七四〜一八四一年)が生まれている。

クニッゲはその後も職を求めて各地の宮廷に運動を行なうが、ヴァイマルの宮廷から名前だけの称号を得た以外に成果はなかった。七七年からは数年間にわたってハーナウの宮廷で活動しているが、これも宮廷人になることを期待しての滞在であり、正式のメンバーとなったわけではなかった。七五年にはフランスの戯曲を翻訳してハンブルクの演劇人、フリードリヒ・ルートヴィヒ・シュレーダー(一七四四〜一八一六年)に評価されるなど文筆家の片鱗を見せ始めていたクニッゲであったが、君主が芝居好きのハーナウでは、宮廷人の劇団を組織して一時の寵児となったのである。この間に演劇人のグスターフ・フリードリヒ・ヴィルヘルム・グロースマン(一七四三〜九六年)とも親しくなり、クニッゲの視野はしだいに宮廷の外に開かれていった。だが、肝心の宮仕えの期待はかなえられず、八〇年には苦い思いを残してハーナウを去る。

以後は宮廷生活から遠ざかり、フランクフルト・アム・マイン、ハイデルベルクなど各地を転々とする生活を送ることになる。この間にクニッゲは、カッセル時代にフリーメーソンに加入。八〇年には啓蒙主義的な秘密結社であった啓明結社に加入、短期間で退会するが、積極的に活動し足跡を残している。八四年には退会の交渉と弁明のために、啓明結社の中心地であったヴァイマルを訪れ、そのさいにゲーテにも会っている。

クニッゲはハーナウ時代以前から文筆活動を始めていたが、作家としての成功作は、一七八一年から八三年にかけて発表した自伝的な長篇『わが生涯のロマン』*Der Roman meines Lebens*である。成功の原因は、宮廷の実態を貴

☆42 クニッゲ研究史については、vgl. W. Fenner, »Bürgerfreund, Aufklärer, Völkerlehrer«. Knigge in Deutschland von 1796 bis 1996, in: *Text und Kritik. Adolph Freiherr Knigge* 130 (1996), S. 84-90. クニッゲ再評価のきっかけとなったのが政治哲学者のフェッチャーである。彼は、ルソーの政治思想を研究するなかでクニッゲのフランス革命に関する諸著作に遭遇、それを紹介、さらには『人間交際術』をこの脈絡のなかに置き入れて、その意義を論じたのであった。彼のそのような仕事は次の通りである。I. Fetscher, Der Freiherr von Knigge und seine Erben, in: *Der Monat* 13 (1961) Nr. 140, S. 65-74., A. F. Knigge, *Über den Umgang mit Menschen*, nach der 3. Aufl. von 1790 ausgew. u. eingel. von I. Fetscher, Frankfurt a. M. /Hamburg: Fischer, 1962., A. F. Knigge, *Des seligen Herrn Etatsraths Samuel Conrad von Schaafskopf hinterlassene Papiere; von seinen Erben herausgegeben*, mit einem Nachwort von I. Fetscher, Frankfurt a. M.: Insel, 1965. なお、彼に先立ってフランス革命期のクニッゲに意義を見出して言及した文献に、H. Voegt, *Der deutsche jakobinische Literatur und Publizistik 1789-1800*, Berlin: Rütten & Loening, 1955. がある。なお、フェンナーの前掲研究史で言及されていないものに、フェッチャーとほぼ時を同じくして書かれたマックス・リーヒナーのクニッゲ論がある（M. Rychner, Adolph von Knigge, in: Adolph Freiherr von Knigge, *Über den Umgang mit Menschen*, eigel. von M. Rychner, Bremen: Schünemann, 1964）。リーヒナーは、古代ギリシアのパイデイアの理念から近世のカスティリオーネを経てレッシング、ゲーテに至る教育論・人間論の流れのなかで『人間交際術』を論じている。一見淡々とした彼の叙述は、一国文学史を超えた広汎な脈絡のなかでクニッゲを復権しようとする静かな意志に貫かれている。だが、キケロなどのローマ的伝統に言及せず、『人間交際術』と〈儀礼の書（Komplimentierbuch）〉（後述）との相違を明瞭に描いていないなど問題点も含まれている。フランス革命に関する著作の把握は微温的であり、『人間交際術』との関係も明確になっていない。注40に挙げた小堀論文は、リーヒナーを参考文献のひとつとして用いている。

☆43 この点については、vgl. M. Schlott, „Politische Aufklärung“ durch wissenschaftliche „Kopplungsmanöver“. Germanistische Literaturwissenschaft und geschichtswissenschaftliche Jakobinerforschung zwischen 1965 und 1990, in: *Aufklärungsforschung in Deutschland*, S. 79-97.

族自身が批判的に描き出したことにあった。以後、『ペーター・クラウス物語』*Geschichte Peter Claussens*（一七八三〜八五年）、『哲学者の過ち　ルートヴィヒ・フォン・ゼールベルク物語』*Die Verirrungen des Philosophen oder Geschichte Ludwigs von Seelberg*（一七八七年）、『哀れなフォン・ミルデンブルク氏の物語』*Geschichte des armen Herrn von Mildenburg*（一七八九〜九〇年）などの長篇を次々と発表してゆくが、その間、八八年に『人間交際術』を発表、著作家としての名前を決定的なものにする。反響はドイツ語圏の外にも及び、クニッゲ生前にすでにオランダ語、デンマーク語などの訳が出ている。

一七八七年、クニッゲは負債の返済をめぐる管財人の不正を糾明するためにハノーファに戻ってくる。かたわら、窮乏を脱け出すために職を求めて各方面に運動を行ない、九〇年、ようやくブレーメンに勤務するハノーファ政府の官吏に任命されることとなった。ここから九六年に世を去るまでがクニッゲの短い生涯の晩年にあたるブレーメン時代である。

ブレーメンは自由都市であったが、十八世紀の初頭に市の大聖堂と周囲の学校・街・市場などがハノーファ領になっており、クニッゲの職務はこれらを管理するものであった。すでに持病が悪化しつつあったが、長篇『魔の城　トゥンガー伯物語』*Das Zauberschloß oder Geschichte des Grafen Tunger*（一七九一年）、『ブラウンシュヴァイクへの旅』*Die Reise nach Braunschweig*（一七九二年）、『旅の書簡』*Briefe, auf einer Reise aus Lothringen nach Niedersachsen geschrieben*（一七九三年）、『高級官僚グートマンの物語』*Geschichte des Amtsraths Gutmann*（一七九四年）など旺盛に作品を発表していった。『ブラウンシュヴァイクへの旅』は『人間交際術』とならんでクニッゲの死後も読み継がれていった作品である。[☆46] フランス革命についての諸著作を発表したのもこのブレーメン時代である。

『人間交際術』発表の翌年、一七八九年にはフランスで革命が始まっていた。クニッゲは、ブレーメンに赴任する直前の九〇年夏、ハンブルクでクロプシュトック（一七二四〜一八〇三年）や友人のライマルス夫妻（夫の医師ヨーハン・

アルベルト・ハインリヒ・ライマルス（一七二九～一八一四年）はレッシングが遺稿を公刊したヘルマン・ザムエル・ラ

☆44　フェッチャーは、先に挙げた文献のなかで、クニッゲとルソーの関係を強調している。だが、本節の（4）でも見るように、ルソーは〈社交性〉に対する批判者である。フェッチャーにおいてこの問題は考えられていない。また、フェッチャーの流れを汲む研究において、クニッゲが〈ジャコバン文学〉に分類されることがあるが、この点も妥当ではない（注48を参照）。〈ジャコバン主義〉と〈社交性〉は対立する事柄であり、この分類に囚われて〈ジャコバン主義〉を十八世紀啓蒙やクニッゲと同一視するならば、『人間交際術』を位置づけることは不可能である。『人間交際術』を古代以来の〈振舞いの文学（Anstandsliteratur）〉（後述）と関連づけて考察する研究の代表は、一九九一年に出たレクラム文庫版『人間交際術』の編者でもあるゲッテルトである（Göttert, »Über den Umgang mit Menschen«, in: *Text und Kritik. Adolph Freiherr Knigge* 130 (1996), S. 30ff. など）。だが、ゲッテルトもルソーによる〈社交性〉批判を評価し、その意義を強調するあまり、ルソー以後に出た『人間交際術』を〈社交の世紀〉としての十八世紀のなかに位置づけることに成功していない（注67および注72を参照）。ゲッテルトにおいては、フェッチャーらの再評価の流れに反発するあまり、クニッゲの意義を低く見る傾向があるように思われる。

☆45　クニッゲの生涯については、W. Fenner, Knigges Leben anhand seiner Briefe und Schriften, in: *Adolph Freiherr Knigge Ausgewählte Werke in zehn Bänden. Im Auftrag der Adolph-Freiherr-Knigge-Gesellschaft zu Hannover*, hrsg. von W. Fenner, Hannover: Fackelträger, *Bd. 10*, 1996 に拠る。ブレーメン時代については、*Adolph Freiherr Knigge in Bremen. Texte und Briefe*, hrsg. u. kommentiert von M. Rüppel u. W. Weber, Bremen: Temmen, 1996 も参照。

☆46　たとえば、『ブラウンシュヴァイクへの旅』は一八六七年に、『人間交際術』は一八七九年にレクラム文庫に収められ、前者は一九一六年まで一七版を、後者は一九四一年まで三二版を数えていることがこれを示す（vgl. E. A. Freiherr Knigge, *Knigges Werke. Eine Bibliographie der gedruckten Schriften, Kompositionen und Briefe Adolphs, Freyherrn Knigge und seiner Tochter Philippine von Reden, geb. Freiin Knigge. Mit einem Anhang: Sekundärliteratur*, Göttingen: Wallstein, 1996, S. 186 u. 297.）。森鷗外が翻読し、『知恵袋』、『心頭語』執筆のきっかけとなったのは、このレクラム文庫版『人間交際術』である。『人間交際術』は十九世紀以降さまざまな縮小、増補、改訂版が出ることになるが（vgl. Fenner, a. a. O., S. 282ff. u. K. Mitralexi, *Über den Umgang mit Knigge. Zu Knigges „Umgang mit Menschen“ und dessen Rezeption und Veränderung im 19. und 20. Jahrhundert*, Freiburg: Hochschulverlag, 1984, S. 129ff.）、レクラム文庫版はクニッゲ生前のオリジナルの版に基づくものである。

イマルス（一六九四〜一七六八年）の息子、晩年のクニッゲは夫妻のそれぞれと多くの手紙をやりとりしている）らとともにバスティーユ陥落一周年を祝っていた。任地のブレーメンはフランスとの交易関係も深く、情報は刻々と伝えられていた。クニッゲは多大な関心を持って革命の推移を見守っていたものと思われる。

そのようななかで、ドイツの現状を風刺して政治体制の理想を述べた長篇『ベンヤミン・ノルトマンのアビシニア啓蒙物語』*Benjamin Noldmann's Geschichte der Aufklärung in Abyssinien*（一七九一年春、匿名で出版）、アンシアン・レジームを墨守する人びとを痛烈に皮肉った風刺文『故フォン・シャーフスコプフ氏の遺せし文書』*Des seligen Herrn Etatsraths Samuel Conrad von Schaafskopf hinterlassene Papiere*〔Schafskopf は〈間抜け〉の意〕（一七九一年十二月、匿名で出版）、革命の原因と経過を分析してドイツ社会に改革の提言を行なった論説『ヨーゼフ・フォン・ヴルムブラントの政治的信仰告白』*Josephs von Wurmbrand politisches Glaubensbekenntniß*（一七九二年五月）を次々と執筆・刊行していった。フランス革命への当初の熱狂がドイツから去りつつあるなかでの果敢な文筆活動であった。フランス革命に対するドイツでの反応として、カントのそれとならんで大きな意義を持つものである。[☆47] クニッゲがこれらの著作のなかで説いたのは、革命ではなくあくまでもドイツ社会の改革であった。具体的には、言論・出版の自由を抑圧する法令の廃止、権力の恣意的な行使をやめて近代的な法を制定すること、「市民のあらゆる階級から（aus allen Classen der Bürger）自由に選ばれた代表」を招集することなどである。[☆48] 貴族や官吏を含め共鳴する者も少なからずいたが、これによってクニッゲは守旧派からの執拗な中傷や非難、さらにはハノーファ政府による事前検閲が加えられることとなった。

九五年三月、オランダ領内にあったフランス軍に対抗してハノーファ軍が自由都市ブレーメンを占領し、身辺はさらに重苦しいものになっていった。同年冬、持病が悪化、翌九六年五月ブレーメンで世を去った。四三歳であった。九五年秋には市民層のネットワークの形成を呼びかけた冊子『きわめて公開的な結社の宣言』*Manifest einer nicht geheimen, sondern sehr öffentlichen Verbindung* を匿名で刊行、死の年の夏には「『人間交際術』と対をなす」という副題の付いた遺作のエッセー『エゴイズムと忘恩について』*Über Eigennutz und Undank. Ein Gegenstück zu dem Buche: Über den Umgang mit Menschen* が出版された。同書は友人のハインリヒ・ライマルスに捧げられている。

なお、クニッゲにはその他、モーツァルト（一七五六〜九一年）とダ・ポンテ（一七四九〜一八三八年）による『フィガロの結婚』*Le nozze di Figaro*（一七八六年初演）のドイツ語訳があることを付け加えておきたい。これは、グロースマンの求めによって娘のフィリピーネと共同でこのオペラをジングシュピールにしたもので、革命も始まろうとする一七八九年の五月にハノーファで初演、その後も各地で上演を重ね、モーツァルトの『フィガロの結婚』がドイツ語圏で普及するにあたって大きな役割を果たした。ジングシュピールの台詞の部分は、フィリピーネが執筆し、ボーマルシェ（一七三二〜九九年）の原作の風刺性を生かしたものであったという。☆49

☆47　フランス革命に対するカントの反応、それとクニッゲの反応との連関については、vgl. Irrlitz, a. a. O., S. 39ff. 両者のフランス革命に対する注視と関心は、当初の熱狂の後に幻滅を表明したヴィーラント（一七三三〜一八一三年）、クロプシュトック、シラーなどドイツ知識人の多くとは異なることが注意されなければならない。

☆48　A. Fr. Knigge, *Josephs von Wurmbrand politisches Glaubensbekenntniß, mit Hinsicht auf die französische Revolution und deren Folgen*, S. 165ff, in: KSW XV. 同箇所でクニッゲは自らの提案を「改良（Verbesserung）」と呼んでいる。クニッゲのフランス革命に関する著作は、〈ジャコバン文学（Jakobinische Literatur）〉や〈文学的ジャコバン主義（Der literarische Jakobinismus）〉に分類されているが（Art. Jakobinische Literatur, in: V. Meid, *Sachwörterbuch zur deutschen Literatur*, Stuttgart: Reclam, 2001., J. Bark u. a. (Hgg.), *Epochen der deutschen Literatur. Gesamtausgabe*, Stuttgart /Düsseldorf /Berlin /Leipzig: Klett, 1997, S. 152ff. など）、妥当ではない。クニッゲの提案が微温的なものではなく、当時のドイツ社会に激しい摩擦を引き起こすものであったことは、彼に加えられた激しい中傷や非難によって明らかである。だが、彼が説いたのはあくまでも改革であることが注意されなければならない。フランス革命＝ジャコバン独裁という固定観念ないし〈物語〉を取り去って、当時のドイツ社会における改革派と守旧派のせめぎあいのなかでのクニッゲの意義が正当に評価されるべきである。

（2）『人間交際術』――その構想

『人間交際術』に考察を移そう。まずは三部からなる全体を概観しておこう。☆50

第Ⅰ部は「序論」に始まり「人間との交際についての一般的注意事項と規則」、「自分自身との交際」、「さまざまな気性・気質の人びと、さまざまな気分の精神・心情を持つ人びととの交際」についての各章が続く。最後の章には宮廷世界での経験に基づいた辛辣な人間描写が数多く含まれている。

第Ⅱ部は「両親、子供、親戚」、「夫婦」、「恋愛中の人間」、「女性」、「友人」、「主人と奉公人」、「家主、隣人、同じ屋根の下に住む他人」、「主人と客人」、「恩恵を施す者と受ける者、教師と生徒、債権者と債務者」、「さまざまな特殊な状況、関係にある人間〔敵、病人など〕」などの章が置かれ「人生におけるさまざまな事件〔旅行など〕にさいしての振舞い方」を述べた章が続く。私生活のなかで結ばれる関係が中心となっている。

第Ⅲ部は、「身分の高い人、君侯、貴族、財産家」、「貧しい人びと」、「宮廷人」、「聖職者」、「識者や芸術家」、「市民社会におけるさまざまな身分、職業の人びと〔医師、法律家、商人、手工業者、農民など〕」、「さまざまな生き方や生業の人間」、「秘密結社とその成員」、「動物」、「作者と読者」をめぐる交際を述べた各章のあとに「結び」が来る。諸身分(Stände) に分かたれた当時の社会において結ばれる関係が内容の中心である。

これらさまざまな場面における〈交際〉を勧め、その仕方を説くのが『人間交際術』の主題である。だが、〈交際〉に関するルールブックの類いではなく、クニッゲが半生の経験のなかで得た人間観察が内容の多くを占めている。振舞い方の勧めや〈交際〉のモラルがそこに散りばめられるのである。

クニッゲがこのようにしてことさらに〈交際〉を問題とするのは、ドイツの社会を織りなす人びとに〈社交性〉と〈交際〉が欠けていると考えるからである。第Ⅰ部の「序論」でクニッゲは次のように述べる。全体を導く理念とも言うべきものが述べられた箇所である。

ヨーロッパの他の諸国とくらべてみて、ドイツにおいてこれをなすこと最も困難なことがらがある。それは次のようなものだ。どのような階層、地域、身分の人と交際する場合でも、変わらずつねに称賛を博すること。どのような人びとのなかにいても、平常心を保っていること。無理をせず、偽りの自分の姿を見せることなく、他人から疑いの目で見られないように振舞い、しかもそのさい、自分自身の良心に恥じないですませること。貴族や市民に対するのと同じように、君主に対しても泰然と振舞い、聖職者に対するのと同じように、商人に対しても自若として振舞うこと。わが国ドイツでこのように振舞うのはむずかしい。〔……〕昔風の先入観や旧態依然たる教育のせいで、また一部には国家体制そのもののせいで、国内の階層の間には、他の国には見られないほど、はっきりとした境界線が引かれてしまったのである。「祖父母のさらに両親の代から貴族でなければ真正の貴族ではない」などという考え方が、ドイツでは思想内容や教養のあり方について、道徳面でも政治面でも根本から影響を及ぼしている。このような国が他にあるだろうか。〔……〕どのような身分の人とも交際し、あらゆる地域の人と交流を持ち、誰からも好まれ、誰に対しても平等に振舞うということが、ドイツでは非常に困難なのである。

☆49　Vgl. Knigge, *Dramaturgische Blätter*, in: KSW XVIII, 498f. 残念ながら台詞の部分は残っていない。歌詞の部分は、KSW XXIII に収められている。なお、クニッゲは素人ながらファゴット協奏曲（一七七五年）や六曲のクラヴサン・ソナタ（一七八一年出版）なども作曲している。クニッゲと音楽に関しては、vgl. A. Fischer, »Cantores amant humores«. Adolph Freiherr Knigge und die Tonkunst, in: *Text und Kritik. Adolph Freiherr Knigge* 130 (1996), S. 74ff.

☆50　『人間交際術』は、一七八八年に初版が出たさいには二部構成であったが、一七九〇年の第三版で三部構成に変更され、以後の版に踏襲されてゆく。本書では第三版（Knigge, *Über den Umgang mit Menschen*, hrsg. von G. Ueding, Frankfurt a. M.: Insel, 1977（中直一・笠原賢介訳『人間交際術』、講談社学術文庫、一九九三年）を考察の対象とする。以下、本書では、引用の末尾にテクスト（UM と略記）と邦訳の頁数を併記する。訳文は一部変更した場合がある。なお、KSWに収められているのは、一七九六年の第五版である（KSW X）。

（UM, 24ff. ／五九頁以下）

問題となっているのは、人びとが地域や身分・肩書き・階層に分かれて閉鎖的に孤立しているドイツの状況である。それは、ベンヤミンが浮き彫りにした十八世紀ドイツの「市民の集う部屋」、「イマヌエル・カントの家」の外側に広がっている現実でもある。三〇〇余国に分かれ、地域間の移動も容易でなく、身分・階層の間の壁と序列は固定されている。それは疑われるどころか根強く肯定され、地域・身分の枠を超えた〈交際〉は稀である。人びとはそのような空間のなかで逼塞し、見慣れぬ場面や人間に対しては、途方に暮れ、居心地の悪さを感じるか、卑屈な振舞いや強張った振舞いをする以外に術がない。〈交際〉の様式としては宮廷の礼儀作法が存在しているわけだが、それは人びとの間の「はっきりとした境界線」を強めるものでしかない。そのような状態を流動化し、「どのような身分の人とも交際し、［……］誰に対しても平等に振舞う（auf alle gleich vorteilhaft zu wirken）」新たな〈交際〉の仕方をめざすのが『人間交際術』の主旨なのである。

このような著作の読者として想定されているのは、新興の市民層──実業家、学者、聖職者、教師、官吏、法律家などの「中流身分（[der] mittler[e] Stand）」（ebd., 179／二九六頁）[☆51]である。彼らは啓蒙の世紀における〈社交〉の担い手でもあったわけであるが、興味深いのは、『人間交際術』の先の引用に続く箇所で都市市民や大学教授、聖職者の世界の狭さが風刺されていることである。[☆52]彼らとても閉塞した空気を例外なしに呼吸していたことが示されている。〈社交〉の世紀とは言うものの、それは、そのような閉鎖的な心性や行動様式が支配するただなかで追求されたものであったことが注意されるべきである。『人間交際術』は、そのようなあり方を市民相互、市民と貴族たち、市民の外部である〈庶民（Volk）〉との〈交際〉へと開いてゆこうとするのである。[☆53]

(3)〈振舞いの文学〉

「人間のすべての階層との交際方法」(ebd., 12/七頁)の書であろうとする『人間交際術』のこのようなコンセプトはクニッゲ独自のものであるが、同時にそれは、それ以前からの〈振舞いの文学〉とも言うべき水脈から生まれた作品でもある。『人間交際術』の内容にさらに立ち入る前に、ゲルト・ユーディングが編集した『修辞学史辞典』*Historisches Wörterbuch der Rhetorik* の〈振舞いの文学 (Anstandsliteratur)〉と〈儀礼の術 (Komplimentierkunst)〉の項目を出発点にして、この点を整理しておきたい。☆54

Anstand という語は礼儀や作法と訳されたりするが、適正な振舞いということであり、☆55 Anstandsliteratur は、振舞いや交際のあり方を主題とする文学というほどの意味である。そのような文学の水脈が古代から十八世紀末までのヨーロッパに認められるのである。礼儀作法の教科書の類いもこれに属するがその一部にすぎない。この主題は古代では倫理学で扱われ、「徳性 (honestum)」から切り離せないものとしての「適正 (decorum)」を説いたキケロ (BC一〇六～四三年)の『義務について』*De officiis* が後世に絶大な影響を与えた古典である。☆56 前節で見たカントの『人倫の形而

☆51 十八世紀ドイツの市民層の構成については、vgl. Habermas, a. a. O., S. 92f. および、成瀬治他編前掲書、一五五頁以下。

☆52 UM, 27f. u. 30f. /六四頁以下、および六九頁以下。

☆53 ただし女性や農民についての叙述をはじめクニッゲや当時の市民層が共有していた制約や偏見が指摘されねばならない。別に論ずべきテーマである。

☆54 Vgl. K. -H. Göttert, Anstandsliteratur, in: *Historisches Wörterbuch der Rhetorik, Bd. 1*, Tübingen: Niemeyer, 1992, Sp. 658ff. u. D. Till, Komplimentierkunst, in: ebd., *Bd. 4*, Tübingen: Niemeyer, 1998, Sp. 1211ff. ただし、本小節の後半、カントについての論述は筆者によるものである。また、〈交際〉、〈社交〉をめぐるカントとクニッゲの思想の位置づけについて、筆者はゲッテルトと見解を異にする(この点については注67を参照)。

☆55 *Ullstein Lexikon der deutschen Sprache* は、Anstand の語を schickliches, gutes Benehmen (適切な、良い振舞い)、gute Sitte (良い習俗)、Takt (繊細な思いやり) と説明している。

上学』からの引用における「適正（decorum）」は、ここに源がある。
〈振舞いの文学〉の水脈は中世を通じて維持されたが、ルネサンスにはカスティリオーネ（一四七八～一五二九年）の『廷臣論』*Il Cortegiano*（一五二八年）、バロック期にはグラシアン（一六〇一～五八年）の『神託必携』*Oráculo manual y arte de prudentia*（一六四七年）が書かれ、これまたこの分野を代表する作品となった。近世ではさらに、モンテーニュ（一五三三～九二年）の『エセー』*Essais*（一五八〇年初版）、フランシス・ベーコン（一五六一～一六二六年）の『随想集』*The Essays, or Counsels Civill and Morall*（一五九七年初版）、ラ・ブリュイエール（一六四六～九六年）の『カラクテール』*Les Caractères de Théophraste traduits du grec, avec les Caractères ou les Mœurs de ce siècle*（一六八八年初版）などにこの主題が含まれている。

近世において絶対主義の宮廷文化が確立するのにともなって発達するのが、〈振舞いの文学〉の一分枝である〈儀礼の書（Komplimentierbuch）〉である。Kompliment（儀礼）とは、文字や口頭または動作による儀礼の表明のことであり、その技術が〈儀礼の術（Komplimentierkunst）〉であり、その教科書が〈儀礼の書〉である。それは、自立的な権力を奪われた貴族たちが上位者の愛顧を獲得すべくしのぎを削る絶対主義の宮廷という独特な階層社会における行為規範の手引きである。この種の書では、キケロの伝統に反して「適正」な振舞いが「徳性」から切り離され、社会的成功のための技術として捉えられている。この観点はベーコンやグラシアンにも見られないわけではないが、彼らの洞察や問題意識を捨象して煩瑣で形式的な儀礼の教科書と化したのがこのジャンルなのである。〈儀礼の書〉はドイツでは十七世紀前半から見られ、十八世紀にも数多く書かれてゆく。[☆57] 十八世紀のドイツでは、市民層が官吏として宮廷に進出するのにともなって、この種の書の読者は貴族から市民に移行していったのであった。

このような状況について、カントは、『人倫の形而上学』・第II部「徳論の形而上学的基礎論」のなかの「諂いについて（Von der Kriecherei）」という一節（第一篇・第一巻・第二章・III）の第一二節で次のように述べている。

公民的体制における命令権者でない者に対してすらなされる、言葉と動作におけることさらの敬意の表明――会釈やお辞儀（儀礼《コンプリメンテ》）、宮廷風の、周到な几帳面さで身分の違いを表わす常套句――それは丁重さ《ヘーフリッヒカイト》（丁重さは互いに尊重し合っている者の間でも必要である）とはまったく別のものである――呼びかけのさいの、あの「君」、「その方《ほう》」、「旦那様」、「そち」、あるいは「尊台」、「御前」、「閣下」、「殿下」（やめろ、もうたくさんだ！(ohe, iam satis est!)）――こうした杓子定規においてドイツ人が地球上のあらゆる民族のなかで（ひょっとして、インドのカーストを除けば）最も極まっているわけだが――これは、人間の間に諂いの性癖が広まっていることを証明するものではあるまいか（こんな些細なことどもが重大事に至るのだ (Hae nugae in seria ducunt)）。だが、自らを虫けらとする者は、踏みつけられてもあとから歎くことはできないのである。(KGS VI, 437)

☆56　たとえば、『義務について』第一巻・第二七節では、「ここで問題とされるのはラテン語ではデコールム（適正、均整美）と呼びうるもの、ギリシア語ではプレポンと呼ばれているものである。これが持つ特質は徳性と切り離すことができない」（高橋宏幸訳『キケロー選集9　哲学II』、岩波書店、一九九九年、一八二頁）と述べられている。引用冒頭の原文 „Hoc loco continetur id, quod dici Latine decorum potest“ は、レクラム文庫の独訳では „In diesem Bereich wird erfaßt, was auf deutsch das ‹Schickliche› genannt werden kann“ となっている (M. T. Cicero, *De officiis. Vom pflichtmäßigen Handeln*, Lateinisch / Deutsch, übers., kommentiert u. hrsg. von H. Gunermann, Stuttgart: Reclam, 1992, S. 82f.)。decorum が das ‹Schickliche› と訳されている。注55に引いた *Ullstein Lexikon der deutschen Sprache* の Anstand の定義 ‚schickliches, gutes Benehmen（適切な、良い振舞い）と重なっている点に注意してほしい。

☆57　そのようなものとして、ユリウス・ベルンハルト・フォン・ロール（一六八八～一七四二年）の『私人のための儀式学入門』*Einleitung zur Ceremoniel-Wissenschaft der Privat-Personen*（一七二八年）(Neudruck, hrsg. u. kommentiert von G. Frühsorge, Leipzig: Edition Leipzig, 1989) がある。

繁縟な「儀礼《コンプリメンテ》」に対して、「やめろ、もうたくさんだ！」というホラティウス（BC六五～〇八）またはマルティアーリス（四〇頃～一〇四頃）の言葉が吐き棄てるように投げかけられている。[☆58] そのような状況に生きることを余儀なくされながらも、「虫けら」が這う（kriechen）ような「諂い（Kriecherei）」は斥けられるのである。「周到な几帳面さで身分の違いを表わす」仕方において「ドイツ人が地球上のあらゆる民族のなかで［……］最も極まっている」という指摘は、前小節で見たクニッゲの「［ドイツ］国内の階層の間には、他の国には見られないほど、はっきりとした境界線が引かれてしまった」という言葉に対応している。[☆59]

クニッゲが直面していた状況はこのようなものである。『人間交際術』は、数多くの〈儀礼の書〉によって硬化したこのような状況を流動化し、「やめろ、もうたくさんだ！」という空間に風穴を空け、〈交際〉の別のあり方を提示しようとする試みであった。[☆60]

（4）交際に対する両義性――クニッゲとルソー

カントは、前小節の引用の直前で「ある人間に平伏して屈従することは、どのような場合であれ、一個の人間の尊厳にふさわしくないと思われる」（ebd.）と述べているが、『人間交際術』第III部・第一章「身分の高い人、君侯、貴族、財産家との交際について」の第二七節には次のような言葉がある。

> 現世の弱々しい偶像である貴族［……］。［……］彼らがいまこの地位にあり、これだけの財産を持っているのは、庶民の合意があればこそなのだ。もしも彼らが、自分の特権を濫用しようものなら、このような特権は剥奪されうるのである。私たちの財産や、私たちの生命は彼らの所有物ではない。むしろ彼らが所有しているものこそ、すべて私たちの所有物なのである。そうであるからこそ、私たちは、身分の高い人の要求を満たしてやり、それ

どころか、彼らに高い身分と名誉と安寧を与え、彼らお抱えの音楽隊の賃金を支払ってやっているわけだ。たったひとりの身分の高い人間〔……〕が、多くの賢明で善良な人びとの財産を搾り取ってのうのうと暮らす権利を生まれながらにして所有しているなどとは、啓蒙の時代にあっては、やがて誰も信じなくなるであろう〔……〕。

(UM, 300f./四六五頁以下)

カントとは異なったあからさまな調子で、身分秩序や貴族の特権を自明視する考え方が批判されている。一切は「庶民の合意」に基づくとするのである。「庶民の合意」の原語はÜbereinkunft des Volksであり、「国民／人民の合意」と訳すこともできる。フェッチャーは、この語にルソー（一七一二～七八年）やフランス革命における国民／人民主権（Volkssouveränität）の観念の影響を見るが、十分に成り立つ見方である。☆61 宮廷的秩序を自明視することへのこのよう

☆58　ホラティウス『風刺詩』*Saturae* I・5・12、または、マルティアーリス『エピグラム』*Epigrammata* IV・89・1。また、カントの文中の「こんな些細なことどもが重大事に至るのだ（Hae nugae in seria ducunt）」は、ホラティウス『詩論』*Ars poetica* 451。

☆59　ジャン・パウル（一七六三～一八二五年）は『美学入門』*Vorschule der Ästhetik*（一八〇四年）の第三四節「ユーモアの主観性」のなかで次のように述べている。――「こういうわけで、ドイツ人だけが「その方（*Er*）」、「そち（*Sie*）」という呼びかけの語を持っている。それはひとえにドイツ人が「私（Ich）」の排除を――というのも「君（*Du*）」と「君たち（*Ihr*）」は「私」を前提とするわけだから――至るところに持ち込むからである」（J. Paul, *Vorschule der Ästhetik*, nach der Ausg. N. Miller, hrsg, textkritisch durchges. u. eingel. von W. Heckmann, Hamburg: Meiner, 1990, S. 136）。カントの描く状況を別の角度から論じたものといえよう。

☆60　小堀前掲論文「クニッゲ――『交際法』を生んだ時代背景」は、『人間交際術』との関連でゲーテの『若きヴェルテルの悩み』*Die Leiden des jungen Werthers*（一七七四年）で描かれている伯爵邸の夜会にさいしてのヴェルテルの苦い経験（HA VI, 67ff.）に言及している。この指摘は多としなければならないが、〈儀礼の書〉と『人間交際術』の違いを描き分けているとは言いがたい。むしろ、ヴェルテルの思いとクニッゲやカントの思いは重なるのではないか。

な批判や風刺が、『人間交際術』の全篇を貫く基調である。「序論」で明言するように、クニッゲは「儀礼の書の類いを書こうとしているのではない」のである（ebd., 24/五六頁以下）。ただし、「君侯（Fürsten）」や「貴族（Vornehme）」が批判されながらも、〈交際〉の相手として肯定されていることも注意すべきである。『人間交際術』第III部・第一章「身分の高い人、君侯、貴族、財産家との交際について」、第三章「宮廷人およびそれに類する人びととの交際について」がこれを示している。このことは、先にふれたクニッゲのフランス革命に関する著作がドイツにおける改革を説き、数多の「君主たち（Regenten）」がその名宛て人となっていることに対応するものである。[☆62]

〈交際〉を支えるものとして『人間交際術』で説かれるのが、次のようなモラルや振舞い方である。

〔……〕私が本書で考察の対象としたい種類の人間とは、〔……〕善き意志と〔己れに〕忠実な誠実さの持ち主であり〔……〕それにもかかわらず、他人から誤解を受け、見過ごされ、何ひとつ成功しない、そういった人なのである。〔……〕そのような人びとに欠けているのは、フランス人の言う〈振舞いのエスプリ〉つまり、人間交際術である。〔……〕これを身につけていれば、世間の人びとから一目置かれ、ひとかどの人物として通用し、しかも他人からうらやまれることもない。自分自身の心を裏切ることなしに、他人の気持ちや考え方、嗜好に歩調を合わせることができる。どのような人びととの社交の場（Gesellschaft）でも、無理をせずに、その雰囲気に合わせてゆくことができる。しかも自分らしさを失うこともなければ、低劣な追従を言って、媚び諂うこともない。（Ebd., 23f./五五頁以下）

『人間交際術』の「序論」にある言葉である。カントにおいてと同様に、「低劣な追従（niedrige[r] Schmeichelei）」が斥けられている。これに対置されるのが、引用の冒頭近くにある「〔己れに〕忠実な誠実さ（treue Rechtschaffenheit）」である。

Rechtschaffenheit は、それと同義である Aufrichtigkeit や Redlichkeit にも言い換えられて全篇に散りばめられることになる。それは当時の市民層のモラルであるが、クニッゲが経験した宮廷に渦巻く「追従」に対する嘔吐感の表明でもある。問題は、そのようなものに陥らず、「自分自身の心を裏切ることなしに（ohne falsch zu sein）」、なおかつ「他人［……］に歩調を合わせ」てゆくことにある。心情を率直に吐露すればよいというものではない。ある種の意識的な態度、「人間交際術（*die Kunst des Umgangs mit Menschen*）」、「〈振舞いのエスプリ（esprit de conduite）〉」が必要だというのである。「他人［……］に歩調を合わせ」ることと「低劣な追従」の間に一本の線が引かれるわけである。それによって、「気持ち（Temperamenten）や考え方（Einsichten）、嗜好（Neigungen）」を異にする者たちが互いに〈交際〉してゆく方途を探ろうとするのである。貴族に対しての文脈では、それは、「虫けら」が這うような「追従」によらずに、「ひとかどの人物として（geltend）」承認される可能性、そのような承認を前提とした〈交際〉のあり方を追求することである。

先に、『人間交際術』に見られる「庶民の合意」という語にルソーの影響が見られるという点についてふれた。クニッゲはルソーの熱心な読者であり、[☆63]『人間交際術』の第三版が出た一七九〇年にはルソーの『告白』*Les Confessions* 第II部（一七八九年）を翻訳している。[☆64]『人間交際術』における宮廷批判や「誠実」の強調にもルソーとの接点を見ることができよう。[☆65] だが、〈交際〉というテーマがルソーとは異質である点が注意されなければならない。

☆61 Fetscher, Der Freiherr von Knigge und seine Erben, in: *Der Monat* (1960) Nr. 140, S. 72 u. Fetscher, Vorwort, in: Adolph Freiherr Knigge, *Über den Umgang mit Menschen*, nach der 3. Auflage von 1790 ausgew. und eingel. von I. Fetscher, S.20.
☆62 Knigge, *Josephs von Wurmbrand politisches Glaubensbekenntniß*, S. 165, in: KSW XV.
☆63 Fenner, a. a. O., S. 168 u. S. 278.
☆64 *Fortsetzung der Bekenntnisse J. J. Rousseau's. Uebersetzt von Adolph Freyherrn Knigge. Th. 3-4*, Berlin: Unger, 1790. この翻訳はKSWに収録されていない。

ルソーは、宮廷的社交にとどまらず「社交的な人間(l'homme sociable)」一般を「つねに自分の外にあり、他人の意見のなかでしか生きられない」人間として強く批判するからである。[66] ルソーを唯一の尺度として、ルソー以後もなお〈交際〉を論じ続けるクニッゲを無意義あるいは不徹底なものとして斥ければよいのか、この点が要点である。問題は、クニッゲやカントの背景にある十八世紀における〈交際〉の文化の評価につながってゆくのである。[67]『人間交際術』とクニッゲのフランス革命に関する諸著作を直接に結びつけることはできないが、フランス革命に関する諸著作のなかで彼が提示したもろもろの改革を支える社会は、個々の〈交際〉の積み重ねによってはじめて姿を現わしうるものであったであろう。それは、ルソーが『演劇に関するダランベール氏への手紙』*Lettre à M. d'Alembert sur les spectacles*(一七五八年)で述べた、〈交際〉を排して、各人が自己の内面の〈誠実〉を徹底することで生まれるであろう自己と他者に対する透明性に基づいた共和国のヴィジョン[68]の対極にある。「必要性の束縛から解き放たれた」「社会的相互行為[69]」こそが生きるうえで不可欠であり、それは異なった人間が織り成す〈交際〉によって作り出される以外にないというのが『人間交際術』の通俗的な相貌の背後にアイロニカルに潜む社会哲学的な内容である。ルソーが〈社交性〉に対する偉大な批判者であったことは確かであるとしても、少なくともその視点を相対化する必要があると思うのである。[70]

クニッゲにおける〈交際〉の眼目は「世間と社交の場において幸福(glücklich)かつ満足に他の人びとと生活し、隣人を幸福かつ愉快にさせる」(ebd., 10/五頁)ことにある。それは、屈従や追従を排し、各人の価値が正当に承認されて対等に〈交際〉する「軽やか」(ebd., 406/六一〇頁)な空間を生み出すことであり、そのイメージはクニッゲの訳したモーツァルト/ダ・ポンテの『フィガロの結婚』の最終場面と交叉する。スザンナやフィガロたちの前でアルマヴィーヴァ伯爵が「伯爵夫人よ許しておくれ!(Contessa perdono!)」と言って伯爵夫人と和解する場面に続く、最終場面冒頭の歌詞「ああ、これで皆満足するだろう(Ah tutti contenti /Saremo così)」をクニッゲは „Nun blüht für uns alle /Das heiterste Glück"（限りなく晴れやかな幸いが我ら皆に溢れてゆく）と訳している。[☆71] そのような場面との交叉である。[☆72]

だが、こうして〈交際〉をめざす一方で、『人間交際術』は「人間の風習のバカさ加減」（ebd., 20/五七頁）を描き出してやむことがない。宮廷世界がこのような観点から描かれていることはすでにふれた。だが見落とせないのは、市民層の世界もがその対象になっている点である。たとえば、『人間交際術』第III部における聖職者、医師、法律家などについての記述がこれである。クニッゲは、彼らにおける建前と実態の乖離、「誠実」のモラルへの背反の諸相を次々に風刺、批判してやまない。聖職者の「名誉欲には際限がなく、尊大な精神、専制君主のような態度、身分の低い者に対する支配欲には果てがない」（ebd., 332/五一二頁）。法学の教授たちは、「未熟な弟子たちに、生命財産に関わる判決を書かせ、自分の鑑定に金を払った弟子のものを正しい判決と認定する」（ebd., 363/五五四頁）。また、「公衆（Publikum）」、「公開性（Publicität）」はフランス革命に関する著作などでクニッゲが唱えた理念であるが[☆73]、『人間交際術』

☆65　ルソーにおける〈誠実〉の強調としては、たとえば、パリの社交界を批判した『新エロイーズ』*La Nouvelle Héloïse* 第II部・書簡14の次の言葉を参照。——「私は密かな恐れを抱いて社交界というこの広大な砂漠にはいりました。この混沌は私に陰鬱な沈黙の支配する恐ろしい孤独をあたえるだけです。［……］一面識もなかった人間と直ぐに友達になるということができるものでしょうか。人間に対する篤実な関心（L'honnêt intérêt de l'humanité）、真率な魂の素朴で涙ぐましいほどの真情の吐露、そういうものは世の習しに強いられた慇懃さの誇示や虚飾とは甚だ異なった表現を持っております。［……］」Rousseau, *La Nouvelle Héloïse*, in: *Jean-Jacques Rousseau Œuvres complètes II*, Bibliothèque de la Pléiade, 1964, S. 231f. ルソー（安士正夫訳）『新エロイーズ』(2)、岩波文庫、一九七四年、八一頁以下。

☆66　Rousseau, *Discours sur l'origine et les fondments de l'inégalité parmi les hommes*, in: *Jean-Jacques Rousseau Œuvres complètes III*, Bibliothèque de la Pléiade, 1964, S. 193. ルソー（本田喜代治・平岡昇訳）『人間不平等起源論』、岩波文庫、一九七三年、一二九頁。〈交際〉、〈社交性〉に対するルソーの批判については、vgl. Cassirer, *Das Problem Jean-Jacques Rousseau*, in: ECW XVIII, 9ff. ルソーの言葉にある「社交的な人間」は、本田・平岡訳では「社会に生きる人」であるが、カッシーラーでの独訳 „Der gesellige Mensch" (ebd., 12) にしたがって「社交的な人間」とした。

第III部ではジャーナリストや作家に対しても辛辣な眼差しが向けられ、流行語となってひとり歩きする「公開性」の語が揶揄されたりもするのである。[☆74] 新興の市民の世界が「輝かしいばかりに悲惨な見せ物小屋」たる宮廷世界（ebd., 314/四八九頁）と別の理想郷であるわけではない。クニッゲの好んだ「家のなかに引き籠もった穏やかな暮らし（[...] friedliche[r] haüsliche[r] Eingezogenheit）」の像（ebd., 315/四八九頁）は、宮廷世界への批判であると同時に、市民間の〈交際〉に対するペシミズムの表現でもある。小売商人、手工業者、農民などの「庶民（Volk）」に関する叙述も、晴れやかなものではない。〈交際〉への志向は世界によってたえず突き返される。こうして「軽やか」な〈交際〉のための「術」は、〈交際〉にあたっての「用心」（ebd., 404/六〇六頁）の規則に滑らかに移行してゆくことになる。〈交際〉の勧めに〈人間嫌い〉にも似たモチーフが絡み合い、両者が叙述のなかで滑らかに移行し合うところに『人間交際術』の基調がある。「『人間交際術』と対をなす」というクニッゲの遺作は『エゴイズムと忘恩について』であった。ルソーとの接点が言いうるとするならば、クニッゲも訳した『告白』第II部の陰鬱な世界である。宮廷や市民の世界をはじめ〈エゴイズムと忘恩〉の渦巻く世のありさま、そこへのまなざしにルソーとの交点があるのである。[☆75]

5 初期ロマン派との連続と不連続——シュライアーマッハーとクニッゲ、カントとの間

『人間学』の出た一年後、『人間交際術』の初版が出た十年後の一七九九年に初期ロマン派のシュライアーマッハーは、『社交的な振舞いの試論』という論文を、一月と二月の二度にわたって匿名で雑誌『ベルリン論叢』*Berlinisches Archiv der Zeit und ihres Geschmacks* に発表した。〈社交〉を理論的な主題としたヨーロッパ思想史上まれな作品のひとつである。だが、〈社交〉についての包括的な理論であろうとしたこの論文はその後中断されて未完に終わり、

忘れ去られる。啓蒙の世紀は過ぎ去ろうとしていた。『社交的な振舞いの試論』がシュライアーマッハーの作品と認定されて選集に収められたのは二十世紀初頭になってからのことである。☆76

本節では、シュライアーマッハーのこの作品を取り上げ、これまで検討してきた後期啓蒙における〈社交〉、〈交際〉との連続と不連続に注意を払いながら考察してみたい。『社交的な振舞いの試論』のなかでシュライアーマッハーは、〈社交〉を「職業活動（Beruf）」や「家庭生活（das häusliche Leben）」とは異なった独自の領域として際立たせている。「職業活動」は、世界への働きかけと世界への見方

☆67　第2節で見たように、十八世紀においては、煩瑣な儀礼に基づく宮廷的な社交に代わって、新たな〈交際〉の様式が追求されていった。そのなかで宮廷的な偽装や打算を持たない〈フェアで自然な振舞い〉が称揚されるようになる。シャフツベリー（一六七一～一七一三年）の『モラリストたち』*The Moralists: a Philosophical Rhapsody*（一七〇九年）、アディソン（一六七二～一七一九年）とスティール（一六七二～一七二九年）の『タトラー』*The Tatler*（一七〇九～一一年）や『スペクテイター』*The Spectator*（一七一一～一二年）などの『道徳週刊誌』*Moral Weeklies*、十七世紀末のロック『教育に関する考察』*Some Thoughts concerning Education*（一六九三年）がそれである。『道徳週刊誌』はドイツ語圏にも影響を与え、翻訳や多くの類似の刊行物が出版されていった（以上、vgl. Göttert, a. a. O.）。ゲッテルトは、このような〈フェアで自然な振舞い〉の称揚とルソーによる社交批判を連続的に捉え、〈適正な振舞い（Anstand）〉というテーマが意義を失ってゆく過程と捉えている。このように見た場合、ルソー以後なお〈交際〉を論じ続けるクニッゲは時代遅れの現象ということになる（Göttert, a. a. O. u. Göttert, »Über den Umgang mit Menschen«, in: *Text und Kritik. Adolph Freiherr Knigge* 130 (1996), S. 31f.）。だが、〈フェアで自然な振舞い〉はあくまでも〈交際〉の様式であることが注意されなければならない。ゲッテルトにおいては、ルソーと十八世紀の〈交際〉文化との間の対立が見落とされている（この点については注66、注68および注70も参照）。『人間交際術』を十八世紀の〈交際〉文化の脈絡に置き入れて評価すべきである。その場合、『人間交際術』には、（1）市民が宮廷への進出をめざして〈儀礼の書〉に没頭する状況に対抗して、追従やお世辞によらない「成功」（UM, 23/五五頁）＝正当な承認の獲得のモチーフが加わっている点、（2）ルソーの思想や世紀末の時代のうねりを背景として市民の外部たる〈庶民（Volk）〉が登場してくる点、言い換えれば『人間交際術』が「人間のすべての階層との交際方法」（ebd., 12/七頁）の書であろうとする点が、特徴として注意されるべきである。

をひとつの立場に固定してしまう。「家庭生活」は人との接触を少数の特定の者に限定する。それらを補うものとして〈社交〉の領域が人間には不可欠であるというのである。それは「相互に形成し合う理性的な人間たち（vernünftige[r] sich unter einander bildende[r] Menschen）の自由な交際」であり、それによって「他の異なった世界への展望」が切り開かれることになる。それはまた、「家庭的、市民的なあり方が持つあらゆる制限が一時的に放逐される」ことが「人倫的な目的（der sittliche Zweck）」になるという逆説的な場でもある。[☆77] シュライアーマッハーから約二〇年後のヘーゲル『法の哲学』*Grundlinien der Philosophie des Rechts oder Naturrecht und Staatswissenschaft im Grundrisse*（一八二一年）における「家族」、「市民社会」、「国家」という広く知られた枠組みとは異なった、独自の発想である。

「社交的な集まり（Gesellschaft）」は、「思考と感覚の自由な遊戯（ein freies Spiel der Gedanken und Empfindungen）[☆78]」の「全面的な相互作用（durchgängige Wechselwirkung）[☆79]」を不可欠の要素とする空間である。演劇とその観衆、講義とその聴衆の間には、そのような対等な形での「相互作用」がないために、人が多く集っていても「社交的な集まり」ではない。「社交的な集まり」はまた、いかなる目的にも拘束されず、それ自体が目的となるものでもある。シュライアーマッハーはこれらの特質を次のようにまとめている。

> 外的な目的によって拘束され規定された仲間としての結合体（gesellige Verbindung）においては、いずれにおいても、成員の間に何かが共通（*gemein*）であり、それゆえ、これらの結合体は共同体（*Gemeinschaften*, koinoniai）である。ここ〔社交的な集まりが持つ自由な社交性〕においては、成員の間に本来共通なものは何もない（eigentlich nichts gemein）。むしろ、すべてが相互的（wechselseitig）、すなわち、本来的に対立的（entgegengesetzt）である。これが社交的な集まり（*Gesellschaften*, synousiai）である。[☆80]

☆68　このヴィジョンに関しては、次の箇所を参照――Rousseau, *Lettre à M. d'Alembert sur les spectacles*, Lille u. Genève: Giard u. Droz, 1948, S. 181f. ルソー（今野一雄訳）『演劇について――ダランベールへの手紙』、岩波文庫、一九七九年、二八〇頁以下。そこにおいてルソーは、子供の頃に父と経験した「光景（spectacle）」の記憶を語っている――「〔サン・ジェルヴェ地区の連隊の〕中隊を編成していた人たちの大部分」が「夕食のあとで、サン・ジェルヴェの広場に集まって、一緒に踊りはじめ」、「将校も兵士も、泉水のまわりで踊」り、「制服を着た五百ないし六百人の男たち」の動きが一体となってゆく。観ていた婦人たち、続いて召使いや子供たちが広場に降りてきて、踊りは中断される。和らぎと歓喜が全員にいき渡る。父は喜びにふるえながら「ジャン・ジャック〔……〕これがよきジュネーヴ人なのだ。この人たちはみんな友だちなのだ、みんな兄弟なのだ〔……〕」と語る。誠実の徳とルソー的な共和国との関係に関しては、vgl. C. Menke, *Tragödie im Sittlichen. Gerechtigkeit und Freiheit nach Hegel*, Frankfurt a. M.: Suhrkamp, 1996, S. 180.

☆69　Sennett, *The Fall of Public Man*, S. 117.

☆70　相対化はさまざまな形で可能である。（1）セネットは十八世紀の〈交際〉文化をディドロの『俳優に関する逆説』*Paradoxe sur le comédien*（一七七三年）と関連づけて、ルソー的誠実に対置している（Sennett, a. a. O., S. 107-122）。ただしセネットにおいては、ディドロ的演技がルソー的誠実の単なる反転像となっている点に問題がある。啓蒙の時代においてキケロが近代的に読み直されたことも視野に入れて、十八世紀ヨーロッパの〈交際〉文化の思想的基盤が究明されるべきであろう。キケロにおいては、先に述べたように、「適正（decorum）」が強調されながらも、それが「徳性（honestum）」から切り離されていないからである。（2）ハバーマスは『公共性の構造転換』のなかで、十八世紀後半に成立した「公論（öffentliche Meinung）」の観念が「一般意志」と「直接民主主義」を核とするルソーの政治思想と対立することを指摘し、ルソーを批判する（Habermas, a. a. O., S. 112ff., bes. 120ff.）。ただし、ハバーマスは、セネットに対しても批判的な態度を取っている（Habermas, Vorwort zur Neuauflage 1990, S. 17）。（3）アーレントは、親密性に基づくルソーの近代的な友情を〈談話（Gespräch）〉に基づく古代ギリシアの友愛（philia）と対比して批判し、後者をレッシングにおける友情の観念に結びつけて評価している（H. Arendt, Gedanken zu Lessing. Von der Menschlichkeit in finsteren Zeiten, in: H. Arendt, *Menschen in finsteren Zeiten*, hrsg. von U. Ludz, München /Zürich: Piper, 2012, S. 37ff.）。アーレントのこの議論については、注100も参照。

☆71　Knigge, *Gesänge aus dem Singspiele Figaro's Heyrath, in vier Aufzügen, aus dem Italienischen übersetzt*, in: KSW XXIII, 595.

ロマン派というと「共同体」を礼賛したイメージが強く、先に本章の第2節で見たように、そのような方向性を特定のバイアスをかけて強調する潮流も存在したのであった。だが、ここではまったく逆のことが言われている点が興味深い。シュライアーマッハーは「共同体」を目的や性質など何ものかをあらかじめ成員が共有し、それによって結び合わされた集団としている。シュライアーマッハーが際立たせようとするのは、そのような意味での「共同体」とは対立したあり方をする「社交的な集まり」の方である。そこにおける「自由な社交性」とは、「共同体」の成員を拘束する「共通」な何ものかからの「自由」であり、このことが「相互に形成し合う理性的な人間たちの自由な交際」、「思考と感覚の自由な遊戯」を可能にするのである。

「社交的な集まり」は、Gesellschaft もしくは Gesellschaften と言われている。Gesellschaft という語は、広く社会を指すほかに、会社や共通の目的で結ばれた結社の意味で用いられることがある。Aktiengesellschaft といえば株式会社のことであり、die Gesellschaft Jesu といえばイエズス会のことである。またその他、「利益社会」と訳されて「共同体」に対置されることもある。いわゆるゲマインシャフトとゲゼルシャフトの対置である。シュライアーマッハーにおける Gesellschaft や Gesellschaften は、これらとは区別されるものであり、「相互的な談話のための集まり(Zusammenkunft zu gegenseitiger Unterhaltung)」、あるいはそこに集まった人びとの全体を意味している。[☆81] 社会一般、会社や結社、「利益社会」、「共同体」のいずれにも解消することのできない人間のあり方であり、シュライアーマッハーはそのような「集まり」を理論的に純化して考察しようとするのである。そのさいに、そのような場における個人の独立性が強調されている点が注目される。「成員の間に本来共通なものは何もない」。成員が互いに他に解消されることのない個人であることが、談話が「相互的」なものとなり、「思考と感覚の自由な遊戯」の対等な場が生まれるための条件とするのである。

☆72　ゲッテルトは、このような「幸福」のモチーフのゆえに『人間交際術』をクリスティアン・ヴォルフの『幸福促進のための振舞いに関する理性的考察』*Vernünftige Gedancken von der Menschen Thun und Lassen, zu Beförderung ihrer Glückseligkeit*（一七二〇年）に関係づける（Göttert, a. a. O., S. 30.）。だが、「体系愛好的精神」を笑い（UM, 20/五七頁）、「断章の寄せ集め」（ebd., 24/五七頁）たろうとする『人間交際術』をヴォルフの体系と同一視することはできない。前期啓蒙と後期啓蒙が区別されていない点も問題である。モーツァルト／ダ・ポンテの『フィガロの結婚』と交叉するクニッゲの「幸福」の観念は、本節で見たカントにおける「やめろ、もうたくさんだ！（ohe, iam satis est!）」という思いや、ゲーテの『若きヴェルテルの悩み』における伯爵邸での夜会にさいしての苦々しい思い（HA VI, 67ff. 注60を参照）の対極に位置するものである。クニッゲの「幸福」の観念は、ヴォルフではなく、十八世紀ヨーロッパのより広い脈絡のなかで考察されるべきであろう。

☆73　Knigge, *Josephs von Wurmbrand politisches Glaubensbekenntniß*, S. 145, in: KSW XV. など。

☆74　UM, 345/五三〇頁。「啓蒙」の語も同様である。別の箇所でも「啓蒙」が揶揄されることがある（ebd., 146f./二四六頁以下など）。自己矛盾に陥っているようにも思われるが、改革を志向するクニッゲの立場に関わるものと解せよう。

☆75　『エゴイズムと忘恩について』は、そこで述べられたカント倫理学批判との関係で取り上げられることが多い。その場合クニッゲは〈通俗啓蒙〉の側に割り振られて終わりとなる。だが、同書の副題が示す『人間交際術』との関係に注意が向けられるべきである。なお、『人間学』におけるカントもまた、「［……］我々人類の道徳的相貌には、悪意の人相と結びついた愚かさが［……］明らかに見て取れる」（Kant, *Anthropologie in pragmatischer Hinsicht*, in: KGS VII, 332.）と述べるなど、独自のペシミスティックなまなざしを持っている。だがそれは、〈交際〉を勧めるさいのカントの論述には入り込んでおらず、クニッゲのような両義性は見られない。

☆76　Vgl. Einleitung des Bandherausgebers, in: *Fr. D. E. Schleiermacher Kritische Gesamtausgabe Erste Abt. Schriften u. Entwürfe, Bd. 2 Schriften aus der Berliner Zeit 1796-1799*, hrsg. von G. Mackenstock, Berlin /New York: de Gruyter, 1984, S. LIII.

☆77　Schleiermacher, *Versuch einer Theorie des geselligen Betragens*, in: *Fr. D. E. Schleiermacher Kritische Gesamtausgabe Erste Abt. Schriften u. Entwürfe, Bd. 2*, S. 165.

☆78　Ebd., S. 170.

☆79　Ebd., S. 169.

〈社交〉をめぐるシュライアーマッハーのこのような思想は、後期啓蒙といかなる関係に立つのであろうか。

シュライアーマッハーは『社交的な振舞いの試論』のなかで、クニッゲの『人間交際術』にもふれ、「世間で成功し（das Glück [...] in der Welt zu machen）」、「利得」を追求するための書にすぎないと批判している。[☆82] だが、〈社交〉という主題をあえて取り上げて考察するシュライアーマッハーの論考は、喫茶店、サロン、読書会、フリーメーソンなど、さまざまな形の「相互的な談話のための集まり」を発展させていった啓蒙の世紀[☆83]を背景とすることなしにはありえない。カント『人間学』に登場していた「交際仲間（Gesellschaft）」やクニッゲ『人間交際術』に登場していた「社交の場（Gesellschaft）」も、シュライアーマッハーの言う「相互的な談話のための集まり」としての「社交的な集まり」と別種のものではない。シュライアーマッハーが、そのような場における個人の独立性を強調したことは、カントにおける「思考の自主性」の強調ともつながっている。シュライアーマッハーが「社交的な集まり」に対応させたギリシア語 synousiai の単数形 synousia は〈交際（Umgang, Verkehr）〉を意味する。[☆84] この点でも、主題はクニッゲと連続しているのである。

だが他方で、〈交際〉の領域を「職業活動」や「家庭生活」から純化してその意義を考察しようとするシュライアーマッハーにとって、「職業活動」や「家庭生活」を含めて一切を〈交際〉という角度から扱おうとするクニッゲは、その通俗的な語り口と合わせて、無原則で〈卑俗（gemein）〉なものとしか映らなかったことも確かである。ここに後期啓蒙のクニッゲと初期ロマン派のシュライアーマッハーとの不連続性を見て取ることができよう。

ただし、『人間交際術』は、前節で見たように、「利得」追求のための単なる実用書ではないことが注意されなければならない。『人間交際術』は、Knigge という語で人口に膾炙した因襲的な礼儀作法のマニュアル本[☆85]といったものではなく、「人間のすべての階層」（UM 12/ 七頁）の間に〈交際〉の橋を架けようとする試み、言い換えれば、「身分的障壁、とりわけ貴族と市民層の間のそれが〔……〕長く保存され、市民層は市民層で庶民に対する距離を厳密に保っている☆86」、また市民層の間にも越えがたい「障壁」が根を張った十八世紀ドイツの人びとの間に、身分横断的な〈交際〉の橋を架けようとする試みであった。シュライアーマッハーが低いものとみた『人間交際術』における「成功（das Glück [...] zu machen)」のモチーフも、宮廷的な追従を排して各人の価値が正当に承認される対等な〈交際〉への要求と不可分のものであった。それは、『フィガロの結婚』の最終場面における「限りなく晴れやかな幸い（Das heiterste Glück)」と重なっていた。シュライアーマッハーにおいては、このような身分横断的な〈交際〉や承認の問題が消去されてしまうのである。クニッゲとシュライアーマッハーの不連続性は、「利得」追求の有無にではなく、これらの問題の有無という点に見て取られるべきである。シュライアーマッハーにおいて〈交際〉は、選ばれた者たちのサロン的な「社交的な集まり」における「思考と感覚の自由な遊戯」に特化してしまう。言い換えれば、「家庭生活」、「職業活動」、さらにはそのいずれでもない、社会におけるさまざまな活動や場面が〈交際〉や承認の問題と関係しな

☆80　Ebd.

☆81　Art. Gesellschaft, in: H. Paul, *Deutsches Wörterbuch*, 7., durchgesehene Aufl., Tübingen: Niemeyer, 1976. 第3節で見たカントの『人間学』における「交際仲間（Gesellschaft)」、第4節で見たクニッゲの『人間交際術』における「社交の場（Gesellschaft)」も同様の用例である。また、シュライアーマッハーにおける Gesellschaft とは異なった意味での十八世紀における Gesellschaft の用例については、注96も参照。

☆82　Schleiermacher, a. a. O., S. 168.

☆83　本章・第2節で言及した次の文献を参照。Habermas, *Strukturwandel der Öffentlichkeit. Untersuchungen zu einer Kategorie der bürgerlichen Gesellschaft*, Darmstadt /Neuwied: Luchterhand, 1962. Im Hof, *Das gesellige Jahrhundert. Gesellschaft und Gesellschaften im Zeitalter der Aufklärung*, München: Beck, 1982.

☆84　Art. synousia, in: *Gemoll. Griechisch-deutsches Schul- und Handwörterbuch von W. Gemoll u. K. Vretska*, zehnte, völlig neu bearbeitete Aufl., München /Düsseldorf /Stuttgart: Oldenbourg, 2006.

☆85　注41を参照。

☆86　Habermas, a. a. O., S. 92.

い〈卑俗〉な領域として切り捨てられてしまうのである。☆87

クニッゲに先立って考察したカントの『人間学』においては、〈交際〉が「食卓仲間」の間の「談話」(KGS VII, 279f.)に限定されていた。この点で、カントはシュライアーマッハーと近いと言うこともできよう。

だが、第3節で『人倫の形而上学』によって見たように、カントにおいて〈交際〉は、自己を「世界市民的な志操を持つ人びとすべてを包括するひとつの円周の部分をなすもの」(KGS VI, 473)と見なして他者と関わってゆくことでもあった。世界大の普遍的な〈交際〉への志向がカントにおける〈交際〉のもう一方の極をなしている。食卓の「談話」から、「世界市民的な志操を持つ人びとすべて」が切り開いてゆくべき広大な〈交際〉の空間の理念へと、一本の線が引かれていたのである。この理念は、第4節・(3)で取り上げた『人倫の形而上学』の別の一節に描かれた、宮廷的追従や身分的障壁によって淀んだ現実を批判的に照射するものでもある。このようなまなざしをクニッゲはカントと共有していた。両者の思想の質はまったく異なるものの、カントの〈交際〉の理念は、クニッゲにおける身分横断的な〈交際〉への希求を切り捨てるものではなく、包含するものである。この脈絡で、第3節で見た『人倫の形而上学』の一節において、「社交性(sociabilitas)」が「交際の義務(officium commercii)」とされていた(ebd.)ことを注意しておきたい。「義務」とは、「食卓仲間」の「談話」の場、言い換えれば、ベンヤミンの描き出していた十八世紀ドイツの「市民の集う部屋」、「イマヌエル・カントの家」の内部のみならず、その外側にいるあらゆる人びととの行為において、普遍的に当てはまるべきものだからである。

カントにおけるこうした普遍的な〈交際〉への志向は、〈社交性〉について述べた『判断力批判』第六〇節の次の箇所に、形を変えて登場しているように思われる。本節の最後にこの点を見ておきたい。

[……]人間性(*Humanität*)は、一方においては、普遍的な共感の感情(*Theilnehmungsgefühl*)を意味し、他方では、

心から（innigst）、しかも普遍的に自己を伝達する（*mittheilen*）ことができる能力を意味する。この二つの特性は、互いに結び合って人間性（Menschheit）にふさわしい社交性（Geselligkeit）を形づくる。この社交性によって人間性は、動物的な狭さから区別されるのである。（KGS V, 355）

「社交性」は、「共感の感情」と「自己を伝達することができる能力」の両者からなるとされている。「共感の感情」は、特定の集団内に閉ざされたものではなく、他者に「普遍的」に及ぶものでなければならない。他方、自己の「伝達」に関しても、「心から」のものでありながらも、独善的なものではなく、「普遍的」に他者に達しうるものでなければならない。こうした「共感」と「伝達」が交錯することによって形成されるのが、「人間性にふさわしい社交性」の空間であるとされるのである。「人間性にふさわしい社交性」の空間は、本章・第4節・（3）で見た『人倫の形而上学』の一節に描かれた、「その方《ほう》」、「旦那様」、「御前」、「閣下」などの呼称が飛び交う閉塞した現実の対極に位置している。「社交性」と対比された「動物的な狭さ」は、第3節で見た『人間学』第八八節に言う、ひたすら飲食に耽溺する「食卓の独我論」（KGS VII, 279）と重なるものであろう。

☆87　当時のドイツにおけるサロンの実際のあり方は、別途考察すべき課題である。十八世紀末から十九世紀はじめにかけて、ポルトガル系のユダヤ人女性ヘンリエッテ・ヘルツ（一七六四～一八四七年）がベルリンで開いたサロンには、シュライアーマッハーやフリードリヒ・シュレーゲルなど初期ロマン派の人びとのほかに、フンボルト兄弟やモーゼス・メンデルスゾーン（一七二九～八六年）が訪れていた。ヘンリエッテの夫の医師マルクス・ヘルツ（一七四七～一八〇三年）は、カントのもとで哲学を学び、ヘンリエッテのサロンでカント哲学を講じた。これらのことは、啓蒙と初期ロマン派がサロンにおいて合流していたことを示している。啓蒙と初期ロマン派の不連続面とともに連続面が見落とされてはならない。また、クニッゲ『人間交際術』が想定する読者は男性であったが、サロンにおいては女性が中心的な役割を果たしたこと、サロンがユダヤ系とキリスト教系の人びとの交流に果たした役割も見落とされてはならない。

『判断力批判』によれば、あるものを美しいと判断するとき、そこには、そこに喚起されている感動があらゆる他者に伝達可能であろうという感覚がともなうという。『判断力批判』第三九節の言葉で言えば、あるものを美しいと判断する者は、「自己の感情を普遍的に（allgemein）――しかも概念の媒介なしに――伝達可能（mitteilbar）なものと想定することが［……］許される」（KGS V, 293）とされるのである。[☆88] とするならば、自然の光景や芸術について、美しいと判断する瞬間に、あるいはそのような判断に同感する瞬間に、先の『判断力批判』第六〇節からの引用に示された普遍的な共感と伝達の織りなす「社交性」の空間が垣間見られていることになろう。それは、『人倫の形而上学』に見られた「世界市民的な志操を持つ人びとすべて」が切り開いてゆく〈交際〉の空間の理念とも重なるものであろう。

シュライアーマッハーは『社交的な振舞いの試論』の後、同じ年の八月に『人間学』についての書評を書き、老耄の作として酷評している。[☆89]『人間学』忘却の第一歩となる書評である。これまで見てきたように『人間学』に語られた〈社交性〉〈交際〉の主題は、体系的著作である『人倫の形而上学』や『判断力批判』のなかにも浮上し、『人間学』と相まって、この主題についてのカントの思想を星座のように描き出していた。〈思考の自主性〉、身分横断的な〈社交性〉、世界大の〈交際〉の理念、普遍的な〈共感〉と〈伝達〉をめぐる星座である。『人間学』の忘却、カント哲学〈体系〉の称揚とともに、それらの行間に潜むこの星座もまた忘れ去られていったのであった。[☆90]

6　むすび――レッシングと社交性

『人間学』に先立つこと十八年、『人間交際術』初版刊行の八年前の一七八〇年にレッシングの対話篇『エルンストとファルク』の第四、第五対話が匿名で出版された。レッシングはこれに先立って、一七七八年に『エルンストとフアルク』の第一～第三対話をこれまた匿名で出版していたが、第四、第五対話については、写しを回覧するにとどめて、刊行は控えたのであった。レッシングが図書館長として仕えていたブラウンシュヴァイク公国をはじめ諸国の王侯貴族が数多く加盟し、主導していた当時のフリーメーソンに対する激しい批判がより具体的になされていたためである。レッシングの許可なしに誰が『エルンストとファルク』の続篇を出版したのか。真相は長らく不明であったが、近年、続篇の冒頭に掲げられた「第三者の序文（Vorrede eines Dritten）」の執筆ともどもクニッゲによるものであることが明らかとなった。「第三者の序文」を含むクニッゲ自筆の第四、第五対話の浄書が発見され、出版にさいしてのクニッゲの関与を示す彼の書簡も発見されたからである。[☆91]

本節では、このレッシングの対話篇『エルンストとファルク』をこれまで考察してきた〈社交性〉〈交際〉をめぐる問題との連関で取り上げ、本章のむすびとしたい。[☆92]

☆88 この点については、その他、第九節、第二一節、第四〇節も参照。『判断力批判』全体の解釈については、次を参照。Cassirer, *Kants Leben und Lehre*, 6. Kapitel Die »Kritik der Urteilskraft«, in: ECW VIII, 261ff.

☆89 Schleiermacher, *Rezension von Immanuel Kant: Anthropologie*, in: *Fr. D. E. Schleiermacher Kritische Gesamtausgabe*, a. a. O., S. 363ff.

☆90 『人間学』がカント研究において注目を集め始めたのは、二〇〇〇年前後からであるという。『人間学』研究史については次の文献を参照。八幡英幸「人間学――道徳哲学との関係を中心に」、有福孝岳・牧野英二編『カントを学ぶ人のために』、世界思想社、二〇一二年、三四三頁以下。S. B. Kim, *Die Entstehung der Kantischen Anthropologie und ihre Beziehung zur empirischen Psychologie der Wolffschen Schule*, Frankfurt a. M. /Berlin u. a.: Peter Lang, 1994, S. 11ff. なお、カントのこの思考の星座は、『社交的な振舞いの試論』に四年ほど先立つシラーの『美的教育書簡』*Über die ästhetische Erziehung des Menschen*（一七九五年）において独自の展開を遂げていることも指摘しておかなければならない。彼は「美だけが人間に社交的な性格を与えることができる」とし、「美的伝達だけが、社会を統合する。なぜならそれは、万人に共通するものに関わるからである」と述べる（第二七書簡）。シラーのこのような思想を『判断力批判』を考慮に入れながら、本書の主題である啓蒙における社交性、非ヨーロッパ世界把握との連関で考察することは、本書以後の筆者の課題としたい。

『エルンストとファルク』は、エルンスト（真面目の意）とファルク（鷹の意）の間で交わされる架空の対話である。[☆93]舞台は、ハノーファの南西にある温泉保養地、ピュルモント。当時、多くの貴族や市民層が訪れていた場所である。

第四対話のなかでレッシングは、当時のフリーメーソンに対する批判を展開する。レッシングは、フリーメーソンは、元来、加入の「平等（Gleichheit）」を原則とし、「一切の社会的な分離を越えて思考する（über alle bürgerliche Modifications hinweg zu denken）[☆94]ことを心得た人びと、しかしそれによって他の者への優越を言いたてることもない人びとの集まり（Gesellschaft）」のはずであると考える（LM XIII, 397）。諸身分の間に「はっきりとした境界線が引かれてしまった」（『人間交際術』、UM, 25/五九頁）ドイツの社会、そこには絶えて見られない「平等」を「ようやくのことで呼吸することができる」空間がフリーメーソンであると言うのである（LM XIII, 397）。だが、実際においては、貴族と上流市民層以外の手工業者などは排除され、「神聖ローマ帝国で許容されている三つの宗教［カトリック、ルター派、改革派］」以外の者――ユダヤ人――の入会は認められない（ebd.）。世俗の身分秩序さながらの位階序列を作り出し、儀式や秘密めかした象徴、錬金術、降霊術に陶酔し、「我々は我々だけのかくも高級な集まりである（Wir sind unter uns so gute Gesellschaft）」（ebd.）という想念に凝り固まっている。こうしたあり方をレッシングは「児戯（Kinderreyen）」（ebd., 396）と断ずるのである。

身分の差異を越え、屈従や追従を排し、各人の価値が正当に承認されて対等に〈交際〉する「軽やか」（UM 406/六一〇頁）な空間は、クニッゲがやがて執筆することになる『人間交際術』を導く想念であった。『エルンストとファルク』続篇のこのような内容はクニッゲを深く惹きつけたものと思われるのである。『エルンストとファルク』においては、当時のフリーメーソンに対するこのような批判のみならず、それと表裏一体の形で人類史的な展望に立った原理的な考察が展開されている。フリーメーソンの本来の目的とレッシングが考える身分横断的な「集まり（Gesellschaft）」（LM XIII, 397）＝〈談話の場〉[☆95]と国家の形成との関係についての考察である。以下、その要点を見てゆきたい。

第二対話においてレッシングは、国家の成立の問題を取り上げ、国家は「人間が発明した手段」であるとする (ebd., 353)[96]。国家は、人為的に制作された制度と考えるのである。この「手段」の目的は、「それによって、またこの結合のなかで各人が、各人の幸福 (Glückseligkeit) をよりいっそう、確実に享受できるように、人間を結合する」ことにある (ebd., 352)。レッシングは続けて、「国家のそれ以外の幸福、――その幸福によってわずかであれなおもその成員が苦悩し、苦悩せざるをえないとするならば、偽装された圧制である。それ以外のものではない」と断ずる (ebd.)。レッシングが『エルンストとファルク』第一〜第三対話を公表するにさいして匿名という形を取ったのは、当時のフリーメーソンに対する批判もさることながら、このような国家批判によるものでもあろう。

レッシングは、国家を「自然の目的」とする中世以来の見方を斥け、人間の作為によるものとする社会契約説的な立場に立っている[97]。国家を「自然の目的」とするならば、「自然は、現実に存在している個々人の幸福よりも、国家や祖国、等々といった抽象的な概念の幸福の方をめざしている」(ebd., 353) ことになり、それを正当化する論理によって、国家が絶対化されると考えるからである。

そのさいに注意すべきなのは、フリーメーソンの本来の目的としてレッシングが考える身分横断的な「集まり」、〈談話の場〉の起源を国家の成立と関連づけている点である。第五対話でレッシングは、フリーメーソンの「本質

☆91 Vgl. W. Fenner, Lessing wäre auch ein Mann für uns. Neuigkeiten über Knigge und Lessing, in: *Euphorion* 88 (1994), S. 478ff.『エルンストとファルク』の草稿は、カンペ（一七四六〜一八一八年）、リヒテンベルク（一七四二〜九九年）、ヘルダー、ハーマンらに回覧されていた (MLA VIII, 693f.)。クニッゲは、一七七八年、ヴォルフェンビュッテルで開かれたフリーメーソンの厳格戒律会 (Strikte Observanz) の会議にオブザーバーとして参加したさいに同地のレッシングを訪れ、草稿を手に入れたものと思われる (Fenner, a. a. O., S. 479)。ハーマンは、一七八一年、レッシングの死後に、クニッゲとは別に第四、第五対話を公刊している (MLA VIII, a. a. O.)。

(ihr Wesen)」と「現在のあり方（ihre gegenwärtige Verfassung）」を峻別して、「その本質からいうと、フリーメーソンは国家と同じぐらいに古い。国家がフリーメーソンから生まれたとは言わないまでも、両者は同時に成立する以外になかった。というのも、焦点における炎もまた、太陽から発するのだから」とするのである（ebd., 401）。「焦点における炎」は「フリーメーソン」を指す。「太陽」は、人間が国家を「発明」したさいの知性も含め、人間の根底にある、社会的な結合を作り出す「自然／本性（Natur）」の力を意味するものであろう。[☆98] 国家や社会を「発明」させたその同じ力が、同時に「フリーメーソン」を生み出したとするのである。先に示したように、ここに言う「フリーメーソン」は、その「本質」を体現した身分横断的な「集まり」、〈談話の場〉を形成する試みを広く指すものであり、フリーメーソンの「現在のあり方」とは別の物である。「フリーメーソン」は、そのような名前を持たなくとも「世界のなかで」（ebd., 349）、「さまざまな形態」で「つねに、あらゆる場所で」（ebd., 402）存在してきたとするのである（以下、このようなあり方のフリーメーソンを〈　〉を付して表記する）。

社会契約説を代表するホッブズにおいては、人間は孤立した、相互に〈狼〉であるような存在として捉えられている。だが、レッシングは、人間を〈談話の場〉を作り出す存在、本源的に〈社交的〉な存在として捉えている。この点が要点である。[☆99] 人間は「自然状態（Stand[e] der Natur）」（ebd., 354）からの移行にさいして、〈フリーメーソン〉的な〈談話の場〉と国家という二種類の人間のつながりを同時に作り出したとするのである。

この二つは、互いに他に解消されてしまうものではなく、別の働きを持つものである。

先に見たように、国家は「人間が発明した手段」である。だが、それは、「神の不可謬の手段」とは異なって、「しばしば、意図に合致しないばかりか、その正反対のものをも生み出す」（ebd.）。意図と結果の逆転である。レッシングはこのことを船の例によって、「航海と船は遠隔地に至る手段であるが、〔難破することによって〕多くの人間が二度とそこへ至り着けない原因ともなる」（ebd.）と述べている。国家におけるこのような転倒は、国家が人間の間にさまざまな「衝突（Collision）」（ebd., 356）や「災厄（Unheil）」（ebd., 357）、「害悪（Uebel）」（ebd., 358）を引き起こすこととして現われる。国家と国家、宗教と宗教、国民と国民の間の対立、それによる「災厄」の発生、さらには、ひとつの国家の内

☆92　ここで、以下の考察と『エルンストとファルク』の研究動向との関連を述べておく。『エルンストとファルク』においては、フリーメーソンが論じられるばかりではなく、以下に見るように、人類史的規模からの国家論、社会論が展開されている。これらが、対話の簡潔な言葉の行間に込められている。『エルンストとファルク』のこうした国家論、社会論が注目され始めたのは、コゼレックの『批判と危機――市民社会の病因論』（一九五九年）以後のことである（vgl. E. Bahr, Lessing: Ein konservativer Revolutionär? Zu „Ernst und Falk: Gespräche für Freimäurer", in: E. P. Harris u. R. E. Schade (Hgg.), *Lessing in heutiger Sicht. Beiträge zur Internationalen Lessing Konferenz Cincinati, Ohio 1976*, Bremen /Wolfenbüttel: Jacobi, 1977）。それ以前は、『エルンストとファルク』のフリーメーソンに関わる側面にのみ関心が集まっていた（ebd., S. 299）。ゲルマニスティクにおいては、一九六〇年代以降の啓蒙の見直しのなかで『エルンストとファルク』の国家論、社会論が注目されるようになってきた。呼び水となったものとして次がある。*Gotthold Ephraim Lessing. Ernst und Falk. Mit den Fortsetzungen Johann Gottfried Herders und Friedrich Schlegels*, hrsg. u. mit einem Nachwort vers. von I. Contiades, Frankfurt .a M.: Insel, 1968. 本節は、こうした動向を踏まえて、『エルンストとファルク』の国家論、社会論に注目しながら、それに〈社交性〉〈交際〉という角度からの考察を加えようとするものである。十八世紀のフリーメーソンと〈社交性〉との関係については、序論および序論の注12を参照。『エルンストとファルク』の国家論、社会論に注目した文学研究として、M. G. Hoensbroech, *Die List der Kritik. Lessings kritische Schriften und Dramen*, München: Fink, 1976., M. Durzak, Gesellschaftsreflexion und Gesellschaftsdarstellung bei Lessing, in: ders., *Gotthold Ephraim Lessing Poesie im bürgerlichen Zeitalter*, Stuttgart: Klett, 1984 などがある。また、拙論「レッシングの「市民社会」論――『エルンストとファルク』第二対話を中心にして――」、『桐朋学園大学研究紀要』第七集、一九八一年、「レッシングのフリーメーソンの「非政治的」性格――対話篇『エルンストとファルク』を読む一つの試み」、『法政大学教養部紀要』第六二号、一九八七年も参照。

☆93　『エルンストとファルク』は、対話者であるエルンストとファルク二人のパースペクティヴが交代しながら進行する対話篇である。だが、以下においては、対話形式の問題を考慮の外に置いて要点のみを考察する。

☆94　Modifications は、ＦＬＡの注に従って、身分、国民、宗教の差異に由来する人間相互の分離（Trennungen）と取る。Vgl. Stellenkommentar, in: FLA X, 776.

部におけるさまざまな「身分（Stände[n]）」の間の区別や対立の発生がこれである（ebd.）。レッシングはこのような事態を「国家は人間を分離し、人間の間の裂け目を固定し、隔壁を作り出すことなしには人間を結合することができない」（ebd., 357）と表現する。

国家のこのようなあり方に対して、「その等しい自然／本性（Natur）によって互いに惹きつけられる（angezogen werden）」（ebd., 356）という人間のあり方、人間の本源的な〈社交性〉が回復される場が、〈フリーメーソン〉的な〈談話の場〉である。それは、そのような名称を持たずとも、「世界のなかで」（ebd., 349）複数、さまざまな形態や規模で存在してきたとレッシングは考える。国家によって生み出される「災厄」は、人間のさまざまな営みによって除去されてゆく以外にないが、その実現をレッシングは、「一切の社会的な分離を越えて思考する」（ebd., 397）ことを追求するさまざまな〈談話の場〉における人間の陶冶を経た遙かな未来に展望するのである。第一対話の末尾でレッシングは、この点をファルクに次のように語らせている。――「フリーメーソンの真の行為は、きわめて大きく、遠大なものだ。彼らが行なったのはこのことだとわかるのは、幾世紀も経てからのことになるだろう」（ebd., 349）。――同時期の『人類の教育』*Die Erziehung des Menschengeschlechts*（一七八〇年、第一節～五三節は一七七七年）における「新たな永遠の福音の時代（die Zeit eines *neuen ewigen Evangeliums*）」（ebd., 433）の到来、『賢者ナータン』（一七七九年）における「幾千年を経て後（über tausend tausend Jahre）」（LM III, 95）の三つの指輪の真偽の判明を思い起こさせる、晩年のレッシングが後世に託した言葉である。背景には、閉塞した現実、アーレントの言う「暗い時代」があろう。[☆100]

『エルンストとファルク』においてレッシングは、国家が引き起こす「分離」、「衝突」、「災厄」の問題とともに、ユダヤ教、キリスト教、イスラームの間の「分離」、対立の問題を挙げ（LM XIII, 357）、これらの間の架橋を課題として提起する。そのさいに注意すべきなのは、これら宗教の違いは「風土（Klima）」の違い、また、それによる「欲求」、「習慣」、「習俗」の違いのゆえに不可避であるとされている点である（ebd., 356）。宗教間の対立、「分離」、「衝突」は除去されなければならないにしても、「風土」に由来する差異を否定し、均一化することは問題とならない。均一化は、なんらかの個別的なものを普遍的なものにすりかえることを引き起こすことにもなろう。むしろ、違いの間に橋をかけることが求められるのである。

☆95　フリーメーソンは、レッシングが批判するような密儀的な秘密結社（Geheimgesellschaft）という側面を持つ。だが、十八世紀においては、前節で見た「相互的な談話のための集まり」としてのGesellschaftという性格を持っていた。こうした両面性について、先に挙げたハバーマスは次のように述べている。「〔当時のドイツにおいて〕社会的な平等は、国家外の平等としてのみ可能だったのである。それゆえに、私人が公衆へと結集することは、秘密裏に先取りされたのであり、公開性〔公共性〕（Öffentlichkeit）はまだ大幅に公開性を排除することで先取りされたのである。〔フリーメーソンの〕ロッジに典型的な、だがまた、他の結社や会食の集まり（Tischgesellschaft）にも広まっていた啓蒙の密儀の実践は〔非公開性と公開性の絡み合った〕弁証法的な性格のものである。教養を持った人間たちからなる公衆の理性的なコミュニケーションにおいて実現されるはずの理性は、あらゆる支配関係を脅かすがゆえに、それ自身が、公開化から保護される必要があったのである」（Habermas, a. a. O., S. 50f.）。レッシングが積極的な意味を認めて焦点をあてようとするのは、「密儀の実践」の背後に逼塞を余儀なくされていた平等なコミュニケーションの場、「相互的な談話のための集まり」としてのGesellschaftの側面である。この側面については、vgl. auch : Vierhaus, Aufklärung und Freimaurerei in Deutschland, in: Reinalter (Hg.), a. a. O., S. 115ff., Im Hof, a. a. O., S. 163ff., u. Dülmen, a. a. O., S. 55ff.

☆96　『エルンストとファルク』において国家は、die bürgerliche Gesellschaft（市民社会）、der Staat（国家）という語で表記されている。『エルンストとファルク』におけるdie bürgerliche Gesellschaft（市民社会）とder Staat（国家）は、ヘーゲルが『法の哲学』において国家と市民社会を分離する以前の用法であり、国家という意味を核にしながらも、そのもとで営まれている社会（Gesellschaft）という意味が含意されている（ヘーゲル以前のdie bürgerliche Gesellschaft（市民社会）の概念についてはM. Riedel, Der Begriff der »bürgerlichen Gesellschaft« und das Problem seines geschichtlichen Ursprungs, in: M. Riedel, *Studien zu Hegels Rechtsphilosophie*, Frankfurt a. M.: Suhrkamp, 1969を参照）。以下、本節では、これらのニュアンスを踏まえながら、der Staatもdie bürgerliche Gesellschaftもともに「国家」と訳す。

☆97　Vgl. Stellenkommentar, in: FLA X, 767f.

イスラームが視野に入ることによって、人間の本源的な〈社交性〉を回復する「集まり」、〈談話の場〉の問題は、諸身分に分断されたヨーロッパの内部にとどまらず、その外側へと拡大され、「世界」(ebd., 349) の問題として提示されている。この点でレッシングは、世界大の〈交際〉の空間を志向するカントと交叉している。人間の本源的な〈社交性〉に焦点をあてた『エルンストとファルク』の問題圏は、こうして、非ヨーロッパの地、エルサレムを舞台にしてユダヤ教、キリスト教、イスラームの対立と架橋の問題を扱った戯曲『賢者ナータン』に結実する問題圏、レッシングにおける非ヨーロッパ世界の問題圏につながってゆくのである。

☆98 国家を形成する人間の「自然／本性」は、第二対話の「〔国家は〕人間が発明した手段だ。人間がすぐにこの発明に至らざるをえないように、自然がすべてをそのように整えておいたことを否定するつもりはないけれども」(LM XIII, 353) という言葉で語られている。他方、「フリーメーソン」的な「集まり」を作り出す「自然／本性」は、同じ第二対話における、「〔国家がもたらした人間の間の区別をまだ持たない〕単なる人間は、その等しい自然／本性によって互いに惹きつけられる」(ebd., 356) という言葉に示されている。なお、ボーネンは、本文で引用した言葉における「焦点における炎 (die Flamme im Brennpuncte)」という語を国家と取る。Vgl. K. Bohnen, Nathan der Weise Über das “Gegenbild einer Gesellschaft” bei Lessing, in: *Deutsche Vierteljahrsschrift für Literaturwissenschaft und Geistesgeschichte*, 53. Jg. H. 3 (1979), S. 394ff., bes. S. 400. 国家は、第二対話において「火 (Feuer)」に喩えられている (LM XIII, 359)。ボーネンの解釈はこれに依拠したものであろう。他方、フリーメーソンは、第三対話末尾で「火花 (Funke)」(ebd., 368)、第四対話で「炎 (Flamme)」に喩えられている (ebd., 390f.)。本書では、これに基づいて、「焦点における炎」をフリーメーソンと解する。

☆99 注97で参照を指示したＦＬＡの注釈は、『エルンストとファルク』におけるレッシングが社会契約説的な立場に立っていることを指摘しながらも、社会契約説的な国家観と人間の〈社交的〉な本性を同時に唱えているという点には注意を払っていない。

〈社交性〉に対応するラテン語は sociabilitas, socialitas であるが、これらはザムエル・プーフェンドルフ（一六三二〜九四年）の自然法思想において用いられるようになり、前期啓蒙のトマージウスに引き継がれた（Vgl. W. Schieder, Sozialismus, in: O. Brunner, W. Conze u. R. Koselleck (Hgg.), *Geschichtliche Grundbegriffe. Historisches Lexikon zur politisch-sozialen Sprache in Deutschland, Bd. 5,* Stuttgart: Klett-Cotta, 2004, S. 924f. u. K. -H. Göttert, Geselligkeit, in: *Historisches Wörterbuch der Rhetorik, Bd. 3* Tübingen: Niemeyer, 1996, Sp., 910.)。この流れが、人間の〈社交的〉本性と社会契約説的な国家観を同時に唱えるレッシングの思考につながっていった可能性がある。

☆100 Vgl. Arendt, a. a. O. アーレントは、レッシングが生きた時代を、共通の「世界」が失われた「暗い時代」とし、『賢者ナータン』をユダヤ教、キリスト教、イスラームの間に〈談話（Gespräch)〉によって生まれる友愛（philia, Freundschaft）の橋を架けようとしたドラマと捉えている（友愛をめぐるアーレントの議論については注70も参照)。アーレントは『エルンストとファルク』を論じていないが、『賢者ナータン』における「世界」喪失の克服、友愛、〈談話〉による架橋の問題は、『エルンストとファルク』における人間の「分離」の克服、本源的な〈社交性〉、〈談話の場〉の形成の問題とつながっている。本章のはじめでも述べたように、十八世紀は〈社交の世紀〉ではあるが、本章でカント、クニッゲによって見てきたように、〈社交性〉、〈談話の場〉の追求は、それを阻むさまざまな制約のなかでなされたものであることが忘れられてはならない。「各人は自らにとって真理と思われるものを語るがよい、真理そのものは神にゆだねよう（Jeder sage, was ihm Wahrheit *dünkt,* und die *Wahrheit selbst* sey Gott empfohlen!)」とは、晩年のレッシングが友人のヨーハン・アルベルト・ハインリヒ・ライマルスに宛てた手紙のなかにある言葉である（Lessing an Johann Albert Heinrich Reimarus, 6. April 1778, in: LM XVIII, 269. ハインリヒ・ライマルスは、クニッゲの友人でもあった。本章・第4節・(1）を参照)。だが、「自らにとって真理と思われるもの」を各人が自由に語れる現実があったわけではない。この言葉は、手紙のなかで話題となっているハインリヒの父、ヘルマン・ザムエルの遺稿とレッシングの『人類の教育』に関して述べられたものであるが、遺稿は著者の名を伏せて、『人類の教育』は、レッシング編として、これもまた著者の名を伏せて刊行された。手紙のなかでもレッシングは、『人類の教育』を「ありとあらゆる仮説や体系を作り出しては、それをふたたび取り壊すことに喜びを見出す親友」によるものと述べ、自らが著者であることを明かしていない。『エルンストとファルク』もまた、匿名で刊行されたのであった。言論の自由をめぐる当時の状況については、次の文献も参照。W. Haefs u. Y. -G. Mix (Hgg.), *Zensur im Jahrhundert der Aufklärung. Geschichte-Theorie-Praxis, Das achtzehnte Jahrhundert Supplementa, Bd. 12,* hrsg. von der Deutschen Gesellschaft für die Erforschung des achtzehnten Jahrhunderts, Göttingen: Wallstein , 2007.

第2章　レッシングと非ヨーロッパ世界
――『カルダーヌス弁護』におけるイスラームをめぐって

La dernière démarche de la raison est de reconnaître qu'il y a une infinité de choses qui la surpassent. Elle n'est que faible si elle ne va jusqu'à connaître cela. Pascal, *Pensées*[☆1]

1　序

ヨーロッパ十八世紀は、啓蒙の時代として、科学技術を楽天的に信奉した時代という理解がしばしばなされている。だが、ドイツを含めヨーロッパ各地に広まった啓蒙の思想運動や十八世紀の文学的・思想的な営みの多様性をそのような枠組みで一括することは、不可能と言わなければならない。序論で述べたように、一九六〇年代以降になって、ドイツにおいては旧来の文学史叙述に見られたそのような啓蒙像は急速に見直され、その過程で啓蒙と十八世紀に関する新たな視点がさまざまに提示されることとなった。この見直しは、いまだ途上にある感もあるが[☆2]、そのような視

☆1　「理性の最後の歩みは、理性を越えるものが無限にあるということを認めることにある。それを知るところまで行かなければ、理性は脆弱なものにすぎない。」パスカル『パンセ』断章267（ブランシュヴィク版）
☆2　Vgl. W. Ehrhart, Nach der Aufklärungsforschung?, in: *Aufklärungsforschung in Deutschland*, S. 99ff.

点のひとつとして、啓蒙における非ヨーロッパ世界への関心の問題を付け加えることができると思うのである。近代の形成期であるヨーロッパ十八世紀は、同時に、さまざまな制約をともないながらも、非ヨーロッパ世界に目が開かれてゆく時代でもあったからである。[☆3] もとより、十八世紀ヨーロッパの文学や思想が非ヨーロッパを真に公平に見ていたのか、さらには、サイードの指摘する〈オリエンタリズム〉の成立とどのように関係するのかは、改めて問われなければならない。[☆4] だが、啓蒙の時代は、イスラームに関して言えば、アラビア語学・文学研究が神学的な思考の呪縛や教義的な予断から解放されてゆくきっかけとなった時代として、研究史において評価されていることも見過ごされてはならない。[☆5] 布教や神学的論争の手段や聖書研究の補助学からアラビア語学・文学研究が自立してゆく過程である。十八世紀ヨーロッパにおける非ヨーロッパ世界への関心の一切を〈オリエンタリズム〉に還元してしまうことは妥当でないと思うのである。

本章では、このような観点からレッシングの初期の作品である『カルダーヌス弁護』（一七五四年）をそこに登場するイスラームを手がかりにして考察してみたい。イスラームに関しては、レッシング晩年の戯曲『賢者ナータン』（一七七九年）が重要であることは論をまたない。だが、本章ではこれに比べて論じられることの少ない『カルダーヌス弁護』をあえて取り上げることとした。『カルダーヌス弁護』は、文学というよりも神学批判に分類される著作であるが、[☆6] そこに作品としての特質を見出してみたいと思うからである。領域横断的に、また、さまざまな形式によって、文学者や思想家たちが精力的に著作を発表していった十八世紀ヨーロッパを考察するにさいしては、作品概念の拡大が求められると思うのである。[☆7] 本章では、このような観点から『カルダーヌス弁護』を考察し、それを踏まえて『賢者ナータン』に至る道筋を展望することとしたい。

考察に先立って『カルダーヌス弁護』をめぐる研究史を簡単に振り返っておきたい。

『カルダーヌス弁護』は、レッシングの作品のなかでは、論究される機会に恵まれないもののひとつである。まして、

そこに登場するイスラームを考察した文献は限られたものになる。☆8

カール＝ヨーゼフ・クッシェルは、レッシングとイスラームを主題的に扱った著書『諸宗教の抗争から競争へ――イスラームの挑戦とレッシング』*Vom Streit zum Wettstreit der Religionen. Lessing und die Herausforderung des Islam*（一九九八年）のなかで、「私の知るかぎり、ドイツ語圏の文学研究者ではじめて「レッシングとイスラーム」に

☆3　序論で指摘したように、十七世紀から十八世紀の世紀転換期に焦点をあててこの現象を指摘した古典的な研究書にアザールの *La Crise de la conscience européenne 1680-1715*, Paris: Boivin et Cie, 1935（アザール（野沢協訳）『ヨーロッパ精神の危機 1680～1715』、法政大学出版局、一九七三年）がある（同書第一章）。また、カッシーラーの『啓蒙主義の哲学』も、宗教・道徳の問題に関して、同様の現象をライプニッツ、ヴォルフ、ヴォルテール、モンテスキューに言及しながら指摘している（E. Cassirer, *Die Philosophie der Aufklärung*, in: ECW XV, 173）。近年の〈モデルネ（近代）〉をめぐる議論において啓蒙が問題にされるさいには、この点が看過されているように思われる。たとえば、序論の注14でふれたハバーマスの〈モデルネ（近代）〉論における啓蒙把握にそのような特質を指摘することができる。Vgl. J. Habermas, Die Moderne —ein unvollendetes Projekt, in: Habermas, *Kleine Politische Schriften I-IV*, Frankfurt a. M.: Suhrkamp, 1981, S. 444ff., bes. S. 452ff.

☆4　たとえば、十八世紀半ば以降に流行する「トルコものオペラ（Türkenoper）」に代表されるトルコ趣味については、「かかるトルコ像の大半が、バロック演劇における「野蛮・好色」のトルコ像を単に逆転するだけの観念的なものに堕しがちであった」と指摘されている。この点については、佐藤研一「十八世紀ドイツ文学の描く非ヨーロッパ像　序説」、『東北ドイツ文学研究』第五二号、二〇〇九年、一六五頁を参照。

☆5　Vgl. J. Fück, *Die arabischen Studien in Europa bis in den Anfang des 20. Jahrhunderts*, Leipzig: Harrassowitz, 1955, S. 97ff. J・フュック（井村行子訳）『アラブ・イスラム研究誌　20世紀初頭までのヨーロッパにおける』、法政大学出版局、二〇〇二年、八二頁以下。

☆6　たとえば、Hanser版レッシング著作集の第VII巻（ヘルムート・ゲーベル編）は『カルダーヌス弁護』を神学批判の著作に分類する。Vgl. MLA VII, *Theologiekritische Schriften I und II*. また、Aufbau版レッシング全集も同じである。Vgl. *Gesammelte Werke in 10 Bdn.*, hrsg. von P. Rilla, *Bd. 7 Über das Epigramm. Beiträge zu einem deutschen Glossarium. Philosophische und theologische Schriften I*, Berlin: Aufbau, 1956.

ついて小論を発表したのは、フリードリヒ・ニーヴェーナーであり、一九九六年六月五日のフランクフルター・アルゲマイネ紙においてである」と述べている。[☆9] カタリーナ・モムゼンは、ゲーテに関して、「彼の生涯と創作のすべての時期において、アラビアに負っている証左が見られるが、この点についてこれまでの研究はほとんど気づいていない」と指摘している。[☆10] レッシングについても状況は同じといえよう。イスラームという角度からのレッシング研究は緒についたばかりである。[☆11]

ニーヴェーナーの小論は『賢者ナータン』におけるイスラームに焦点を当てたものである。[☆12] 冒頭で『カルダーヌス弁護』に言及しているが、テクストの細部を考察したものではない。クッシェルの著書は、神学の立場からレッシングとイスラームについて論じた浩瀚なものである。そこにおいては『カルダーヌス弁護』も考察されているが、作品としての性格を顧慮した分析は行なわれていない。

『カルダーヌス弁護』の作品としての性格を理解するための鍵となるのは、ピエール・ベール（一六四七〜一七〇六年）の『歴史批評辞典』（一六九六年初版）である。後に具体的に考察するように、レッシングは『カルダーヌス弁護』をベール『歴史批評辞典』「カルダーノ」の項の〈補足〉として構想しているからであり、また、ベールはレッシングの思想の形成過程に大きな影響を与えているからである。

ベールのレッシングへの影響については、古くはテオドール・ダンツェルのレッシング伝における考察、[☆13] 比較的最近のまとまったものとしては、ヒュー・ニスベットの論考がある。[☆14] だが、ニスベットが指摘するように、このテーマもまた十分に研究されてきたとは言いがたい。[☆15]

ニスベットは、ベールの影響をレッシングの多様な作品に即して論究し、ベールの懐疑の影響がレッシング晩年の思想にまで及ぶことを論じている。この問題を考えるにあたって出発点となる論考であるが、『カルダーヌス弁護』は立ち入って論じていない。

☆7　以下、本論の考察は『カルダーヌス弁護』の作品分析をもっぱらとするが、当作品を考察するにあたっては、それが収められた『レッシング著作集』*G. E. Leßings Schriften*（一七五三〜五五年）の全体の構成にも注目する必要がある。『レッシング著作集』は三巻・六部からなり、『カルダーヌス弁護』は第二巻に収められている。そこには、第III部に当作品を含む四つの『弁護』、第IV部に戯曲『若い学者』*Der junge Gelehrte*、『ユダヤ人』*Die Juden* が収められている。第一巻は、第I部に歌謡、格言詩、寓話などが、第II部に手紙形式の批評文や劇断片『ザームエル・ヘンツィ』*Samuel Henzi* が、第三巻には、第V部に戯曲『自由思想家』*Der Freigeist*、プラウトゥスの『三文銭』*Trinummus* の翻案である『宝物』*Der Schatz*、第VI部に戯曲『ミス・サーラ・サムプソン』*Miß Sara Sampson*、『女嫌い』*Der Misogym* が収められている。後世にはこれらの作品が、ジャンル別に切り離されてしまうのであるが、これらの作品が一体となって『レッシング著作集』、ないし初期レッシングの世界が形成されていると見ることができる。後に本論で見るように『カルダーヌス弁護』からは、劇作家レッシングのセンスをさまざまな形で垣間見ることができるが、そのことはその一端を示すものである。当作品を含め『レッシング著作集』に収められた作品を相互関係の相のもとで考察することが求められている。

☆8　『カルダーヌス弁護』の研究史については、vgl. M. Fick, *Lessing Handbuch. Leben-Werk-Wirkung*, 2. Aufl., Stuttgart / Weimar: Metzler, 2004, S. 114ff., u. W. Albrecht, *Gotthold Ephraim Lessing*, Stuttgart /Weimar: Metzler, 1997, S. 14ff.

☆9　K.-J. Kuschel, *Vom Streit zum Wettstreit der Religionen. Lessing und die Herausforderung des Islam*, Düsseldorf: Patmos, 1998, S. 100.

☆10　K. Mommsen, *Goethe und die arabische Welt*, Frankfurt a. M: Insel, 1988, S. 9.

☆11　『カルダーヌス弁護』のイスラームに関連した注は、一九七六年に出たＭＬＡ第VII巻にも二〇〇三年に出たＦＬＡ第III巻（コンラート・ヴィーデマン編）にも不備ないし不十分な点がある。研究状況に対応したものといえよう。この点については、本章・第4節を見られたい。

☆12　F. Niewöhner, Das muslimische Familientreffen. Gotthold Ephraim Lessing und die Ringparabel, oder: Der Islam als natürliche Religion, in: *Frankfurter Allgemeine Zeitung* vom 5. Juni 1996.

☆13　Th. W. Danzel, *Gotthold Ephraim Lessing. Sein Leben und seine Werke, Bd. 1*, Leipzig: Dyk'sche Buchhandlung, 1850, S. 220ff.

☆14　H. B. Nisbet, Lessing and Pierre Bayle, in: Ch. Ph. Magill (Hg.), *Tradition and Creation. Essays in Honour of Elisabeth Mary Wilkinson*, Leeds: W. S. Maney & Son, 1978, S. 13ff.

ヘルムート・ゲーベルは『カルダーヌス弁護』と『歴史批評辞典』の関係に立ち入った数少ない研究者のひとりである。[☆16] ゲーベルは『歴史批評辞典』「カルダーノ」の項を視野に収めて『カルダーヌス弁護』との関係を論じている。ゲーベルはまた、『カルダーヌス弁護』にイスラームが登場したことの意義に論及しているが、この点に関するベールとの関係は分析していない。先に言及したクッシェルはこの点を論じているが、[☆17] ベール『歴史批評辞典』のイスラーム理解と『カルダーヌス弁護』を対比的に示すにとどまっており、十分とはいえない。ゲァハルト・ザウダーは、十八世紀を中心とするドイツにおけるベールの受容史を概観し、レッシングにも論及している。だが『カルダーヌス弁護』に関しては『歴史批評辞典』「カルダーノ」の項の〈補足〉として構想されていることを指摘するにとどまる。[☆18]

本章では、以上のような研究状況を踏まえて、ベールとの関係に着目しながら、『カルダーヌス弁護』、ならびに、そこにおけるイスラームを考察することにする。そのさいには、ゴットシェートによる独訳『歴史批評辞典』（一七四一〜四四年）を重視する。レッシングがフランス語を自在に読めたことは言うまでもないが、『カルダーヌス弁護』は、読者に独訳が親まれていたことを意識して、あえて独訳の表現を用いたり暗示したりする書き方をしていると思われるからである。

ベール研究に関しては野沢協氏による著作集の翻訳とそれに付した膨大な解説がある。[☆19] 本章の考察は、ベール理解ならびに十八世紀フランスにおけるベール受容に関して氏の労作に多くを負っている。だが、十八世紀ドイツにおけるベールの受容はフランスとは別個の脈絡において再検討されなければならないであろう。本章の考察は、この点に関してもひとつの手がかりを提示しようとするものである。

2 ジロラモ・カルダーノ

はじめに、『カルダーヌス弁護』について、基本的な事柄をおさえておきたい。

『カルダーヌス弁護』は、一七五四年、レッシング二十五歳の年にベルリンで出版された『レッシング著作集』*G. E. Leßings Schriften* 第III部に収められた作品である。ここに言うカルダーヌスとは、十六世紀イタリアの自然哲学者、数学者、医者で占星術師でもあったジロラモ・カルダーノ（一五〇一〜七六年）のことである。カルダーノは、その

☆15 Vgl. ebd., S. 15f. Fick, a. a. O. は、二〇〇四年に刊行された研究便覧であるが、ベールについては、『カルダーヌス弁護』をはじめとするレッシングの一連の『弁護』*Rettungen*、『寓話集』*Fabeln*、『ソフォクレス論』*Sophokles. Erstes Buch. Von dem Leben des Dichters*、劇断片『トンジーネ』*Tonsine* に関連してふれるのみである。それらの箇所で挙げられているベール関連の文献は、ダンツェル、ニスベット、クッシェル、次にふれるゲーベル、ザウダー、本章・第3節でふれるカッシーラー、および『寓話集』と『トンジーネ』に関してそれぞれ一論文のみである。ニスベットは、このような状況の原因を近代ドイツにおいて懐疑論の伝統が定着せず、レッシングを「閉じられた自足的な体系」に封じ込めようとする傾向が強固であったことに求めている (vgl. Nisbet, a. a. O., S. 28)。なお、二〇〇四年にはドイツにおける十八世紀研究の雑誌 *Aufklärung* においてベールの特集が組まれたが、ドイツにおけるベール受容に関しては、次の小論一篇を収めるのみである。M. Mulsow, Einige Bemerkungen zu Pierre Bayles Beziehungen nach Deutschland. Mit einem Anhang : Ein unveröffentlichtes Gespräch mit Bayle, in : L. Kreimendahl (Hg.), *Aufklärung. Interdisziplinäres Jahrbuch zur Erforschung des 18. Jahrhunderts und seiner Wirkungsgeschichte, Bd. 16, -Themenschwerpunkt: Die Philosophie in Pierre Bayles Dictionnaire historique et critique*, Hamburg: Meiner, 2004.

☆16 H. Göbel, Lessing und Cardano. Ein Beitrag zu Lessings Renaissance-Rezeption, in: R. Toellner (Hg.), *Aufklärung und Humanismus*, Heidelberg: Schneider, 1980, S. 167ff.

☆17 Kuschel, a. a. O. S. 77f. u. 91ff.

『自伝』*De propria vita*（一五七六年）によって文学史にも名を残している。

今日から見れば、多面的に才能を発揮したルネサンスの奇才と評せるカルダーノであるが、レッシングの時代においては、無神論の疑いの濃い風変わりな人物という見方が一般的であった。そのようなカルダーノの名誉回復(Ehrenrettung)を行なおうとするのが、『カルダーヌス弁護』の主旨である。[☆20]

『カルダーヌス弁護』の冒頭でレッシングは、カルダーノの『自伝』に関連させて次のように述べる。

あのカルダーノをご存知の読者、また、私が彼を知っていると信じてくださる読者は、私の弁護がカルダーノの全体にわたるものではあるまいとはじめから予想されるにちがいない。この異常な天才は、そうであるがゆえに、後世の者を皆、疑惑のなかに置き去ることとなった。最大の知性は最大の愚かさときわめて本質的に結びついていると信ぜずにはいられない。つまり、彼の性格は解きがたい謎であり続けているのだ。人びとが彼に帰さなかった特性があるだろうか。いやむしろ、ひとつの作品のなかで彼が自分に帰さなかった特性があるだろうか。偉大な人物は皆、まさにあの偽りのなさ(Aufrichtigkeit)で書かねばなるまいと思うのだが！(LM V, 310)

「解きがたい謎」、「最大の知性」と「最大の愚かさ」の同居、またそれを「偽りのなさ」をもって語るカルダーノに対するレッシングの高い関心は、生涯にわたって続いたようである。ヴォルフェンビュッテル時代のレッシングは、カルダーノの『自伝』が「地上のあらゆる書物のなかで最も興味を引く書物」であると語ったと伝えられている。[☆21]レッシングは、トンマーゾ・カンパネッラ（一五六八〜一六三九年）、ジョルダーノ・ブルーノ（一五四八〜一六〇〇年）とならんでカルダーノの著作のコメント付きのアンソロジーの刊行を考えていたとも言われている。[☆22]

しかしながら『カルダーヌス弁護』でレッシングが向かおうとするのは、カルダーノの人物や『自伝』そのものではなく、そのような彼のあり方と切り離しがたく結びついていたであろう、彼の批判的、批評的精神である。――

かくも稀有な精神が無神論の疑惑を免れたとするならば、奇蹟であろう。そのような疑惑を身に引き寄せるには、多くの場合、自分で思考し（selbst zu denken）、人に認められている予断に抗う以上のことを要したであろうか。実際に不快である文言と問題のある人生が無神論の疑惑に結びつけられたカルダーノのようなことはまれだったのである。（Ebd.）

☆18 G. Sauder, Bayle-Rezeption in der deutschen Aufklärung, in: *Deutsche Vierteljahrsschrift für Literaturwissenschaft und Geistesgeschichte*, 49. Jg. Sonderheft „18. Jahrhundert" (1975), S. 83ff.

なお、以上、本文でふれたもののほかに、レッシングとイスラームという角度から『カルダーヌス弁護』を考察した近年の文献として次の二つがある。S. Horsch, *Rationalität und Toleranz. Lessings Auseinandersetzung mit dem Islam*, Würzburg: Ergon, 2004. Z. M. M. Al-Shammary, *Lessing und der Islam*, Berlin /Tübingen: Schiler, 2011. 両論考とも、『カルダーヌス弁護』に1節を割いて考察を加えているが（Horsch, a. a. O., S. 29-41 u. Shammary, a. a. O., S. 62-74）、ベールとの関係については、一般的な事項にふれるのみで、立ち入った分析を行なっていない。本書と両論考との論点の異同は、必要に応じて注記する。また、フォルハルトの次の論考は『カルダーヌス弁護』を含むレッシング初期の三つの〈弁護〉（ただし『ホラティウス弁護』*Rettungen des Horaz* を除く）をベールの『歴史批評辞典』の影響を考慮に入れて論じているが、『歴史批評辞典』の具体的な記述に立ち入ったものではない。Vgl. F. Vollhardt, Lessings Lektüre. Anmerkungen zu den *Rettungen*, zum *Faust-Fragment*, zu der Schrift über *Leibnitz von den ewigen Strafen* und zur *Erziehung des Menschengeschlechts*, in: *Euphorion* 100. Bd., 3. Heft (2006), S. 359ff.

☆19 野沢協訳、ピエール・ベール著作集（全八巻・補巻一）、法政大学出版局、一九七八～二〇〇四年。

☆20 この点については、南大路振一「若きレッシングの宗教思想」、南大路振一『18世紀ドイツ文学論集』、三修社、一九八三年、九二頁を参照。氏の論考は、『カルダーヌス弁護』を立ち入って論じたわが国における先駆的な研究である。

カルダーノは、「自分で思考し」たのみならずその結果を不用意な仕方で表現し、かつ、自らの人生を赤裸々に語ってやまなかった、そのことが無神論の疑惑を易々と身に招いたとするのである。

カルダーノに対するそのような疑惑の根拠にはさまざまなものがあったようである。レッシングはそれを、魂の不死に反論する書物を書いたとされる点、イエスの運勢を星占いで占ったとされる点、百科全書的な書物『精妙さについて』*De subtilitate*[☆23]（一五五〇年）の第十一巻にある偶像崇拝者、ユダヤ教徒、キリスト教徒、イスラーム教徒を互いに論争させて比較した箇所にまつわる問題、の三点にまとめている。レッシングは、はじめの二つは多く論じられ、確たる根拠もないとして、最後の点に問題を絞る。レッシングは、当時稀覯本となっていた『精妙さについて』の初版本によって当該箇所の全体をドイツ語訳で示したうえで、疑惑の当否を検討してゆくのである。[☆24]

宗教の比較がなぜ無神論の疑惑と結びつくのか、今日からは理解しがたい面があるが、比較のあとに、キリスト教の立場からの明確な結論、〈判決〉めいたものが書かれていない点が論難されたのである。[☆25]レッシングが提示した『精妙さについて』の独訳を見ると、偶像崇拝者、ユダヤ教徒による議論に、そのつど、それを批判する主旨の言葉が付され、その後にキリスト教徒の主張も独立して登場する。最後に置かれているイスラーム教徒による議論にしても、それを反駁することは容易であるという主旨の言葉が付されている。だが、それでは不十分とされたのである。とりわけ、問題にされたのは、議論の最後の部分に出てくる「それゆえ、それらは勝利の女神の裁決に委ねられている (igitur his arbitrio victoriae relictis)」(LM V, 311, u.a.) という言葉であった。この言葉が四つの宗教の正邪や優劣、勝敗を偶然にゆだねたものと見なされたのである。

のちに見るように、このような理解は曲解であるというのがレッシングの主張である。ともあれ、ここには宗教の複数性を承認し、思考する試みが、当時において困難な状況に置かれていたことが示されている。すでにカルダーノに二〇〇年ほど先立ってボッカッチョの『デカメロン』*Decameron*（一三五三年）第一日第三話「三つの指輪の話」が書かれてはいた。だが、カルダーノの時代には『デカメロン』の「三つの指輪の話」が検閲によって削除されていたことも指摘されている。☆26 カルダーノの先の言葉に無神論の嫌疑をかけることは、彼の同時代の人文学者ユリウス・カエサル・スカリゲル（一四八四年〜一五五八年）から始まっている。レッシングはスカリゲルの見解が、十七世紀のメルセ

☆21 R. Daunicht, *Lessing im Gespräch. Berichte und Urteile von Freunden und Zeitgenossen*, München: Fink, 1971, S. 323. レッシングによるカルダーノへの言及については、vgl. Göbel, a. a. O., S. 167ff.
なお、カルダーノ『自伝』は、ゲーテの『詩と真実』*Aus meinem Leben. Dichtung und Wahrheit*（一八一一〜三三年）にも影響を与えている。ハンブルク版ゲーテ著作集の編者トゥルンツが指摘するように、『詩と真実』第一章の冒頭「私は、一七四九年八月二十八日の正午、十二時を告げる鐘の音とともに、フランクフルト・アム・マインで生まれた。星回りには恵まれていた［……］」(HA IX, 10) には、カルダーノ『自伝』第二章「私の誕生（Nativitas nostra）」における叙述の影響が見られる (vgl. ebd., 644)。ただし、カルダーノの場合は、全世界が〈天才〉の誕生を寿ぐといった趣きの『詩と真実』の叙述とは異なっている。『自伝』第二章の冒頭は次のようなものである。――「私が聞いたところでは、私は、堕胎薬を用いても効き目がなく、この世に生まれることになった。一五〇一年九月二十四日、夜中の一時がまだ終わらない頃、三十分を少しばかり過ぎ、四十分にはなっていない頃であったという。」(*Des Girolamo Cardano von Mailand eigene Lebensbeschreibung*, aus dem Lateinischen übers. von H. Hefele, München: Kösel, 1969, S. 12 による) レッシングが惹かれたのは、むしろそのようなカルダーノ、そこから発する、自己批評を含んだ批判的精神であったといえよう。

☆22 Vgl. K. G. Lessing, *Gotthold Ephraim Lessings Leben, nebst seinem noch übrigen litterarischen Nachlasse 1. Teil*, Berlin: Voss, 1793 (Neudruck, Hildesheim, u. a.: Olms, 1998), S. 162.

☆23 ゲーベルとヴィーデマンは *De subtilitate* を *Über den Scharfsinn*（明敏さについて）とするが (MLA VII, 730 u. FLA, III, 1039)、レッシングとカルダーノの自然哲学との関係を論じたM. Fick, Die »Offenbarung der Natur«. Eine naturphilosophische Konzeption in Lessings *Nathan der Weise*, in: *Jahrbuch der Deutschen Schillergesellschaft* 39 (1995) は *Über die Feinheit der Dinge*（事物の精妙さについて）とする (ebd., S. 113ff.)。また、この著作を主題的に論究したI. Schütze, *Die Naturphilosophie in Girolamo Cardanos De subtilitate*, München: Fink, 2000 は、*Über die Subtilität*（精妙さについて）とする (ebd., S. 28)。本稿では、シュッツェに従う。カルダーノの研究書の邦訳、グラフトン（榎本恵美子・山本啓二訳）『カルダーノのコスモス　ルネサンスの占星術師』、勁草書房、二〇〇七年も『精妙さについて』としている。

ンヌ（一五八八〜一六四八年）を経てレッシングの時代に至るまで、約二〇〇年にわたって受け継がれてきたことを明らかにしている（LM V, 311f.）。レッシングは、そのような悪評の連鎖からカルダーノを救出しようとするのである。

3　ピエール・ベール

カルダーノに対するこのような名誉回復の試みには先例がある。ピエール・ベールの『歴史批評辞典』における「カルダーノ」の項である。レッシング自身がそれを意識していたことは、自らの試みについて、「ベールが彼の批判的辞典のなかでこの学識ある人物について書いた項目へのひとつの十分な補足と見なすことができよう」（LM V, 311）と述べていることからも明らかである。[☆27]

ベールの『歴史批評辞典』は、『カルダーヌス弁護』を理解するにあたって鍵となる作品である。『カルダーヌス弁護』を考察するに先立って、ここでは（1）ベールと『歴史批評辞典』および十八世紀ドイツにおけるベール受容について、（2）ベールとレッシングについて、必要な範囲で整理しておきたい。

（1）『歴史批評辞典』と十八世紀ドイツ

ベールは、一五九八年のナントの王令発布と一六八五年の王令廃止に象徴される、旧教と新教の対立に揺れた近世フランスを生きた思想家である。カルヴァン派の牧師の家に生まれたベール自身、青年期に旧教への改宗と新教への再改宗を経験している。ピレネー山脈北麓の小村ル・カルラで生まれ育った後、ピュイローランス、トゥールーズ、ジュネーヴに学び、一六七五年、フランス北部セダンの大学の哲学教授となるが、反新教の動きが強まるなか、新教系であったセダン大学は一六八一年に閉鎖される。ベールは失職、同年オランダのロッテルダムに亡命、一七〇六年に同地で没した。[☆28]なお、ベールの生地は中世においてアルビジョア十字軍の対象となった地域である。ベールの苛烈な批判的精神は、カタリ派の異端運動を生み出したこの地方の伝統と無関係ではないように思われる（この点については、第3章・注93も見られたい）。

『歴史批評辞典』は、ベールのオランダ亡命時代に書かれた著作である。古代から近世に至る人物、学派や宗派、ときには地名について立てられた項目からなる辞典であるが、各項目には詳細な注が付けられ、膨大な著作となっている。一六九六年に初版が出たあとに増補を重ね、一応の完成形態となった一七二〇年版では二〇〇〇以上の項目となった。[☆29]

☆24　この本は、司書で神学者であった友人のフリードリヒ・イマヌエル・シュヴァルツ（一七二八〜八六年）から借り受けたものであり、そこには、カルダーノの同時代人であるメランヒトン（一四九七〜一五六〇年）の書き込みがあった。レッシングはこの書き込みとカルダーノの本文を「むさぼるように（mit [...] Begierde）」読んだという（LM V, 312）。残念ながら『カルダーヌス弁護』ではこの書き込みについて論じられていない。

☆25　クッシェルは、レッシングの時代に至るまで反イスラーム的な対決神学（Konfrontationstheologie）が支配的であったことを指摘している。Vgl. Kuschel, a. a. O., S. 101f., u. a.

☆26　Vgl. C. Ginzburg, *Il fromaggio e i vermi. Il cosmo di un mugnaio del'500*, Torino: Einaudi, 1976, S. 58ff. u. S. 170. ギンズブルグ（杉山光信訳）『チーズとうじ虫　16世紀の一粉挽屋の世界像』みすず書房、一九八四年、一一七頁以下。同書で論じられている焚刑に処せられた粉挽屋は、カルダーノの同時代人である。

☆27　レッシングに先立って、彼のライプツィヒ大学時代の師のひとりであるヨーハン・フリードリヒ・クリスト（一七〇〇〜五六年）もカルダーノの名誉回復を試みている。この点については、vgl. Göbel, a. a. O., S. 174f.

☆28　ベールの生涯については、デ・メゾー（野沢協訳）『ピエール・ベール伝』、法政大学出版局、二〇〇五年、を参照。

☆29　野沢協「メルキセデクの横死――『歴史批評辞典』の歴史批評」、ベール（野沢協訳）『歴史批評辞典Ⅰ（A－D）』（ピエール・ベール著作集第三巻）、法政大学出版局、一九八二年、一一三〇頁以下を参照。

それぞれの項目においては、歴史的伝承の批判的吟味が詳細に行なわれ、そこに神学的、哲学的問題の検討が折り合わされている。カッシーラーは『啓蒙主義の哲学』において、ゲーテ『西東詩集』*West-östlicher Divan*（一八一九年）の次の詩句を引用して『歴史批評辞典』の基本性格を論じている。

口から耳へと伝え聞く
君は、そんなものが信頼の置ける授かり物だとでも思うのか。
愚か者め。伝承などというものも
多分に妄想の産物だ。
いまこそ判断が始まる時だ。
君がとうの昔に手放してしまった知性だけが、
君を思い込みの連鎖から救い出してくれるのだ。（HA II, 48f.）

『西東詩集』の『憤懣の書』*Das Buch des Unmuts* に収められた詩句である。『啓蒙主義の哲学』は一九三二年に刊行されているが、この引用は、同時代の精神状況に対するカッシーラーの〈憤懣〉を表わしたものであったかもしれない。[☆30]ともあれ、カッシーラーは引用に続いて次のように述べる。

ゲーテの『西東詩集』にあるこれらの言葉によって、最も明瞭で含蓄のある仕方で、ベールの仕事を要約し、彼本来の特質を描き出すことができるのかもしれない。ベールの鋭く容赦のない分析的知性こそが、思い込みの連鎖から歴史を決定的に解放し、それを自立的な方法的基礎の上に据えたのであった。そのさいに彼は、神学的伝承の批判から始めた。だが彼は、それにとどまることなく、探究を世俗的な歴史の全体に広げたのである。そしてまさにこの点において彼は十八世紀の先駆者となるのである〔……〕[☆31]。

伝承を吟味してやまないベールのこのような精神は、カッシーラーを含めしばしば言及がなされる、『歴史批評辞典』「ユソン（Usson）」の項の言葉によって要約することができるだろう。同項に付された注のひとつのなかに「歴史家の義務に関する考察」と題された次のような文が挿入されている。

歴史の掟を知っている人なら誰でも同意するはずだが、自分の役目を忠実に果たそうと思う歴史家は、諂いの精神と悪口の精神から脱し、いかなる情念にも動かされぬストア派の人のような状態にできるかぎり身を置くべきである。〔……〕歴史家は、歴史家として見るかぎり、父も母も系図もないメルキセデク[☆32]のようなものである。「あなたはどこの人ですか」と訊かれたら、こう答えなければならない。「私はフランス人でもドイツ人でもイギリス人でもスペイン人でもありません。世界の住人です（habitant du monde, Einwohner der Welt）。〔神聖ローマ帝国〕皇帝にもフランス王にも仕えず、ただただ真理に仕える者です。真理こそ私の女王で、それにだけ私は服従の誓いをしています。〔……〕[☆33]

☆30　カッシーラーの同時代の精神状況については、vgl. K. Sontheimer, *Antidemokratisches Denken in der Weimarer Republik. Die politischen Ideen des deutschen Nationalismus zwischen 1918 und 1933*, Studienausgabe mit einem Ergänzungsteil, München: Nymphenburger, 1968, bes. S. 61ff.（3. Kap., Absch. c: Anti-Intellektualismus）.『憤懣の書』の性格については、水上藤悦「詩人と専制君主――ゲーテの『西東詩集』について」、『東北ドイツ文学研究』第五二号、二〇〇九年、を参照。

☆31　Cassirer, a. a. O., S. 217.

☆32　『創世記』第一四章および『ヘブル人への手紙』第七章を参照。

ユソンはフランスのオーヴェルニュ地方の小さな町であるが、この項目の主題は、同地の城砦に一時、幽閉同然の状態に置かれていたマルグリット・ド・ヴァロワ（一五五三〜一六一五年）である。マルグリットは、アンリ四世（一五五三〜一六一〇年）の妻であったが、淫乱な素行は天下周知のところであったという。引用した「歴史家の義務に関する考察」は、彼女の素行を率直に記した歴史家シピオン・デュ・プレクス（一五六九〜一六六一年）がマルグリットに厚遇された用人であったことに関連してのものである。デュ・プレクスの歴史叙述を主人に対する忘恩であるとして非難し脅迫するバソンピエール元帥（一五七九〜一六四六年）に対して、ベールはデュ・プレクスに成り代わって右のように反論する。歴史家は、歴史家であるかぎりにおいて、「歴史の掟（les loix de l'Histoire, die Gesetze der Historie）」に従わなければならない、とするのである。

『歴史批評辞典』は、十八世紀の大ベストセラーであった。デンマークの劇作家のルドヴィ・ホルベア（一六八四〜一七五四年）は、一七一五年パリを訪れたさい、マザラン図書館の前に早朝から学生が列をなし、開門と同時に駆け出し、奪い合いながら『歴史批評辞典』を読んだと報告している。[☆34] このエピソードが示すように、高価なこの書物を購入できない者は図書館などで読んだものと思われる。当時の読者に『歴史批評辞典』が与えた影響は計り知れないものがあった。[☆35] ドイツでも事情は同じであった。ベールは、十七世紀末以来、政治学者で倫理学者のオットー・メンケ（一六四四年〜一七〇七年）、その子の歴史家ヨーハン・ブルクハルト・メンケ（一六七四〜一七三二年）をはじめとするライプツィヒの学者たちによって積極的に紹介、受容された。その流れのなかで、ゴットシェート（一七〇〇〜六六年）による『歴史批評辞典』のドイツ語訳（一七四一〜四四年）が出版されるのである。[☆36]

オットー・メンケはライプツィヒの学者たちと共同で、一六六五年から始まったパリの『学術新聞』*Journal des Savans* に倣って、一六八二年に『ライプツィヒ学報』*Acta eruditorum* を刊行する。父の死後、同誌は子のヨーハンによって引き継がれてゆく。一六八八年には哲学者クリスティアン・トマージウス（一六五五〜一七二八年）によって最初のドイツ語の月刊誌『月報』*Monatsgespräche* が、一七一二年には神学者のユストゥス・ゴットハルト・ラーベナー（一六八八〜一七三一年）らによってドイツ語版の『ライプツィヒ学報』が刊行される。これらの雑誌においてベールについての好意的な紹介が継続的になされてゆくことになる。ヨーハン・ブルクハルト・メンケは、一六八八年から翌年にかけてのオランダ旅行のさいに、ベールその人に会っている。

　ベールとライプツィヒの学者たちは、哲学者のライプニッツ（一六四六年〜一七一六年）によっても結ばれている。ライプニッツは、ライプツィヒ大学に学び、そのさいの師は、クリスティアン・トマージウスの父ヤーコプ（一六二二〜八四年）であった。ライプニッツは、哲学的見解を異にしながらもベールと交友、文通の関係にあり、『歴史批評辞典』を高く評価していた。ライプニッツは『ライプツィヒ学報』の寄稿者であったが、『ライプツィヒ学報』掲載のライプニッツの論文は、フランス語に訳されてベールの『文芸共和国便り』*Nouvelles de la République des Lettres* に転

☆33　Art. Usson, in: P. Bayle, *Dictionnaire historique et critique, Cinquième édition de 1740, Revue, corrigée et augmentée, tome quatrième* (Neudruck, Genève: Slatkine, 1995), S. 486. Art. Usson, in: Bayle, *Historisches und Critisches Wörterbuch. Nach der neuesten Auflage von 1740 ins Deutsche übersetzt; mit Anmerkungen von Maturin Veyssiere la Croze und anderen von Johann Christoph Gotsched, Bd. IV*, Leipzig: Breitkopf, 1744 (Neudruck, Hildesheim/New York: Olms, 1978), S. 495f. ベール（野沢協訳）『歴史批評辞典III（P–Z）』（ピエール・ベール著作集第五巻）、法政大学出版局、一九八七年、八三九頁以下。

☆34　L. Holberg, *Nachricht von meinem Leben, in drei Briefen an einen vornehmen Herrn*, Frankfurt a. M.: Frankfurter Verlags-Anstalt, 1926, S. 52. 本書は、ラテン語の原著 *Ad virum perillustrem epistola*（一七三六年）の十八世紀の独訳（*Eigene Lebensbeschreibung in einigen Briefen an einen vornehmen Herrn*, Copenhagen / Leipzig: Rothe, 1745）に基づくものである。

☆35　この点とホルベアの報告については、野沢協「メルキセデクの横死——『歴史批評辞典』の歴史批評」、一一四七頁以下も参照。

☆36　Vgl. Sauder, a. a. O., S. 83ff.

載されている。ベールと都市ライプツィヒが同時代的に繫がっていたことが知られるのである。[37]
ゴットシェートは、メンケ家と親しく交わり、一七二四年には、同家の家庭教師になっている。『歴史批評辞典』のドイツ語訳は、第四巻の「序文」でゴットシェート自身が述べているように、法律家ケーニヒスレーヴ（Königslöw）[38]のイニシアティヴによるものであり、ゴットシェートの他、ヨーハン・ヨアヒム・シュヴァーベ（一七一四〜八四年）、ヨーハン・クリスティアン・ミュラー（一七二〇〜七二年）、クリスティアン・フュルヒテゴット・ゲラート（一七一五〜六九年）、ゴットシェート夫人（一七一三〜六二年）などライプツィヒと関わりのある人びとが参加した大事業であった。翻訳のかなりの部分はケーニヒスレーヴによるものである。[39] なお、『歴史批評辞典』の翻訳と時を同じくして一七四一年には、ゴットシェートの弟子によってベールの『彗星雑考』*Pensées diverses écrites à un docteur de Sorbonne à l'occasion de la comète qui parut au mois de décembre 1680*（一六八二年）のドイツ語訳が刊行されている。[40]
ベールの影響は十八世紀を通じて持続する。ドイツにおいては、『歴史批評辞典』をはじめとするベールの著作の翻訳がそれに拍車をかけたであろうことは想像するに難くない。ベール受容の跡は、本章の主題であるレッシングのほか、ハラー（一七〇八年〜七七年）、ヴィンケルマン（一七一七〜六八年）、ヘルダー（一七四四〜一八〇三年）を経てジャン・パウル（一七六三〜一八二五年）まで辿ることができる。[41] ヘルダーの『アドラステア』*Adrastea*（一八〇一〜〇四年）に収められたベール論については、第3章で見ることにしたい。
ゴットシェートは『歴史批評辞典』を知識の宝庫としての有用性の観点から評価したのであるが、先にカッシーラーによって見たように、そして以下の叙述によっても明らかにされるように、この作品は有用性に解消できる著作ではない。有用性＝啓蒙＝フランスという連想によって『歴史批評辞典』を片づけることは誤りである。この作品のドイツでの受容を考えるにさいしては、ゴットシェート流の理解とは独立に、個々別々に検討してゆくことが必要である。『歴史批評辞典』の豊富な内容は、その批判的検討の精神と相俟って、さまざまな文学者や思想家の思考や想像

☆37 Ebd., S. 89ff. ベールとライプニッツに関しては、野沢協「機械論とアニミズムのはざまで――『歴史批評辞典』の世界像」、ベール（野沢協訳）『歴史批評辞典III（P－Z）』（ピエール・ベール著作集第五巻）、法政大学出版局、一九八七年、一七七六頁以下も参照。なお、ライプニッツの『弁神論』*Essais de théodicée sur la bonté de Dieu, la liberté de l'homme et l'origine du mal*（一七一〇年）執筆のきっかけとなったのは、ベールとの論争である。

☆38 パウル・ゴットフリート・フォン・ケーニヒスレーヴ（一六八四～一七五四年）。ケーニヒスレーヴは、*Deutsche Biographische Enzyklopädie*, München: Saur, 1995-2003 などの人名辞典には出てこない。ケーニヒスレーヴについては、vgl. E. Lichtenstein, *Gottscheds Ausgabe von Bayles Dictionnaire. Ein Beitrag zur Geschichte der Aufklärung*, Heidelberg: Winter, 1915, S. 27.

☆39 Vgl. Vorrede zum vierten und letzten Theile des Baylischen Wörterbuchs, in: Bayle, *Historisches und Critisches Wörterbuch, Bd. IV.*, S. 3f. なお、ザンダースは、ゴットシェート夫人が『歴史批評辞典』の六三五項目中の三三〇項目を翻訳したとするが（R. H. Sanders, „Ein kleiner Umweg“. Das literarische Schaffen der Luise Gottsched, in: B. Becker-Cantarino (Hg.), *Die Frau von der Reformation zur Romantik. Die Situation der Frau vor dem Hintergrund der Literatur- und Sozialgeschichte*, Bonn: Bouvier, 1980, S. 178）、根拠が示されておらず、また、妥当でない。ケーニヒスレーヴが翻訳を担ったことについては、ゴットシェート夫人自身の一七四〇年の手紙も語っている――「［……］状況はいつも同じ。不安はいっぱい。でも休みはほとんどありません。新しい仕事が我が〔?〕友〔ゴットシェート〕と私を待っています。ご存知のように、私はいま、もうひとりの別の方も交えて『スペクテイター』のドイツ語訳に取り組んでいます。［……］でもそれが終わらないうちにもう新しい仕事が企てられています。ケーニヒスレーヴェ氏がベールの『辞典』の翻訳を引き受けたのです。それだけでもとても有益なこの著作の出版者は、我が友がそれを監修し、彼の筆による注釈で増補することを望んでいるのです［……］」(Sechs und siebenzigster Brief (1740) in: D. Runckel (Hg.), *Briefe der Frau Louise Adelgunde Victorie Gottsched gebohrne Kulmus, 1. Teil*, Dresden: Harpeter, 1771, S. 258f.)。ただし、この監修と増補の仕事へのゴットシェート夫人の助力が多大な労力を要するものであったことは言うまでもない。ゴットシェート夫人については、宮本絢子「ルイーゼ・アーデルグンデ・ヴィクトーリア・ゴットシェート――手紙に見る生涯」、『十八世紀ドイツ文学研究』第三号、一九九三年、および H. Brown, »Als käm Sie von der Thems und von der Seyne her«. Louise Gottsched (1713-1762) als Übersetzerin, in: B. Wehinger u. H. Brown (Hgg.), *Übersetzungskultur im 18. Jahrhundert. Übersetzerinnen in Deutschland, Frankreich und der Schweiz, Aufklärung und Moderne Bd. 12*, Wehrhahn, 2008 を参照。

力を刺激していったと思われるのである。

そのさいには、〈無神論者〉ベールというイメージを振り払うことも必要になる。『歴史批評辞典』は十八世紀半ば以降のフランスにおいて熾烈となった宗教批判と宗教擁護のイデオロギー的な対立・闘争の渦中に置かれ、フランスの啓蒙思想家たちによって、あるときは理神論的に、あるときは無神論的に変形されて受容されてゆく。野沢協はこの点に関連して、「『歴史批評辞典』は、「歴史」と「批評」の辞典としては、大方の啓蒙思想家にとってもはやその意味を喪失していた。この書が十八世紀に遺された前代の最も貴重な遺産たりえたのは、もっぱら「哲学」と「弁証法」の辞典として読み変えられた結果にすぎない」と述べている。[☆42]『歴史批評辞典』の根幹をなす批判的吟味の精神が等閑に付され、同書に含まれたさまざまな議論が切り離されて、思想闘争（「哲学」と「弁証法」）の道具として用いられたのである。〈無神論者〉ベールというイメージは、この思想闘争に根を持っている。だが、近年のベール研究においては、ベールは、カルヴァン派の立場に立つ彼独特の信仰絶対論《フィディスム》であったことが明らかにされている。[☆43] 歴史的伝承に対する批判的吟味や哲学的・神学的議論は、このような彼の立場と一体のものであったのである。

このこととの関連で注意すべきなのは、ザヴダーの指摘である。ザヴダーは、レッシング、ヘルダー、ヴィンケルマンを念頭に置いて、フランスとは異なってドイツでは十八世紀半ば以降のベールの受容においても、歴史的－批判的要素が保持されたと述べている。[☆44]『百科全書』の「折衷主義（Eclectisme）」の項（ディドロ執筆）ではベールの『歴史批評辞典』を意識して「考証学的研究（L'érudition）、文芸（la littérature）、色々の言語、古代文化（les antiquités）、美術などが、人間精神が最初の数年と青春期（adolescence）に専念する事柄である。哲学は成年時代（virilité）になってはじめて従事できる」と断じられている。いまや「哲学」（主張を押し出して行なう思想闘争）の時代であり、「考証学的研究」（あれこれと逡巡する考察）や「文芸」などは時代遅れとなったというのである。[☆45] ドイツでは、前述の三人の文学者・思想家において、「考証学的研究、文芸、色々の言語、古代文化、美術」などが、歴史的－批判的要素や哲学的・神学的議論と一体となって受容されてゆく。これを単純に〈遅れ〉と表現するのは妥当でないであろう。ヴィンケルマンにおいて『歴史批評辞典』の受容は、彼の古代研究と密接に結びついていたと考えられる。[☆46] レッシングにおいても、以下に見るように、ベールは独自の仕方で受容されることとなる。ベールのドイツでの受容は、フランスの啓蒙思想家の場合とは異なった質と意義を持っていたといえよう。[☆47]

本小節の締めくくりとして、ゲーテにおけるベールを見ておこう。ゲーテはベールを積極的に受容したというわけではないが、『歴史批評辞典』を読んでいる。『詩と真実』*Aus meinem Leben. Dichtung und Wahrheit* 第II部（一八

☆40 Bayle, *Herrn Peter Baylens, weyland Prof. der Philosophie zu Rotterdam, verschiedene Gedanken bey Gelegenheit des Cometen, der im Christmonate 1680 erschienen, an einen Doctor der Sorbonne gerichtet.* Aus dem Französischen übersetzt, und mit Anmerkungen und einer Vorrede ans Licht gestellt von Joh. Christoph Gottscheden, Hamburg: Felgier u. Bohn, 1741.

☆41 フォイエルバッハ（一八〇四～七二年）のベール受容は別途に考察すべき主題である。

☆42 野沢協「メルキセデクの横死――『歴史批評辞典』の歴史批評」、一一五九頁。十八世紀初頭までは十六世紀以来の〈文芸共和国〉の理念が残っており、ベールの学識は宗教的立場を超えて賞賛されていたという（野沢前掲解説、一一四九頁以下）。ライプツィヒの学者たちによるベール受容もこのような地盤の上でなされたものといえよう。

☆43 野沢協「護教と断念――『歴史批評辞典』の宗教観とカルヴァン派論争」、ベール（野沢協訳）『歴史批評辞典II（E－O）』（ピエール・ベール著作集第四巻）、法政大学出版局、一九八四年、一二二七頁以下、とりわけ一四〇五頁以下。

☆44 Sauder, a. a. O., S. 98.

☆45 Art. Eclectisme, in: *Encyclopédie, tome troisième*, Paris: Briasson, 1753, E, 17.『ディドロ著作集第二巻　哲学II』（小場瀬卓三・平岡昇監修）、法政大学出版局、一九八〇年、五四頁。この点については、野沢協「メルキセデクの横死――『歴史批評辞典』の歴史批評」、一一五八頁以下を参照。

☆46 ヴィンケルマンは『歴史批評辞典』の抜書きを作成した。そのさいには、古代に関する事項だけでなく、哲学的・神学的内容にも注意を払っている。Vgl. Sauder, a. a. O., S. 100.

一二年）の第六章には次のような箇所がある。

私は父のためにホッペの『小法典』を繰り返し学習し、そのなかのどれを訊かれても答えられるようになった。こうして私は『法学提要』の主な内容を完全に自分のものにしたのだった。だが、静まりようのない知識欲が、それをこえて私を駆り立てていった。私は古代文学の歴史に入り込み、そこからさらに百科全書風の書物に入り込んでいった。ゲスナーの『学術入門』やモールホーフの『百科学者』を通読することによってである。これによって、考え方や生き方においてすでにいかに多くの奇異なことどもが現われていたかについて概括的な知識を得たのだった。この絶えることのない、しかも性急な、昼も夜も続けられた熱心な読書によって、私は自己形成をしたというよりはむしろ混乱してしまった。ところが、父の蔵書のなかにベールを見つけ、それに読みふけったとき、もっと大きな迷宮に没入することとなったのであった。

だが、たえず私のなかに呼び起こされた確信の要は、古代の言葉の重要性にあった。というのも、修辞学のあらゆる手本と同時に、世界がこれまでに所有したそれ以外のあらゆる価値あるものが古代の言葉のなかに保存されているのだという確信が、文学的な混沌のなかから、繰り返し私の心に迫ってきたからである。（HA IX, 238f.）

一七六五年、十六歳頃の少年ゲーテについての叙述である。ゲッティンゲンで古典文献学を学ぶやみがたい希望を断念し、父の意志にしたがって法律を学ぶためにライプツィヒ大学に行く直前の時期のことである。

ゲーテは、法律の勉強のかたわら、古代文学史についても猛勉強をした。そのさいに『歴史批評辞典』に目を通すことも怠らなかった。しかし、やはり本流はベールなどではなく古典古代の言語の勉強である。かくしてゲーテは、古典語の勉学に励んでいった……。『詩と真実』を偉人の調和的な人間形成の物語と見るならば、そのように解せる

かもしれない。しかし、はたしてそうであろうか。☆48

法律の勉強は「父のため（Meinem Vater zu Liebe）」のものであったが、古代文学史に引き込まれていったのは、「静まりようのない知識欲（unruhige Wißbegierde）」、十六歳の少年の不安定で名づけようもない知への欲求によるものだった。見たことも聞いたこともない「多くの奇異なことども（manches Wunderliche）」への欲求である。ゲスナー☆49の『学術入門』やモールホーフ☆50の『百科学者』の読書までは父も公認のものであったかもしれない。だが、ベールの『歴史批評辞典』は「父の蔵書」のなかにゲーテが見つけ出したものであった。ゲーテは書斎の片隅にあった大判のこの本をひそかに耽読していったものと思われる。

ゲーテは『歴史批評辞典』を「迷宮（Labyrinth）」と名づけている。『歴史批評辞典』の特徴を言い当てた印象的な言葉である。『百科全書』の「百科全書」の項（ディドロ執筆）には、「この語〔百科全書〕は、知識の連鎖を意味する。ギ

☆47 フリードリッヒ大王は、ダルジャンス（一七〇四〜七一年）の協力によって、『歴史批評辞典』の哲学・神学的内容を中心にした縮約版を刊行している（*Extait du Dictionaire historique et critique de Bayle, divisé en deux volumes avec une préface*, Berlin: Voss, 1765）。これは、フランス啓蒙思想家のベール受容に対応する性格のものである（野沢前掲解説、一一五八頁を参照）。だが、ドイツにおいては、それに解消できないベール受容の諸相があることが注意されなければならない。レッシングが関心を示した「カルダーノ」、「マホメット」、「アイスキュロス」、「エウリピデス」、「アンフィトリュオン」の項、先に見た「歴史家の義務に関する考察」が収められた「ユソン」の項は、縮約版には収められていない。一七六七年にはこの縮約版の増補版が出ているが、そこにもこれらの項目は収められていない。

☆48 『詩と真実』の性格に関しては、柴田翔『詩に映るゲーテの生涯』、丸善ライブラリー、一九九六年、二九頁も参照。

☆49 ヨーハン・マティーアス・ゲスナー（一六九一〜一七六一年）。古典文献学者、教育学者。ゲッティンゲン大学の教授を務めた。『学術入門』*Primae lineae isagoges in eruditionem universalem*（一七五六年）は、諸学の対象と方法を簡明に示したもの。

☆50 ダニエル・ゲオルク・モールホーフ（一六三九〜九一年）。法律家、詩人、文学史家。キール大学の詩学の教授。『百科学者』*Polyhistor, sive De notitia auctorum et rerum commentarii*（一六八八〜九二年）は、当時高く評価された百科全書的な書物。同書はレッシングの『カルダーヌス弁護』では批判されている（本節の（2）を参照）。

リシア語の前置詞 en〈状ヲナス〉と、名詞 kyklos〈円環〉、paideia〈知識〉からなる」とある。[51] 知識が円環状の体系をなすというのが〈百科全書〉の理念であるわけであるが、『歴史批評辞典』はそのような構想とは無縁である。項目の立て方は体系立ったものではない。しかも、各項の本文から枝分れした注においては、考証が考証を生み、議論が議論を生み、ときに真意の所在が見えなくなる錯綜した様相を呈する。『百科全書』の先駆者としては片づけられない『歴史批評辞典』の魅力のひとつはこの点にある。ゲーテはそのような「迷宮」のなかに耽溺していったものと思われるのである。『歴史批評辞典』のこのような性格については、レッシングとの関係で後にふたたびふれることにしたい。[52]

この「迷宮」のなかでどのような光景が展開していったのか。たんに学識や批判的検討の精神を深めたというだけではなさそうである。『歴史批評辞典』においてベールの途方もない学識が示されていることは確かである。発刊当初、宗派的な立場を超えて賞賛が寄せられたのもこの点についてであった。だが、『歴史批評辞典』は単なる謹厳な学術辞典ではなく、その読みやすさと面白さが、この辞典を十八世紀のベストセラーにした原因であった。面白さの一端は、官能に関わる話題が豊富であることにある。たとえば、『歴史批評辞典』のMの部には次のような項目が立てられている。

おっぱい派 MAMMILLAIRES　再洗礼派中の一宗派。この新手の離教がいつ起こったかは知らないが、この分枝の出生地はハールレムとされている。事の起こりは、或る若者が惚れて結婚したいと思う娘の胸に手をつっこんだことだった。そのおさわりは教会の知るところとなり、この罪人にどういう刑を科すべきか審議された。或る者は破門すべきだと主張し、或る者はこの過ちは赦してやっていいと言い、どうしても破門に同意しようとしなかった。議論が白熱した結果、両派は完全に手を切ってしまった。あの若者に寛大な態度を示した者は「おっぱい派」と命名された。これは或る意味で、再洗礼派の名誉になることである。彼らが道徳のきびしさをスペイン領ネーデルランドで「厳格派」と名づけられる人たちよりもずっと先まで推し進めていることを証明するからだ。〔……〕☆53

記述はさらに続く。『歴史批評辞典』のなかでは短い部類の項目であるが、本文にはいくつかの注がつけられ、類似の話題がさらに述べられてゆく。再洗礼派の道徳の厳格さをたたえているようでもある。だが、エピソードそのものを楽しんでいるようでもある。また、注のなかには「あまりにも神秘的で純化された信心ほど精神にとってあぶなっかしいものはない」という言葉も見られる。教会が唱える道徳の厳格さを称揚することがベールの立場ではなさそうなのである。

ゲーテは、『歴史批評辞典』の耽読に続いて古典語の習得を始めたという。そのさいにゲーテが励んだのはラテン語であったが、そのことが『歴史批評辞典』における夥しいラテン語文の引用やラテン語著作への言及と無関係であったかどうか（当時としては当然のことであるがゴットシェートの独訳でも、ラテン語はそのままである）。古代文学への志向がベールによって刺激された十六歳の少年の官能と無関係であったのかどうか。ともあれ、古典語の習得

☆51 Art. Encyclopédie, in: *Encyclopédie*, a. a. O., E, 99.『ディドロ著作集第二巻　哲学II』、八六頁。

☆52 『歴史批評辞典』の「迷宮」としての性格については、河原忠彦「ベールの『歴史批判辞典』について——辞典にみるベールの視点——」、河原忠彦『十八世紀の独仏文化交流の諸相』、白凰社、一九九三年、三八頁以下も参照。

☆53 Art. Mammillaires, in: Bayle, *Dictionnaire historique et critique, tome troisième* (Neudruck, Genève: Slatkine, 1995), S. 299f., Art. Mammillarier, in: Bayle, *Historisches und Critisches Wörterbuch, Bd. III*, Leipzig: Breitkopf, 1743 (Neudruck, Hildesheim/New York: Olms, 1977), S. 302. ベール（野沢協訳）『歴史批評辞典II（E－O）』（ピエール・ベール著作集第四巻）、法政大学出版局、一九八四年、七三四頁以下。

が教養主義的な猛勉強でないことだけは確かのようである。[54]

（2） ベールとレッシング

レッシングがはじめてベールにふれたのも、少年時代あるいは青年時代であったと思われる。レッシングの父は聖職者であったが、学位論文のなかでベールを反駁したという。[55] レッシングは一七四六年から四八年にかけてライプツィヒ大学に学んだが、先に述べたように、ライプツィヒはベールとの関係が深かった。レッシングは早い時期に、ベールについて聞き、フランス語原典であれ出版されたばかりのドイツ語訳であれ『歴史批評辞典』を読んでいたものと思われるのである。

古代ローマの喜劇作家ティトゥス・マッキウス・プラウトゥス（前二五四頃〜一八四年）を論じた一七五〇年の『プラウトゥス論』*Abhandlung von dem Leben, und den Werken des Marcus Accius Plautus*[56] は、『カルダーヌス弁護』に先立つ作品であるが、『歴史批評辞典』の「アンフィトリュオン（Amphitryon）」の項への言及が見られる（LM IV, 78f.）。『プラウトゥス論』にはアルファベット順の注がつけられているが、『歴史批評辞典』各項の注のつけ方と同じである。[57]『歴史批評辞典』にはプラウトゥスの項はない。レッシングはそれを補おうとしたのかもしれない。一七五九年の『寓話集』*Fabeln* には「雄牛と仔牛」*Der Stier und das Kalb* と題された次のような寓話が収められている。

獰猛な雄牛が牛舎のちっぽけな扉を突破って、角で支柱をこなごなにしてしまいました。ほらご覧、牛飼いさん！　と小さな仔牛は叫びました。私ならこんな迷惑かけません。牛飼いは答えました。お前にそんなことができるのなら、どんなに結構なことか。

仔牛の言葉は群小哲学者たちの言葉である。「邪悪なベ、ー、ルめ！　お前は大胆不敵な懐疑でどんなに大勢の善良な魂の持ち主を怒らせたことか！」――おお皆様。君たちのなかのひとりでもベールほどの者になれるなら、喜んで怒らせていただきます。[☆58]（LM I, 208.）

ベールに対する高い評価が示されている。『カルダーヌス弁護』では、「かくも稀有な精神が無神論の疑惑を免れたとするならば、奇蹟であろう。そのような疑惑を身に引き寄せるには、多くの場合、自分で思考し、人に認められて

☆54　ゲーテは『詩と真実』第Ⅳ部・第一六章で、ベールの『歴史批評辞典』について、「この辞典はその学識（Gelehrsamkeit）と鋭い洞察（Scharfsinn）のゆえに貴重であり有益な書物であるが、また、ゴシップ風の話し（Klätscherei）や饒舌な神学的議論（Salbaderei）のゆえに滑稽で有害な書物でもある」と述べている（HA X, 76）。このような両義的な評価が後年のゲーテの見解であったようである。なお、『詩と真実』のこの箇所は『歴史批評辞典』の「スピノザ」の項に関連してのものであり、ゲーテは続いて次のように述べている。――「「スピノザ」の項は私に不快と不信の念を呼び起こした。冒頭にこの人が無神論者であり、その見解がきわめて忌わしいものであると記されていた。ところがそれに続いて、彼が静かに思索し、自分の研究に没頭する人、良き市民、話好きな人、穏やかな私人であったことが認められている。「然らばその果《み》によりて彼らを知るべし」という福音書の言葉をすっかり忘れてしまったような書き方であった。――というのも、有害な哲学（Grundsätze[n]）から、人にも神にも好もしい生活が生まれるはずがないからである」（ebd.）。ゲーテは、こうしてスピノザ（一六三二～七七年）を再読し、感銘を受けることになる。――『歴史批評辞典』の「スピノザ」の項が、十八世紀におけるスピノザ理解の妨げとなったことを示すひとつの例ではある。だが、スピノザを有徳な人物とするベールの描き方は当時において画期的なものであり、〈有徳な無神論者〉は、十八世紀に大きな影響を与えたベールに関する論点のひとつであった。ゲーテはそれをふまえている。そこから『マタイによる福音書』第七章・二〇節の言葉を介して、スピノザの哲学に踏み込んでいった。ベールの「スピノザ」の項がゲーテにとって単に否定的なものでなかった点が注意されるべきである。

☆55　Vgl. G. Pons, *Gotthold Ephraim Lessing et le Christianisme*, Paris: Didier, 1964, S. 100.

☆56　レッシングではプラウトゥスの名がマルクス・アッキウスとなっている。ティトゥス・マッキウスであることが判明したのは、一八四五年になってからである。Vgl. MLA III, 753.

☆57　FLAの本文ではアラビア数字に変えられており、この点が見えにくくなっている。Vgl. FLA I, 736ff.

いる予断に抗う以上のことを要したであろうか」と述べられていた。レッシングはベールにも類似の精神を見ていたと思われるのである。

歴史的伝承に対する批判的吟味の精神、また先に『百科全書』「折衷主義」の項目を手がかりに指摘した『歴史批評辞典』に見られる「考証学的研究、文芸、色々の言語、古代文化、美術」への志向、あるいはゲーテの言うベールの「鋭い洞察（Scharfsinn）」（注54を参照）はレッシング自身を織りなす要素でもある。レッシングはベールとさまざまな点で波長が合ったと思われるのである。そこには、レッシングのプラウトゥスへの関心に示されるように、官能に関わる側面も除外されていなかったであろう。プラウトゥスの演劇は謹厳実直な人間形成を説くものではないからである。レッシングは『プラウトゥス論』のなかで、十八世紀初頭に出版されたフランス語訳プラウトゥス作品集に関して「最終巻には劇断片と猥雑な箇所の一覧表が収められている。この表は、けがれをまだ知らぬ方々にも、ふしだらな者たちにもともにお役に立つことであろう」と述べている（LM IV, 76）。

本節「ピエール・ベール」の冒頭に示した『カルダーヌス弁護』における『歴史批評辞典』への言及は、このようなベールとの関わりを背景に登場したものである。先の寓話「雄牛と仔牛」に描かれたベール像を踏まえるならば、自著を『歴史批評辞典』の「ひとつの十分な補足（einen guten Zusatz）」とするのは、二十五歳の若者の言としては気負いすぎた感もある言葉である。だが、実際に『カルダーヌス弁護』と『歴史批評辞典』「カルダーノ」の項の間には、「補足」としか表現しようのない緊密な関係があるのである。以下、この点を確認しておきたい。

前節「ジロラモ・カルダーノ」で述べたように、レッシングは『カルダーヌス弁護』執筆にさいしてカルダーノの『精妙さについて』の初版本を探し出している。そしてこの初版本によって無神論の疑惑を引き起こすきっかけとなった箇所の全体を独訳して読者に示し、そのうえで議論を行なっている。また『カルダーヌス弁護』の最後の部分では、『精妙さについて』のさまざまな版についての細かい議論を行なっている（LM V, 332f.）。いささか煩瑣ともいえるこだわりであるが、これらは、疑惑を引き起こした箇所の検討とともに、ベールの「カルダーノ」の項の末尾を引き継いで、足らざるところを文字通り「補足」したものなのである。

すでに述べたように、『歴史批評辞典』は二〇〇〇以上もの項目からなる。各項目の本文をなす各文の多くにアルファベット順の注が付き、そこにさらに注が付いて本文の量を圧倒しているという体裁のものである。「カルダーノ」の項では、本文は「私が行なっておきたい補足は、スカリゲルが反駁した『精妙さについて』という著作に関するものである」という句で終わり[☆59]、そこに『精妙さについて』の諸版を論じた注（Y）が付いている。『精妙さについて』は、レッシングが述べるように（ebd., 330ff.）、無神論の疑惑を引き起こした箇所を含めて初版以降に変更が加えられている。それゆえカルダーノの名誉回復のためには、初版によってカルダーノの主張の原型を確定することが不可欠

☆58　寓話の冒頭でレッシングは、パエドルス（前一八頃〜後五五頃）の寓話を踏まえたことを記している。レッシングの表記に対応する寓話を示せば、次の通りである。「牝牛が狭い入口に角をひっかけて、もがき苦しんでいました。小屋にどうしても入れないでいる牝牛を見て、仔牛が、「通り抜ける方法を教えてあげよう」と言いました。すると牝牛はこう言いました。「黙っていろ。そんなことはお前の生まれる前からわかっている。」知者に意見しようとする者は、ここで自分のことが言われていると思うべきです。」（*Phaedri Augusti Liberti Fabularum Aesopiarum, Liber Quintus 9*, in: *Babrius and Phaedrus*, newly edited and translated into English by B. E. Perry, London: Heinemann, 1965, S. 366f.『アウグストゥスの解放奴隷パエドルスによるイソップ風寓話集』第五巻・第九話、パエドルス／バブリオス（岩谷智・西村賀子訳）『イソップ風寓話集』、国文社、一九九八年、一二七頁）レッシングでは「牝牛」が「雄牛」に、知者に意見する小人が「群小哲学者たち」に変えられている。

☆59　Art. Cardan, in: Bayle, *Historisches und Critisches Wörterbuch, Bd. II*, Leipzig: Breitkopf, 1742 (Neudruck, Hildesheim/New York: Olms, 1975)（以下 Cardan), S. 54. また Art. Cardan, in: Bayle, *Dictionnaire historique et critique, Cinquième édition de 1740, Revue, corrigée et augmentée, tome second* (Neudruck, Genève: Slatkine, 1995), S. 51ff. ベール（野沢協訳）『歴史批評辞典Ｉ（Ａ－Ｄ）』、六九〇頁以下、を参照。以下の論述においては、独訳『歴史批評辞典』に拠り、必要に応じてフランス語原典と野沢訳を参照する。独訳を重視した理由は、レッシングが独訳を意識的に踏まえて『カルダーヌス弁護』を書いているからである。この点については、次節で論証する。

となるわけであるが、ベールの注（Y）では、初版には言及しているものの、初版を直接目にした形跡はない。否、そもそも、問題の箇所の検討がなされていないのである。ベールは、コンラート・ゲスナー（一五一六〜六五年）[☆60]の『図書抄録』*Epitome bibliothecae Coradi Gesneri* という書物に依拠して、『精妙さについて』の初版の書誌的事項を示すのみである。ゲスナーの書物は、『精妙さについて』の各巻の表題を記した後、書誌的事項を簡略に記したものである。[☆61]ベールの注（Y）の全体を見ても、『精妙さについて』のさまざまな版の書誌的事項の提示、スカリゲルの反駁に対するカルダーノの反論がそれらのどこに載っているかを示すにとどまる。[☆62]他の注においても『精妙さについて』の内容の検討はなされていない。

ベールがカルダーノの名誉回復を行なっているのは『自伝』によってである。注（D）においてベールは「伝聞によって先入見のままに即座に下す性急な見解はあまり信用せず、源泉（Quellen）へ向かわなければならない」とし、「私はカルダーノが著わした『自伝』を通読し、そのなかに自由思想家（Freigeist）というよりは迷信的な人間の特性を多く見いだした」と述べる。さらに、「自己の敬神と信仰について述べた『自伝』第二二章で行なっている考察ほど根底的で、理にかなった（vernünftig[ers]）ものを見ることはできない」とするのである。[☆63]

これはこれで伝承に対する批判的検討の精神が発揮された考察である。だが、『精妙さについて』に関しては、ベール自身が「私が行なっておきたい補足は、スカリゲルが反駁した『精妙さについて』という著作に関するものである」と述べながら、内容には立ち入っておらず、不十分と言わざるをえない。レッシングは「源泉」に向かうベールの精神を引き継ぎ、ベールの「補足」をさらに「補足」しようとするのである。ベールの文にある「補足」は、独訳では Der Zusatz、仏語原文では L'Addition である。[☆64]

なお、この文の直前には「父スカリゲル〔ユリウス・カエサル・スカリゲル〕は、カルダーノ攻撃の論陣を張ったが、自分の行なった批判がカルダーノの死の原因となったと思い込んだのには根拠がない」という文がある。そこには注

（X）がつけられているが、その冒頭でベールは「きわめて確かなことだが、自分の論敵の名声を利用して名を成そうとする欲望が、ユリウス・カエサル・スカリゲルにカルダーノ攻撃の論陣を張るべく駆り立てたのだといえよう」と述べている。☆65 注（X）ではさらに、オランダの人文学者ゲラルト＝ヨハンネス・ヴォシウス（一五七七〜一六四九年）やフランスの哲学者ガブリエル・ノーデ（一六〇〇〜五三年）の著書を引きながら、この点が詳細に論じられてゆく。そこにはノーデの言葉として、「スカリゲルを突き動かしていたのは、真理への愛（die Liebe zur Wahrheit）というよりも、文芸共和国において当時最も卓越した者すべてを叩いてやろうという欲望であった」というものも見られる。☆66 前節「ジロラモ・カルダーノ」で見たように、カルダーノに無神論の嫌疑をかけることは、スカリゲルに始まってレッシ

☆60 スイスの医師、万学に通じた学者。文献学、書誌学、医学、博物学の領域で膨大な著作を残した。先に見たゲーテ『詩と真実』からの引用に登場したゲスナーとは別人。

☆61 C. Gesner, *Epitome bibliothecae Conradi Gesneri*, Tiguri: Forschoverus, 1555, S. 76f. なお、Cardan においては、『図書抄録』の当該頁を三七六頁とする（Cardan, S. 58）。ベールは別の版の『図書抄録』に拠ったものと思われる。筆者がベルリン国立図書館で閲覧した一五五五年版は、大型本で、各頁縦二段からなり、頁数は見開き二頁分を一頁として頁数を振っている。これを小型本にして、縦一段にし、通常の頁づけにしたものがベールの用いた版ではなかったかと思われる。

☆62 Cardan, a. a. O. 注（Y）は邦訳されていない。

☆63 Ebd., S. 55. ベール（野沢協訳）『歴史批評辞典Ⅰ（A–D）』、六九二頁以下も参照。注（D）におけるカルダーノの名誉回復については、vgl. Göbel, a. a. O., S. 171ff. ゲーベルはさらに『カルダーヌス弁護』についても論じているが、先に指摘した『カルダーヌス弁護』と『歴史批評辞典』注（Y）との緊密な関係、また、次に指摘する注（X）との緊密な関係が論じられておらず、『カルダーヌス弁護』が『歴史批評辞典』の注（Y）に述べられた「補足」への「補足」であること、そこに込めたレッシングの自負、文献学的なこだわりの理由は捉えられていない。

☆64 Cardan, S. 58. および Bayle, a. a. O., S. 56.

☆65 Cardan., S. 58. 注（X）は邦訳されていない。

☆66 Ebd.

ングの時代に至るまでの二〇〇年に及んでいる。だが、その発端は、単なるエゴ、文壇の俊秀を叩くことによって自分を目立たせようとする野心にすぎなかったわけである。レッシングは注（X）を読んで大いに怒ったであろう。実際、怒っているのである。レッシングは、スカリゲルの見解を鵜呑みにしてカルダーノを非難してきた学者たちについて次のように述べる。

ところで、私があえて次のように言うとしたら、読者はどうお思いになるだろうか。これらの学者は皆、受け売りする者（Nachbeter）にすぎないか、それとも、――自分の目で〔原典を〕見ているのであれば――論理的に考えることができなかったのだ、と。〈できない〔能（力）がない〕〉とあえて言う。というのも、論理的思考力の前に先入見が立ちはだかると、論理的思考力を持っていたとしても、そのような思考が〈できない〉ということが起きるからである。（LM V, 312）

婉曲ながらも角の立った批判である。だが、「カルダーノ」の項の注（X）を念頭に置くならば、こう書かざるをえなかったであろうと思うのである。引用した箇所の直前では、そのような学者として、前節の末尾で言及したメルセンヌのほか、ヨーハン・フォークト（一六九五～一七六四年）、ダニエル・ゲオルク・モールホーフ（一六三九～九一年）、ベルナール・ドゥ・ラ・モノワ（一六四一～一七二八年）、ヤーコプ・フリードリヒ・ラインマン（一六六八～一七四三年）、フリードリヒ・ゴットヒルフ・フライターク（一七二三～七六年）、ダニエル・サルテニウス（一七〇一～五〇年）らの名前と著書が挙げられている。レッシングは最後に、「さらに私の友人の名も添えなければならない」として、『精妙さについて』の初版本を貸してくれた友人のシュヴァルツ（注24を参照）の名も挙げている。

文献学的な徹底という他ないが、その背景には「カルダーノ」の項の注（X）によって喚起されたであろう怒りと情熱がある。レッシングはこのような伝承の連鎖を〈逆撫で（gegen den Strich bürsten）〉したいのである。[☆67]
『カルダーヌス弁護』を支えているレッシングの怒りと情熱の一端をもう少し具体的に見ておこう。
レッシングはスカリゲルを鵜呑みにしてきた学者を列挙するなかで、レッシングの同時代人であるフォークトの『歴史的・批評的稀覯本目録』*Catalogus historico-criticus librorum rariorum*（一七三二年）を引用して次のように書く。この本は、当時「学者たちの手引書」（ebd., 311）として使われていたものである。

フォークト師の注釈は次のようになっている。《〔『精妙さについて』の〕これらのきわめて希少な版のなかには、——と彼は言う——後の版で消去された、神をなみすることは甚だしくも腹立たしい（sehr gottlose und ärgerliche）箇所が見られる。余は、事のすべてを学識あるドゥ・ラ・モノワの〔編んだ〕『メナジアーナ』第四部の三〇五頁にある言葉で説明してご覧に入れよう。モノワはこう言っておる。カルダーノはポンポナッツィよりももっとひどいことをした。『精妙さについて』第十一巻において、カルダーノは四つの主要な宗教を手短かに比較し、それらを互いに言い争わせた後で、そのいずれに立つとも言わず、次の無思慮な言葉で結んだのだ。〈igitur his arbitrio victoriae relictis〉はっきりとドイツ語で言えば、彼はいずれの側に勝利が向かうかを偶然にまかせようとした、ということだ。彼自身はこの言葉を第二版で改めたが、その三年後、スカリゲルの『公教討論』二五八の第一によって厳しく断罪されることとなった。なぜかといえば、この言葉の意味がきわめて恐ろしいものだからだ。すなわち、四つの宗教のどれでもよい、いずれが勝つのか——論証の強さでも武力でもよい。ともかく、

☆67　この表現そのものが『カルダーヌス弁護』に登場するわけではない。この表現については、W. Benjamin, Über den Begriff der Geschichte, in: *Walter Benjamin Gesammelte Schriften, Bd. I・2 Abhandlungen*, Frankfurt a. M.: Suhrkamp, 1990, S. 697 を参照。

この点についてのカルダーノの関心のなさを明々白々に証明しているからなのだ》と。(Ebd., 311f.)

フォークトの『歴史的・批評的稀覯本目録』の五五頁にあるカルダーノ『精妙さについて』の項からの引用である。長々としたものであるが、フォークトの原文は簡潔である。忠実な引用ではなく、劇作家レッシングの面目躍如と言うか、面白おかしく味付けして〈引用〉しているのである。フォークトの当該箇所は次のようなものである。

ヒエロニムス・カルダーヌス『精妙さについて』二一巻、フェルディナンド・ゴンザーガ侯殿下に献呈、ニュルンベルク、一五五〇年、フォリオ。バーゼル、一五五四年、フォリオ。これらの版、ニュルンベルク版二五四頁、バーゼル版三五四頁には、後の版で消去された、きわめて腹立たしい箇所が見られる。『メナジアーナ』第四部、三〇五頁を見よ。ベール『歴史批評辞典』最新版、カルダーノの項、注(V)[☆68]。

レッシングは、ここで言及されているドゥ・ラ・モノワ編『メナジアーナ』第四部、三〇五頁の箇所を独訳して、フォークトの文につなげ、あたかもフォークトがそれを講釈しているかのように書いているのである。レッシングは、フォークトのラテン語の無表情な記述の背後に、その記述を執筆したさいに湧いたであろう〈義憤〉を読み取って言語化している。あるいは、フォークトが他人の知識を引き写しているにすぎないという事態を言語化しているのである。なお、モノワの原文はフランス語であり、レッシングが「はっきりとドイツ語で言えば(auf gut deutsch)」としているのは、モノワでは「はっきりとフランス語で言えば(en bon François)」である[☆69]。

先に見たようにレッシングは、「これらの学者は皆、受け売りする者にすぎないか、それとも、――自分の目で〔原典を〕見ているのであれば――論理的に考えることができなかったのだ」と述べていた(ebd., 312)。フォークトも

「受け売りする者」であると言わなければならない。同時に、フォークトは〈igitur his arbitrio victoriae relictis〉という言葉が『精妙さについて』のニュルンベルク版の二五四頁にあることも記している。このことは『メナジアーナ』に記されておらず、また、正しい情報である。この点でフォークトは「受け売りする者」でないとも言える（別の本を引き写している可能性もあるが）[☆70]。「受け売り」していないとするならば、『精妙さについて』を「見ている」はずである。「見ている」ならばモノワに同調するはずはない。にもかかわらず同調しているのは、「見ている」にもかかわらず「論理的に考えることができなかった」のだ、というのがレッシングの思いである。

フォークトからの引用の末尾では、ベールの『歴史批評辞典』「カルダーノ」の項が言及されている。フォークトが『歴史批評辞典』「カルダーノ」の項、とりわけ注（X）を「見ている」のであれば、モノワやスカリゲルに同調するはずはない、とレッシングは考えたことであろう。フォークトが参照を指示しているフランス語原典『歴史批評

☆68　J. Vogt, *Catalogus historico-criticus librorum rariorum sive ad scripta hujus argumenti*, Hamburg: Kisner, 1732, S. 55. 原文は次の通りである。――*Hieronymi* CARDANI *de Subtilitate libri XXI. ad illustr. Principem Ferrandum Gonzagam. Norinberg.* 1550. *fol. Basil.* 1554. *f.* Legitur in his editionibus p. 254. ed. Norimb. & p. 354. ed. Basil. locus scandalosissimus, qui in posterioribus editionibus fuit omissus. v. Menagian. T. IV. pag. 305. Bayle diction. hist. edit. noviss. art. Cardan. not. v.

☆69　*Menagiana ou les bons mots et remarques critiques, historiques, morales & d'érudition, de Monsieur Menage, recueillies par ses amis, tome quatrième*, nouvelle édition, Paris: Delaulne, 1729, S. 305. なお、同書の初版は一六九三年であるが、初版には、この記事は見られない。フォークトとレッシングは、同書の第四巻の三〇五頁への参照を指示しているが、初版は一巻本であり、その三〇五頁に該当する記事はない。初版は次の通りである。*Menagiana sive excerpta ex ore Aegidii Menagii*, Paris : Delaulne, 1693. さらに、同年にアムステルダムで出た次の版もある。*Menagiana, Ou Bons Mots, Rencontres Agreables, Pensées Judicieuses, et Observations Curieuses, De M. Menage*, Suivant la Copie de Paris, Amsterdam : Braakman, 1693. 両書は総頁数を異にするが、いずれも一巻本である。同書はその後増補されたものと思われる。フォークトとレッシングが参照を指示しているのは初版ではなく、一七二九年の増補版であろう。フォークトの『歴史的・批評的稀覯本目録』が刊行されたのはその三年後である。これらの点は、ＭＬＡの注もＦＬＡの注も注意を払っていない。

辞典』「カルダーノ」の項の注（V）は、「ノーデは、カルダーノは阿呆（fou）だったと言わざるをえなかった」という本文に付けられたものである。[☆71] フォークトは、「神をなみすることはなはだしくも腹立たしい」カルダーノは〈狂人〉だったと言わんとするかのようである。ベールまでもが、フォークトに賛同しているかのような扱い方である。だが、「カルダーノ」の項でベールは、カルダーノの振幅の大きい人物像を多面的に考察しているのであり、注（V）はその一端にすぎない。本文では、続いて「だが、それ以外の点、彼の才気（l'esprit）や学識（l'érudition）などについては〔ノーデは〕正当に評価している」と述べられている。フォークトはベールのカルダーノ論の一部を取り出して、〈無神論者〉カルダーノという通念に手前勝手に結びつけていると言わなければならない。フォークトの書は『歴史的・批評的稀覯本目録』と題されているが、〈歴史的・批評的〉を標榜しながらも〈歴史的・批評的〉とは言いがたいフォークトにレッシングはやり切れない思いをしたことであろう。

『歴史批評辞典』「カルダーノ」の項の本文冒頭では、カルダーノを「当時の最も偉大な精神の持ち主のひとり（einer von den größten Geistern seiner Zeit)」としている。[☆72] 本文のなかには「だが、彼が自分の良き特性と悪しき特性についてみずから我々に語っている内容を検討するならば、この精神の風変わりなあり方（das wunderliche Wesen dieses Geistes）がもっとよくわかるであろう。この率直さ（Offenherzigkeit）だけでも、彼の魂がまったく独特のものであったことの明らかな証拠である」[☆73]という文も見られる。「率直さ」が高く評価され、「精神の風変わりなあり方」もネガティヴに言われているものではない。そのようなかに、先の「ノーデは、カルダーノは阿呆（Narr）だったと言わざるをえなかった、だが、それ以外の点、彼の才気（Geist[es]）や学識（Gelehrsamkeit）などについては正当に評価している」[☆74]という文が現われるのである。

前節「ジロラモ・カルダーノ」では『カルダーヌス弁護』冒頭の文を引用した。カルダーノの特性を簡潔に描き出したものであるが、そこに見られた表現——「この異常な天才（dieses ausserordentliche Genie)」、「最大の知性は最大の愚かさ（größte[n] Thorheit）ときわめて本質的に結びついていると信ぜずにはいられない」、「偉大な人物は皆、まさにあの偽りのなさ（Aufrichtigkeit）で書かねばなるまい」は、右に挙げた『歴史批評辞典』「カルダーノ」の項の表現と重なり合っている。レッシングはベールによって、振幅の激しい、多面的なあり方をするカルダーノに魅せられていったと思われるのである。そして『自伝』を読み、『精妙さについて』を読み、『歴史批評辞典』「カルダーノ」の項の「補足」として『カルダーヌス弁護』を執筆するに至ったと思われるのである。

『カルダーヌス弁護』の場合にとどまらず、レッシングへのベールの影響は、生涯にわたるものであった。一七六〇年の『ソフォクレス論』*Sophokles. Erstes Buch. Von dem Leben des Dichters*は、『歴史批評辞典』に「アイスキュ

☆70　レッシングは、フォークトはカルダーノの原本を「見ていない」と推測している（LM V, 313）。理由は、フォークトが原本のタイトルを正確に表記していないからである。注68にも示したように、フォークトの表記は次の通りである。*Hieronymi* CARDANI *de Subtilitate libri XXI. ad illustr. Principem Ferrandum Gonzagam. Norinberg.* 1550. これに対して、レッシングが示す表記は次の通りである。HIERONYMI CARDANI, Medici Mediolanensis, de subtilitate Libri XXI. ad illustr. principem Ferrandum Gonzagam Mediolanensis Provinciae praefectum. フォークトでは、Medici Mediolanensis（ミラノの医師の）とMediolanensis Provinciae praefectum（ミラノ総督に）が欠けている。レッシングはさらに、原本では出版地、出版年の表記の前に、出版者が読者に宛てた言葉があるとして、その全文を示す。この言葉の後に、出版地・出版者・出版年が次のように書かれているとする。Norimbergae apud Jo. Petreium, jam primo impressum, cum Privilegio Caes. atque Reg. ad Sexennium Ao. MDL（ニュルンベルク、ヨハンネス・ペトゥレイウス、初版、皇帝陛下および国王陛下による六年間の著作権付き、一五五〇年）フォークトの表記は*Norinberg.* 1550（ニュルンベルク、一五五〇年）である。原本の表記はレッシングが示す通りである。

☆71　フランス語原典では（U）。Bayle, a. a. O., S. 55. ベール（野沢協訳）『歴史批評辞典Ⅰ（A–D）』、六九二頁。フォークトの『歴史的・批評的稀覯本目録』出版の時点では『歴史批評辞典』のドイツ語訳は出版されていない。

☆72　Cardan, S. 53.

☆73　Ebd.

☆74　Ebd., S. 54.

ロス」と「エウリピデス」の項があるにもかかわらず「ソフォクレス」の項が欠けていることを補おうとして執筆されたものであり、本文から膨大な注が枝分れしてゆくという『歴史批評辞典』の形式そのものが模倣されている（LM VIII, 293ff.）。また、晩年の『人類の教育』や『賢者ナータン』に至るまでのレッシングの宗教をめぐる思考に、ベールが影響を与え続けたことも指摘されている。☆75

　だが、先に見た『プラウトゥス論』において、プラウトゥスとモリエール（一六二二～七三年）の優劣をめぐるベールの見解にレッシングが異論を唱えていることが示すように、彼がベールを無条件に崇拝するものではなかったことも注意されなければならない。ベールは『歴史批評辞典』「アンフィトリヨン」の項で、プラウトゥスの劇『アンピトゥルオ』*Amphitruo* よりもモリエールの『アンフィトリヨン』*Amphitryon*（一六六八年）の方が優れているとするのであるが、☆76 レッシングは、「最も重要なことは、〔元になる劇を〕創造したことであり、その栄誉は依然としてプラウトゥスにある」とするのである（LM IV, 78）。『カルダーヌス弁護』に関して言えば、レッシングはそこにおいて、ベールにも色濃く見られるヨーロッパの伝統的なイスラーム像を転換することになる。『歴史批評辞典』「マホメット」の項の本文は次のようなものである。

〔……〕この偽預言者の（dieses falschen Propheten）行動や冒険的な企てをきわめて適切な引用や状況の鮮やかな記述を添えて年代順にまとめたものをごらんになりたい方は、プリードゥの著作を読みさえすればよいであろう。〔……〕そこには、とりわけ、マホメットが詐欺師（Betrüger）であったこと、その詐欺を「おのが肉欲（Fleischeslust）のために役立てた」ことの証拠がたくさん載っている。〔……〕リシャール・シモンは、マホメット教（Mahometismus）を弁護しようとする若干の事柄を公表して非難された。〔……〕しかし、基本的に彼が正しいのであれば、彼は称讃に値する。というのも、実際よりもはるかに忌まわしく描くことによって、悪への憎しみ

（Haß des Bösen）を助長してはならないからである。☆77

文中のプリードゥはイギリスの東洋学者（一六四八〜一七二四年）、リシャール・シモンはフランスの聖書研究家である（一六三八〜一七一二年）。マホメット（ムハンマド）の好色が強調され、「偽預言者」、「詐欺師」など、ネガティヴな評価が連ねられている。これらは、イスラームに関してヨーロッパにおいて伝統的に繰り返されてきた語彙にほかならない。「実際よりもはるかに忌まわしく描いて、悪への憎しみを助長してはならない」というコメントは、伝承に対するベールの批判的態度の一端を示すものではあろう。だが、マホメットやイスラームが基本的に「悪」であることに変わりはないのである。☆78

ただし、ベールの『歴史批評辞典』の各項は、伝承に対する批判的検討の反復によってさまざまな主張が干渉し合

☆75 Vgl. Nisbet, a. a. O., S. 13ff., bes. S. 20ff. ニスベットは、ベールの懐疑とライプニッツ的な理性が合流することによってレッシングの動的な思考が形成されていると見る（ebd., S. 24f.）。ニスベットが指摘するように、レッシングに対するベールの影響はこれまで軽視されてきたと言わなければならない（ebd., S. 28）。注37で述べたように、ライプニッツが『弁神論』を執筆したきっかけはベールにある。ライプニッツの合理論を単なる理性のオプティミズムとして斥けるのではなく、ベールの懐疑との緊張関係のなかで捉えなおし、そのうえで、十八世紀ドイツの諸思想を再把握してゆくことが必要であると思われる。

☆76 Art. Amphitryon, in: Bayle, *Historisches und Critisches Wörterbuch, Bd. I*, Leipzig: Breitkopf, 1741（Neudruck, Hildesheim/New York: Olms, 1974), S. 200. ベール（野沢協訳）『歴史批評辞典I（A–D）』、二九三頁。

☆77 Art. Mahomet, in: Bayle, *Historisches und Critisches Wörterbuch, Bd. III*,（以下Mahomet), S. 258 f. ベール（野沢協訳）『歴史批評辞典II（E–O）』、六五六頁以下、および、Art. Mahomet, in: Bayle, *Dictionnaire historique et critique, Cinquième édition de 1740, tome troisième*, S. 256ff. も参照。

☆78 ヨーロッパの伝統的なイスラーム観とベールのそれについては、野沢協「護教と断念――『歴史批評辞典』の宗教観とカルヴァン派論争」、ベール（野沢協訳）前掲書、一二三八頁以下を参照。

い、時に真意の所在が捉えがたくなるという一筋縄ではいかない性格を持っていることも注意されなければならない。「カルダーノ」の項目においては、カルダーノの『自伝』の検討によって名誉回復が行なわれていたのであるが、同時に、逆の方向性を持つ句も散見される。[☆79]「マホメット」の項にしても、注のなかには、「ホッティンガー[☆80]は『東方史』三一五頁以下において、マホメット教徒の道徳的な原則と箴言の長いリストを挙げている。これらの箴言には、徳の実行と悪徳の回避のためにおよそ人間に与えうる最も卓越した掟（Gebothe）が含まれていると言ってもこの宗教に諂ったことにはなるまい[☆81]」、あるいは、「それゆえ、キリスト教徒と非キリスト教徒は互いに非難し合うようなものをなにひとつ持たず、いくつかの悪しき風習の違いがあるにしても、原因は、宗教の違いというよりも風土（Himmelsgegend）の違いにあると総じて断言できそうに思われるのである[☆82]」といった句も見られる。レッシングが「マホメット」の項の基調に隠されたこれらの言葉を聴き取っていた可能性もあるのである。

4 イスラーム教徒の弁論

『カルダーヌス弁護』は不思議な作品である。レッシングは『レッシング著作集』第III部の「序文」のなかで、『カルダーヌス弁護』を含めそこに収められた四つの〈弁護（Rettungen）〉を「長々とした、おまけに一部は学者めいた顔つき（eine gelehrte Mine）をしようとする散文的な論文」（LM V, 267）と呼んでいる。だが、他の〈弁護〉は措くとしても、『カルダーヌス弁護』は、通常の意味での論文とは言いがたい作品なのである。この点に注意しながら、以下、イスラームの問題を中心に据えて『カルダーヌス弁護』を考察してゆくことにしたい。

論文とは言いがたいというのは、散文的な論述のなかに突如、ユダヤ教徒とイスラーム教徒が登場して語り出すからである。

まずは、ユダヤ教徒とイスラーム教徒が登場するまでの論述の流れを確認しておこう。

先に述べたように、レッシングは、カルダーノの『精妙さについて』の本文を自らの訳で提示して検討してゆく。レッシングは、そこに登場する偶像崇拝者、ユダヤ教徒、キリスト教徒、イスラーム教徒の主張を吟味して、カルダーノが四つの宗教のなかで最も強い論拠を与えているのはほかならぬキリスト教であり、彼に対する無神論の嫌疑には根拠がない、という結論を引き出す。とりわけ、カルダーノの本文にある「キリストの掟（Gebothe[n]）は〔……〕道徳あるいは自然的な哲学（natürliche[n] Philosophie）[☆83]と衝突する（streiten）何ものも含まない。〔……〕これに対しマホメットは殺戮と戦いと天国の塔を推奨する」（ebd., 316）という箇所に注目して、前者の句、「キリストの掟は〔……〕含まない」を「彼以前に、また彼以後に書かれたあらゆるキリスト教擁護から引き出すことのできる最も根本的なエッセンス」（ebd., 322）とするのである。レッシングはそのさいに、カルダーノの当該の言葉を原文で引用して入念に論じて

☆79　たとえば「カルダーノ」の項の注（D）では、先に見た箇所のしばらく後で、カルダーノの『霊魂の不滅について』*De immortalitate animorum* に関して、「アヴェロエス〔イブン・ルシュド（一一二六〜九八年）〕の純然たる無信仰の説である」と述べている。Vgl. Cardan, S. 55.

☆80　ヨーハン・ハインリヒ・ホッティンガー（一六二〇〜六七年）。チューリッヒ出身の神学者、東洋学者。『東方史』*Historia Orientalis* は一六五一年の刊行。ホッティンガーの仕事については、Fück, a. a. O., S. 91ff.、フュック（井村行子訳）前掲書、七七頁以下を参照。

☆81　注（L）。Mahomet, S. 262. ベール（野沢協訳）前掲書、六六五頁。この句には、野沢前掲解説も注意を促している。

☆82　注（P）。Ebd., S. 264. ベール（野沢協訳）前掲書、六七四頁。

☆83　レッシングは「自然的な哲学」という語を、理性的な思考＝〈自然の光（lumen naturale）〉によって生み出された智恵という意味で用いている。次の引用に登場するカルダーノ自身の言葉 philosophia naturali は、自然の哲学＝自然哲学という意味にも解せる。だが、レッシングはそれを〈自然の光に基づいた智恵〉と解して議論を進めている。

いる。

カルダーノはむしろ、キリストの教え（Lehre）は総じて、道徳と自然的な哲学（natürliche[n]Weltweisheit）と衝突する何ものも含まない、言い換えれば、それと調和させ得ない（in keine Einstimmung könne gebracht werden）何ものも含まないと主張する。彼自身の言葉で言えば、nihil continent praecepta Christi a philosophia morali aut naturali *absonum*〔キリストの教えは道徳的ないし自然的な哲学と調和しない何ものも含まない〕である。これがすべてである！　これによって彼が別の側に逸脱したのであり、理性だけでは至れない本来の真理を我々の宗教から斥けようとしたとは言わないでほしい。もしそれが彼の見解であったなら、まったく別の表現をしたであろう。その場合は、キリストの教えは、道徳と自然的な哲学が含むもの以外の何ものも含まないと表現したのであり、これらと調和する（harmonier[en]）とは言わなかったであろう。（Ebd., 321f.）

キリストの教えを道徳や「自然的な哲学」に還元するのではなく、それと「衝突」しない、ないし「調和する」としている点が要点とされるのである。この点については、本節の後半でふたたびふれたい。

ところが、カルダーノに対する弁護をこのように展開した後で、レッシングは、カルダーノが「偽りなく」（ebd., 323）描いたのはキリスト教のみであったとして、ユダヤ教とイスラームについての彼の見方を訂正してゆく。いわば、カルダーノの名誉回復がユダヤ教とイスラームの名誉回復によって引き継がれるのである。その過程で文中に「篤信のユダヤ教徒（ein rechtgläubiger Israelite）」（ebd., 324）、次いで「イスラーム教徒（ein Muselmann）」（ebd., 325）が登場して、カルダーノに反論して語り出すことになるのである。

「篤信のユダヤ教徒」の弁論は『ヨブ記』を踏まえたものである。この弁論については、次節でふれたい。引き続いて行なわれる〈イスラーム教徒の弁論〉（以下、〈 〉を付して表記する）の冒頭は次のようなものである。――

高い学識のある人物である必要はないが、もしも次のように問うひとりのイスラーム教徒に出会ったとしたら、カルダーノはどう答えることができただろうか。――カルダーノ君［……］。君の議論にはそもそものはじめから不満足だ。［……］異教徒（Heide）、ユダヤ教徒、キリスト教徒が自分の宗教と呼ぶものは、健全な理性がけっして自分のものとは認めないような命題の混ざり合ったものだ。彼らは皆、その可能性がいまだ証明されたことのないさまざまなより高次の啓示によりどころを求めている。［……］彼らはそれを神秘（Geheimnisse）と名づけている。［……］これこそ、精神のなかに、君たちが信仰（Glaube[n]）と呼ぶ怪物（Ungeheuer）を産みつけるものなのだ。君たちはこの信仰に天国と地獄の鍵を与えている。［……］君たちにおいては、聖なる妄想（heilige[r] Hirngespinster）の崇拝が正義（Gerechtigkeit）ぬきで浄福をもたらす。妄想の崇拝ぬきの正義がそうするのではない。なんという惑い（Verblendung）であろう。［……］彼〔預言者（Prophet[en]）＝マホメット〕の掟（Gesetz）を少しでも見ていただきたい。そこには、最も厳格な理性と和合しない何があるだろうか。私たちは唯一の神を信じる。私たちは、私たちの行為に応じて確かに見舞うであろう、未来の応報を信じる。このことを私たちは信じ――というよりは、神聖さを汚されてしまった君たちの言葉〔信仰〕をまたもや使うことを避けるなら、私たちは確信（überzeugt）している。［……］君は、人間が、神を知り、有徳である以上の義務を負っていることを証明せねばならないのだ。［……］

(Ebd, 325f.)

イスラームが「最も厳格な理性と和合」するものであることが強調されている。現世での「行為に応じ」た「未来の応報」と「唯一の神」への「確信」、「有徳である」ことがその内容である。他方でイスラームのこのような視点から、キリスト教を含む諸宗教が、「理性」では把握できない「さまざまなより高次の啓示」を「信仰」するものとされている。そのうえで、そのような「信仰」を倫理的な意味での「正義」や「掟」の上位に置くことが批判されている。偶然の一致とも言えるが、そこに登場する語彙は、前節でふれたゲーテ『西東詩集』の『憤懣の書』の詩句に見られた「妄想の産物（Hirngespinst）」、「思い込みの連鎖（Glaubensketten）」と重なっている。

文中の「君たちはこの信仰に天国と地獄の鍵を与えている」は、『マタイによる福音書』第一六章・一八節以下、『ヨハネの黙示録』第一章・一八節を、「聖なる妄想の崇拝が正義ぬきで浄福をもたらす」は、『ローマ人への手紙』第三章・二八節を踏まえたものである。[84]〈イスラーム教徒の弁論〉における「信仰」批判がキリスト教徒に対してのものであることが知られるのである。

このような弁論の出現によって、『カルダーヌス弁護』のそれまでの本文の進行は中断されてしまう。この中断は、本章の第2節で述べたカルダーノの名誉回復の要である『精妙さについて』第一一巻の「それゆえ、それらは勝利の女神の裁決に委ねられている」という言葉の検討に入る直前で引き起こされる。カルダーノの名誉回復はキリスト教の枠内での事柄であるが、そこには属さない別の複数の声――イスラーム教徒とユダヤ教徒の声――が登場するのである。以下、本節では〈イスラーム教徒の弁論〉について、要点を考察しておくことにしたい。

第一に指摘しなければならないのは、当時におけるイスラーム認識の進展である。〈イスラーム教徒の弁論〉においてレッシングが依拠しているのは、彼自身が述べているように（ebd., 325 u. 328）、アドリアヌス・レランドゥス（一六七六～一七一八年）やジョージ・セール（一六九七～一七三六年）、サイモン・オックレー（一六七九～一七二〇年）など、十八世紀初頭のイスラーム研究である。このようなイスラーム理解が「複雑で内的矛盾に満ちた構成」を持つとされるイスラーム[85]を尽くしているのかは改めて問われなければならず、レッシングが描き出しているのは、啓蒙の時代が見たイスラーム像にすぎないのかもしれない。だが、「神を知り、有徳である」ことを強調する〈イスラーム教徒の弁論〉が、

「アブラハムの宗教」を根源的、〔……〕純正な形で〔……〕建て直そうとする」イスラーム、[☆86] また「神は著しい倫理的性格を持つ」とされるイスラーム[☆87]の一端を捉えていることも確かなのである。セールは原典から『コーラン〔クルアーン〕』を英訳し（一七三四年）、『コーラン』の内容を明晰に再現した古典的な翻訳として研究史において評価されている。[☆88] 一七四六年にはこの英訳の独訳も出版されている。[☆89] レッシングの背景には、十八世紀におけるそのようなイスラーム認識の進展があったと言わなければならない。ベールの『歴史批評辞典』「マホメット」の項にも色濃く見られたイスラームを偽宗教とするヨーロッパの伝統的なイスラーム像は、レッシングにおいて大きな転換を遂げることになるのである。

☆84　ゲーベルの注釈を参照（MLA VII, 735)。当該箇所は次の通りである。「我はまた汝に告ぐ、汝はペテロなり、我この磐の上に我が教会を建てん、黄泉の門はこれに勝たざるべし。われ天国の鍵を汝に與えん〔……〕」（『マタイによる福音書』第一六章・一八節以下）、「〔……〕われ曾て死にたりしが、視よ、世々限りなく生く。また死と陰府との鍵を有てり」（『ヨハネの黙示録』第一章・一八節）、「我らは思ふ、人の義とせらるるは、律法の行為によらず、信仰に由るなり」（『ローマ人への手紙』第三章・二八節）。『ローマ人への手紙』第三章・二八節の句は、ルター訳聖書では次のようになっている。„So halten wir nun dafür, daß der Mensch gerecht wird ohne des Gesetzes Werke, allein durch den Glauben." (*Die Bibel. Nach der Übersetzung Martin Luthers mit Apokryphen*, Stuttgart: Deutsche Bibelgesellschaft, 1985, S. 182) また、レッシングに近い時代の十九世紀初めのルター訳聖書では次のようになっている。„So halten wir es nun, dafür daß der Mensch gerecht werde ohne des Gesetzes Werke, allein durch den Glauben" (*Die Bibel oder die ganze Heilige Schrift Alten und Neuen Testaments nach der Uebersetzung D. Martin Luthers*, Altona: Hammerich, 1815, 2. Teil, S. 215) これらに見られるGesetzの語が注意されるべきである。〈イスラーム教徒の弁論〉に「彼〔預言者（Prophet[en]）＝マホメット〕の掟（Gesetz）を少しでも見ていただきたい」という句があるが、レッシングは『ローマ人への手紙』にあるGesetzの語を意識して「掟」の語を用いているのである。

☆85　井筒俊彦『イスラーム文化　その根柢にあるもの』、岩波文庫、一九九一年、三一頁。

☆86　前掲書、五五頁。

☆87　前掲書、八七頁。

第二に指摘しなければならないのは、〈イスラーム教徒の弁論〉とカルダーノとの関係である。カルダーノのイスラーム論は、マホメットを一方的に「偽預言者」とするものではないものの、先に見た「キリストの掟は〔……〕道徳あるいは自然的な哲学と衝突する何ものも含まない〔……〕これに対しマホメットは殺戮と戦いと天国の塔を推奨する」(ebd., 316)という言葉に見られるように、「片手に『コーラン』、片手に剣」というこれまたヨーロッパに根強いイスラーム像☆90を共有するものとなっている。〈イスラーム教徒の弁論〉はこの点に答えようとするものでもある。弁論に登場する「イスラーム教徒」は、「理性」、「正義」、「有徳であること」を強調した先の箇所の後で、イスラームの流布にさいして「異教徒」への殺戮があったことを認め、弁明を行なっている(ebd., 327)。続いて弁論は次のように展開する。

君は、アブー・ウバイダが聖地エルサレムを包囲したときにエルサレムの人びとに書き送った内容をご存知だろうか。《我々は君たちに、一なる神のみが存在し、マホメットはその使徒であること、神が死者たちを墓から呼び覚まそうとされる審判の日があるであろうことを証言することを求める。君たちがこの証言を行なうのなら、君たちの血を流したり、あるいは、君たちの財産や子供たちに手をつけることは我々に許されていない。君たちがこの証言を拒むのであれば、税を納め、我々に恭順することを認めよ。〔……〕》と。この要求は万人に向けられているのだ。(Ebd., 327f.)

アブー・ウバイダ(五八三〜六四一年)は、初期イスラーム教団の有力指導者。第二代カリフ、ウマル(?〜六四四年)の時にシリア遠征軍の指揮官であった。エルサレムの陥落は六三八年のことである。そのさいのウバイダの〈手紙〉とされるものは、筆者が確認したところによれば、オックレーの『サラセン人によるシリア、ペルシア、エジプトの征服』*The Conquest of Syria, Persia and Agypt by the Saracens* の独訳（一七四五年）に引用されているものである。[☆91] レッシングは右に引用した箇所に *Okley* aus einer geschriebenen arabischen Geschichte des heiligen Landes（オックレー、アラビア語によって書かれた聖地の歴史より）と注をつけている（ebd., 328）。オックレーにそのような著書はなく、出典の詳細はこれまで明らかでなかったが、『サラセン人によるシリア、ペルシア、エジプトの征服』の独訳、二五六頁以下からのものである（巻末資料を参照[☆92]）。レッシングがそのような注をつけたのは、オックレーの著書が、アラビア人の著作やアラビア語の写本に基づくことを謳ったものであることによるものであろう。[☆93] また、独訳の二五六頁には、ウ

☆88　Fück, a. a. O., S. 104. フュック（井村行子訳）前掲書、八七頁。フュックによれば、セールは自分の翻訳を「さまざまに誹謗されてきたこの書物に対する一種の名誉回復と感じていた」という（ebd.）。レランドゥスは、ユトレヒト大学の東洋語の教授で、その著書『マホメット教について』*De religione Mohammedica, libri duo*（一七〇五年）は、「第一部は教義についての簡潔な論文をアラビア語とラテン語で収め、読者にイスラームの自己表現を示し、第二部は当時広まっていたイスラームに関する誤った見方を正した」ものであった。同書は、画期的な影響を与えたという（ebd., S. 102. フュック（井村行子訳）前掲書、八六頁）。オックレーはケンブリッジ大学のアラビア学の教授。オックレーの著書については、注91、92、94を見よ。

☆89　*Der Koran, oder insgemein so genannte Alcoran des Mohammeds, unmittelbar aus dem Arabischen Original in das Englische übersetzt, und mit beygefügten, aus den bewährtesten Commentatoribus genommenen Erklärungsnoten, wie auch einer vorläufigen Einleitung versehen von George Sale, aufs treulichste wieder ins Teutsche verdollmetschet von Theodor Arnold*, Lemgo: Meyer, 1746.

☆90　井筒前掲書、一一九頁。

☆91　S. Ockley, *Geschichte der Saracenen, oder ihre Eroberung der Länder Syrien, Persien und Egypten. Worinnen die Lebensbeschreibungen der drey unmittelbaren Nachfolger des Mahomets: Ihre merckwürdigsten Schlachten und Belagerungen, und andere zur Erläuterung der Religion, Sitten, Gebräuche, Gewohnheiten und Lebens-Art solchen kriegerischen Volcks dienliche Nachrichten enthalten. Aus den beglaubtesten Arabischen Scribenten, absonderlich Manuscripten, so bisher noch in keiner Europäischen Sprache herausgegeben, gesammelt, und von Theodor Arnold aus dem Englischen ins Teutsche übersetzt*, Leipzig und Altona: Korte, 1745, S. 256f.

バイダの〈手紙〉が「聖地の歴史より（Aus der Geschichte des heil. Landes)」と題された写本から取ったものであると記されている。レッシングの「聖地の歴史より」という注記は、その影響によるものでもあろう。[☆94]ともあれ、「片手に『コーラン』、片手に剣」というイスラーム理解は誤りであり、「一なる神のみが存在し、マホメットはその使徒であること、神が死者たちを墓から呼び覚まそうとされる審判の日があるであろう」ことを認めるか「税を収め、我々に恭順する」か、いずれかを選ぶかぎり流血はない、これは、エルサレムの住民に限らず「万人」に向けられた原則であり、イスラームは「剣」をもって改宗を強制するものではない、というのがレッシングがウバイダの〈手紙〉を引用した主旨である。

レッシングはもとよりイスラームを絶対化していない。右に引用した箇所に先立ってなされている、「異教徒」に対する殺戮の弁明にさいしては、「キリストとその使徒はまったく血を流さなかった」(ebd. 327) という言葉が語られ、この問題についてのレッシングの批判的な姿勢が読み取れるのである。だが、それに続いて、ウバイダの〈手紙〉を引用して述べられた内容は、「原則上、他の宗教の信者に改宗を強制」せず「宣教」も行なわないというイスラームの特質、[☆95]「複数のイスラーム以外の宗教共同体を含みながら、ひとつの統一体として機能する大きな「啓典の民（イスラーム、ユダヤ教、キリスト教、ゾロアスター教）」の多層的構造体」をなすイスラーム共同体[☆96]の特質を言い当てたものであり、「片手に『コーラン』、片手に剣」という伝統的なイメージからイスラームを救出したものと評価しなければならないのである。なお、「異教徒」の殺戮の問題については、第7節で論じることとしたい。[☆97]

第三に指摘しなければならないのは、〈イスラーム教徒の弁論〉とベールとの関連である。すでに述べたように、この弁論においては『歴史批評辞典』「マホメット」の項の基調をなすイスラーム像が転換されているのであるが、ベールとの関係は単純な否定ではなく、レッシングは、ベールの寛容思想を引き継ぎながら「マホメット」の項の基調をなすイスラーム像を訂正していると見ることができるのである。

ベールの寛容思想は、ナントの王令の廃止（一六八五年）に極まるプロテスタントへの迫害の状況下で書かれた『「強いて入らしめよ」というイエス・キリストの言葉に関する哲学的註解』*Commentaire philosophique sur ces paroles de Jésus-Christ, contrains-les d'entrer*（一六八六～八七年）（以下、『強いて入らしめよ』）に示されている。この書は、『ルカによる福音書』第一四章・二三節の「道や籬の辺にゆき、人びとを強いて連れきたり、我が家に充たしめよ」の句がアウグスティヌス以来、強制改宗や異端迫害を正当化してきたことを批判し、いかなるものであれ道徳に反し罪悪を犯

☆92　ゲーベルは、オックレーに注をつけるのみである（MLA VII, 735）。ヴィーデマンは、オックレーに注をつけ、彼の主要著作として『サラセン人の歴史』*Geschichte der Sarazenen*（独訳、一七四六年、英語版、一七〇八～一八年）を挙げるが、レッシングの引用の出典については「十分には明らかでない」、としている（FLA III, 1045）。なお、ヴィーデマンの示すオックレーの著作の表記は正確でない。オックレーは、一七〇八年に『サラセン人によるシリア、ペルシア、エジプトの征服』*The Conquest of Syria, Persia and Agypt by the Saracens*を、一七一八年に『サラセン人の歴史』*The History of the Saracens*を出版した。後者を出版した時に前者を再版したが、そのさいに、前者にも*The History of the Saracens*とタイトルを付し、前者を*The Conquest of Syria, Persia and Agypt by the Saracens.* Vol 1、後者を*The Conquest of Syria, Persia and Agypt by the Saracens.* Vol 2とした。独訳は、前者が*Geschichte der Saracenen, oder ihre Eroberung der Länder Syrien, Persien und Egypten*、後者が*Die Geschichte der Saracenen* Vol. IIと題されて、一七四五年に同時に刊行された。レッシングが引用しているのは、前者、『サラセン人によるシリア、ペルシア、エジプトの征服』の独訳からである。なお、ヴィーデマンは、アブー・ウバイダをアラビアの文法家、歴史家（八〇〇年頃）とするが（ebd.）、別人であり、誤りである（この人文学者のアブー・ウバイダについては、ギブ（井筒豊子訳）『アラビア人文学』、講談社学術文庫、一九九一年、八四頁を参照）。ゲーベルはアブー・ウバイダについて注記していない。なお、シャマリーは、根拠を挙げることなく、アブー・ウバイダの〈手紙〉が、エルサレムにいたフランク人〔十字軍〕がサラディンによって包囲されたさいのものとするが（Shammary, a. a. O., S. 71）、誤りである。ちなみに、六三八年のエルサレム陥落のさいにアブー・ウバイダによって包囲されたのは、ビザンツ軍である。

☆93　注91に示したタイトルの詳細表示には*Aus den beglaubtesten Arabischen Scribenten, absonderlich Manuscripten, so bisher noch in keiner Europäischen Sprache herausgegeben*（きわめて信頼のおけるアラビアの著作家たち、とりわけ、これまでヨーロッパの言語で公刊されたことのない写本による）とある。この点については、注94も見よ。

すことを命ずる字義どおりの解釈は誤りであるとするものである。なお、ベールの兄ジャコブは、南フランスの故郷の村で牧師をしていたが、プロテスタントへの迫害の状況のなか、一六八五年に逮捕され、獄死している。[☆98]

ニスベットは、『強いて入らしめよ』が『歴史批評辞典』のなかでしばしば言及されていることから、この書の寛容思想が『歴史批評辞典』を通してレッシングに生涯にわたる影響を及ぼしたと推測している。[☆99] ニスベットは『カルダーヌス弁護』には立ち入っていないが、[☆100]〈イスラーム教徒の弁論〉にもベールの寛容思想との関連を読み取ることができるのである。

前節においては、『カルダーヌス弁護』の冒頭の文と『歴史批評事典』「カルダーノ」の項の間に表現の重なり合いがあることを指摘した。同様のことは、〈イスラーム教徒の弁論〉と『歴史批評辞典』「マホメット」の項の間にも指摘することができる。言い換えれば、レッシングは、「マホメット」の項を意識的に踏まえて〈イスラーム教徒の弁論〉を書いていると思われるのである。ところが、「マホメット」の項は、『強いて入らしめよ』と関係の深い項目なのである。〈イスラーム教徒の弁論〉と「マホメット」の項の関係に立ち入る前に、「マホメット」の項と『強いて入らしめよ』との関係を見ておきたい。

『歴史批評辞典』「マホメット」の項の注（N）は、「マホメットが勢力を拡大した原因が、自発的にそうしない者に武力で改宗を強制したことによるものであったことは疑いようもない」という項目本文の句[☆101]につけられた注である。それは、「勢力拡大の原因をそれ以外のところに求めてはならない。これが原因のすべてである」という断言で始まり、次のような文が続く。

［……］所詮、署名を強要する勝者の武力に抵抗できるだろうか。一六八五年にそういう仕事に使われたフランスの龍騎兵たちに訊いてみたまえ。〈強いて、い、入らしめよ（compelle intrare, *nöthige sie, herein zu kommen*)〉という原則を

行使する時間さえ与えてくれたら、全世界〔の人間〕をコーランに署名させてみせると答えるだろう。あれほど献身的に仕え、あれほど常勝の軍隊を持てるとマホメットがわかっていたなら、啓示をでっちあげる〔……〕のにあれほど苦労はしなかっただろう〔……〕[☆102]。

☆94　オックレーの独訳二五六頁の欄外には M. S. Arab. Pocock, Num. 362 と注記がある（巻末資料を参照）。これは、東洋学者のエドワード・ポーコック（一六〇四〜九一年）が収集し、死後にオックスフォード大学のボードリアン・ライブラリーの所蔵となったアラビア語、ヘブライ語をはじめとする東洋語の写本コレクションの番号である。この箇所にとどまらずオックレーは、ボードリアン・ライブラリーの写本に基づいて『サラセン人によるシリア、ペルシア、エジプトの征服』を執筆した。オックレーが主に依拠したのは、歴史家アル・ワーキディー（?〜八二三年）が書いたとオックレーが信じた資料であるが、今日では、十字軍の時代のものと判明している。ウバイダの〈手紙〉はこれとは別の写本からのものであり、その価値は別途検討することが必要である。ともあれ、オックレーの著書は、マホメット死後の初期イスラーム拡大の歴史をアラビア語資料によって、ラテン語ではなく英語で書いたはじめての書として、広く読者に受け入れられ、大きな影響を与えた（オックレーについては、vgl. Art. Ockley, Simon, in: *Oxford Dictionary of National Biography. From the earliest times to the year 2000*, Vol 41, Oxford: Oxford Univ. Press., 2004, S. 428ff.）。なお、ウバイダの〈手紙〉の内容についてであるが、〈手紙〉自体の信憑性は別として、現代の歴史書において次のように述べられていることを指摘しておく。――「大征服事業はもともとイスラームの拡張ではなく、父祖の地における過剰人口の圧力が、近隣地帯に突破口をさがしもとめて奔流した、アラブ民族の膨張にほかならなかった。〔……〕いくつかの例外はあるけれども、真の改宗者や敬虔な信者たちは、アラブ帝国の創造に寄与するところがほとんどなかった。〔……〕征服者たちは、ズィンミー〔庇護民〕の身分にとどまる、つまり法が公認した（イスラーム以外の）宗教を信奉する者の、被征服民社会における民事や宗教行事の問題に、介入することはなかった。ビザンツからアラブへの政権交替は、新政権が租税やその他の点でも負担をはるかに軽減したので、人民の間ではおおむね歓迎された。シリヤ・エジプトのキリスト教徒さえもが、ギリシア正教を国教とするビザンツの統治より、イスラームの統治のほうをよろこんだ。」バーナード・ルイス（林武・山上元孝訳）『アラブの歴史』、みすず書房、一九八五年、五五頁以下。

☆95　井筒前掲書、一二六頁。

☆96　前掲書、一二八頁。

イスラームの急速な拡大が軍事力を背景とする強制改宗によるものだったとして、ナントの王令廃止のさいになされた軍隊によるプロテスタントに対する暴力的な改宗の強制、〈ドラゴナード（dragonnades）〉と同一視されるのである。〈ドラゴナード〉は、龍騎兵がプロテスタントの家に上がりこみ、嫌がらせや拷問によってカトリックへの改宗を迫った強制改宗の運動である。これによって、約二十万のプロテスタントが、オランダ、ドイツ、スイス、イギリスなど国外への亡命を余儀なくされた。『強いて入らしめよ』は、このような状況のなかで、それへの苛烈な批判を展開した書である。「マホメット」の項の注（N）によって、ベールにおいて、『強いて入らしめよ』の問題が、イスラームの拡大の問題と結びついていたことが知られるのである。

続く注の（O）にも同様の結びつきを指摘することができる。この注は、注（N）の先の本文に続く「これによってキリスト教の神性の証拠のひとつが保たれることになる」という句に付けられたものであるが、注の冒頭で初期のキリスト教について「素性も明らかでなく、学識も雄弁もなく、無慈悲に迫害され、人間的な支えをことごとく奪われた人びとによって説かれた福音は、にもかかわらず、短期間で全世界に打ち立てられた[☆103]」と述べられる。ベールは、この点を「キリスト教の神性の証拠のひとつ」と見るのだが、その後で、次のように述べている。

［……］フランスの国王たちはマホメット的な仕方でフリースラント人の国やザクセン人の国にキリスト教を布教した。北欧にキリスト教を打ち立てたさいにも同様の暴力が用いられた。［……］同様のものは可能になりしだいインドでも用いられるであろう。こうした行ないのすべてから明らかに帰結するのは、マホメットがその宗教を強制によって広めたということを［……］マホメットを叩くための証拠とするわけにはいかないということである。マホメットの側でも、対人論証（Schlußrede ad hominem）を使ってこう言えるからだ。――強制が本性からし

て悪であるのなら、けっしてそれを正当な仕方で（rechtmäßiger Weise）用いることはできない。ところが、君たちはそれを四世紀以来、いまに至るまで用いてきたし、それを用いたのはまったく賞賛すべきことだと言っているではないか。〔……〕コンスタンティヌス〔大帝〕から現在まで君たちの行為の正しさ（Gerechtigkeit）を、〈強いて入

☆97 「啓典の民」および「片手に『コーラン』、片手に剣」についての井筒の論点をより詳細に示せば次の通りである。——「元来イスラームの基礎には一つの根本的宗教概念として「聖典の民」あるいは「啓典の民」という考えがあります。〔……〕預言者と呼ばれる特殊な人を通じて特別の神の啓示を受けた人の集団ということでありまして、こういう集団がイスラームのほかにまだいくつもある。〔……〕数あるそのような宗教の中でもっとも典型的なものとしては、モーセの啓示に基くユダヤ教、それからイエスの啓示に基くキリスト教。イランのゾロアスター教については、〔……〕結局渋々ながら「啓典の民」の一つに認めることになりました」（前掲書、一二六頁以下）。「「片手に『コーラン』、片手に剣」とは、〔……〕イスラームに改宗するかそれとも死を選ぶか、切羽詰った二者択一、つまりイスラームの信者が抜き身の剣を引っ提げて異教徒に改宗を強制するということですが、『コーラン』にも「宗教には無理強いは絶対に禁物」（二章・二五七節）とありまして、イスラームは原則的に改宗を嫌います。〔……〕強制改宗は「啓典の民」にたいしては全然通用しません」（一二九頁以下）。「しかし、「啓典の民」でない本当の邪宗徒の場合は事情がいささか違います。彼らに関する限り、「片手に『コーラン』、片手に剣」は真赤な嘘というわけでもありません。いかなる意味においても神の啓示に関係のない邪宗徒の場合は、イスラームに改宗するのが生命を保持するための唯一の生きる道であり、そうでなければ剣で斬られるほかはない。そういう状況が、少なくとも昔は、事実上存在していたのです」（一三〇頁以下）。レッシングの叙述は、井筒が述べるイスラームのこのようなあり方を言い当てている。

☆98 デ・メゾー（野沢協訳）前掲書、五九頁以下。

☆99 Nisbet, a. a. O., S. 26f.

☆100 ニスベットは、レッシングが異端的な人物を救い出そうとした一例として注のなかで『カルダーヌス弁護』にふれている。Vgl. ebd., S. 27 u. Anm. 21.

☆101 Mahomet, S. 258. ベール（野沢協訳）前掲書、六五七頁。

☆102 Ebd., S. 262. ベール（野沢協訳）前掲書、六六八頁。

☆103 Mahomet, a. a. O. ベール（野沢協訳）前掲書、六六八頁。

らしめよ〈*nöthige sie, herein zu kommen*〉という言葉と、支配者の義務とによって根拠づけているではないか。——これらすべてについては『強いて入らしめよ』第Ⅰ部・第七章を見よ——だから君たちは、できるなら、キリスト昇天の翌日からでもすぐに強制を用いることもできただろう、と。[☆104]

権力と結びついた布教と初期のキリスト教が対極にあるものとして位置づけられ、〈ドラゴナード〉にとどまらず、「コンスタンティヌスから現在まで」の強制改宗、北部ヨーロッパへの布教、「インド」に象徴される非ヨーロッパへの強制的な布教に問題が広げられている。これが「マホメットがその宗教を強制によって広めた」ことに結びつけられるのである。この脈絡でふたたび『強いて入らしめよ』が言及されている。ベールが参照を指示している同書の第Ⅰ部・第七章は、「字義に対する反駁六。これはキリスト教から、マホメット教に対して用いる強力な論拠を奪うものなること」と題されている。「強いて入らしめよ」の句を字義どおりに取るならば、イエスが強制改宗を命じたことになり、イエスの時代の弟子たちはその命令を実行する「勇気のない卑怯な腰抜け」とされ、逆にマホメットの弟子の方が「ずっとよく義務を果たした」ことになる、ゆえに「強いて入らしめよ」の句を字義どおりに取ることは誤りである、という主旨のものである。[☆105]『歴史批評辞典』「マホメット」の項が『強いて入らしめよ』と緊密な関係にあることが示されている。

レッシングは、一七五四年の『カルダーヌス弁護』に先立って、五一年にヴォルテール（一六九四～一七七八年）の『十字軍の歴史』*Histoire des croisades*（一七五〇～五一年）を、五三年には、フランソワ・マリニー（一六九〇頃～一七九二年）の『カリフ政府のもとでのアラブ人の歴史』*Histoire des Arabes sous le gouvernement des Califes*（一七五〇年）を翻訳している。また、先に見たように、『カルダーヌス弁護』においてもレランドゥスやセールやオックレーのイスラーム研究を参照している。このようなイスラームへの関心、また前節で見たベールへの高い評価と関心から考えて、

『カルダーヌス弁護』執筆にさいして、『歴史批評辞典』「マホメット」の項に目を通した可能性は高い。
実際、〈イスラーム教徒の弁論〉は独訳『歴史批評辞典』「マホメット」の項と内容や語彙が重なっている。〈イスラーム教徒の弁論〉は「マホメット」の項を踏まえて書かれていると思われるのである。〈イスラーム教徒の弁論〉は、先に見た「万人」に向けられた原則を述べた後、終りに向かうが、その末尾で次のように述べられている。

私はこれ以上を君たちに要求しようとは思わない。けれども、最後にもうひとつ言うならば、君たちに対して笑いを禁じえないのだ。君たちは、私たちイスラーム教徒が天国の官能的な表象を字義どおりに理解している (die sinnlichen Vorstellungen des Paradieses, nach den Buchstaben verstehen) と信じている。だが、私が君たちの『コーラン〔聖書〕』を読み違えていないとするならば、君たちも、君たちの天のエルサレムの記述 (die Beschreibung eures himmlischen Jerusalems) を字義どおりに理解しているのではないだろうか。(LM V, 328)

「イスラーム教徒が天国の官能的な表象を字義どおりに理解している」という句は、当時のヨーロッパに広く行なわれていた見方を表わしている。カルダーノの『精妙さについて』においても、先に見た「マホメットは殺戮と戦いと天国の塔を推奨する」(ebd., 316) という句に続いて、「マホメットは、天国では〔……〕肉とリンゴを食べ、美酒を飲み、

☆104 Ebd., S. 263. ベール(野沢協訳)前掲書、六六九頁。
☆105 Bayle, *Commentaire philosophique sur ces paroles de Jésus-Christ, contrains-les d'entrer*, in: Bayle, *Œuvres diverses*, *Bd. II*, Hildesheim: Olms, 1965, S. 387. ベール(野沢協訳)『寛容論集』(ピエール・ベール著作集第二巻)、法政大学出版局、一九七九年、一四三頁以下。

絹の床に横たわり、木陰で宝石や絹の臥所を持つと記述している。健全な知性を侮るものではないか」と述べられている (ebd.)。レッシングは、このような見方に対して、『聖書』における「天のエルサレムの記述」も同じではないか、『コーラン』にしても『聖書』にしても「字義どおりに」解釈してはならない、と「イスラーム教徒」に反論させているのである。「天のエルサレムの記述」とは、ゲーベルも指摘するように、『ヨハネの黙示録』第二一章、第二二章の記述を指す。[☆106] たとえば「石垣は碧玉にて築き、都は清らかなる玻璃のごとき純金にて造れり。都の石垣の基は、さまざまの宝石にて飾れり」(第二一章・一八節以下)といった記述である。

『歴史批評辞典』「マホメット」の項の注(M)には、この反論と同じ主旨の文が登場する。注(M)は、「彼があんなに多くの信者を得たのは[……]官能的な天国 (ein sinnliches Paradies) を約束したからだとか言われるのに賛成しない向きもある」という本文[☆107]に付けられたものである。

注(M)では、「[……]来世の幸福についてマホメットの与えた期待が、キリスト教徒をこの宗派に引き寄せたかのように想像してはならないと思う。[……]マホメットは真の信仰をうちたてる天的な使命を帯びていると人びとが確信したことを何より先に仮定せねばならない。それゆえ、この宗派の伸長の原因は官能的な天国を約束したことにはなかったのである」と述べた後、「とくに、金や宝石、その他マホメットの天国のあれこれの飾りに基づいて揶揄するようなことは差し控えよう。『ヨハネの黙示録』第二一章が天国についておこなっている記述 (Beschreibung, die uns das XXI Cap. der Offenbarung Johannis, von dem Paradiese giebt) のなかにも、そういうものや、どんなに有名な宝石店にも劣らぬほど多種多様な宝石類が見られるからである」と述べられている。[☆108]

レッシングとベールの間には、『コーラン』と『聖書』の比較という共通性のみならず、内容や語彙の共通性——『ヨハネの黙示録』を示唆するという内容の共通性、「天国の官能的な表象」/「官能的な天国」、「天のエルサレムの記述」/「天国について行なっている記述」という語彙の共通性——が見られる。『コーラン』や『聖書』の字義どおりの理解を批判する主旨も同じである。レッシングは、ベール『歴史批評辞典』「マホメット」の項の注（M）を踏まえて、〈イスラーム教徒の弁論〉の末尾を書いていると思われるのである。

なお、「字義どおりに理解する（nach den Buchstaben verstehen）」か否かという問題は、ゲーベルが指摘するように、レッシング晩年のヨーハン・メルヒオール・ゲッツェ（一七一七〜八六年）との論争において『聖書』の「文字（Buchstabe）」と「精神（Geist）」の区別として展開される。☆109 だが、弁論の末尾に関しては、ベールとの連続性が注意されるべきであろう。

『歴史批評辞典』「マホメット」の項の注（M）に示されている字義どおりの理解の問題は、『強いて入らしめよ』において主題化されている。ベールは『聖書』の「字義どおりの意味（sens à la lettre）」と「比喩的な意味（sens figuré）」を区別して「字義どおりの意味」に固執することを批判する。☆110 弁論における「字義どおりに理解する（nach den Buchstaben verstehen）」は、ベールにおける「字義どおりの意味（sens à la lettre）」から示唆を受けている可能性がある。また、『強いて入らしめよ』には「福音の精神（l'esprit de l'Evangile）」という表現も見られる。☆111 晩年のレッシングにおける『聖書』の「文字」と「精神」の区別は、『聖書』に先立つ「宗教（Religion）」を問う独自のものである。☆112 だが、ベールとの関係を考慮しながらレッシングの宗教思想の展開を掘り下げることは、今後さらに追求されるべき課題となろう。

☆106 MLA VII, 735.
☆107 Mahomet, S. 258. ベール（野沢協訳）『歴史批評辞典II（E－O）』、六五七頁。
☆108 Ebd., S. 262. ベール（野沢協訳）前掲書、六六七頁以下。
☆109 MLA VII, 735.
☆110 Bayle, a. a. O., S. 367. ベール（野沢協訳）『寛容論集』、九一頁以下。
☆111 Ebd., S. 372. ベール（野沢協訳）前掲書、一〇四頁以下。

以上、弁論の末尾に関して明らかとなった事柄に基づいて弁論の全体を見渡すならば、それ以外にもベール、とりわけ『歴史批評辞典』「マホメット」の項を踏まえたと思われる表現を指摘することができる。先に見た「万人」に向けられた原則が述べられる箇所の前では次のように述べられている。

また、我々イスラーム教徒の武力（Gewalt der Waffen）――マホメットは、その支えによって教えを説いたのではあるけれども――を非難してもいけない。彼とその信徒が非常に多くの血を流したのに対し、キリストとその使徒がまったく血を流さなかった、というのは真実だ。〔……〕けれども、信仰を剣でもって強制しようとするのであれば、それは最も唾棄すべき暴君であり、全世界から呪われて当然の怪物なのだ（ein Ungeheuer, das den Fluch der ganzen Welt verdienet）。（LM V, 327）

イスラームは強制改宗を迫るものではない、という主旨の文である。ただし、マホメットとその信徒は「非常に多くの血を流した」ことも認められている。これは〈啓典の民〉以外の者たち、〈異教徒〉の殺戮に関わる。この点については、第7節で考察することとしたい。ともあれ、マホメットとその信徒たちが「非常に多くの血を流した」ことと「キリストとその使徒がまったく血を流さなかった」ことが対比され、この観点からイスラームが批判されるのである。だが同時に、強制改宗を迫ることは「唾棄すべき暴君」、「全世界から呪われて当然の怪物」の所業であると「イスラーム教徒」に語らせている。「イスラーム教徒」の視点から「キリストとその使徒」以後におけるキリスト教への批判がなされるのである。

先に見たように、強制改宗への批判は『歴史批評辞典』「マホメット」の項でもなされていた。なかでも注意すべきなのは、先に引用した注（N）とそれに対応する本文である。この本文は「マホメットが勢力を拡大した原因が、自発的にそうしない者に武力（Gewalt der Waffen）で改宗を強制したことによるものであったことは疑いようもない」[113]というものであり、それに付けられた注（N）は次のようなものであった。

［……］所詮、署名を強要する勝者の武力（siegende[n] Waffen）に抵抗できるだろうか。一六八五年にそういう仕事に使われたフランスの龍騎兵たち（die französischen Dragoner）に訊いてみたまえ。〈強いて入らしめよ〉という原則を行使する時間さえ与えてくれたら、全世界〔の人間〕（die ganze Welt）をコーランに署名させてみせると答えるだろう。あれほど献身的に仕え、あれほど常勝の軍隊を持てるとマホメットがわかっていたなら、啓示をでっちあげる［……］のにあれほど苦労はしなかっただろう［……］[114]。

先に引用した〈イスラーム教徒の弁論〉の箇所と右の「マホメット」の項の本文と注（N）の間には、語彙の重なり合いが見られる。「武力（Gewalt der Waffen）」／「勝者の武力（siegende[n] Waffen）」、「全世界から（der ganzen Welt）」／「全世界を（die ganze Welt）」がそれである。また、〈弁論〉にある「怪物（ein Ungeheuer）」は、「マホメット」の項における「フランスの龍騎兵たち」と対応する。〈怪物〉は〈龍（dragon/Drache）〉というニュアンスを持つからである[115]。また、先に見た「マホメット」の項の注（O）では、「素性も明らかでなく、学識も雄弁もなく、無慈悲に迫害さ

☆112　ヘルマン・ザムエル・ライマルス（一六九四～一七六八年）の『断片』を刊行したさいに末尾に付した「編集者の反論」*Gegensätze des Herausgebers*（一七七七年、LM XII, 428ff.）、ゲッツェとの論争のなかで書かれた『公理——このような事柄にそれがあると仮定して』*Axiomata, wenn es deren in dergleichen Dingen gibt*（一七七八年、LM XIII, 105ff., bes. 114ff.）を参照。
☆113　Mahomet, S. 258. ベール（野沢協訳）『歴史批評辞典II（E－O）』、六五七頁。
☆114　Ebd., S. 262. ベール（野沢協訳）前掲書、六六八頁。

れ、人間的な支えをことごとく奪われた人びとによって説かれた福音は、にもかかわらず、短期間で全世界〔ganze[n] Erdkreis〕に打ち立てられた[☆116]」と述べられていた。さらに、「マホメットの側でも、対人論証を使ってこう言えるからだ。〔……〕コンスタンティヌス〔大帝〕から現在まで君たちの行為の正しさ〔Gerechtigkeit〕を、〈強いて入らしめよ〉という言葉と、支配者の義務とによって根拠づけているではないか。〔……〕だから君たちは、できるなら、キリスト昇天の翌日からでもすぐに強制を用いることもできただろう[☆117]」とも述べられていた。初期のキリスト教とそれ以後のキリスト教を対置し、イスラームの視点からキリスト教における強制改宗を批判させているのであるが、これらは、先に引用した弁論の箇所における論の組み立てと同じである。

レッシングは、〈イスラーム教徒の弁論〉のこの箇所においても「マホメット」の項、そこにおける注（N）と（O）を踏まえて書いていると思われるのである[☆118]。

独訳『歴史批評辞典』「マホメット」の項の語彙や表現を踏まえることによって、「マホメット」の項で述べられている豊富な内容や論点を、わずかな言葉で読者に示唆することができる。『歴史批評辞典』は当時のベストセラーであり、読者は〈イスラーム教徒の弁論〉における「マホメット」の項への示唆をただちに読み取ったことであろう。レッシングは、「マホメット」の項に述べられた強制改宗を否とするベールの寛容思想を継承しつつ、「フランスの龍騎兵たち」＝イスラーム教徒とするベールの見解を、新たなイスラーム認識に立って訂正していると見ることができるのである[☆119]。『カルダーヌス弁護』は、『歴史批評辞典』「カルダーノ」の項への「補足」として書かれていた。『カルダーヌス弁護』の論述の途中に登場する〈イスラーム教徒の弁論〉も「マホメット」の項への「補足」となっているのである。

なお、先に見たように、〈イスラーム教徒の弁論〉は「マホメット」の項の語彙や表現のみならず、『ヨハネの黙示録』、『マタイによる福音書』、『ローマ人への手紙』も踏まえていた。これによってレッシングにおいては、独自の含蓄が生みだされている。この点も見ておくことにしたい。

〈イスラーム教徒の弁論〉における「怪物」は、「マホメット」の項における「フランスの龍騎兵たち」を示唆するだけでなく、同時に、弁論の末尾で示唆されていた『ヨハネの黙示録』との関係を喚起する言葉でもある。『ヨハネの黙示録』第一二章に登場する「龍」である。弁論においては、「怪物」という表現を用いることによって、また、末尾で『ヨハネの黙示録』を示唆することによって、「フランスの龍騎兵たち」を『ヨハネの黙示録』の「龍」に結び合わせる連想の〈場〉が作り出されている。また、〈イスラーム教徒の弁論〉の冒頭部分には、「君たちが信仰と呼ぶ怪物」という表現も見られた。「フランスの龍騎兵」のみならず、転倒した「信仰」一般が「怪物」／「龍」という形象に結びつけられるのである。同じく弁論の冒頭部分の「君たちはこの信仰に天国と地獄の鍵を与えている」は『マタイによる福音書』や『ヨハネの黙示録』を、「聖なる妄想の崇拝が正義ぬきで浄福をもたらす」は『ローマ人へ

☆115 Vgl. Art. Ungeheuer, in: *Duden. Das große Wörterbuch der deutschen Sprache.* そこにおいては、〈怪物（Ungeheuer）〉について、Ungeheuer, das; -s, [mhd. ungehiure]: 1. großes, scheußliches, furchterregendes Fabeltier（巨大な、身の毛のよだつ、恐怖を引き起こす想像上の動物）と説明し、ein siebenköpfiges, drachenartiges Ungeheuer（七つの頭を持つ龍のような怪物）という例を挙げる。〈龍〉と〈怪物〉がイメージのうえで重なり合っていることが示されている。〈七つの頭を持つ龍のような怪物〉は、『ヨハネの黙示録』に登場する怪物である。この点については本文で述べる。

☆116 Mahomet, S. 262. ベール（野沢協訳）前掲書、六六八頁。

☆117 Ebd., S. 263. ベール（野沢協訳）前掲書、六六九頁。

☆118 ベールとの関連は〈イスラーム教徒の弁論〉の冒頭でも指摘することができる。そこにおいては「君たちにおいては、聖なる妄想の崇拝が正義（Gerechtigkeit）ぬきで浄福をもたらす」と述べられていた。「正義」ぬきの「信仰」という倒錯したあり方が批判されているわけであるが、これは、「マホメット」の項、注（O）の「コンスタンティヌス〔大帝〕から現在まで君たちの行為の正しさ（Gerechtigkeit）を、〈強いて入らしめよ〉という言葉と、支配者の義務とによって根拠づけているではないか」という表現と対応していると見ることができる。

の手紙』を示唆するものであった（注84を参照）。弁論においては、これらの示唆によって、『聖書』に示された信仰をどのように捉えるかの問いかけがなされていると言えよう。

弁論に見られる「君たちが信仰と呼ぶ怪物」、「聖なる妄想の崇拝」といった表現は、いささか角が立っている。だが、レッシングは、〈科学的合理性〉を鼓吹する視点から〈非合理な〉妄想を排するといった種類の議論を組み立てているのではない。「怪物」という表現が「フランスの龍騎兵たち」を示唆して用いられていることが示すように、問題は寛容をめぐっている。ベールが身をもって苦闘した状況は、レッシングにとって近い過去である。また、ナントの王令の廃止によって大量のプロテスタントがフランスからプロイセンに移住したことが示すように、レッシングの身近の問題でもあった。十八世紀初頭のベルリンの人口の六人にひとりはユグノーであったという。[☆120]〈イスラーム教徒の弁論〉は、そのような状況のなかで書かれたものである。

〈イスラーム教徒の弁論〉においては理性が強調されていた。理性の強調という点から、〈イスラーム教徒の弁論〉はしばしば、理神論ないし自然宗教の立場を表明したものと理解されている。[☆121]だがこの点に関しても、ベールの寛容思想との関係が顧慮されるべきである。弁論における理性は転倒した「信仰」に対置されたものであり、「正義」の強調と一体のものである。『新約聖書』の章句を踏まえて、「信仰」を倫理的な意味での「正義」の上位に置くか否かを問う脈絡に理性が登場するのである。これは、『強いて入らしめよ』の主題そのものに関わる。『強いて入らしめよ』においても、同様の脈絡で理性が強調されているからである。

先に『強いて入らしめよ』における「罪悪を犯す義務を含むような字義どおりの意味はみな誤りである」という句に示されるベールの思想にふれた。これは、同書の第I部・第一章のものであるが、この章は「自然の光、またはわれらの認識の一般的原理は、あらゆる聖書解釈の本源的な基準をなすものなること、とりわけ道徳の問題においては」と題されている。「罪悪を犯す義務を含むような字義どおりの意味はみな誤りである」という原則は「自然の光

☆119 「マホメット」の項の注（AA）では「マホメット教徒の寛容とキリスト教徒の寛容との比較」という一節があり、イスラームの国においてはイスラームが他宗教の迫害を説いているにも関わらず寛容が行なわれており、キリスト教徒の国においては福音が迫害を禁じているにも関わらず迫害が行なわれていると述べられている（ebd., S. 267f. ベール（野沢協訳）前掲書、六八三頁以下）。イスラーム諸国における寛容を認める叙述であるが、レッシングが訂正しようとするのは、イスラームが他宗教の迫害を説いているという見方、および、イスラームの拡大が迫害や強制改宗によるものだったという見方である。

なお、この訂正はレッシングに新たな問題を提起したものと思われる。というのも、「マホメット」の項の注（O）では、福音が短期間で非暴力的に広まったことを指摘した後で、「これはなんぴとも否定し得ぬ事実であって、それが神の御業であることを明らかに証明している。しかし、まったく同様の方法で同様の広がりを持つに至った虚偽の福音を示せたら、この証拠はさほどの説得力を持てなくなるであろう。マホメット教がその急速な勢力拡大を暴力に負うていることを明らかにすることができないのなら、この論拠が崩れてしまうことは間違いない」と述べられているからである（ebd., S. 262f. ベール（野沢協訳）前掲書、六六八頁）。しからば、キリスト教の神性の証拠をどこに見るべきなのか、イスラームをどのように見るべきなのか。――このような観点から、初期から晩年に至るレッシングの哲学的・神学的断片と著作が読み直されなければならない。

☆120 成瀬治他編『世界歴史大系　ドイツ史2』、山川出版社、一九九六年、七〇頁、一〇二頁以下を参照。同書一〇二頁以下では次のように述べられている。「大選帝侯［フリードリヒ・ヴィルヘルム（在位一六二〇〜八八年）］はすでに一六八五年十月二十九日にポツダム勅令を発布してユグノーの受け入れを声明し、彼らには住居を提供して六年間の免税特権や軍役義務の免除などの特典を与えた。その結果、その後二万人のユグノーがブランデンブルクに移住した。ベルリンの人口は一六九七年から一七〇三年の間に二万二〇〇〇人から三万七〇〇〇人に増加したが、移住してきたユグノーはその間に四三〇〇人から五七〇〇人になっているので、およそ五人から六人にひとりがユグノーであったことがわかる。彼らは専門的な技術を身につけた商工業者が多かったので、プロイセンの経済の発展に与えた影響は大きかった。」

☆121 Vgl. M. Fick, *Lessing Handbuch. Leben-Werk-Wirkung*, 2. Aufl., S. 119., Horsch, a. a. O., S. 32f. 南大路前掲論文、一一一頁以下。ホルシュの論は、レッシングが『カルダーヌス弁護』で言及しているジョージ・セール訳『コーラン』に立ち入ったものである。以下、ホルシュの見解について述べておく。ホルシュは、同書の独訳（注89を参照）の九〇頁にある、セールによるイスラームの信仰箇条の要約に注目し、レッシングは、そのなかの理神論的な内容だけを取り出してイスラームを理神論として描き出したとする。ホルシュが注目した信仰箇条の要約は次である。「（1）神への、（2）神の天使への、（3）神の書への、（4）神の預言者への、（5）復活、および審判の日への、さらには、（6）神の抗い得ぬ思し召しと、善と悪の予定への信仰」（*Der*

(la lumiere naturelle)」＝理性が教える「原理」であるとするのである。[☆122] この「原理」は、「この世に生まれるすべての人(tout homme venant au monde)を照らす公正（équité）というあの自然的な観念」とも言い換えられている。[☆123] この「原理」が『強いて入らしめよ』の論述全体の軸となるのである。équité はドイツ語で Gerechtigkeit に相当する。[☆124]「正義（Gerechtigkeit）」は理性とならんで〈イスラーム教徒の弁論〉で強調されている論点である。レッシングが『強いて入らしめよ』を読んでいた可能性は高いと言わなければならない。[☆125]

ベールにおける理性のこのような強調は、彼の徹底した懐疑と一体のものである。いずれの宗教や信仰が真であるのか、それを理性によって決定できないがゆえに、信仰を異にする者たちの行動（相互行為）の「基準」としての理性＝「自然の光」が強調されるのである。これは、すべてを理性に還元できるとする立場ではない。理性の強調は、理性の限界の強調と表裏一体のものなのである。[☆126]

この点を踏まえて〈イスラーム教徒の弁論〉を見た場合、「彼〔マホメット〕の掟（Gesetz）を少しでも見ていただきたい。そこには、最も厳格な理性と和合（mit der allerstrengsten Vernunft übereinkomme[n]）しない何があるだろうか」(LM V. 326) と言われている点が注意されるべきである。グリムの辞書によれば、mit etw. übereinkommen は、mit etw. harmonieren に置きかえることができる。[☆127] このように置きかえた場合、〈イスラーム教徒の弁論〉にあるこの文は、本節の冒頭で見た、レッシングがカルダーノの立場として強調した「キリストの教えは道徳的ないし自然的な哲学と調和しない何ものも含まない」という言葉と同じ主旨になる。マホメットの「掟」が理性に解消されるわけではない、ということになるからである。[☆128]

レッシングは、新たなイスラーム認識によってベールの見解を訂正しつつ、彼の寛容思想を継承していると考えられるのである。[☆129]

Koran, oder insgemein so genannte Alcoran des Mohammeds..., S. 90)。これらには、ホルシュの言うように「天使」への信仰など、理神論と合致しない内容が含まれている。「復活」への信仰も同様であろう。先に本論で引用した〈イスラーム教徒の弁論〉に見られるように、レッシングはこれらについてふれていない（ただし、「復活」については、〈イスラーム教徒の弁論〉にあった「私たちは、私たちの行為に応じて確かに見舞うであろう、未来の応報を信じる」（LM V, 326）という言葉に潜在的に含まれていると見ることができる）。だが、このことをもって、レッシングがイスラームを理神論として描き出そうとしたとするホルシュの立論は妥当ではない。レッシングは〈イスラーム教徒の弁論〉に先立って、セールの名を挙げている（ebd, 325）。セール訳『コーラン』、また、そのなかのセールによる信仰箇条の要約は、レッシングと読者に周知のものだったのであり（注89に示したように、セール訳『コーラン』の独訳は一七四六年に出ている）、それを無視して、イスラームを理神論として描き出そうとする企ては意味をなさない。むしろ、後に本論で示すように、レッシングはイスラームを「もっとも厳格な理性と和合〔調和〕（mit der allerstrengsten Vernunft übereinkomme[n]）」（ebd., 326）する教えとして描き出そうとしているのであり、〈イスラーム教徒の弁論〉では、セールによる六つの信仰箇条の要約のうち「理性」的なものにふれているのである。これによって、レッシングは、イスラームを当時の読者に橋渡ししているのである。イスラームが「もっとも厳格な理性と和合〔調和〕」する教えであるということは、イスラームが「理性」に還元されるという意味ではない。レッシングがふれなかった六つの信仰箇条の部分は、「理性」に還元されない部分に相当しよう。先に本論で述べたように、レッシングは、キリスト教についてのカルダーノの「キリストの教えは道徳的ないし自然的な哲学と調和しない何ものも含まない」という言葉を評価していた（ebd., 321f.）。レッシングのイスラーム観は、これと平行的なものである。レッシングは、『最近の文学に関する書簡』*Briefe, die neueste Literatur betreffend*第一〇六（一七六〇年）において、宗教の有無と人間の徳性との関係に関するヨーハン・ベルンハルト・バゼドー（一七二四～一七九〇年）の見解を批判したさいに、「啓示された宗教（*geoffenbarte* Religion）」と「自然的な宗教（*natürliche* Religion）」を区別し、前者にキリスト教、ユダヤ教、イスラーム、中国の宗教、等々を含めている（LM VIII, 242）。『カルダーヌス弁護』におけるキリスト教、ユダヤ教、イスラーム把握もこれと軌を一にするものといえよう。

☆122 Vgl. Art. équité in: *Langenscheidts Taschenwörterbuch Französisch*, Berlin /München /Wien /Zürich: Langenscheidt, 1982.

☆123 Ebd., S. 368. ベール（野沢協訳）前掲書、九四頁。

☆124 Bayle, a. a. O.,S. 367. ベール（野沢協訳）『寛容論集』、九一頁。

5 「真理」「虚言」「理性」の多義性

以上の考察を踏まえて、『カルダーヌス弁護』の全体に目を向け、『カルダーヌス弁護』の作品としての特質を考察してみたい。

〈イスラーム教徒の弁論〉が終わった後、論述はカルダーノの名誉回復に戻る。まずはその論旨を確認し、『カルダーヌス弁護』の全体の流れを押さえておこう。レッシングは、弁論を踏まえて「[……] マホメット教徒がカルダーノを最も悪意ある中傷者と見なしたとしても不審はないであろう、だが、キリスト教徒が彼を最も悪意ある中傷者と見なすのはきわめて不審である [……]」と述べる。イスラームの視点から見るならば、カルダーノはイスラームを中傷する者ではあってもキリスト教を中傷する者ではない、それゆえカルダーノへの嫌疑には根拠がない、とするのである。こう述べたうえで、論述は『精妙さについて』における「それゆえ、それらは勝利の女神の裁決に委ねられている (igitur his arbitrio victoriae relictis)」という問題の句の検討に移ることになる (LM V, 328f.)。

この句にある「それら (his)」が四つの宗教を指すとしたスカリゲル以来の理解は曲解である。「それら」が指すのは、その直前の文にある「武器 (arma)」という言葉であり、問題の句はイスラーム圏とキリスト教圏の戦闘の帰趨について述べているにすぎず、四つの宗教の真偽、正邪や優劣、信徒数の行方について述べたものではない、というのがレッシングの結論である (ebd., 329f.)。

この点を論ずるにあたってレッシングは、この句の前の文をラテン語原文とドイツ語訳で示している。そこには四つの宗教は登場しない。指示代名詞 his についてのレッシングの解釈は妥当であると思われる。☆130 カルダーノの時代、一五二九年にはオスマン軍による第一次ウィーン包囲が行なわれている。それに先立って、一四五三年にはコンスタンティノープルが陥落していた。カルダーノの句は、同時代におけるイスラーム圏とキリスト教圏の軍事的対峙の状況を背景に発せられたものと解されるのである。☆131

レッシングは続いて、『精妙さについて』の初版以後にカルダーノがこの箇所を削除した問題を検討し、削除はこの箇所を含めさまざまになされており、そこからは自分を有利に導こうとする意図は読み取れない、問題の箇所はより不利な印象のものにさえなっていると結論づける (ebd., 332)。レッシングは懸命に弁護しているが、カルダーノの不器用さに苦笑しているかのようでもある。

☆125　これ以外にも、〈イスラーム教徒の弁論〉と『強いて入らしめよ』の関連を指摘することができる。(1)『強いて入らしめよ』の「序論」では、ナントの王令廃止の状況下で暗躍した「改宗勧誘員 (Convertisseur)」について「それは、なかば司祭でなかば龍騎兵の怪物 (un monstre moitié Prêtre & moitié Dragon)、神話に出てくるケンタウロスが人と馬を兼ねたように、議論する宣教師と、哀れな肉体を責めさいなみ家を掠奪する兵隊という別々の人物を単一の主体に混ぜ合わせたものを意味する」と述べられている (Bayle, a. a. O., S. 357. ベール (野沢協訳) 前掲書、六四頁以下)。これは、〈イスラーム教徒の弁論〉における「怪物 (Ungeheuer)」という表現に対応している。ただし、弁論においては、「怪物」がケンタウロスではなく、『ヨハネの黙示録』の龍に結びつけられている。これによって、独自の射程が生み出されているのである。(2)『強いて入らしめよ』第二章では、「宗教の本性は神に関する心の一定の確信 (une certaine persuasion) であり、その確信は意志のうちにこの最高存在にふさわしい愛と尊敬と恐れを生みだす［……］ていのものでなければならない」と述べられている (ebd. S. 371. ベール (野沢協訳) 前掲書、一〇二頁)。このような「確信」を外的強制によって生み出すことはできない、また、してはならないとするのがベールの主張である。弁論においては「神聖さを汚されてしまった君たちの言葉〔信仰〕をまたもや使うことを避けるなら、私たちは〔唯一の神の存在と未来の応報を〕確信 (überzeugt) している」(LM V, 326) と述べられていた。「確信」という表現とその内容がベールと交叉している。ただし、「意志のうちに最高存在にふさわしい愛と尊敬と恐れを生みだす」「確信」をイスラームにも見いだした点がレッシングの独自の視点である。なお、当時『強いて入らしめよ』の独訳はなかった。レッシングは仏語原典で読んだものと思われる。

☆126　この点については、Nisbet, a. a. O., S. 26f. も参照。

本題に戻ろう。先に述べたように『カルダーヌス弁護』は、途中でユダヤ教徒とイスラーム教徒の弁論が登場する特異な形の「論文」である。しかも、これに加えて、「真理」「虚言」「理性」など、論述の軸となる語の意味が、論述の過程でずれてゆくという点においても特異な「論文」なのである。

「真理」「虚言」「理性」といった言葉は、『カルダーヌス弁護』の主題であるカルダーノの名誉回復の軸をなす語として、まずはキリスト教を是としそれ以外を非とする意味を持って登場することになる。たとえば、カルダーノが四つの宗教を比較したことを擁護するさいには次のように述べられる。

> 救い主の永遠の真理（Wahrheiten）を虚言（Lügen）と比較することを怖れる者は、信仰が弱いにちがいない。これ以上の真実はありえない。私が一方の側にナンセンス（Unsinn）以外の何ものも見ることがなく、他方の側に理性（Vernunft）以外の何ものも見ることがない、そのようなところには惑い（Verblendung）[☆132]も生じる余地がない。そこからは何が生じるだろうか。宗教の比較によって、キリスト教徒は何ものも失わず、異教徒、ユダヤ人、トルコ人は無限に多くを得ることができる、ということが生じるのである。〔……〕それゆえカルダーノは、比較の仕方を誤ったにちがいない。この誤りは、二様の仕方で起き得たであろう。これを見ることにしよう。彼は、虚偽の（falsch[en]）宗教の論拠をあまりに強く提示したか、あるいは、真の（wahr[en]）宗教の論拠をあまりに弱く提示したかのいずれかである。（Ebd., 319）

「真理」「理性」「真の」という語がキリスト教の側に、「虚言」「ナンセンス」「虚偽の」という語が〈異教〉、ユダヤ教、イスラームの側に割り振られている。カルダーノの名誉回復とは、まずは、語のこのような二項対立が織りなす言語空間、当時のヨーロッパにおける常識の場への救出を意味している。カルダーノが「真理」「理性」の側に立っているか否かが検討されてゆくのである。レッシングの動機は別のところにあるのだが、なにやら異端審問めいた雰囲気も漂う。カルダーノの言辞がひとつひとつ俎上に載せられて、〈正しい立場〉に立っているか否かが吟味されてゆくからである。

☆127 Art. Übereinkommen, in: Jacob u. Wilhelm Grimm, *Deutsches Wörterbuch.* なお、先に注84で指摘したように、この箇所の「掟」は「信仰」に対置されたものである。だが、『カルダーヌス弁護』における「掟」の用例としては、「人間は昔から、言語、習俗そして掟という点で、動物が人間から異なっているのと同じくらいに、互いに異なっていた (Die Menschen sind von je her, an Sprache, Sitten und Gesetzen, eben so sehr unter sich von einander unterschieden gewesen, als die Tiere von ihnen)」というものも見られる (LM V, 313)。この場合の「掟」は、各宗教の信仰の個別的内容を指している。〈イスラーム教徒の弁論〉における「マホメットの掟」にも、このような意味が同時に含まれているであろう。イスラームに説かれている個別的内容が「もっとも厳格な理性と和合」している、という意味合いである。Gesetz という語は、「『聖書』の全体またはその一部」を表わすことがある (vgl. Art. Gesetz, in: J. C. Adelung, *Grammatisch-kritisches Wörterbuch der hochdeutschen Mundart*, zweite vermehrte u. verbesserte Ausgabe, Leipzig: Breitkopf, 1793-1801 (Neudruck, Hildesheim/Zürich/New York: Olms, 1990))。レッシングにおける用例は、このような語義に基づいてそれをキリスト教以外の宗教に及ぼしたものと解せよう。

☆128 弁論においては、これに続く箇所で「奇蹟 (Wunder)」が問題とされている。「奇蹟」のゆえにキリスト教の優位性を説く考え方に対して、「イスラーム教徒」は、「各人がその試金石を持っている教えしか説かない者〔マホメット〕は、奇蹟を必要としない」と語る。ここにおいては、マホメットの教えと理性が等しいものとされ、先とは表現が異なっている。レッシングのイスラーム把握に揺れがあるとも言えるが、ここの叙述から読み取れるのは、「奇蹟」がないゆえにマホメットは〈偽預言者〉だとする見方に対して宗教としてのイスラームを弁護するレッシングの意図であり、〈科学的合理性〉や自然法則を称揚する理神論的な情念ではない。総じて、〈イスラーム教徒の弁論〉をレッシング自身の理神論的な立場を仮託したものと見ることは誤りである。レッシングは、ベールの寛容思想を引き継ぎながら、新たなイスラーム認識に立ってイスラームを弁護しているのであって、それ以上でもそれ以下でもない。弁論に登場する「イスラーム教徒」がレッシング自身でないことは、先に見た「キリストとその使徒はまったく血を流さなかった」という言葉から明らかである。レッシングの立場は『カルダーヌス弁護』の全体から読み取るほかない。この点については、第5節と第6節の論述で明らかにしたい。

名誉回復という主題の性質上、こうした二項対立的な言いかたは、論述の過程で繰り返されることになる。たとえば、カルダーノはユダヤ教とイスラームに強すぎる論拠を与えているのではないかという問題を検討するさいには、「[……]たとえ哲学者が、虚偽の宗教、危険きわまりない詭弁（die aller gefährlichsten Sophistereyen）を、それへの反駁を容易にするというより、むしろ確実にするために、最も有利な姿で描き出したとしても、それを真剣に非難できるだろうか」（ebd., 323）という文が登場する。ユダヤ教とイスラームが「虚偽の宗教」、「危険きわまりない詭弁」とされるわけである。

だが、その一方で、「真理」「虚偽」「理性」といった語の意味は、論述の過程で少しずつずらされてゆき、出発点にあった硬直した二項対立――キリスト教を絶対的な座標軸とする二項対立――からなる意味の地盤が揺るがされてゆくことになる。右に言及したユダヤ教とイスラームを「虚偽の宗教」とする箇所の直後の展開がその例である。そこにおいては、カルダーノが「偽りなく（aufrichtig）」描いたのはキリスト教のみであったとして、ユダヤ教が検討され〈篤信のユダヤ教徒の弁論〉がなされる（以下、〈 〉を付して表記する）。この弁論の終わりを受けてレッシングは、「私は私のユダヤ教徒にこれ以上語らせようとは思わない。彼ならばカルダーノの詭弁（Trugschlüsse）をいかに容易に反論できるかという一例なのである」（ebd., 325）と書く。弁論が始まる前ではユダヤ教が「危険きわまりない詭弁」とされていたのであるが、弁論を経た後では「詭弁」はカルダーノの側にあるとされ、立場が逆転するのである。〈篤信のユダヤ教徒の弁論〉は、「神が没落させたものは、神の意にそぐわなかったものであろう」（ebd., 323）という議論に反論するものである。『精妙さについて』では、偶像崇拝者、キリスト教徒、イスラーム教徒の三者が、ユダヤ教徒に対して異口同音にこのように言う。[☆133] これに対してレッシングは、〈篤信のユダヤ教徒の弁論〉を次のように展開する。

カルダーノ君、間違ってはいけない。私たちの神は私たちを見放されておらず、神の裁きにおいてもなお、私たちを護り、庇護され続けている。神が私たちを見張られているのでなければ、私たちはとうの昔に私たちに敵対する者に飲み込まれてしまったのではないだろうか。彼らは私たちをとうの昔に地上から抹消し、私たちの名前

☆129　ゲーベルは、『カルダーヌス弁護』の本文に見られる、理性を犠牲にして「歴史的根拠」のみによって信仰を強いてはならないとする箇所（LM V, 321）、および、レッシングがカルダーノから引き継いだ宗教比較のモチーフにベールの寛容思想の影響を読み取る。Vgl. Göbel, a. a. O., S. 178 u. 181. ゲーベルにおいては、〈イスラーム教徒の弁論〉を『歴史批評辞典』「マホメット」の項を視野に入れて寛容思想の観点から考察することはなされていない。

☆130　ラテン語原文は次の通りである。Sed utinam tam facile esset, arma illorum superare, quam haec objecta diluere. Verum res ad arma traducta est, quibus plerumque major pars vincit meliorem. これに問題の句が続く。レッシングは、his は文中の arma を指すとするのである。レッシングはこの文を次のように独訳している。Doch wollte Gott, [...] daß man ihre Waffen eben so leicht überwinden könnte, als man diese ihre Einwürfe zunichte machen kann. Allein die Sache ist zu den Waffen gekommen, wo der stärkere Theil mehrentheils den bessern überwindet.（ともあれ、こういった彼ら〔イスラーム教徒〕の論難を打ち砕くことはできるのだが、それと同じぐらい容易に、彼らの武力も打ち負かすことができればよいのだが。ところが、事は戦いとなってしまった。そこにおいては、多くの場合、より強い側がより優れた側を打ち負かすのである。）文中の「こういった彼らの論難」は、イスラーム教徒がキリスト教徒を批判した内容を指す。それを含め、四つの宗教が互いに論争を展開する場面の全体は、『カルダーヌス弁護』のより前の箇所で独訳が示されている。

☆131　この点については、フェルナン・ブローデル（浜名優実訳）『地中海　IV出来事・政治・人間1』、藤原書店、一九九四年、一八頁以下も参照。

☆132　初刷は Verblendung、以後は Verleumdung（中傷）（vgl. LM V, 319, Randbemerkung）。本書では初刷を採る。LMの本文およびMLAは Verleumdung とするが、FLAは Verblendung を採る。

☆133　レッシングが示した『精妙さについて』の独訳を参照（LM V, 315）。それは、「没落したものは皆、神の意にそぐわなかったにちがいない（alles das, was untergegangen sey, müsse Gott nicht gefallen haben）」というものである。〈篤信のユダヤ教徒〉の弁論の直前にあった、本文中に引用した文は「神が没落させたものは、神の意にそぐわなかったものであろう（[...] daß Gott dasjenige nicht könne gefallen haben, was er habe lassen untergehen）」となっており、若干ニュアンスと表現が異なっている。

を生命あるものを記した書物から消し去ってしまったのではないだろうか。［……］この神が、彼の男《おのこ》、ヨブを試そうとされたときにサタンに言われたのだ。〈彼を汝の手に任す只かれの生命を害ふ勿れ〉、と。まさにこのことを神は私たちに敵対する者に言われたのだ。〈我が民を汝らの手に任す只かれらの生命を害ふ勿れ〉と。［……］神は〈（只かれの生命を）害ふ勿れ〉と語られた。そして神が語られたことは真実（wahr）なのだ。ビルダデやゾパルのような者たちが私たち一族のなかから現われて、私たちの良き事を疑うであろうが、無駄なことだ。私たちの妻たちが〈汝らは尚も己れを完たうして自ら堅くするや〉と呼びかけるであろうが、無駄なことだ。［……］ついには暴風のなかで神が下られて、私たちの牢獄を転覆され、すべての持ち物を倍にして返されるであろうから。
（Ebd.,324）

弁論は、『ヨブ記』に依りながら展開されている。「彼を汝の手に任す只かれの生命を害ふ勿れ」は『ヨブ記』第二章・六節の句であり、「我が民を汝らの手に任す只かれらの生命を害ふ勿れ」はそれを踏まえた表現である。「汝らは尚も己を完たうして自ら堅くするや」は第二章・九節を、「暴風のなかで神が下られて、私たちの牢獄を転覆され、すべての持ち物を倍にして返される」は第三八章・一節、および第四二章・一〇節を踏まえた表現である。ビルダデやゾパルは、『ヨブ記』に登場するヨブの友人である。弁論の内容は、『ヨブ記』における、苦難のなかにあってなおも神を義とする信仰のあり方――〈苦難の神義論〉に関わる。☆134 文字通り〈篤信のユダヤ教徒の弁論〉であり、これを「危険きわまりない詭弁」と言うことはできない。弁論のこのような内容を踏まえてレッシングは、「詭弁」の語をカルダーノ、およびそれと見解を同じくする者たちに投げ返すのである。〈没落〉を理由にして〈神の意にそぐわない〉を結論することが「詭弁」であると言うのである。

このような「詭弁」は、単純な幸福主義的応報的宗教観――善行をしている者は幸福になり、善行をしていない者は不幸になる――によるものであるが、それ以上の「危険きわまりない詭弁」を潜在させているとも言えよう。〈没落〉している者が〈神の意にそぐわない〉者であるとされるならば、その者を「生命あるものを記した書物から消し去」ることも正当化されかねないからである。レッシングは「詭弁」としか表現していないのであるが、カルダーノおよびそれと見解を同じくする者に対しては、「危険きわまりない詭弁」という表現をも投げ返さなければならないであろう。

〈篤信のユダヤ教徒の弁論〉は、『ヨブ記』の神の言葉が「真実」であることに支えられている。このような弁論によって、カルダーノの名誉回復の出発点にあった「真理」／「虚言」、「真の」／「虚偽の」という硬直した二項対立は揺るがされていると言わなければならない。『ヨブ記』の内容の「真実」を否定することはできないからである。

硬直した二項対立の揺らぎは、イスラームの検討が加わることによって加速される。〈篤信のユダヤ教徒の弁論〉の後、カルダーノのイスラーム論に主題が移る。レッシングは、カルダーノのイスラーム理解は、ユダヤ教理解よりも「さらに不公正（noch ungerechter）」であったとする。だがそれは、意図的なものではなく、「無知（Unwissenheit）」に基づくものであったとして、次のように述べる。

マホメットとその教えについて彼〔カルダーノ〕の時代の人びとが持っていた知識は、きわめて不十分であり、幾千もの虚言（tausend Lügen）が混ざったものであった。キリスト教の論争家（Polemici）は、それによって勝ちを収めるのが容易であればあるほど、この虚言を真理（Wahrheiten）とするのを好んだのであった。我々は、レランドゥスやセールのような人びとの著作以前には、マホメットとその教えについての偽りのない認識（eine aufrichtige

☆134　関根正雄訳『旧約聖書　ヨブ記』、岩波文庫、一九七一年、二二四頁以下を参照。

Kenntniß）を持つことがなかった。人びとは多くの場合、彼らの著作によって、マホメットは言われているようなナンセンスな詐欺師ではなく（kein so unsinniger Betrieger）、彼の宗教は下手につぎはぎされた不合理（Ungereimtheiten）と偽造（Verfälschungen）の織物にすぎないのではなかったと知ったのである。（Ebd., 325）

何が「虚言」「ナンセンス」であり、何が「真理」「理性」なのか。引用における「幾千もの虚言」「虚言」「真理」「ナンセンスな詐欺師」「不合理」「偽造」という言葉は、カルダーノの名誉回復の出発点にあった「真理」「理性」／「虚言」「ナンセンス」の硬直した二項対立の自明性を問いかけるものに変貌しているのである。

引用には「キリスト教の論争家は、それによって勝ちを収めるのが容易であればあるほど、この虚言を真理とするのを好んだ」という言葉があった。そうであるならば、そのようにして立てられてきた議論はすべて「詭弁」となるのではあるまいか。この言葉は、〈篤信のユダヤ教徒の弁論〉に先立つ箇所で示されていたユダヤ教とイスラームを「虚偽の宗教」、「危険きわまりない詭弁」とする見方に対しても問いを投げかけていると言わなければならない。

これに引き続いて〈イスラーム教徒の弁論〉がなされることになる。カルダーノのイスラーム論が「無知」に基づくものであったとしても、それでカルダーノが免責されるわけではない。「比較（Vergleichung）」には十分な知識が前提となる。カルダーノが「哲学者〔知を愛する者〕」であるのなら、「比較」を敢行する前に、十分な知識を得る努力をするべきであった。——レッシングはこのように述べて、「高い学識のある人物」というわけではない「イスラーム教徒」を登場させて、弁論を展開させる（ebd., 325ff.）。哲学者カルダーノと学識のないイスラーム教徒がアイロニカルな関係に置かれているのである。

すでに見たように、この弁論においては、「健全な理性」「惑い（Verblendung）」「最も厳格な理性」という語が登場する。ここにおける「理性」はイスラームに関して、「惑い」は、キリスト教に関して言われたものであり、その逆ではない。これらの語は、〈イスラーム教徒の弁論〉で展開される「信仰」と「正義」の関係を問う論点、『コーラン』や『聖書』の〈字義どおりの理解〉の当否を問う論点と相まって、カルダーノの名誉回復の前提にある「真理」／「虚言」の硬直した二項対立の自明性、言い換えれば、当初言われていた「私が一方の側にナンセンス以外の何ものも見ることがなく、他方の側に理性以外の何ものも見ることがない、そのようなところには惑いも生じる余地がない」という考え (ebd., 319) の自明性を揺るがすものになっていると言わなければならない。

カルダーノの名誉回復の出発点においては、「宗教の比較によって、キリスト教徒は何ものも失わず、異教徒、ユダヤ人、トルコ人は無限に多くを得ることができる」と言われていた (ebd.)。キリスト教の「真理」は絶対的であるがゆえに失うものは何もなく、比較を通して「虚偽」や「詭弁」を指摘され学習するのは他の諸宗教の側であるというこのような考え方は、名誉回復を図る論述の過程で二つの弁論の声が発せられたことによって、もはや成り立たなくなっている。論述の展開と弁論による論述の再度の中断によって生み出された「真理」「虚偽」「理性」「詭弁」「惑い」の多義性をどのように総合するかが読者に問われているのである。

このように見た場合に重要と思われるのは、先に見た「[……] たとえ哲学者が、虚偽の宗教、危険きわまりない詭弁を、それへの反駁を容易にするというより、むしろ確実にするために、最も有利な姿で描き出したとしても、それを真剣に非難できるだろうか」(ebd., 323) という文の直前に登場する次の言葉である。

それだから、私が何よりもまず問いたいのは、真理の探究 (Untersuchung der Wahrheit) において相手の無知に乗じることは許されるのか、ということである。民事訴訟においては、それがなければすぐさま相手が敗訴してしまうような、こちらに不利な論拠を、争っている相手に手渡す必要はない。そのことを私は十分に承知している。[……] 自分の負けが必然的に相手の勝ちに結びつくからである。[……] だがこのことは、真理を主題とする争いにおいては生じない。たしかに、真理をめぐって争いが行なわれている。だが、どちらの側が真理を勝ち得たとしても、勝った側が真理を独占するのではない。勝ちを失った側は、誤謬を失っただけなのである。そして、いかなる瞬間においても、相手の勝利に加わることができるのだ。それゆえ、偽りのなさ（Aufrichtigkeit）こそが、私が哲学者に求める第一のことである。したがって、哲学者は、自分の体系よりも相手の体系に都合が良いという理由で、主張を控えることがあってはならない。〔……〕だが、もしもそれをするならば、明らかに、真理によって利己的な利益を上げるというものであり、真理を自分の絶対的確実性（Untrüglichkeit）の狭い限界のなかに封じ込め（einschliessen）ようとすることである。（Ebd., 322f.）

引用の直前では、「カルダーノが真理〔キリスト教〕に対する根拠を弱めたのでないとしても、虚言〔異教、ユダヤ教、イスラーム〕に生彩を与えたことはありうることである〔……〕この点もまた考察に値する」と述べられている（ebd., 322）。引用の直後の言葉は先に示した。引用は、「真理」／「虚言」、「真理」／「詭弁」の硬直した二項対立に基づく論述に挟まれたものである。

そのような論述に挟まれているために見えにくいのであるが、引用に見られる「真理」はカルダーノの名誉回復を図る論述の前提となっている二項対立を越えたものである。二項対立的な見方に立った争いは、自己の正当性を疑うことのない「民事訴訟」のようなものであろう。「真理の探究」はそのようなものとは違うというのである。引用ではそのような観点から「真理を自己の絶対的確実性の狭い限界のなかに封じ込めようとする」ことが批判されている。名誉回復の論述の前提となっている「真理」――「真理」／「虚言」の二項対立のなかにある「真理」――は、そのような〈封じ込め〉のなかにあるものとなるのである。

レッシングは、引用した部分の後で、この部分を「注釈（Anmerkung）」と名づけている（ebd., 323）。カルダーノの名誉回復を図る論述のただなかに、それとは異なった「真理」の見方が「注釈」という形で挿入されているのである。このような「注釈」や二つの弁論が登場する『カルダーヌス弁護』の展開は、「真理」の〈封じ込め〉が解かれてゆく過程にほかならない。『カルダーヌス弁護』は、その論述の全体によって、〈封じ込め〉が解かれることで可能となるであろう「真理の探究」の場を示そうとしたと言えるのかもしれない。☆135

レッシングは、以上見てきたような論述の軸となる語の意味のずれ、多義性、変動、逆転をただちにそれとわかる

☆135　この考えは、ベール『歴史批評辞典』「カティウス」の項に示された「文芸共和国（la République des Lettres /d[ie] Republik der Gelehrten）」の理念と重なる。同項では次のように述べられている。「この共和国はきわめて自由な国家である。そこには真理（la Vérité /d[ie] Wahrheit）と道理（la Raison /d[ie] Vernunft）の支配しか認められず、両者の庇護のもとに誰と戦争をしても罪にはならない［……］道理の側に立って、もっぱら真理のため、紳士的なやりかたで批判するなら、誰も文句をつけられない。誹毀文書を作る者とはなんの共通点もないのである。証拠がなければなにも言わず、自ら証人となり、まかりまちがえれば同罪の刑を受けるべき原告となり、他人に冒させるのと同じ危険を自らも冒すのである。ところが誹毀文書を作る者は、発表することを証明する義務を負わされないように、責任を問われずに悪事をはたらけるように、わざと身を隠してしまう。」（Art. Catius, in: Bayle, *Historisches und Critisches Wörterbuch, Bd. II*, S. 108 u. Art. Catius, in: Bayle, *Dictionnaire historique et critique, Cinquième édition de 1740, Revue, corrigée et augmentée, tome second*, S. 51ff. ベール（野沢協訳）『歴史批評辞典Ⅰ（A－D）』、七三九頁）。なお、ここでベールの立場について整理をしておく。歴史的伝承に対して厳しい懐疑を遂行する彼の思想は、いっさいは不確実であるとして相対化する懐疑主義ないしピュロニズムの立場ではなく、伝承や資料の検討における真偽の基準が存在するという、「批評／批判」の立場である（この点については、野沢協「メルキセデクの横死――『歴史批評辞典』の歴史批評」、一二六六頁以下、マルク・ブロック（松村剛訳）『歴史のための弁明――歴史家の仕事』、岩波書店、二〇〇四年、五九頁以下を参照）。ベールの懐疑が判断停止という静止状態に至らずに、絶えざる探求を引き起こしてゆくのはこのゆえである。引用文中の「真理と道理の支配」は、彼のこのような立場に対応している。先に第4節の末尾で述べたベールにおける行動の基準としての「理性」＝「自然の光」の強調は、これと相即不離の関係にある。そのさいに述べたように、この強調は、いずれの宗教や信仰が真であるのかを「理性」によって決定できないという「理性」の限界の論点と一体のものである。レッシングは、ベールのこのような思想を受け継いでいると考えられる。

仕方では書いていない。これらは、名誉回復という論述の基調のなかに注意深く埋め込まれ、配置されている。語のこのような多面性、多方向性に気づくか否か、気づいた後でそれをどのように総合するかは、あくまでも読者に委ねられている。このような「論文」であるという点に『カルダーヌス弁護』の作品としての特質があるといえよう。

6 「迷宮」としての『カルダーヌス弁護』

第3節で見たように、ゲーテは『詩と真実』のなかで、ベールの『歴史批評辞典』を「迷宮（Labyrinth）」に喩えていた。本章でたびたびふれた、注釈に注釈が加わり時に真意の所在が捉えがたくなるというベールの記述のスタイルを捉えてのものである。『歴史批評辞典』「カルダーノ」の項の「補足」たろうとした『カルダーヌス弁護』もまた、謎めいた作品である。論述のなかに二つの弁論が登場し、論述は中断されてしまう。弁論が登場する点に劇作家レッシングを見ることもできるであろうが、[☆136]劇として見たとしても、そこに劇的な結末があるわけではない。弁論は、勝つことを狙った「論争家」（ebd., 325）の次元を越え出たものとして提示され、論述のなかの言葉にさまざまな干渉や問いかけの作用を引き起こしながら打ち切られ、もとの論述に戻るのである。ベールの文体の特徴として「脱線（Ausschweifung）」という語がふさわしいといえようが、[☆137]『カルダーヌス弁護』もそのようなものに満ちている。弁論への「脱線」のほか、第5節で見た、軸となる語の意味のずれや多義性の形成、「注釈」の目立たない仕方での挿入も微細な形での「脱線」である。「カルダーノ」の項への「補足」たろうとする論述が、〈イスラーム教徒の弁論〉によって「マホメット」の項への「補足」へと「脱線」し、その内容がふたたびもとの論述へと投げ返されるのである。注釈を重ねてゆくベールの文体がレッシングに創造的に作用した可能性があるのである。ベール的な「迷宮」は、レ

ッシングにおいては、言葉と形式を選び、それらを注意深く配列したものに変化していると思われるのである。☆138

近年『カルダーヌス弁護』を弁論術の伝統と関連させて考察することがなされているが、☆139 ベール的な「迷宮」との関連が見落とされてはならない。レッシングが際立った雄弁家であることは、つとにヴァルター・イエンスの指摘したところであり、☆140 また、妥当な見方でもある。『カルダーヌス弁護』に登場する二つの弁論、さらには『カルダーヌス弁護』の全体に、言葉に対するレッシングの感覚の冴えが示されていることは疑いない。旧約と新約の『聖書』、『歴史批評辞典』、『強いて入らしめよ』、『精妙さについて』、『サラセン人によるシリア、ペルシア、エジプトの征服』、『歴史的・批評的稀覯本目録』など質の異なったさまざまなテクストを縦横に踏まえ、暗示し、組み合わせ、論述の

☆136 Vgl. E. Schmidt, *Lessing. Geschichte seines Lebens und seiner Schriften, 1. Bd.*, 2. Aufl., Berlin: Weidmann, 1899, S. 201.

☆137 Vgl. Nisbet, a. a. O., S. 18. ニスベットは、レッシングが『ソフォクレス論』で用いているこの語によって、ベールの文体の特徴とそのレッシングへの影響を論じている。先に第3節で見たように、『ソフォクレス論』は本文から膨大な注が枝分かれしてゆくという『歴史批評辞典』を模倣した形式で書かれているが、レッシングは、本文への注（K）に付けた詳細な注（gg）を「少しばかり脱線することを［……］お許し願いたい（Man erlaube mir [...] eine kleine Ausschweifung）」という言葉で始めている（LM VIII, 349）。ニスベットは、このような「脱線」を含んだレッシングの作品の例として『ラオコオン』*Laokoon: oder über die Grenzen der Mahlerey und Poesie*（一七六六年）を挙げる。

☆138 面白いことに、『歴史批評辞典』「カルダーノ」の項では、「カルダーノの著作には脱線（Ausschweifungen）が多く、難解で、読者はしょっちゅうつまずいてしまう」と述べられている（Cardan, S. 54. ベール（野沢協訳）前掲書、六九一頁）。カルダーノ、ベール、レッシングの間に「脱線」という共通性があることになる。レッシングがカルダーノに惹かれた理由はこの点にもあったのではないか。

☆139 E. Moore, Lessings Rettung des Cardanus. Zur Entstehung einer epistemologischen Polemik, in: W. Mauser u. G. Saße (Hgg.), *Streitkultur. Strategien des Überzeugens im Werk Lessings*, Tübingen: Niemeyer, 1993, S. 392ff.

☆140 W. Jens, Feldzüge eines Redners, in: W. Jens, *In Sachen Lessing*, Stuttgart: Reclam, 1983, S. 11ff. なお、イエンスの論文の初出は一九六九年である。

軸となる語の意味をずらし、それら相互が反響し干渉し合う独自の言葉の場が作り出されている。言葉の生きたあり方に敏感であるという意味での修辞学的なセンスが「学者めいた顔つきをしようとする散文的な論文」(ebd., 267)の背後に潜んでいる。[☆141]

だが、『カルダーヌス弁護』に登場する弁論のみに着目して、それを古代以来の弁論術の伝統と関連づけ、弁論のなかにどのような修辞的技法が潜んでいるかを指摘するにとどまるならば、一面的な考察と言わなければならない。レッシングは勝つことを狙った「論争家」を批判している。『カルダーヌス弁護』はそのようなものを越えた多義的な言葉の場として構成されているのであり、その一部をなす弁論について修辞的技法を指摘するだけでは、作品の本質を捉えたことにはならない。[☆142] しかも、弁論には勝ちを狙うだけの戦略的言説に解消できない様相が含まれているのである。

第4節で見たように、〈イスラーム教徒の弁論〉においては〈異教徒〉に対して「マホメットとその信徒が非常に多くの血を流した」ことが認められ、「キリストとその使徒がまったく血を流さなかった」ことが対置されていた(ebd., 327)。弁論の冒頭においては、イスラームが理性的であることが強調されていたのであるが、弁論が展開するなかで、その理性的な教えが〈異教徒〉との関係において非理性的となることが示されるのである。弁論に言う理性とは、信仰を異にする者たちの行動(相互行為)の基準としての理性、寛容の原則に関わるものであった。〈啓典の民〉を寛容するイスラームの視点から、〈ドラゴナード〉をはじめとするキリスト教における強制改宗が、非理性的であるとして批判される。だが、〈異教徒〉との関係では、イスラームが寛容の原則の破壊に至ることが示されるのである。発話が進むなかで話が当初の内容と逆のものになるという論の運びは、その場に合わせて弁論を戦略的に設計する弁論家のセンスというよりは、人間の割り切れないありよう、そこから発せられる言葉を活写する劇作家のセンスと言わなければならない。また、『カルダーヌス弁護』におけるもうひとつの弁論、〈篤信のユダヤ教徒の弁論〉であるが、これも、勝ちを狙った戦略的な弁論というよりも、それに耳を傾けるべき〈語り〉というべきものであろう。

ベールの『強いて入らしめよ』を見るならば、新教と旧教が対立する状況のなかで、揚げ足取りや論点のずらしを含めさまざまな戦略的弁論が飛び交っていたことが知られる。☆143 伝統的な弁論術の技法は、レッシングを待つまでもなく、そのような対立状況のなかで使い尽くされていたのである。

『カルダーヌス弁護』においてはカルダーノの名誉回復が図られるのであるが、カルダーノの言辞のひとつひとつを吟味する論の運びに異端審問めいた雰囲気が漂うこと、また、吟味の過程で当初の前提が揺るがされてゆくということは前節で確認した。『強いて入らしめよ』は『カルダーヌス弁護』に半世紀以上先立つものであるが、神学的弁論の伝統はレッシングの時代においても強固であったであろう。また、対イスラームに関しては、相手を論破する対決

☆141 モーアは、シュミット前掲書の議論（Schmidt, a. a. O., S. 203f.）に依拠して、『歴史批評辞典』には「いっさいの修辞的装飾が欠けている」とし、ベールの文体のレッシングへの影響を考察していない（Moore, a. a. O., S. 393.）。誤りと言わなければならない。確かにベールには「修辞的な装飾」はないであろう。だが、ゲーテが指摘したベールのテクストの「迷宮」としての性格が見落とされてはならない。この点について河原忠彦は「ゲーテ一人が特例ではない。フランスは言うまでもないとして、十八世紀のドイツで、一度はベールの辞典のとりこになり、それぞれのラビリントに迷いこんだ文学者の数は意外に多いのである。［……］いったい、書物なり、思想なり、ともかく一精神が他の精神に影響を及ぼすとすれば、それは精神が一つの謎の形をとって迫ってくる場合ではないのか。ある思想の明解な解説や要約のたぐいが、他の精神を刺激し、知的活動を促すことはほとんどないと言っていい。ベールの精神も謎をかけて決して答えないスフィンクスに属する」と述べる（河原前掲書、三九頁以下）。本章は、この示唆を受けて、『カルダーヌス弁護』におけるベールの「迷宮」としての文体の影響を具体的に考察しようとするものである。

☆142 モーアの前掲論文は、『カルダーヌス弁護』の二つの弁論にどのような修辞的技法が用いられているかを考察している。モーアは、『カルダーヌス弁護』の論述の軸をなす語の多義性には気づいていない。

☆143 Vgl. Bayle, *Commentaire philosophique sur ces paroles de Jésus-Christ, contrains-les d'entrer*, in: Bayle, *Œuvres diverses*, *Bd. II*, S. 357f. ベール（野沢協訳）『寛容論集』、六五頁以下。

神学が盛んであったことも指摘されている。[☆144] 勝つことを狙った「論争家」への批判的なまなざしは、これらに対するレッシングの批判的な態度を示すものである。さらに言うならば、カルダーノの言辞のひとつひとつが〈正しい〉か否かを吟味する『カルダーヌス弁護』の本文の論述は、異端審問的な論述を意識的・批判的に模倣しようとしたものであったのかもしれない。審問が進むにつれて、異なった複数の声が発せられ、審問的な言説のあり方そのものが覆されるのである。レッシングが弁論術の伝統を熟知していたことは疑いないが、そのことは、彼がその伝統を単純に反復し再生産したことを意味するものではない。

なお、弁論が登場する文学形式であるが、その古典的淵源については、弁論術の伝統に限定せず、『旧約聖書』を含めた考察が必要であろう。〈篤信のユダヤ教徒の弁論〉においては『ヨブ記』が踏まえられていた。『ヨブ記』においては、ヨブとその他の登場人物、さらには神との間に弁論が交わされる。それらは、ポリスの市民を説得する弁論ではなく、ましてや勝ちを狙った神学的弁論ではない。旧約の智恵文学の伝統のなかで形成された弁論である。[☆145]『カルダーヌス弁護』は『ヨブ記』のように峻厳ではないが、複数の弁論が登場するこの作品の執筆にさいして『ヨブ記』がレッシングの念頭にあった可能性を排除することはできないのである。[☆146]

7 〈異教徒〉の不在と最終判断の欠如

以上の前節での考察を踏まえて、『カルダーヌス弁護』の作品としての性格に関して、二つのことを指摘しておきたい。

第一点目は、〈異教徒〉の不在である。

カルダーノの『精妙さについて』においては、四つの宗教の比較の劈頭に「偶像崇拝者（Götzendiener）」が登場する（ebd., 314f.）。「偶像崇拝者」が自らの信仰の利点を述べ、それへの反論がなされ、その後でユダヤ教に主題が移るのである。だが、『カルダーヌス弁護』では、カルダーノのユダヤ教とイスラームの見方は不十分であるとしてそれぞれの立場からの弁論がなされるが、「偶像崇拝者」の弁論は登場しない。この点で、『カルダーヌス弁護』は『精妙さについて』と対照をなしている。ただし、『カルダーヌス弁護』においては「偶像崇拝者」が「異教徒（Heiden）」と名前を変えて言及されている。たとえば、〈イスラーム教徒の弁論〉の冒頭では、「異教徒、ユダヤ教徒、キリスト教徒が自分の宗教と呼ぶものは、健全な理性がけっして自分のものとは認めないような命題の混ざり合ったものだ」と述べられていた（ebd., S. 325）。だが「異教徒」の声は発せられない。この点をどのように考えるべきであろうか。

『歴史批評辞典』「マホメット」の項の注（A）には、「マホメット教徒は世界の半分ないしそれ以上を領していると言う人もいるが、信用してはいけない。〔……〕次のように言えば十分である。「地球上の既知の地域を三十等分すれば、キリスト教徒の地域は五、マホメット教徒の地域は六、異教徒の地域は十九となろう」」という記述がある。[☆147] ここに見られるように、ベールが「世界」というとき、その約三分の二が〈異教徒〉の地域であることが意識されている。第3節では『歴史批評辞典』「ユソン」の項の「私はフランス人でもドイツ人でもイギリス人でもスペイン人でもありません。世界の住人です」という言葉を見たが、この「世界」とは、住民の約三分の二が〈異教徒〉であるよ

☆144　注25を参照。

☆145　智恵文学の伝統と『ヨブ記』との関係については、関根前掲訳書、二二三頁以下、および、関根正雄『旧約聖書文学史』（下）、岩波書店、二〇〇八年、一六頁以下、二六六頁以下を参照。

☆146　『歴史批評辞典』には「ヨブ」の項が立てられているが、ヨブにまつわる伝承の誤謬を指摘するにとどまり、『ヨブ記』に立ち入って高い評価を与えているわけではない（vgl. Art. Job oder Hiob, in: Bayle, *Historisches und Critisches Wörterbuch, Bd. II*, S. 899f. なお「ヨブ」の項は邦訳されていない）。レッシングは独自に『ヨブ記』を見出していったものと思われる。

うな「世界」である。ベールはカルヴァン派の立場から〈異教〉を厳しく批判するのではあるが、〈異教徒〉に対する不寛容は断固として斥ける。それは、第4節で見た『歴史批評辞典』「マホメット」の項の注（N）にある「〈強いて入らしめよ〉という原則を行使する時間さえ与えてくれたら、全世界をコーランに署名させてみせると答えるだろう」という言葉に明らかである。[148] 龍騎兵にせよイスラーム教徒にせよ、彼らが「全世界」を強制改宗させることが批判されているからである。なお、ベールのこのような批判は、同時代の「世界」のみならず、帝政ローマ時代以来の過去の「世界」にも向けられている。[149]

『カルダーヌス弁護』の〈イスラーム教徒の弁論〉においては、「マホメット」の項、注（N）のこの言葉を踏まえて、「信仰を剣でもって強制しようとするのであれば、それは最も唾棄すべき暴君であり、全世界から呪われて当然の怪物なのだ」(ebd., 327) と述べられていた。〈異教徒〉が多数を占める「世界」――同時代の「世界」ならびに過去における「世界」――の問題はレッシングにも継承されていたと言わなければならない。初期のものと推定される劇断片『トンジーネ』*Tonsine* は〈異教〉の地である日本の女性を扱ったものであるし、[150] 古代の〈異教〉世界については『古代人は死をいかに形象化したか』*Wie die Alten den Tod gebildet*（一七六九年）が書かれている。『カルダーヌス弁護』におけるレッシングが、『精妙さについて』に登場する「偶像崇拝者」に無関心であったとは考えられないのである。

エーリッヒ・シュミットは、『カルダーヌス弁護』に弁論が登場することに関して、イギリスの自由思想家サミュエル・パーヴィッシュ（生没年不詳）の『ユダヤ教とキリスト教の啓示についての研究』*An Inquiry into the Jewish and Christian Revelation* [...] *In a Dialogue between an Indian and a Christian*（一七三九年）からの影響を示唆している。[151] この作品において〈異教徒〉の〈インド人（Indian）〉が登場し、キリスト教徒に疑問を投げかけることを捉えてのものである。レッシングは、『カルダーヌス弁護』に先立って一七五一年に神学者テオドール・クリストフ・リーリエンタール（一七一七〜八二年）の著書『聖書に含まれる啓示の擁護』*Die gute Sache der in der heiligen Schrift alten und neuen Testaments enthaltenen göttlichen Offenbarung* の第二部（一七五一年）の書評を書いているが、そのなかで、

☆147　Mahomet, S. 259. ベール（野沢協訳）『歴史批評辞典II（E–O）』、六五九頁。引用箇所の後半にある引用――「地球上の既知の地域を三十等分すれば、キリスト教徒の地域は五、マホメット教徒の地域は六、異教徒の地域は十九となろう」は、エドワード・ブリアウッド（一五六五頃〜一六一三年）の『世界の主要部分における言語、宗教の多様性についての研究』*Enquiries Touching the Diversity of Languages, and Religions, through the Chief Parts of the World*（一六一四年）からのもの。ベールは仏訳から引用し、ゴットシェート訳もこれを独訳している。

☆148　Mahomet, S. 262. ベール（野沢協訳）前掲書、六六八頁。

☆149　第4節で見た「マホメット」の項の注（O）を参照（Mahomet, S. 263. ベール（野沢協訳）前掲書、六六九頁）。なお、ベールの〈異教〉批判については、野沢協「護教と断念――『歴史批評辞典』の宗教観とカルヴァン派論争」、ベール（野沢協訳）前掲書、一二三三頁以下を参照。野沢は、ベールが古代〈異教〉を徹底して批判したことを示している。だが、このことは、ベールが〈異教〉に対する不寛容を説いたことを意味するものではない。同時に、『歴史批評辞典』が古代〈異教〉世界について否定的な叙述に終始しているのではないことも注意されなければならない。ベールの神話の理解が今日から見て偏頗であることは否めないが、『歴史批評辞典』における古代の神話、歴史、文学、哲学についての叙述は、彼の正統派キリスト教教義への懐疑、人間と世界に対するペシミスティックな見方、官能に関わる話題への偏愛などがないまぜとなって独特の魅力ある世界を形づくっている。それは、のちの教養主義的に美化されてしまった古代像とは異なる。『歴史批評辞典』の古代に関する項目が、神学の立場からの古代〈異教〉への定型的な批判を繰り返しただけのものであったなら、十八世紀における『歴史批評辞典』の絶大な影響を説明することはできない。

☆150　ヴィーデマンは、『トンジーネ』の執筆年代を、市民悲劇として構想されていることから、『ミス・サーラ・サムプソン』（一七五五年）に近い時期のものであろうとする（FLA III, 1294）。なお、『トンジーネ』に関しては、ブッツマンがベール『歴史批評辞典』「日本」の項との関連を指摘している（H. Butzmann, Lessings bürgerliches Trauerspiel »Tonsine«. Betrachtungen zu einem bisher verschollenen Entwurf, in: *Jahrbuch des freien deutschen Hochstifts* 1966, S. 109, bes S. 115f.）。だが、その論証は蓋然的なものにすぎず、説得的とはいえない。

☆151　Schmidt, a. a. O.

パーヴィッシュの作品にふれ、「三番目の著作家〔パーヴィッシュ〕は、ユダヤ教とキリスト教を考察するさいにインド人を登場させ、キリストとその王国についての予言に関する通常の説明に対する反論を語らせている」と述べている(LM IV, 338)。シュミットが指摘するように、パーヴィッシュのこのような作品のレッシングへの影響はありうることかもしれない。☆152 だが、そうであればなおのこと、『カルダーヌス弁護』における〈異教徒〉の声の不在が問題とならざるをえないのである。

『カルダーヌス弁護』における〈イスラーム教徒の弁論〉では、「信仰を剣でもって強制しようとするのであれば、それは最も唾棄すべき暴君であり、全世界から呪われて当然の怪物なのだ」と述べられた後、次のように弁論が展開する。

だが、創造者の誉れを保持しようとする者が、全自然が証言していることすら、つまり、創造者が一であることすら、認めようとしない頑固で不敬な輩を見出し、彼らが冒瀆するこの地上から彼らを抹消するとしても、その者は暴君ではなく、その者は、——君は彼を、平和を告げる預言者と呼ぼうとはしないだろうが——永遠なる存在の報復の道具(ein rächendes Wergzeug des Ewigen)にほかならないのだ。それとも君は、マホメットとその後継者たちが、それなしでは人間であることを誇れないもろもろの真理の信仰告白以外を人間に要求したなどと、本当に信じているのか。(LM V, 327)

このあとに、先に第4節で見た、アブー・ウバイダの〈手紙〉を引用して述べられるイスラームの〈啓典の民〉への寛容論が続く。もしも右に引用した部分がなく、「信仰を剣でもって強制しようとするのであれば、それは最も唾棄すべき暴君であり、全世界から呪われて当然の怪物なのだ」のあとにただちに〈啓典の民〉への寛容論が続いていたとしたならば、〈イスラーム教徒の弁論〉は、もっとすっきりしたものになっていたであろう。〈ドラゴナード〉などのキリスト教における強制改宗と〈寛容なイスラーム〉が対比的に示されるわけである。だが、右の部分が間にあることによって、弁論の展開に屈折が生じることになる。「全世界から呪われて当然の怪物なのだ」と述べながらも、弁論を行なう〈イスラーム教徒〉にとっては、この「全世界」には、その住民の約三分の二である〈異教徒〉が含まれていない。否、〈異教徒〉は改宗しないかぎり「この地上から抹消」されても当然の存在とされるからである。この部分に『カルダーヌス弁護』における〈異教徒〉の不在の問題を考える鍵があると思われるのである。

　この弁論が演劇の舞台で行なわれたとするならば、「信仰を剣でもって強制しようとするのであれば［……］」という部分は、観衆の共感や喝采を呼び起こす台詞であろう。だがそれに続く右に引用した部分は、当初は〈一なる創造者〉への〈確信〉に基づいた言葉の勢いがあるものの、「その者は暴君ではなく、その者は、――君は彼を、平和を告げる預言者と呼ぼうとはしないだろうが――永遠なる存在の報復の道具にほかならないのだ」に至って、振り上げた演説の拳が観衆の冷ややかなまなざしによって一瞬ぴたりと停止して言いよどむ、そのような気配のある部分である。「――君は彼を、平和を告げる預言者と呼ぼうとはしないだろうが――」という挿入句は、弁論の説得力の喪失を意識したかのような言葉である。それを踏まえて発せられる「永遠なる存在の報復の道具」は、「暴君」以上に観衆の冷ややかなまなざしを呼び起こす言葉であろう。言い換えは逆効果となる。アブー・ウバイダの〈手紙〉を引用

☆152　ただし、パーヴィッシュの作品は、全篇が〈インド人とキリスト教徒の対話〉として展開される対話篇であり、論述の展開の途中に複数の弁論が登場する『カルダーヌス弁護』とは別の結構のものである。シュミットは、パーヴィッシュのこの作品が「劇的な手法」で書かれているとするが（Schmidt, a. a. O.）妥当ではない。なお、パーヴィッシュに登場する〈インド人〉とは、オランダ経由でイギリスにやってきたとされる日本人である。ヨーロッパにやってきた日本人が登場する点で、レッシングの劇断片『トンジーネ』と共通する。十八世紀ヨーロッパの思想・文学における日本人の登場はきわめて興味深い研究の主題である。

して述べられるイスラームの〈啓典の民〉への寛容論は、弁論の説得力の喪失を挽回する位置に登場するのである。
すでに第4節で述べたようにレッシングは、新たなイスラーム認識によってヨーロッパの伝統的なイスラーム像を訂正し、イスラームを救出しようとしている。だが、このことは、レッシングがイスラームを理想化していることを意味するものではない。「平和を告げる預言者」と対比的な位置にある「永遠なる存在の報復の道具」というグロテスクな言葉には、〈異教徒〉へのイスラームの不寛容に対するレッシングの批判が示されているのである。

そのさいに注意しなければならないのは、イスラームに対して向けられたこの批判は、イスラームに限定されたものではなく、暗示的な仕方でキリスト教に対しても向けられているという点である。〈イスラーム教徒の弁論〉は、『歴史批評辞典』の「マホメット」の項を踏まえて書かれている。第4節で見たように「信仰を剣でもって強制しようとするのであれば、それは最も唾棄すべき暴君であり、全世界から呪われて当然の怪物なのだ」という言葉は、「マホメット」の項の注（N）と（O）を踏まえたものであるが、注（O）では、ローマ帝国の領域内でのコンスタンティヌス大帝以降におけるキリスト教の布教、「フリースラント人の国やザクセン人の国」、「北欧」「インド」における布教に暴力が結びついていることが批判されていた。〈異教徒〉に対する〈剣〉の問題は、キリストとその使徒以後におけるキリスト教の問題でもあるのである。「その者は、——君は彼を、平和を告げる預言者と呼ぼうとはしないだろうが——永遠なる存在の報復の道具にほかならないのだ。それとも君は、マホメットとその後継者たちが、それなしでは人間であることを誇れないようなもろもろの真理の信仰告白以外を人間に要求したなどと、本当に信じているのか」という弁論の言葉は、読者の冷ややかな反応を引き起こしながらも、読者自身に問いを投げかける言葉でもある。〈異教徒〉は「それなしでは人間であることを誇れないようなもろもろの真理の信仰告白」を持たない人びと、人間ならざる人間であるのか、この点についてキリスト教徒はどのように考えるのか、という問いかけである。

この点に関連して、「永遠なる存在の報復の道具」という言葉と『歴史批評辞典』「エリヤ」の項[☆153]との関係についても指摘しておきたい。同項では、「〔エリヤは〕火と剣でイスラエルを裁くであろう」という本文に対する注（B）で、エリヤが『列王記』に記された「バアルの祭司らを虐殺し、王の兵隊の上に天から火を落とした」行為が「エリヤを折りにふれて動かしたあの復讐心（esprit vengeur, Eifergeist[e]）」の所業として批判され、「エリヤの振舞いほど宗教熱心からする虐殺者を喜ばすものがあるだろうか」と述べられている。古来、異教徒や異端の迫害を正当化する根拠として用いられてきたエリヤの行為をベールは斥けるのである。ベールはエリヤを免罪しようとする神学者たちの議論を取り上げて検討を重ねてゆくが、そのなかに改革派のピエール・マルティィール（一五〇〇～六二年）による『列王記』の注解からの「こうしたことは、一般に打ち立てられた法に反する特別の神感によってなされた（Omunia haec privato instinctu Dei agebantur, contra legem in communi propositam）」という言葉がある。エリヤの行為は「法（le[x]）」に反しているが、神がかり（instinctu[s]）によるものであるがゆえに正当である、ないし、そこにしか正当化の根拠はないとするのである。ベールは、このような正当化を「宗教熱心からする虐殺者を喜ばすもの」として斥ける。ベールはまた、カトリックの論争家フランソワ・フーアルダン（一五三九～一六一〇年）の著作からの再引用の形で、マルティィールの「エリヤは神の復讐を実行する道具として召され（vocatus erat Elias, ut judicia divinae severitatis exsequeretur）、自分からではなく神と天使の導きで（ex Deo et Angeli monitu）そういう荒療治をした」という言葉を示している。「神の復讐を実行する道具」という野沢協の訳文は意訳であるが、エリヤが「自分から」責任ある主体として行為したのではなく、「神と天使の導き〔命令〕で」行為したというのであるから、「道具」という訳語は妥当である。先に論じた〈イスラーム教徒の弁論〉における「永遠なる存在の報復の道具」は、「エリヤ」の項のこの箇所に対応している。マルティィールからの最初の引用における「一般に打ち立てられた法」と「特別の神感」の対比は、弁論の冒頭における「掟」と「聖なる妄

☆153 Art. Elie, in: Bayle, *Dictionnaire historique et critique, Cinquième édition de 1740, tome second*, S. 347f. Art. Elias, in: Bayle, *Historisches und Critisches Wörterbuch, Bd. II*, S. 370ff. ベール（野沢協訳）『歴史批評辞典II（E－O）』、一三頁以下。

想」の対比に対応している。レッシングは、『歴史批評辞典』「エリヤ」の項をも踏まえて、イスラーム教徒の弁論を組み立てていると考えられるのである。

『列王記』のエリヤについての記述が古来持っていたポジティヴな意味を踏まえるならば、弁論においてイスラーム教徒が用いた「永遠なる存在の報復の道具」という語は、(弁論を展開するイスラーム教徒のパースペクティヴから見て)キリスト教徒の読者を説得するのに有効であるという判断から選ばれていることになる。だが、読者に『歴史批評辞典』「エリヤ」の項に示された問題が既知であるならば、反応は複雑なものになる。古来そのように言われてきたが、そうであろうか……弁論を展開するイスラーム教徒に対して冷ややかなまなざしを送るとともに自らに対しても複雑な思いが喚起され、問題が提起されるのである。☆154

カルダーノの『事物の精妙さ』における宗教比較の劈頭に登場する「偶像崇拝者」は、古代ギリシア、ローマ、オリエントの〈異教徒〉である。彼らの生活していた領域は、コンスタンティヌス大帝以降のキリスト教の布教、またマホメット以降のイスラームの拡大によって、〈啓典の民〉のみが居住する領域となっている。先に引用した〈イスラーム教徒の弁論〉の「だが、創造者の誉れを保持しようとする者が[……]」以下の言葉の全体は、この領域における〈異教徒〉の不在の原因を示し、際立たせている。『事物の精妙さ』に登場する「偶像崇拝者」は、抹殺されてもはや存在しないのである。この点を踏まえて、レッシングが意識的に〈異教徒〉の声を登場させなかった可能性が考えられる。「偶像崇拝者」以外の〈異教徒〉、〈啓典の民〉の領域外の〈異教徒〉――たとえば、パーヴィッシュにおけるような〈インド人〉――を登場させ、弁論を展開させることは不可能ではなかったであろうが、『事物の精妙さ』の宗教比較論を検討するという『カルダーヌス弁護』の結構そのものを崩すことになったであろう。〈異教徒〉の声を登場させなかったということは、〈異教徒〉をめぐる寛容の問題を消去したということではない。「創造者の誉れを保持しようとする者」による〈異教徒〉の抹殺が語られ、読者への問いかけがなされることによって、言い換えれば、

〈異教徒〉の抹殺＝不在が語られることによって、問題の所在が示されるのである。

第二点目は、『カルダーヌス弁護』における最終判断の欠如についてである。

カルダーノは、四つの宗教の比較についての最終判断を明示しなかったことで非難された。だが、そのようなカルダーノの名誉回復を試みる『カルダーヌス弁護』にも最終判断は示されていない。第5節の冒頭で見たように、レッシングは、〈イスラーム教徒の弁論〉を展開した後で、カルダーノの「それゆえ、それらは勝利の女神の裁決に委ねられている」の句を検討し、そこにおける「それら」は、イスラーム圏とキリスト教圏の戦闘の帰趨を指すにすぎず、四つの宗教の真理性を指すものではないとした。だが、このように述べた後、レッシングは、この問題にそれ以上立ち入ることなく、『精妙さについて』の諸版についての考証を行ない、カルダーノに嫌疑をかけた人びとの動機を推測する簡単なコメントで作品を終えてしまうのである。

第4節で見たようにレッシングは、〈篤信のユダヤ教徒の弁論〉や〈イスラーム教徒の弁論〉に先立って『事物の精妙さ』の本文を検討し、そこにある「キリストの教えは道徳的ないし自然的な哲学と調和しない何ものも含まない」を「彼〔カルダーノ〕以前に、また彼以後に書かれたあらゆるキリスト教擁護から引き出すことのできる最も根本的なエッセンス」(ebd. 321f.) であると述べていた。カルダーノの立場の弁護としては、この指摘で十分であったのか

☆154 「エリヤ」の項では、マルティールの立論に対してフーアルダンが、エリヤに「悪態（injures, Lästerungen）」をつくものだと述べたことが紹介されている。マルティールによる免罪の試みですら、正統的視点からの批判を引き起こす大胆なものであったことが知られる。また、ベールは『強いて入らしめよ』では、エリヤの行為をその時代の文脈では正当化できると論じている（同書、第二部・第四章を参照）。「エリヤ」の項ではその見方が変更され、エリヤの行為の正当性が否定されている。このことは、マルティールやフーアルダンの時代のみならず、ベールの時代においてもエリヤの行為を批判する視点を打ち立てることが容易ではなかったことを示している。

もしれない。だがレッシングは、このように指摘した後、ユダヤ教徒とイスラーム教徒の〈弁論〉を登場させる。その結果として、第5節で見たように、論述の鍵をなす「真理」「虚言」「理性」などの言葉の多義性が引き起こされることとなった。レッシングは、カルダーノには最終判断＝キリスト教の擁護、があると弁護しながらも、自身の論述においては最終判断を示すことがなく、論述は最終判断の確定とは逆の方向に展開してゆくのである。

第3節の（2）では、レッシングがフォークトの『歴史的・批評的稀覯本目録』を味つけして〈引用〉していることにふれた。そこには「四つの宗教のどれでもよい、いずれが勝つのか――論証の強さでも武力でもよい。ともかく、この点についてのカルダーノの関心のなさを明々白々に証明しているからなのだ」という言葉があった。他の宗教を論じるさいにはキリスト教が論証においてにせよ、武力においてにせよ勝利するということを明瞭に示せ、というのが当時の〈常識〉であったようである。レッシングの書き方はこれとはかけ離れている。というよりも、『カルダーヌス弁護』においては、カルダーノに対する弁護の仕方にせよ、レッシング自身の論述にせよ、あえてそのような〈常識〉に肩透かしを食らわせ、無効化する書き方がなされていると思われるのである。

〈常識〉の眼からするならば、「それゆえ、それらは勝利の女神の裁決に委ねられている」の句における「それら」がイスラーム圏とキリスト教圏の戦闘の帰趨を指すと指摘するだけでは、カルダーノ弁護として不十分と映ったことであろう。どちらが戦闘に勝利するかが述べられていないからである。だが、軍事的な勝利や論証における勝利を宗教の真理性と一体化させる考え方そのものが問題なのである。軍事的な勝利と宗教の真理性を一体のものとする考え方は、これに先立つ箇所で批判され、無効化されている。第5節で見た〈篤信のユダヤ教徒の弁論〉においてである。〈イスラーム教徒の弁論〉における、「創造者の誉れを保持しようとする者」によって消し去られた〈異教徒〉によっても同様のことが示唆されている。〈異教徒〉に対する軍事的な勝利者＝イスラームに批判的な距離が取られているからである。[☆155] また、論証における勝利と宗教の真理性を一体化する考え方は、論争における勝利を狙った「論争家」

への批判、複数の〈弁論〉の登場による「真理」「虚言」「理性」の多義性の惹起、異端審問的な論述の転覆によって無効化されているのである。

レッシングはこれらのことを懇切丁寧には書いていない。『事物の精妙さ』の本文の検討、〈篤信のユダヤ教徒の弁論〉、〈イスラーム教徒の弁論〉、「それゆえ、それらは勝利の女神の裁決に委ねられている」の句の検討、これらが並列的に登場するのみである。その後で『カルダーヌス弁護』は尻切れ蜻蛉のような形で終わる。だが、並列された要素相互を見つめるとき、〈常識〉に肩透かしを食らわせ、揺さぶる右のような脈絡が浮かび上がるのである。

レッシングにとっては、カルダーノを弁護するためには、「キリストの教えは道徳的ないし自然的な哲学と調和し

☆155　ベール『歴史批評辞典』「マホメット」の項にもレッシングと同様の考えが示されている。同項の注（P）でベールは、「福音の広がりは教父たちに、ユダヤ教徒や、キリスト教内部に形成された諸宗派《セクト》を非とする格好の論法を提供していた。〔……〕この論法はユダヤ教徒や異端者を打ちひしぎ、マホメットの時代までその力を完全に保持した。だがそれ以後は、こんな論法を放棄せざるをえなくなった。広がりだけ見れば、あの偽預言者の宗教はかつてのキリスト教とまったく同様、〔聖書にある〕昔の予言は自分のことを言ったのだと主張しえたからである。だから、ベラルミーノその他あれこれの大宗教論争家が、広がりは真の教会の徴表だと一般的に言い、そうすればプロテスタント教会との訴訟に勝てると思ったのは、いくら驚いても驚き足りないほどである。〔……〕マホメットの宗教がキリスト教よりずっと大きな広がりを持つことは異論の余地がないし、その勝利・征服・戦勝などもキリスト教徒がこの種の栄えとして誇りうるどんなものとも比較にならないほど赫赫としている」と述べ、「栄えているということを真の教会の徴表とする」ことを斥ける（Mahomet, S. 263. ベール（野沢協訳）前掲書、六七一頁）。レッシングは、この論点を新教・旧教の対立という脈絡から解き放ち、ベールがここで言及しているユダヤ教の問題に踏み込み、さらには、ここでは言及されていない〈異教徒〉の問題を示唆し、問題をより広い脈絡のなかに移しているのである。なお、第1章・第6節で見たレッシングの『エルンストとファルク』には、「ロッジのフリーメーソンに対する関係は、教会と信仰に対する関係と同じだからだ。教会の外的な繁栄からは、信徒たちの信仰に関して、何ものも、まったく何ものも結論することはできない」という言葉が見られる（LM XIII, 398）。ここにもベールとレッシングの共通性、ないし、前者から後者への影響を見ることができよう。

ない何ものも含まない」を「彼以前に、また彼以後に書かれたあらゆるキリスト教擁護から引き出すことのできる最も根本的なエッセンス」とするだけで十分であった。レッシング自身の立場の表明としても、この指摘だけで十分であった。それは、〈異教〉、ユダヤ教、イスラームを「虚言」として打ち負かそうとする体のものではない。言い換えれば、他者を「虚言」とすることを梃子として自らを「真理」として押し出す体のものではない。この指摘のあとにユダヤ教徒とイスラーム教徒の〈弁論〉が現われる。複数の声の登場は、自身の立場の表明となんら矛盾するものではないのである。さらには、後者の〈弁論〉において、消し去られた〈異教徒〉の問題が浮上し、読者に問いかけがなされるのである。

これらの声や問いかけにどのように答えるのか、「真理」「虚言」「理性」の多義性をどのように総合するのか、軍事的な勝利や論証における勝利を宗教の真理性と一体化させる〈常識〉をどのように考えるのか——その最終判断は、〈謎〉あるいは問いとして読者に提示されているのである。

8　むすび——「ここにも神々はいるのだから、遠慮なく入るがよい」

『カルダーヌス弁護』に示されたレッシングのイスラームへの関心は生涯にわたって続く。イスタンブールに移住した十六世紀のドイツの一神学者を論じた『アダム・ノイザー』*Von Adam Neusern, einige authentische Nachrichten*（一七七四年）を経て、エルサレムを舞台とする晩年の戯曲『賢者ナータン』に至るのである。以下、『カルダーヌス弁護』とこれらの作品との連関を展望して本章を締めくくりたい。

『アダム・ノイザー』は、レッシング四五歳の年に書かれた論文であり、彼が刊行した『歴史・文学論集』*Zur*

Geschichte und Literatur. Aus den Schätzen der Herzoglichen Bibliothek zu Wolfenbüttel の第三号に掲載された。この論文の主題であるアダム・ノイザー（?～一五七六年）は、ツェドラーの『学芸大百科事典』*Großes vollständiges Universal-Lexicon aller Wissenschaften und Künste*（一七三二～五四年）に項目が立てられていることから伺われるように、十八世紀ドイツにおいて広く知られた人物であった。☆156 イスタンブールに移住してイスラームに改宗したためである。

ノイザーは、アンスバッハ近郊に生まれ、ルター派の説教者としてハイデルベルクで活動していたが、ユニテリアン派の教義を信奉。ハイデルベルクの領主プファルツ選帝侯がカルヴァン派に改宗し、一五六三年にカルヴァン派の信仰が導入されたことがきっかけとなって、反三位一体派として告発されることとなる。教会制度の変更に激しく抵抗したためである。紆余曲折を経てノイザーは同地を脱出し、キリスト教諸宗派の寛容が行なわれていたトランシルヴァニアを経て、イスタンブールに移り住む。ノイザーはイスラームに改宗、一五七六年、同地で没した。宗教改革の激動期を生きたドイツ人である。彼はまた、カルダーノと没年を同じくする同時代人でもある。

レッシングは、一七七〇年からブラウンシュヴァイク公国ヴォルフェンビュッテルの図書館長を務めていたが、同図書館で一五七四年にイスタンブールでノイザーが書いた手紙の写しを発見する。レッシングは、その全文を『アダム・ノイザー』のなかで示し、ノイザーの足跡を同時代の資料に基づいて仔細に再検討し、十八世紀においてもなお高かった悪評から彼を救い出そうとするのである。イスラームとの関わりにおいて悪評をこうむったという点で、ノイザーはカルダーノと共通する。また、近世に普及してきた辞書類によって固定された悪評を〈逆撫で〉し、文献学的手法を駆使して源泉に向かうことによって覆そうとする点でも『アダム・ノイザー』は『カルダーヌス弁護』を引

☆156 Vgl. Art. Neuser (Adam), in: J. H. Zedler, *Großes vollständiges Universal-Lexicon aller Wissenschaften und Künste, Bd. 24,* Leipzig und Halle 1740 (Neudruck, Graz: Akademische Druck- u. Verlagsanstalt, 1961), Sp. 311ff.

き継いでいる。なお、『アダム・ノイザー』のなかでレッシングが批判するヨッヒャーの『一般学識者辞典』*Allgemeines Gelehrten-Lexicon*（一七五〇～五一年）は、『カルダーヌス弁護』と同時期の若きレッシングがベールに倣って、その誤謬を指摘し、訂正しようとした辞典でもある。☆157

レッシングは、消し去られたノイザーの実像の断片を丹念に検討し、拾い集めてゆく。レッシングは、神聖ローマ帝国皇帝のイスタンブールへの使節に同行しノイザーに直接接したルター派神学者、シュテファン・ゲルラッハ（一五四六～一六一二年）の公刊された日記のなかに、「ノイザーは穏やかで勤勉なり」という言葉を見出す（LM XII, 252）。ノイザーの死因については、ゲルラッハの日記では赤痢であったものが、十七世紀の初頭にはペスト、さらには性的な病とされてレッシングの同時代のヨッヒャー『一般学識者辞典』における「彼の自堕落な生活は、彼を恥ずべき病に突き落としたのであった」という記述に受け継がれていったことを指摘する（ebd., 253）。レッシングはまた、ノイザーが「信仰の問題は少しも語らずに、飲酒のさいに」、「友人たちに囲まれて死んだ」こと（ebd.）、自動的に動く車両の製作を企てるなど発明の才に富んでいたこと（ebd.）を記す。それらを通して描き出されるのは、峻厳な神学者というよりも、等身大の人間としてのノイザーの姿である。

ドイツからトランシルヴァニアを経てイスタンブールに至る道は、ヨーロッパとオスマン帝国との交易と交通のルートである。ノイザーの時代からレッシングの時代に至るまで、このルートを通って夥しい人の往来と交流があったであろう。そのなかには多くの無名のアダム・ノイザーが、またその逆の方向の動きをした人びとがいたであろう。『カルダーヌス弁護』から『アダム・ノイザー』を経て『賢者ナータン』に至るレッシングのイスラームへの関心は、そのような記憶や現実を背景にしているとも考えられるのである。

『賢者ナータン』が刊行されたのは『アダム・ノイザー』の五年後、一七七九年である。執筆のきっかけは、周知のように、ルター派の正統派神学者ゲッツェとの論争にある。その争点のひとつに『聖書』の「文字」と「精神」の区別の問題があるが、第4節で見たように、この区別は『カルダーヌス弁護』にその萌芽が見られた。注意すべきは、『カルダーヌス弁護』ではこの区別が『聖書』のみならず『コーラン』にも適用され、「君たちは、私たちイスラーム教徒が天国の官能的な表象を字義どおりに理解していると信じている。だが、私が君たちの『コーラン〔聖書〕』を読み違えていないとするならば、君たちも、天のエルサレムの記述を字義どおりに理解しているのではないだろうか」(LM V, 328) と言われていた点である。ルター派の正統派神学者との論争のなかからイスラームの王サラディン〔サラーフ・アッディーン〕(一一三八~九三年) が支配するエルサレムを舞台とする『賢者ナータン』が書かれるに至ったのは必然であったと言わなければならない。

『賢者ナータン』の舞台は、十二世紀末、第三回十字軍時代のエルサレムである。隆盛を誇ったイスラーム圏は衰退局面を迎え、第一回十字軍によって一〇九九年にエルサレムが陥落する。クルド系の軍人サラディンは、一一八四年にエルサレムを奪還、エルサレム東南部の地アスカロンをめぐる攻防の末、一一九二年に十字軍側と和平協定が結ばれ、束の間の平和が訪れている。サラディンは晩年を迎えている。

エルサレムでは、ユダヤ教徒ナータンが暮らし、しきりに陰謀をめぐらすエルサレムの総主教 (Patriarch) もが許容され、寛容が実現されている。サラディンは、かつて七世紀にエルサレムを包囲したさいに寛容を約束した手紙を送ったとされる『カルダーヌス弁護』の〈イスラーム教徒の弁論〉に登場する軍人アブー・ウバイダを引き継ぐ者である。

ナータンは第四幕・第七場で「ガテ〔エルサレムの西南にあった都市〕[☆158]ではキリスト教徒がユダヤ教徒を女も子供も皆殺

☆157　レッシングのヨッヒャー批判は、一七五三年の『レッシング著作集』第二部にも収められている。Vgl. LM V, 127ff.

☆158　FLAとMLAの注はエルサレム北西の都市とするが、*Die Bibel*, Stuttgart: Deutsche Bibelgesellschaft, 1985 所収のパレスチナ地方の地図に従う。

しにしました。そのなかに私の妻と将来が楽しみだった七人の息子がいたとはご存知ありますまい。兄の家へ逃したのですが、皆、焼け死ぬことを強いられたのです。［……］三日三晩、私は灰と塵にまみれて神の御前に伏せっていました［……］」（LM III, 138）と語る。『ヨブ記』を踏まえたものである。☆159 ナータンの言葉には、「我が生まれし日亡びうせよ。男子胎にやどれりと言し夜も亦然あれ」というヨブの嘆き（『ヨブ記』第三章）、神への挑戦（第二九章）、その後の神の肯定（第四二章）が含意されている。ナータンは、第5節で見た〈篤信のユダヤ教徒〉を引き継いでいる。☆160

ナータンは、この出来事のあと、のちに修道僧（Klosterbruder）となる馬丁が連れてきたキリスト教徒の新生児を引き取って娘レヒャとして育てる。この事態を総主教は「そのユダヤ人は火あぶりだ」と断ずる（第四幕・第二場、ebd., 117）。総主教はまた、「［……］神がお与えになった理性を使うのをやめてはならないのはむろんのことだ。ただし、使うのはそれがぴったりの場面に限るが」とも述べる。「全キリスト教界の繁栄と教会の隆盛」という大目的は――たとえその手段がどのようなものになろうとも――手段ともども「理性」で吟味検討してはならないとするのである（ebd., 114f.）。総主教のこの発言にはゲッツェの影が読み取れるとされるのであるが、☆161 自宗教中心の発想に凝り固まった総主教の人物像は『カルダーヌス弁護』に登場する、カルダーノへの〈義憤〉を吐露する学者フォークト（第3節（2）を参照）、イスラームとの論争に勝つことだけを心掛ける「論争家」たち（第5節を参照）、また、彼らの背景にあって彼らを支えている当時の強固な〈常識〉が姿を変えたものでもある。

ナータンがこのような〈常識〉から発する「憎悪と偽善（Haß und Gleißnerey）」（ebd., 138）の犠牲となる破局は、神殿騎士（Tempelherr）とレヒャが兄妹であり、二人の父がサラディンの兄弟であることが判明することで回避される。二人の父アサッドは、元はイスラーム教徒であり、キリスト教徒の娘との恋愛によってキリスト教に改宗し、ヴォルフ・フォン・フィクネルというドイツ名を名乗り、息子と同じ神殿騎士となっていたのであった。

『アダム・ノイザー』では、イスラームに改宗してイスタンブールに暮らしたドイツ人が主題となっていた。『賢者ナータン』では、恋愛をきっかけとしてイスラームからキリスト教へ改宗するという逆の方向の事態が主題化されている。さまざまな状況のなかで人は対立する宗教や国家の境界を越えて交流し、〈交際〉するというこのモチーフが、

☆159　『ヨブ記』では七人の息子と三人の息女が焼死する（第一章・一三節以下）。ヨブは灰のなかに坐り（第二章・八節）、ヨブを見舞いに来たエリパズ、ビルダデ、ゾパルが塵を天に向かって撒き散らす（一二節）。彼らは七日七夜、ヨブとともに無言で坐っていた（一三節）。その後、ヨブは口を開いて己の生まれた日を呪う（第三章）。ナータンの右の台詞と『ヨブ記』との関係については、vgl. auch FLA IX, 1278 u. I. Strohschneider-Kohrs, *Vernunft als Weisheit. Studien zum späten Lessing*, Tübingen: Niemeyer, 1991, bes. S. 62ff.

☆160　『カルダーヌス弁護』における〈篤信のユダヤ教徒〉とナータンの関係については、vgl. auch A. M. Reh, Große Themen in kleiner Form. Gotthold Ephraim Lessings Rettungen -eine europäische Apologetik, in: W. Barner u. A. M. Reh (Hgg.), *Nation und Gelehrtenrepublik. Lessing im europäischen Zusammenhang, Sonderband zum Lessing Yearbook*, München: text+kritik, 1984, S. 175ff. ただし、レーは『ヨブ記』における苦難の神義論の問題は視野に入れておらず、この点での連続性を見ていない。シュトローシュナイダー－コールスも前掲書において『カルダーヌス弁護』における〈篤信のユダヤ教徒〉について論じている（Strohschneider-Kohls, a. a. O., S. 90ff.）。だが、〈篤信のユダヤ教徒〉の弁論における苦難の神義論の問題、および、その点でのナータンとの連続性は視野に入れられていない。

　苦難の神義論を経て神を見いだしたナータンは、単なる習慣的なユダヤ教徒ではないであろう。第二幕・第五場での「キリスト教徒とユダヤ教徒は、人間である前に、キリスト教徒やユダヤ教徒であるのだろうか」（LM III, 63）という言葉、第三幕・第六場での真理は貨幣ではないとする言葉（ebd., 89）は、このような地点から発せられていると解せられる。また、これとの関連で『賢者ナータン』「序文」草稿のなかにある「あらゆる実定的な宗教に反対するナータンの志操は、以前から私のものであった」（LM XVI, 444）という言葉が注意されるべきであろう。ただし、本書の第1章・第6節でレッシングの『エルンストとファルク』を考察したさいに述べたように、実定的な宗教を全否定するのはレッシングの立場ではない。むしろ実定的な宗教が他に対して開かれたものに変容してゆくこと、個々人が他に対して開かれた存在に変容してゆくことがレッシングの求めるところであろう。

☆161　ヴィーデマンは、『寓話』*Eine Parabel*（一七七八年）の末尾にある「拒絶状」*Das Absagungsschreiben* との関連を指摘している（FLA IX, 1272）。

『カルダーヌス弁護』で示された、宗教の複数性の問題と編み合わされ、『賢者ナータン』において、非ヨーロッパの〈聖地〉エルサレムの争奪を核とする錯綜した人間関係が織りなす劇として展開されていると見ることができる。『カルダーヌス弁護』において名誉回復の論述の基調（キリスト教）とそれを中断する複数の弁論の声（ユダヤ教とイスラーム）として登場した三つの宗教は、『賢者ナータン』では、宗教の差異を越えて複雑な関係を取り結びつつ行為する劇中の人物に変換されているのである。

レヒャ、神殿騎士、サラディンが血縁関係にあったということは、〈聖地〉奪還の対立状況のなかでの宗教を越えた〈交際／交わり（Umgang, Verkehr）〉（両語、とりわけVerkehrには性的交わりの意味がある、以下この意味でのVerkehrを〈交わり〉と表記する）の結果である。だが、フィクネル〔アサッド〕はアスカロン近郊の戦いで戦死したとされる（第四幕・第七場）。サラディンとの戦闘での戦死である。☆162 また、ナータンの妻と七人の息子の殺害は、キリスト教徒の軍によるものであり、その一端を担ったのが神殿騎士団である。これらが〈交わり〉を可能にした状況の背後にある別の側面である。『賢者ナータン』を安易な〈市民的家族〉の理想を寿いだ作品とするならば誤読である。

周知のように、第三幕・第七場ではナータンによって指輪の寓話が語られ、寓話のなかの裁判官は「汝らのそれぞれが、指輪の石の持つ力が現われるように競うがよい」と命ずる（ebd., 95）。この〈競争〉は、右のような錯綜した状況のなかでのひとりひとりの行為に関わるものであることが注意されるべきである。ユダヤ教、キリスト教、イスラームが住み分けたうえで、それぞれの〈陣営〉が行なう〈競争〉ではないのである。

『賢者ナータン』の扉には、モットーとして「ここにも神々はいるのだから、遠慮なく入るがよい（Introite, nam et heic Dii sunt!）」という言葉が掲げられている（ebd., 1）。以下、このモットーに注目して、前述の点を考えてみたい。

レッシングはこの言葉をアウルス・ゲッリウス（一二五年頃〜一七〇年）の著作に見られるもの（APUD GELLIUM）と記している。レッシングは、ゲッリウスの『アッティカの夜』*Noctes Atticae*の「序文」に引用されたヘラクレイトスの言葉を用いているのであるが、もとは、アリストテレスの『動物部分論』*Peri Zóiôn Moriôn* 第一巻・第五章に引かれているヘラクレイトスの言葉であり、ゲッリウスにおいてラテン語に訳されて再引用されているのである。☆163『動物部分論』の当該箇所は、次のようなものである。

〔……〕それゆえ、あまり尊くないもろもろの動物の探究を子供のように嫌がってはならない。なぜなら、自然本性的なものには、みな、何か驚嘆すべきものがあるからである。そして、実に、ヘラクレイトスは、こう言わ

☆162 ヴィーデマンは、アスカロンが一一八七年にサラディンによって征服されたと指摘する（FLA IX, 1277）。これは劇中の出来事の数年前であり、神殿騎士の父の死はもっと前でないと辻褄が合わない。『賢者ナータン』にはこのような齟齬がまま見られる。第一幕・第六場では、レヒャを長年にわたって育ててきたダーヤが、夫が皇帝フリードリッヒ一世・バルバロッサ（一一二三?～九〇年）といっしょに川で溺死し、自分はその後でこの地に来たと語るが、バルバロッサの溺死は一一九〇年である。

☆163 現行の『アッティカの夜』「序文」にこの言葉は見られず、忘れ去られている。現行の『アッティカの夜』の「序文」では「ここにも神々はいるのだから、遠慮なく入るがよい」に代わって「博学は見識を教えはしない（polymathiê nóon ou didáskei）」というヘラクレイトスの言葉がギリシア語で入っている（vgl. *The Attic Nights of Aulus Gellius, Bd. 1*, London: Heinemann, 1984, S. xxx.）。「ここにも神々はいるのだから、遠慮なく入るがよい」は十六世紀の刊本にあったものである。レッシングは「博学は見識を教えはしない」という本文を知りながら、十六世紀の刊本にあった言葉を敢えて採用したのである。この点については、vgl. H. Birus, Introite, nam et heic Dii sunt! Einiges über Lessings Mottoverwendung und das Motto zum Nathan, in: *Euphorion. Zeitschrift für Literaturgeschichte* 75. Bd., 4. Heft (1981), S. 379ff., bes. S. 406ff. ビールスは、レッシングが十六世紀の刊本にあったこの言葉を知ったのは、レッシング当時の『アッティカの夜』の注釈書を通してであったとする。ビールスの挙げる注釈書のひとつとして *Auli Gellii Noctium Atticarum Libri XX sicut supersunt, Editio Gronoviana praefatus est et excursus operi adiecit J. L. Conradi, Pars 1.*, Leipzig: Georgius, 1762 がある。同書では、『アッティカの夜』「序文」の「博学は見識を教えはしない」の語に注が付けられ、「ここにも神々はいるのだから、遠慮なく入るがよい」の句が挙げられている。十六世紀以降の『アッティカの夜』の本文校訂の進展については、vgl. Birus, a. a. O., S. 408.

れている。すなわち、彼に会うことを望む人たちが家のなかに入ったところ、かまどのある炊事場で暖をとっている彼を見て立ち止まったので、彼はその客人たちに声をかけたのだと――つまり、「ここにも神々はいるのだから」と、恐れずに入ってくるように彼は促したのであるから――。ちょうどこのように、すべてのものには自然本性的で善美なる何か（etwas natürliches und vortreffliches）があるということを理解して、とまどうことなく動物のおのおのの種についての探求へとおもむく必要があるのだ。☆[164]

「自然本性的で善美なる何か」が一見して認められないものにもそれを見いだすことができるというのがアリストテレスの言おうとすることである。アリストテレスはこのように述べて下等動物の探求を促す。「ここにも神々はいるのだから」とは、「神々」がいそうもないところにも、よく見れば「神々」はいるのだ、という意味である。☆[165]『賢者ナータン』ではこの言葉が、ドラマが展開する場所、〈聖地〉エルサレムについて言われている。十字軍がもたらした修羅場の記憶と傷をさまざまな形で負った人びとが暮らす場所としてのエルサレムである。エルサレムは、入ることがためらわれる場所、「神々」がいそうもない場所なのである。☆[166]

第三幕・第一〇場において、レヒャの乳母ダーヤは「ここは数多くの奇蹟の地でございます（das ist das Land / Der Wunder）」と語る。キリスト教信仰に凝り固まった（にもかかわらずレヒャをナータンの娘として長年にわたって育ててきた）ダーヤならではの言葉である。この言葉に対して神殿騎士は「そうかもしれない。ここは驚くべきことが起きる土地だ。そうでないことがあろうか。なにしろ、ここには全世界が殺到し、ひしめいているのだから。（Nun! -des Wunderbaren. Kann / Es auch wohl anders seyn? Die ganze Welt / Drängt sich ja hier zusammen）」と心のなかで思う（ebd., 106）。「奇蹟（Wunder）」は望むべくもないが「驚くべきこと（d[as] Wunderbar[e]）」は起きるものだ、との意味である。ここでの「驚くべきこと」は、ナータンの養女レヒャに対する神殿騎士の愛であるが、作品全体として見るならば、神殿騎士によるレヒャの火災からの救出（第一幕・第二場）、ダーヤによる長年にわたるレヒャの養育、イスラームの托鉢僧(Derwisch) アル・ハーフィとナータンの友愛（第一幕・第三場）、神殿騎士とナータンの友愛（第二幕・第五場）、ナータンと

☆164 Aristoteles, *Werke. Griechisch und deutsch und mit sacherklärenden Anmerkungen, Bd. 5 Über die Teile der Tiere*, Aalen: Scientia, 1978 (Neudruck der Ausgabe Leipzig 1853), S. 38ff. アリストテレス（坂下浩司訳）『動物部分論・動物運動論・動物進行論』、京都大学学術出版会、二〇〇五年、八〇頁。表記を一部改めた。ビールス前掲論文が指摘するように、「ここにも神々はいるのだから、遠慮なく入るがよい」がアリストテレス『動物部分論』の当該箇所に由来するということは、十七世紀における『アッティカの夜』の校訂作業の進展によって明らかにされており、レッシングも熟知していた（Birus, a. a. O., S. 403ff.）。

☆165 現行の『アッティカの夜』「序文」においてヘラクレイトスの言葉（「博学は見識を教えはしない」）が登場する文脈は、『アッティカの夜』を編むにあたっては、この言葉を念頭に置いて文献を博捜したが、採用したものはわずかであった、というものである。『アッティカの夜』の古刊本ではこの箇所に「ここにも神々はいるのだから、遠慮なく入るがよい」という言葉が入っていたわけであるが、その含意は、神々がいそうもないところにも（わずかながら）神々はいるのだ、ということになる。アリストテレス『動物部分論』における含意とほぼ同じである。ただし、アリストテレスでは、神々がいそうもないところにも、探究するならば、神々は満ちているのだ、という意味となろう。だが、『アッティカの夜』では、神々がいそうもないところにも、博く捜すならば、（わずかながら）神々は見つかるのだ、という含意となる。なお、先に注163で述べたように、レッシングは『アッティカの夜』の古い刊本にある形を採用してモットーとして掲げているのであるが、当時、現在と同じ『アッティカの夜』（すなわち「序文」に「博学は見識を教えはしない」という言葉が入ったもの）は刊行されており、レッシングも熟知していた。レッシングはあえて古い刊本にある形を採用してモットーとして掲げたのである（Birus, a. a. O., S. 409ff.）。アリストテレス『動物部分論』に見られるヘラクレイトスの「ここにも神々はいるのだから、遠慮なく入るがよい」という言葉と、それが挿入された『アッティカの夜』の文脈に意義を認めたためである。

☆166 ヘラクレイトスが暖を取っていた「かまどのある炊事場」について、訳者の坂下浩司は次のように注をつけている。——「［……］明らかに、訪ねてきた客人たちは、炊事場を、尊くなく汚い（美しくない）場所だと思っている。これが動物の世界を表わしている。また、炊事場では鳥や魚を捌いていたであろうから、解剖にも対応するであろう」（アリストテレス前掲書、八一頁）。ここから考えるならば、エルサレムは、死屍累々たる場所ということになろう。ビールス前掲論文は、このニュアンスには気づいていない。

サラディンの友愛（第三幕・第七場）、レヒャ、神殿騎士、サラディン、サラディンの妹シッタの血縁関係の判明（第五幕・最終場面）、等々であろう。対立する宗教の境界を跨ぐ形で出現しているこれらが、モットーの言う「神々」、アリストテレスの言う「驚嘆すべきもの（ti thaumastón）」[167]、「自然本性的で善美なる何か」の一端である。

　第1章・第6節で見たように、『賢者ナータン』と同時期の対話篇『エルンストとファルク』では、ユダヤ教、キリスト教、イスラームの間の分離・対立に架橋することが課題として提起されていた。右に挙げた『賢者ナータン』の場面においては、『エルンストとファルク』で提起されていた「その等しい自然／本性（Natur）によって互いに惹きつけられる（angezogen werden）」（LM XIII, 356）という人間の本源的な〈社交性〉が回復されていると見ることができよう。ナータンの養女レヒャと神殿騎士の間は愛によって、アル・ハーフィとナータン、神殿騎士とナータン、ナータンとサラディンの間は、〈談話（Unterhaltung, Gespräch）〉によって生まれる友愛（Freundschaft）によって[168]、レヒャ、神殿騎士、サラディン、シッタの間は〈交わり〉が生み出した血縁関係によってである[169]。

　だが、血縁関係は偶然の出会いによる愛のなせるわざであった。友愛は、神殿騎士のナータンに対する当初の距離を取った態度（第二幕・第五場冒頭）、神殿騎士とサラディンとの対話で表明されるナータンへの不信（第四幕・第四場）に示されるように、結ぶのが困難で、不安定な側面を持つ。『賢者ナータン』のなかで対立の架橋が完成していると見ることはできない。モットーが暗示するように、エルサレムは依然として、（神はいるかもしれないが）「神々」がいそうもない場所であり、ユダヤ教、キリスト教、イスラームの間の架橋の完成は、指輪の比喩に登場する裁判官の言う「幾千年を経て後（über tausend tausend Jahre）」（LM III, 95）の未来に展望されることになるのである[170]。『エルンストとファルク』における「フリーメーソンの真の行為」の成就が「幾世紀（ganze Jahrhunderte）も経てからのこと」とされていた（LM XIII, 349）のと同様の展望である。

　第一幕・第三場で、アル・ハーフィは、ナータンと対話するなかで、サラディンについて、「気を静めろと言われても、できっこない。何十万もの人間を抑圧し、搾取し、掠奪し、責め苛み、絞殺しておきながら、ほんのわずかの者には人間の友のような外観を作ろうとする。これが愚行（Geckerey）でなくて何であろうか」と批判する（LM III, 24）。サラディンの寛大さに引きつけられて、サラディン家の会計主任を引きうけている自分を「愚か者（Geck）」と評したうえでのことである。

サラディンはエルサレム陥落にさいして次のような処置を取ったという。――「兄〔サラディン〕と同じく物わかりのよいアル＝アーディルは、千人の貧しい捕虜を身代金なしで解放する許可をサラディンに求める。それを聞いて、フランク〔十字軍側〕の総大司教は七百人の、バリアン〔十字軍側のエルサレム防衛司令官〕は五百人の追加を願い、全員が釈放される。次いでスルタン〔サラディン〕は自分自身の考えから、老齢者は無償で立ち退きが許され、捕虜のなかの家長は釈放されると発表する。一方フランクの未亡人および孤児については、彼は全額免除だけでは気がすまず、贈り

☆167　アリストテレスの文における「驚嘆すべきもの（ti thaumastón）」における形容詞 thaumastós に対応するドイツ語に wunderbar がある（vgl. *Gemoll. Griechisch-deutsches Schul- und Handwörterbuch von W. Gemoll und K. Vretska*, München / Düsseldorf /Stuttgart: Oldenbourg, 2006）。この語が神殿騎士の言葉において「驚くべきこと（d[as] Wunderbar[e]）」として登場していると見ることができる（注164に示した『動物部分論』のギリシア語／ドイツ語対訳版は、ti thaumastón を etwas Bewundernswerthes と訳している）。

☆168　『賢者ナータン』における「友（Freund）」としての関係を理解するにあたっては、アーレントの見解が重要である。アーレントは、一九五九年にハンブルク市のレッシング賞を受賞したさいの講演「レッシングについての考察　暗い時代の人間性について」Gedanken zu Lessing. Von der Menschlichkeit in finsteren Zeiten のなかで、『賢者ナータン』を「友愛についての古典的〔古代的〕なドラマ（das klassische Schauspiel der Freundschaft）」（Arendt, a. a. O., S. 38）という角度から論じている。アーレントは、ルソーに典型的に見られる近代的な友情の観念と古代的な友愛（philia）を区別し、前者は互いの差異を融解する親密性によって、後者は差異を認めたうえで成り立つ〈談話（Gespräch）〉によって生まれると考える。アーレントはこの区別に立って、ナータンを中心とした登場人物の間に結ばれる「友」としての関係を古代的な友愛と捉えている。『賢者ナータン』における「友」の関係については、アーレントのこの理解に従う。

物を添えたうえで立ち退かせた。」[171]——十字軍によるエルサレム陥落のときとは対照的な処置である。いまやエルサレムには束の間の平和がもたらされ、ユダヤ教徒は戻り、東方教会をはじめとするキリスト教諸派、ムスリムが共存する空間が生み出されている。アル・ハーフィの発言は、サラディンのこのような空間の裏側のメカニズムを言い当てたものである。エルサレムにおいて各人が、日々、指輪の寓話に言う「汝らのそれぞれが、指輪の石の持つ力が現われるように競うがよい」という裁判官の言葉に応じた行為をすべく努力し、「驚くべきこと」(ebd., 106) が現われていることは確かである。だが他方で、この空間は「透明で静かに吸い込んだ水を不潔極まりない泡立った水にして吐き出す詰まった管」(ebd., 23) という側面を持っているのである。

アル・ハーフィは、先の批判を踏まえて、第二幕・第九場でナータンに向かって「[……] 一言で言えば、もうあのお方〔サラディン〕には耐えられないのだ。[……] ガンジスのほとり、わがゲーバたち (Gheber[n]) のもとにゆけば、借金することも、物乞いする必要もない。お二人〔サラディンとその妹シッタ〕の道具となるおそれもない。ガンジスのほとり、ガンジスのほとりにしか人間はいない。ここエルサレムでは、ガンジスのほとりに生活するにふさわしいのはもう君しかいない。いっしょにこないか」と語る (ebd., 71f.)。

ゲーバとは、ゾロアスター教の一派であるパルシー教徒の一派であり、イスラームによって迫害され、移住した人びとのことである。ゲーベルによれば、ゲーバはカスピ海周辺に居住しており、ガンジス川流域ではないとする。[172] 興味深い指摘である。ガンジス川流域は、当時のイスラーム圏の末端であり、それとその外側に広がる〈異教徒〉たちの領域が接している地域である。ゾロアスター教徒のみならず、仏教やヒンズー教をはじめ〈異教徒〉たちのさまざまな声が聞こえてくる場所である。レッシングは、敢えてゲーバの居住地をガンジス川流域に設定したと思われるのである。

アル・ハーフィは、マホメットでもアブー・ウバイダでもサラディンでもない。一介のイスラーム教徒である。その点で『カルダーヌス弁護』で弁論を繰り広げた無名のイスラーム教徒を引き継ぐ人物である。弁論においては、〈異教徒〉は「それなしでは人間であることを誇れないもろもろの真理の信仰」を欠いた者たち、抹殺が正当化される存在とされていた。ほかならぬそのイスラーム教徒の末裔であるアル・ハーフィが「ガンジスのほとり、ガンジスのほとりにしか人間はいない。ここエルサレムでは、ガンジスのほとりに生活するのにふさわしいのはもう君しかいない」と語ることが意味深いのである。ナータンはこの呼びかけに応ずることなく、ドラマは、レヒャ、神殿騎士、サラディン、シッタが血縁関係にあるという結尾に向かってゆく。だが、そのような一神教的な空間＝エルサレムの

☆169 『賢者ナータン』と『エルンストとファルク』の接点に関しては、vgl. K. Bohnen, Nathan der Weise. Über das "Gegenbild einer Gesellschaft" bei Lessing, in: *Deutsche Vierteljahrsschrift für Literaturwissenschaft und Geistesgeschichte*, 53. Jg. H. 3 (1979). ボーネンは『エルンストとファルク』第五対話で述べられたフリーメーソン的な「集まり（Gesellschaft）」で引き起こされる「共感する人びとの共同の感情（d[as] gemeinschaftliche[n] Gefühl sympathisierender Geister）」（LM XIII, 402）と神殿騎士、レヒャ、サラディン、シッタの血縁関係の判明にともなう共感を描いた『賢者ナータン』の最終場面に着目し、両作品の共通性を論じている。だが、『エルンストとファルク』で提起されている、ユダヤ教、キリスト教、イスラームの間の架橋は、『賢者ナータン』においては、最終場面にとどまらず、ナータンの養女レヒャと神殿騎士の愛、神殿騎士とナータン、ナータンとサラディン、アル・ハーフィとナータンの間の友愛など、血縁関係にとどまらないさまざまな形で提示されている。これらを総合して『エルンストとファルク』との関係が考察されるべきである。そのさいに注意すべきなのは、第1章・第4節・(2)で見たように、クニッゲ『人間交際術』が、友人関係のみならず、恋愛、血縁関係など『賢者ナータン』における前述の関係のすべてを〈交際〉の問題として捉えていたことである。『エルンストとファルク』で提起されていた、ユダヤ教、キリスト教、イスラームの間の架橋、人間の本源的な〈社交性〉の回復の問題は、『賢者ナータン』において、対立する宗教の境界を跨いださまざまな〈交際〉の形態によって応答されていると見ることができる。『エルンストとファルク』と『賢者ナータン』の接点は、この点に求められなければならない。ボーネンにおいては、第1章で考察した『エルンストとファルク』における〈社交性〉の問題圏は視野に入れられておらず、また、先に本章の本文で示した、ナータンの養女レヒャ、神殿騎士、サラディン、シッタの間に、血縁関係にも関わらず屈折が潜んでいる（神殿騎士団によるナータンの一族の殺害、サラディンとの戦闘におけるフィクネル［アサッド］＝サラディンの兄弟にしてレヒャと神殿騎士の父の死亡）という点も見落とされている。

なかでのドラマの展開を相対化し、それに疑問を投げかけるベクトルがアル・ハーフィに込められている。『カルダーヌス弁護』において、声の不在という形で示された〈異教徒〉の問題が、そこに引き継がれているのである。『賢者ナータン』においては、一神教的な空間の外に広がる〈異教徒〉の領域が視野に収められている。この視点は、「世界」の三分の二を〈異教徒〉の地とするブリアウッドとベールの視点(『歴史批評辞典』「マホメット」の項)、それを踏まえた『カルダーヌス弁護』の「世界」への視点を引き継ぐものである(本章・第7節)。これによって、「全世界」がエルサレムに「殺到し、ひしめいている」とする神殿騎士の視点(ebd., 106)、〈聖地〉をめざす十字軍騎士の見方が相対化されるのである。広大な〈異教徒〉の領域を視野に収めるレッシングのこの視点は、本源的な〈社交性〉の回復を「世界」という規模で考える(LM XIII, 349)『エルンストとファルク』に潜在していたものである。それはまた、世界大の〈交際〉を理念として志向するカントの視点(第1章・第3節、第5節)とも交叉する。ただし、レッシングの『カルダーヌス弁護』と『賢者ナータン』においては、非ヨーロッパの声(またその不在)、および、ヨーロッパ・非ヨーロッパの境を越えて〈交際〉する人間が造形され、ヨーロッパのなかの非ヨーロッパともいうべきユダヤ教の声と交錯しながらヨーロッパの読者と観客に作品として提示されている。ヨーロッパ啓蒙の〈交際〉と〈談話〉の場、〈常識〉の場に、その内と外からの別の声が登場するのである。

☆170　注165で述べたように、「ここにも神々はいるのだから〔……〕」という言葉の含意は、アリストテレスにおいては、よく観察するならば動物の部分に「神々」は遍在する、となる。だが、レッシングにおいて「神々」は、おのずから遍在するものではなく、困難な状況のなかでの人びとの行為によってはじめて生まれるものである。これは、ゲッリウス『アッティカの夜』の文脈でのヘラクレイトスの言葉の含意――神々がいそうもないところにも、博く捜すならば、（わずかながら）神々は見つかるのだ、に対応するものである。なお、シュトローシュナイダー－コールスは、前掲書において、『賢者ナータン』のモットー「ここにも神々はいるのだから、遠慮なく入るがよい」を『ルカによる福音書』第一四章・二三節の「道や籬の辺にゆき、人びとを強いて連れきたり、我が家に充たしめよ」の句と対比させて論じ、ベールの『強いて入らしめよ』と『賢者ナータン』のモットーの間の内容の呼応を論じている（Strohschneider-Kohrs, a. a. O., S. 113ff.）。示唆に富む考察である。シュトローシュナイダー－コールスの指摘は、ベールからレッシングへの影響関係を立証しようとするものではないが、晩年のレッシングにもベールの影響が持続していたことを示唆するものである。なお、シュトローシュナイダー－コールスにおいては、注165と注166で指摘したモットーのニュアンス、また、本章で考察してきた『カルダーヌス弁護』におけるベールの問題は視野に収められていない。

☆171　アミン・マアルーフ（牟田口義郎・新川雅子訳）『アラブが見た十字軍』、ちくま学芸文庫、二〇〇一年、三四八頁。十字軍によるエルサレム陥落のさいの状況については、同書、一〇六頁以下。また、佐藤次高編『西アジア史1　アラブ』、山川出版社、二〇〇二年、二九一頁を参照。

☆172　MLA II, 756. 先に第4節において、ゾロアスター教徒は「啓典の民」としてイスラームによって認められているとしたが、迫害の歴史もあった。それは、注97に引いた井筒俊彦の言葉「イランのゾロアスター教については、〔……〕結局渋々ながら「啓典の民」の一つに認めることになりました」からも伺われる。

第3章　ヘルダー『イデーン』における非ヨーロッパとヨーロッパ

In den meisten Stücken zeigt mein Buch, daß man anjetzt noch keine Philosophie der menschlichen Geschichte schreiben könne, daß man sie aber vielleicht am Ende unsres Jahrhunderts oder Jahrtausends schreiben werde.

Herder, *Ideen zur Philosophie der Geschichte der Menschheit.*☆1

1　序

ヘルダー（一七四四～一八〇三年）は、非ヨーロッパ地域に存在する多様な文化に目を向け、それらの価値を承認し、ヨーロッパを含めそれらがどのように関わり合ったらよいのかを思考のモチーフのひとつとしていた思想家と言ってよいであろう。ヘルダーのそのような思考は、『人間性形成のための歴史哲学異説』*Auch eine Philosophie der Geschichte zur Bildung der Menschheit*（一七七四年）から『イデーン』（一七八四～九一年）に至り、歴史的・地理的に展開する人類の文化の多様性を地球規模で論ずることになる。ヘルダーが、今日から見て、非ヨーロッパ地域を真に公

☆1　ヘルダー『イデーン』第I部・「序論」末尾。――「私のこの書物は、多くの箇所において、いまはまだ人類の歴史の哲学を書くことができないということを、だが、ひょっとしたら我々の世紀の終わりかこの千年紀の終わり〔二十世紀の終わり〕に書かれるかもしれない、ということを示している」。

平に眺めていたかは改めて問われなければならないにしても、ヘルダーの思考が悪しき意味での自文化中心主義でないこともまた指摘されなければならない。ヘルダーの非ヨーロッパ地域に対する関心は、ヨーロッパ中心的な見方への批判に結びつけられており、さらに、そのような批判的意識に裏打ちされた形での、ヨーロッパに対する省察と結びつけられているからである。☆2

ヘルダーのこのような営みと時期的に重なりながら先行する者として、前章で考察したレッシング（一七二九〜八一年）がいる。ヘルダーが人類の文化を地球規模で論ずるのに対し、レッシングの場合はヨーロッパから地中海を経てオリエントに至る地域における宗教の問題が中心であった。レッシングのこのような関心は、初期の『カルダーヌス弁護』から晩年の『賢者ナータン』に至るまで、彼の生涯を貫いていた。レッシングは、キリスト教、ユダヤ教、イスラームを等しく宗教として認め、思考を展開し、作品化しているのであるが、このことを通して、ヨーロッパを絶対的な中心とする見方への批判的省察がなされていると言いうるのである。彼においては、さらに、これら三宗教の領域の外に広がる〈異教〉世界、また、これら三宗教の領域にかつて存在していた〈異教〉世界の問題も視野に収められていたのであった。

レッシングとヘルダーは、啓蒙とその批判者としてしばしば対照的に位置づけられる。だが、非ヨーロッパに対する関心、あるいは、悪しき意味での自文化中心主義への批判、自文化への批判的省察という点での連続性が見落とされてはならない。以下においては、ヘルダーの主著である『イデーン』（全四部）を取り上げ、この点に留意しながらヘルダーの思考の筋道を取り出してみたい。まずは、その多岐にわたる叙述から、要点となる部分に焦点をあてて文化の多様性に関する彼の視点を取り出す（第2節・第3節・第4節）。次に、それを踏まえて、『イデーン』第IV部で展開されたヘルダーのヨーロッパ論をイスラーム圏との関係に注目しながら考察する。その過程で、ヘルダーの視点の基底にある〈窓のあるモナド〉という思想を取り出す（以上、第5節・第6節）。最後に、考察のなかで提示された、『イデーン』と啓蒙、カント、レッシングとの関係に関わる論点を整理し、考察をしめくくる（第7節）。

なお、本論に先立って、研究動向について一言述べておきたい。すでに繰り返し述べたように、精神史の立場からのドイツ文学史叙述に見られる図式的な啓蒙像は一九六〇年代以降の啓蒙研究の進展によって過去のものとなった。これと平行してヘルダーの見直しも進み、ヘルダーをドイツ・ナショナリズムの始祖、非合理主義者とする、これまた精神史の立場からのドイツ文学史叙述が広めたヘルダー像は、すくなくとも研究においては、過去のものとなっている[☆3]。そのような方向への節目となったのが、一九八四年のドイツ十八世紀学会第九回大会、および同大会での講演を集めた論集 *Studien zum achtzehnten Jahrhundert 9, Johann Gotfried Herder 1744-1803*, hrsg. von Gerhard Sauder, Hamburg: Meiner, 1987 である。同書には、ヘルダーを啓蒙、ヴィコ（一六六八〜一七四四年）、カント、ルソーなど十七〜十八世紀の思想的脈絡のなかに置きなおして再検討する論考、ヘルダーの文学論・芸術論の可能性を固定的なヘルダー像から解き放ちつつ問う論考、従来のヘルダー研究やヘルダー像への批判的反省を主題とする論考が収められている。

これと時を同じくして一九八四年にはハンザー版ヘルダー著作集（*Johann Gottfried Herder Werke*, hrsg. von Wolfgang Proß, München /Wien: Hanser, 1984-2002）、一九八五年にはフランクフルト版ヘルダー著作集（*Johann*

☆2　あくまでも、さまざまな制約をともないながらの省察である。そのような制約は、『イデーン』の具体的な叙述においてさまざまな形で指摘可能である。本章で行なおうとするのは、『イデーン』の構想に含まれているひとつの思考の筋道を取り出すことである。

☆3　このようなヘルダー像の形成を批判的に考察した論考に次のものがある。B. Becker, Phasen der Herder-Rezeption von 1871-1945, in: G. Sauder (Hg.), *Studien zum achtzehnten Jahrhundert 9, Johann Gotfried Herder 1744-1803*, Hamburg: Meiner, 1987. 同じ著者による次の文献も重要である。B. Becker, *Herder-Rezeption in Deutschland. Eine ideologiekritische Untersuchung*, St. Ingbert: Röhrig, 1987.

Gottfried Herder Werke in zehn Bänden, hrsg. von Martin Bollacher, Jürgen Brummack, Ulrich Gaier, u. a., Frankfurt a. M.: Deutscher Klassiker Verlag, 1985-2000）の刊行が始まり、ヘルダーの作品の読みなおしの基礎が据えられることとなった。

ハンザー版ヘルダー著作集は、全三巻、四冊。コンパクトなものながら、新たな視点から作品や断片を精選・配列し、文芸批評、美学、哲学、人間学、歴史哲学、神学などさまざまな領域にわたるヘルダーの思考を相互連関の相のもとで示そうとしている。二〇〇二年に刊行を見た第三巻は『イデーン』にあてられ、編者ヴォルフガング・プロースによる膨大な解説と関連資料集が収められている。第三巻にはさらに、プロースによる詳細な注釈が別巻として付けられている。プロースの注釈と解説は、『イデーン』の背景にある古典古代から十七〜十八世紀に至る汎ヨーロッパ的な源泉を丹念に掘り起こそうとする労作である。

フランクフルト版ヘルダー著作集は、全十巻、十一冊。ヘルダーの主要作品を網羅し、各巻には詳細な解説と注が付けられている。第六巻が『イデーン』にあてられ、編者マルティン・ボラッハーによる詳細な注と『イデーン』を十八世紀ヨーロッパにおける歴史哲学成立の脈絡のなかに位置づける論考が付されている。☆4

わが国においてヘルダーは、和辻哲郎（一八八九〜一九六〇年）の風土論によって知られている。和辻は『風土』（一九三五年）において、自らの風土論の先駆者としてヘルダーを取り上げ、『イデーン』を中心とするヘルダーの思想を論じている。☆5 それは和辻独自の読みに裏打ちされた素描となっているが、『イデーン』の論述の襞に目を向けたものではない。また、ヘルダーは、近年、チャールズ・テイラー（一九三一年〜）らによる多文化主義をめぐる議論において注目を集めている思想家でもある。☆6 ヘルダーの現代的意義を問うテイラーの試みは多としなければならないが、そこにおいて、近年におけるヘルダーの見直しの成果は反映されておらず、文化をめぐるヘルダーの思想の繊細な腑分けはなされていない。

以下においては、前述の研究動向を踏まえ、『イデーン』を古典古代から十七〜十八世紀に至る汎ヨーロッパ的な脈絡のなかに置き戻しつつ、また、第2章で論じたレッシングやベール、ゲーテ、第1章で論じたクニッゲやカント、そこにおける〈社交性〉、〈交際〉の問題との連関にも注意を払いながら、文化の多様性をめぐるヘルダーの思考を取り出してゆきたい。和辻とヘルダーとのずれについても適宜言及することとなろう。

2　『イデーン』の基本視点――「地球」と「変容《メタモルフォーゼ》」

『イデーン』の基本視点としてまず指摘しなければならないのは、この作品が「我々の地球は星々のなかのひとつである」（SWS XIII, 13）と題された一節から始まることである。『イデーン』はその表題が示すように人類の歴史を主題

☆4　ヘルダーの著作活動の全体に関しては、十九世紀末から二十世紀初頭にかけて刊行されたズプファン版ヘルダー全集（*Herders Sämtliche Werke*, hrsg. von Bernhard Suphan, 33 Bde, Berlin: Weidmann, 1877-1913）が今日でもなお基本となる全集である。ズプファン版とハンザー版・フランクフルト版両ヘルダー選集との関係、および、今日に至るヘルダー文献学の歩みと到達点、問題点については、次を参照。G. Arnold, Herder-Editionen, in : R. Nutt-Kofoth u. B. Plachta (Hgg.), *Editionen zu deutschsprachigen Autoren als Spiegel der Editionsgeschichte*, Tübingen : Niemeyer, 2005.

☆5　和辻哲郎『風土』、『和辻哲郎全集』第八巻、岩波書店、一九六二年、二〇九頁以下。和辻は、『近代歴史哲学の先駆者――ヴィコとヘルダー――』（一九五〇年）においても『イデーン』を論じている（『和辻哲郎全集』第六巻、三九六頁以下）。

☆6　C. Taylor, The Politics of Recognition, in: C. Taylor, J. Habermas, u. a., *Multiculturalism. Examining the Politics of Recognition*, Princeton: Princeton Univ. Press, 1994, S. 25 ff. チャールズ・テイラー「承認をめぐる政治」、チャールズ・テイラー、ユルゲン・ハバーマス他（佐々木毅・辻康夫・向山恭一訳）『マルチカルチュラリズム』、岩波書店、一九九六年、三七頁以下。

とするものであるが、そうでありながらも、太陽系のなかに位置を占める「地球（Erde）」という視点が『イデーン』全体の基本にあることが忘れられてはならない。☆7

「地球」は「星々」のひとつとして球体として把握される。このような視点から、そこにおける中心の否定、さらには、地軸の傾きから、地球上の気候風土の多様性が導き出される。これらによって、地球上に展開する人間生活の多様性が肯定され、それらのうちのひとつを特権化する発想が否定されることになるのである。「我々の地球は、自転し、太陽に対しては傾いて運動する球体である」と題された第Ⅰ部・第一巻・第四章においてヘルダーは次のように述べる。

> 人間の祖国はどこか、地球の中心はどこかと問うならば、至るところで答えは可能である――ここ、君の立つところがそれである。氷に閉ざされた極地の近くであれ、燃え上がる真昼の太陽のもとであれ。〔……〕人間が我々においてあるあり方ではなく、ましてや、どこかの夢想家の観念に従ってあるはずのあり方でもなく、人間が地球上至るところで、しかもあらゆる地域で別個にあるあり方、つまり、どのようなものであれ、偶然の豊穣な多様性（die reiche Mannichfaltigkeit der Zufälle）が、自然の両の手のなかで人間を形成し得たあり方、それを自然の意図として考察することにしよう。我々は、人間にとって、寵愛を受けたいかなる形姿も、寵愛を受けたいかなる地域も探そうとは思わない、見出そうとは思わない。（Ebd., 26f.）

「人間が我々においてあるあり方」＝ヨーロッパにおいてあるあり方、を特権化する発想が明確に否定されている。人間のあり方を「どこかの夢想家」＝ヨーロッパの哲学者の「観念」によって固定してもならない。「地球の中心」は至るところにある。ヘルダーはそのような視点に立って、地球上に展開する「偶然の豊穣な多様性」に目を向けようとするのである。ただし、ヘルダーは「偶然の豊穣な多様性」にみずから足を運び、それを目の当たりにしたのではない。ヘルダーの知識は多くを同時代の書物に負っている。☆8 だが、にもかかわらず、右のような視点を押し出し得たところに意義が認められなければならないのである。

このようなヘルダーの視点に関しては、二つの点が注意されるべきであると思われる。第一は、地球上における「偶然の豊穣な多様性」のおのおのが孤立して存在するのではなく、相互に連関し合っているという視点である。「風

☆7 ヘルダーを十九世紀歴史主義の先駆者として位置づけるとき、この点の積極的意義が見落とされることになる。『イデーン』第I部・第一巻・第一章でヘルダーは、コペルニクス（一四七三〜一五四三年）、ケプラー（一五七一〜一六三〇年）、ニュートン（一六四三〜一七二七年）、ホイヘンス（一六二九〜一六九六年）、カントの名を挙げ、注ではカントの『天界の一般自然史と理論』*Allgemeine Naturgeschichte und Theorie des Himmels*（一七五五年）に言及している（SWS XIII, 13f.）。『イデーン』の歴史観の背景には、十八世紀およびそれに先立つ世紀にもたらされた自然認識の変革がある。『イデーン』においては、これが、非ヨーロッパに関する知識の革新、増大、ヨーロッパの歴史に関する知識の革新、増大と結びついているのである。カッシーラーは『啓蒙主義の哲学』のなかで、十八世紀の歴史観を論ずるにさいして、「十八世紀の哲学は、当初から、自然の問題と歴史の問題を、恣意的に切り離したり部分に分解することのできない統一体として扱った」と述べているが、示唆に富む指摘である（Cassirer, *Die Philosophie der Aufklärung*, in: ECW XV, 208）。ただしカッシーラーは、自然認識の変革とヘルダーの歴史観との関係には注意を払っていない（ebd., 242ff.）。なお、ヘルダー『イデーン』における自然概念の重要性を指摘した論考に、小田部胤久「ヘルダーの自然哲学――ライプニッツの受容と批判に即して――」（伊坂青司・長島隆・松山寿一編『ドイツ観念論と自然哲学』、創風社、一九九四年、一七一頁以下）がある。ただし、ヘルダーは、歴史を自然に還元し、歴史を自ずと生成してゆくものとは見ていない。この点に関しては、第3節と第4節を参照。

☆8 ヘルダーは非ヨーロッパのみならず、自らが生まれ育ったバルト海沿岸の先住民族にも目を向け、彼らの民謡に着目している。だが、ヘルダーは自ら民謡の採取を行なったのではなく、文字情報を通してのものだった。この点に関しては、佐藤研一「入植牧師A・W・フーペルとかれをめぐる作家たち――18世紀ロシア領リヴォニアにみるドイツ啓蒙の一断面――」、原研二・佐藤研一・松山雄三・笹田博通編『多元的文化の論理――新たな文化学の創生へ向けて――』、東北大学出版会、二〇〇五年、一三七頁以下を参照。

土（Klima）」を考察した第II部・第七巻・第三章では次のように述べられている。

> 我々の地球は球体であり、陸地は海洋の上に突き出た山岳であるから、地球上においては、さまざまな原因によってひとつの風土的な共同体（*eine klimatische Gemeinschaft*）がもたらされる。この共同体は生命あるものが生きるうえで不可欠である。〔……〕海洋は水分を発散し、山々はそれを引き寄せて、その両側に雨と水流を降り注ぐ。こうして風向きが交替する。〔……〕こうして異なった地域と時節が促し合い、支え合う。我々の地球上のすべては、共通の結合のなかにある。（Ebd., 270）

先にも述べたように、ヘルダーにおける「風土」の発想は、のちにわが国の哲学者、和辻哲郎の『風土』に引き継がれてゆく。和辻は、「モンスーン」「沙漠」「牧場」といった風土の類型を論じることになるが、類型相互のこのような関係は主題化していない。各類型を閉じられた形で固定化している。[☆9]だが、ヘルダーにおいては、むしろ、地球という観点からの各地域の風土的な相互依存関係が強調されるのである。文中に言う「ひとつの風土的な共同体」は、多様なもののおのおののことではなく、連関し合うそれらの総体を指してのものである。[☆10]

このような相互連関のなかで、多様なものはたえず変化し、また、周囲を変化させてゆく。「偶然の豊穣な多様性」を相互関係、流動性の相のもとで見るのが『イデーン』の基本的な視点である。先に引用した第II部・第七巻・第三章に先立つ第七巻・第一章では次のように述べられている。

> 〔……〕人間は独立した実体（Substanz）ではなく、自然のあらゆる元素（Elementen）と結合されている。人間は大気の息吹によって生命を維持する。〔……〕寝ても覚めても休息していても活動していても人間は宇宙（Universum）

の変化に寄与しているのだから、宇宙が人間を変化させないということがあるだろうか。〔……〕人間の人生行路の全体は変身（Verwandlung）である。人生の時期のどれもが変身の寓話である。同様に、人類の全体も絶えざる変容（Metamorphose）のなかにある。花は落ち、萎む。別の花が咲き、芽吹く。〔……〕我々が住む多彩な地球上のいかなる地点も、時の流れのいかなる瞬間も他のものと同じではない。ドイツの住人は、数百年前にはパタゴニア人〔のような巨人〕であった。将来の風土の住人は我々と同じではないであろう。（Ebd., 253f.）

人間が自然から切り離された固定的な「実体」であることが否定されている。人間は自然との絶えざる相互関係のなかにあり、それによって無限に「変容《メタモルフォーゼ》」してゆく存在であるとされるのである。「ドイツの住人は、数百年前にはパタゴニア人〔のような巨人〕であった」とは、エーバハルト・ツィンマーマン（一七四三～九五年）という当時の自然

☆9　さらに、『風土』においては、類型化された風土的特性が「人間存在の空間的・時間的構造」（和辻哲郎『風土』、『和辻哲郎全集』第八巻、一五頁）とされるに至る。人間のあり方そのものが風土的に類型化、固定化されるのである。ただし、『風土』においては、「風土を無視するのは風土を超えるゆえんではない。それはただ風土的限定の内に無自覚に留まるに過ぎない」とも述べられ（前掲書、一二〇頁）、風土的特性を超えるべきことが説かれてもいる。だが、『風土』の理論的結構そのものは、風土的特性を存在論的・構造論的に固定化するものと言わなければならない。

☆10　ヘルダーと和辻の風土論の違いは、両者の関心や立場の違いによるものであるが、同時に、Klimaと日本語の風土の違いにもよるものであろう。Klimaは、ギリシア語のklima（傾き、地帯）に由来し、十六世紀頃から、ある土地の気候風土という現在の意味で用いられるようになった。ギリシア語のklimaは、klínō（傾く）に由来する。これを踏まえて、Klimaには、極地に対するその土地の斜度という意味が含まれている。Klimaという語は、したがって、ある土地の気候風土を指すと同時に、それを地球のなかに位置づける方向性を持っている。ヘルダーの風土論はこの含意に沿ったものである。これに対し、日本語の風土は、〈風土記〉〈風土病〉などの用例が示すように、〈ある土地に固有の〉という含意が強い。和辻の風土論はこの含意を踏まえつつ、それを「モンスーン」、「沙漠」など大規模な地域に拡大したものといえよう。

研究者の説に依拠したものである。☆11 今日からは荒唐無稽と言わざるをえないが、人間は自然との相互関係のなかで「絶えざる変容《メタモルフォーゼ》」を引き起こし、多様な生活形態を生み出してゆくとするヘルダーの視点そのものに意義が認められなければならない。

変化・流動性の強調は、次のような仕方でも行なわれている。

もしもこれら諸民族〔古典古代の諸民族、エジプト人、中国人、アラビア人、インド人等々〕のそれぞれがその場所に留まっていたのであったなら、地球を庭園とみなすこともできたであろう〔……〕だが人間は、根が張って動けない植物ではないのだから、時とともに、多くは飢餓や地震や戦争などの過酷な偶然（harte Zufälle）によって、住む場所を変え、異なった地域に多かれ少なかれ別様の仕方で定住したのであった。〔……〕思うに、地球上のほとんどの民族は、遅かれ早かれ、長期間にせよ短期間にせよ、少なくとも一度は移動したのである。〔……〕存在しうるものはすべて存在するのであり、生成しうるものはすべて生成する。今日ではなくとも明日には。（SWS XIV, 84f.）

東アジア、インド、オリエント、古代ギリシア・ローマを考察した第III部の半ば（第一二巻・第六章）にある一節である。さまざまな民族集団は、飢餓や地震や戦争など、過酷な状況に迫られて移動し、交流し、性格を変化させてきた。それゆえに、地球上に展開する人間の活動の多様性を「庭園」に植えられたまま動かない植物の多様性のように捉えるのは誤りである、とするのである。

そのさいに注意すべきなのは、このような内容のあとに述べられている、「存在しうるものはすべて存在するのであり、生成しうるものはすべて生成する」という言葉である。この言葉は『イデーン』において繰り返し登場するものであり、この作品を貫く主題のひとつである。☆12 同語反復のようにも見える言葉であるが、力点は可能性を強調した

「存在しうるもの」「生成しうるもの」にある。地球上の存在は固定的なあり方をしたものではなく、動的なものであり、動的な存在が活動するなかでさまざまな可能性が現実のものとなる、とするのである。[☆13] 多様性を肯定するヘルダーの思想を端的に示すものである。だが、この箇所において、この言葉が「過酷な偶然」と結びついて登場している点が見落とされてはならない。可能性は「過酷な偶然」を介して現実のものとなるのであって、可能性がなんの軋轢もなく内在的に現実のものとなるわけではない。多様なものを、ひたすら美化して愛でるのはヘルダーの視点ではない。この点については、次節以下であらためて考察することとしたい。

前章では、レッシングの『アダム・ノイザー』と『賢者ナータン』のなかに、対立する宗教や国家の境を越えて移動し、交流する人間のモチーフが見られることを指摘した（第2章・第8節）。『イデーン』の右の箇所においては、このモチーフが、民族集団を単位として、人類史的規模に拡大されていると見ることができよう。なお、ここでは述べられていないが、民族集団は相互に混合してゆく、というのが『イデーン』の視点である。これについては、ヘルダーのヨーロッパ論において見ることにしたい。[☆14]

多様なものを相互関係と流動性の相のもとに見るこのような視点とならんで、第二に注意すべきなのは、地球上における人間生活が多様でありながらも、あくまでも、人類の活動の展開にほかならない、という点である。「地球上

☆11 Vgl. MHA III/2, 417.

☆12 たとえば、SWS XIV, 15. また、『イデーン』「序論」の後、第I巻の冒頭に掲げられた大プリーニウス（二三〜七九年）の『博物誌』*Naturalis historia* からのモットー（SWS XIII, 12）にも同様の主題が含まれている。モットーのなかには、「いかに多くのものが、実際に起こる前は、不可能と断ぜられることだろう（Quam multa fieri non posse, priusquam sint facta, iudicantur?)」という句が見られる。

☆13 小田部前掲論文は、ライプニッツの最善観を批判的に継承することで可能性を強調するヘルダーのこの思想が成立したとする。ヘルダーとライプニッツの関係については以下においてもふれることになろう。

で人類はさまざまな形で現われる。だが、至るところ同一の人類である」と題された第II部・第七巻・第一章では次のように述べられている。

> だが、人間の知性はあらゆる多様なもののなかに統一性を探し求める。そして人間の知性の原型である神の知性は、地球上の数知れない多様なものに統一性を娶わせた。それゆえに、我々はここにおいてもまた、さまざまな変化の途方もない領域（d[as] ungeheure[n] Reich der Veränderungen）から次のようなきわめて単純な命題に立ち戻ることが許されよう。——地球上における人類は、同一の類（*Ein' und dieselbe Gattung*）である。（SWS XIII, 255）

多様なものは「同一の類」である人類の活動力の展開したものにほかならない。「さまざまな変化の途方もない領域」を「同一の類」という「きわめて単純な」ものに結びつけようとするのが『イデーン』の視点である。「きわめて単純な」ものが、「さまざまな変化の途方もない領域」へと展開してゆくのである。先に「人類の全体も絶えざる変容《メタモルフォーゼ》のなかにある」と述べられていたのは、この意味においてである。

なお、「変容《メタモルフォーゼ》」という発想は、周知のように、古典古代に遡る。ヘルダーとの関連においては、オヴィディウス（前四三〜後一七年頃）の『変身物語』*Metamorphoses* 第一五巻・一六五以下における次の箇所が注意されるべきである。

> 魂は、さまよい、こちらからあちらへ、あちらからこちらへと移動して、気に入ったからだに住みつく。獣から人間のからだへ、われわれ人間から獣へと移り、けっして滅びはしないのだ。柔かな蠟には新しい型を押すことができ、したがって、それはもとのままではいられないし、いつも同じ形をたもつことはできないが、しかし同

じ蠟であることに変わりがない。それと同じように、霊魂も、つねに同じものではありながら、いろんな姿のなかへ移り住む――それがわたしの説くところだ。[☆15]

「魂」という「同じもの」が多様な「姿」に変身することが述べられている。『変身物語』を貫くモチーフである〈変身（metamorphosis）〉を説明した一節である。[☆16] ダプネは月桂樹に変わりながらもダプネであり続ける。ヒュアキント

☆14 ヘルダーの歴史哲学は、人類を「並在の秩序」と見るものであるということが、カントやヘーゲルの歴史哲学との対比においてしばしば強調されている（たとえば、和辻哲郎『風土』第五章のヘルダー論）。カントが「前後継起の秩序」を強調し、人間の状態の価値ではなくして［……］人類の不断の進歩」を主張したのに対して、ヘルダーはそれと対立する「並在の秩序」を説いたとされるのである（和辻前掲書、二二二頁）。また、ヘーゲルとの違いを念頭に置いて、「国民をその劇的動作において見る立場に対して、彫刻的に、あらゆる方向から状態的恒常的なものをその静的構造においてながめようとする」立場であるとされる（前掲書、二二〇頁）。このような見方は『イデーン』に関しては誤りと言わなければならない。確かにヘルダーは、歴史のなかにヘーゲル流の「劇的」な筋書きを見ようとする立場ではない。だが、民族集団を「静的構造」を持った不動のものと見る立場ではない。また、『イデーン』は、カントとは異なった意味で歴史の向かうべき方向性を説く。ヘルダーはこれを、レッシングを引き継ぎつつ、「人類の教育」――知識・経験の蓄積・発展による人類の向上――の過程と名づける（SWS XIII, 345f.）。『イデーン』における人類史の向かうべき方向性を説く点でヘルダーは、カントやレッシングの同時代人である。『イデーン』における人類史の方向性については第3節末尾も見られたい。

☆15 Publius Ovidius Naso, *Metamorphosen, Lateinisch /Deutsch,* übers. u. hrsg. von Michael von Albrecht, Stuttgart: Reclam, 1994, S. 816ff. オヴィディウス（中村善也訳）『変身物語』（下）、岩波文庫、二〇〇九年、三〇七頁以下。

☆16 同書の主題である〈変身〉とこの一節との関連については、中村前掲訳書の「解説」に従う（前掲書、三六九頁以下）。なお、オヴィディウスの〈変身（metamorphosis）〉の語はギリシア語に由来するが、それをラテン語化したtransfiguratioは大プリーニウスが初出という（vgl. Th. Ballauff, Metamorphose, in: *Historisches Wörterbuch der Philosophie, Bd. 5,* Basel /Stuttgart: Schwabe, 1980, Sp. 1177ff.）。注12で述べたように『イデーン』第I巻の冒頭には大プリーニウスの『博物誌』からの引用がモットーとして掲げられている。

スは深紅の花に変わりながらもヒュアキントスであり続ける。『イデーン』における「同一の類」の多様なものへの展開としての「変容《メタモルフォーゼ》」は、この古典的な〈変身〉の観念を踏まえたものといえよう。[☆17] このような人類の「変容《メタモルフォーゼ》」という視点から、「人種（Race[n]）」の概念が、差異を生物的に固定する発想として、斥けられることになる。ヘルダーは、「私はこの〔人種という〕名称を根拠のあるものと見なさない」と明言する。多様なものは、むしろ、人類の絶えざる活動の結果として描き出される「同一の巨大な絵画の階調（Schattierung）」の差異にすぎないとされるのである（ebd., 257f.）[☆18]。

ヘルダーはあらゆる普遍性や合理性に異論を唱えた、という理解はいまだに強固なものであるように思われる。[☆19] だが、このような理解は『イデーン』に関しては誤りである。多様なものを統一する人類という普遍的な項を前提にするのが『イデーン』の基本的な視点だからである。『イデーン』の表題、『人類歴史哲学考』そのものがそのことを物語っているのであるが、「同一の類」としての人類を強調した先の『イデーン』の箇所も同様の視点を示している。また、次節で見るように、『イデーン』においては人類に規範的な意味が込められることにもなる。

ヘルダーが一面的な合理性を批判したことは確かである。次節で見る、ドイツ啓蒙主義の国家理論に対する彼の批判はその一端である。また、彼がゴットシェート流の〈合理主義〉的な演劇論を批判したこともよく知られている。だが、このような批判は、合理性や理性に対する全面的な否定を意味するものではない。『イデーン』においては、理性（Vernunft）は人類の特性とされ、全体を貫く基本概念のひとつである（第I部・第四巻・第一章、第III部・第一五巻・第三章を参照）。また、第IV部のヨーロッパ論では、弁証法を用いて論争を行なう「中世の繊細な論争の精神」が賞賛されている。「多くのものが疑われ、根拠と反対根拠によって吟味される」論争によって、ヨーロッパ人の「言語理性（Sprachvernunft）」が鋭敏になったとするのである（第二〇巻・第四章「ヨーロッパにおける理性の文化《クルトゥア》〔陶冶〕」、SWS XIV, 480f.）。「言語理性」という表現はヘルダー独自のものであるが、この表現は、彼において、『言語起源論』*Abhandlung über den Ursprung der Sprache*（一七七二年）などに示される言語への着目が理性を排除するものではなかったことを示している。[☆20] このこととの連関で、カントやレッシングに見られた「思考の自主性（Selbstdenken）」（本書・第1章・第3節）、「自分で思考すること（selbst zu denken）」（第2章・第2節）をヘルダーが高く評価していることも付け加えておきたい。第1章・第3節で述べたように、「思考の自主性」、「自分で思考すること」は、啓蒙の自己理解を現わす標語のひとつである。[☆21] 合理性や理性に関しては、どのようなものが批判されているのか、そのつどの文脈に即して見定めなければならないのである。

☆17　ボラッハーもプロースもこの点には注意を促していない。混沌からの世界の生成、直立歩行する人間の誕生から始まり、カエサルとアウグストゥスに終わる『変身物語』の結構は、地球と直立歩行する自然存在としての人間から説き起こしヨーロッパへの省察で終わる『イデーン』の論の運びと重なっている。ただし、ゲーテの『詩と真実』には、ストラスブール滞在時のヘルダーがゲーテに向かってオヴィディウス『変身物語』について否定的評価を述べたことが記されている（HA IX, 413）。だが他方で、プロースは、『変身物語』が『シェイクスピア』*Shakespear*（一七七三年）、『人間性形成のための歴史哲学異説』（一七七四年）に影響を及ぼしていることを指摘している（MHA I, 839, 854, u. a.）。オヴィディウスとヘルダーの関係は、これら両面を総合して考察しなければならない。なお、『イデーン』の執筆と重なる一七八〇年代はヘルダーとゲーテの思想交流が密になった時期であり、ゲーテの自然研究においても重要な概念である「変容《メタモルフォーゼ》」をめぐって両者の間に相互的な影響があったことが推測される。この点の考察は別途の課題である。

☆18　この点でヘルダーは、「人種」概念を肯定したカントと対照をなす。カントは論文『さまざまな人種』*Von den verschiedenen Racen der Menschen*（一七七五年）などにおいて「人種」概念を肯定している。この点に関するカントとヘルダーの対立については、vgl. FHA VI, 1008f. u. MHA III/2, 420f.

☆19　たとえば、『カント全集14　歴史哲学論集』、岩波書店、二〇〇〇年、所収の「J・G・ヘルダー著『人類史の哲学考』についての論評」解説（同書三八五頁以下）。このような見方の根強さ、そのような見方を批判し、ヘルダーを復権する試みについては、次を参照。H. Adler, Ästhetische und anästhetische Wissenschaft. Kants Herder-Kritik als Dokument moderner Paradigmenkonkurrenz, in: *Deutsche Vierteljahrsschrift für Literaturwissenschaft und Geistesgeschichte*, 68. Jg. Heft 1 (1994), S. 66ff.

3 ヨーロッパ中心主義への批判

前節の初めに述べたように、ヘルダーの以上のような思考には、ヨーロッパ中心的な世界の見方への批判が含まれている。本節では、この点についての論点を具体的に見ておくことにしたい。

『イデーン』に展開されたヨーロッパ中心主義への批判としては、「幸福」をめぐる議論がよく知られている。[☆22]「人間の幸福は、いかなる場所においても個体的な財（*ein individuelles Gut*）である、したがって、いかなる場所においても風土的であり、有機的であり、習練と伝承と習慣が生み出した子供である」と題された第II部・第八巻・第五章でヘルダーは次のように述べる。

> 幸福（Glückseligkeit）という名称がすでに、人間は純粋な至福（reine[n] Seligkeit）を享受できないし、そのようなものを創り出すこともできない、ということを暗示している。人間自身が、幸運（Glück）の子供であり、この幸運が人間をさまざまな場所に置き、人間が生活する土地、時代、組織、状況にしたがって、享受の力、喜びや苦悩のあり方や尺度を規定したのである。幸福に生活するためには世界のあらゆる地帯の住民がヨーロッパ人でなければならない、という思い上がりは、愚かで、不遜であろう。［……］幸福とは内的な状態であるから、幸福の尺度と定義は、外にではなく、各人の胸の内にある（in der Brust eines jeden einzelnen Wesens）。他の人間は、私を彼の感情へと強いる権利を持っていない。同様に、私に彼の感じ方を与えて私の存在を彼の存在へと変える力も持っていない。（SWS XIII, 333f.）

ヘルダーは、「幸福《グリュックゼーリッヒカイト》」を「幸運《グリュック》」との相関で考えている。「幸運」は、古くは「偶然」の意味であり[☆23]、先に見た「偶然の豊穣な多様性」や「過酷な偶然」と重なる言葉である。「幸福」のあり方は、多様な場所や時代、状況のもたらす恵みや制約に応じて異なっている、そのことを捨象した「純粋な至福《ゼーリッヒカイト》」は、人間にはふさわしくない、複数の「幸福」のあり方が認められなければならないとするのである。そのような観点から、「幸福に生活するためには世界のあらゆる地帯の住民がヨーロッパ人でなければならない、という思い上がり」が批判されるのである[☆24]。

ここに言う「幸福」は、それぞれの場所や時代において人びとが工夫し、生み出してきた望ましい生活のあり方であると同時に、「偶然」に翻弄される定めなき生活の「喜びや苦悩」の狭間から析出してくる、現実とは異なったあり方への願いでもある[☆25]。「幸福」はそのようなものとして、あくまでも「内的な状態」であり、外側から押しつけることのできないものとされるのである。注意すべきは、そのような「幸福」が最終的には「各人の胸の内にある」も

☆20 グリムの辞典の Sprachvernunft の項は、ヘルダー『イデーン』のこの用例のみを挙げる。Vgl. Art. Sprachvernunft, in: Jacob u. Wilhelm Grimm, *Deutsches Wörterbuch.* アーデルング、カンペの辞典にこの語は見られない。ヘルダーが理性と言語を結びつけていること、および、理性をめぐる西洋の思考の歴史のなかでのヘルダーの位置については、次の文献を参照。H. Schnädelbach, Vernunft, in: E. Martens u. H. Schnädelbach (Hgg.), *Philosophie. Ein Grundkurs, Bd. 1*, Reinbek bei Hamburg: Rowohlt, 1994, S. 107ff.『イデーン』の言語論については、次を参照。U. Gaier, *Herders Sprachphilosophie und Erkenntniskritik*, Stuttgart -Bad Cannstatt : fromann-holzboog, 1988, S. 169ff. ガイアーは、『イデーン』に展開された言語論、言語と理性との関係の論点をカントとの対比で詳細に取り出しているが、議論の重点が抽象的・理論的次元に置かれており、『イデーン』第IV部・第二〇巻・第四章に現われる Sprachvernunft の語への目配りはなされていない。

☆21 Vgl. auch U. Dierse, Selbstdenken, in: *Historisches Wörterbuch der Philosophie, Bd. 9*, Basel: Schwabe, 1995, Sp. 386ff. また、第1章・注30も参照。第7節で見るように、ヘルダーは「思考の自主性」を『人間性形成のための歴史哲学異説』、『人間性促進のための書簡』(一七九三〜九七年)において高く評価している。なお、ヘルダーにおける啓蒙と啓蒙批判の交錯に立ち入った論集に次のものがある。R. Otto u. J. H. Zamitto (Hgg.), *Vom Selbstdenken. Aufklärung und Aufklärungskritik in Herders »Ideen zur Philosophie der Geschichte der Menschheit«*, Heidelberg: Synchron, 2001.

の、個人の問題とされている点である。『イデーン』において叙述の対象となっているのは、前節でもその一端にふれたようにさまざまな民族集団であるが、個人という視点を捨象するものではない。集団に個人が融解してしまうのではなく、諸個人の総和として集団が考えられているといえよう。

ただしヘルダーは、個人を孤立したアトム的存在とは考えない。〈人間は人間にとって狼である〉というホッブズ的な人間観を批判し、人間を「非社交的な存在（ein ungeselliges Wesen）」とする考えを斥け、個人が取り結ぶ最初の社会関係を家族とする（ebd., 319ff. u. 375）。人間を〈社交的〉な存在と捉える点で、ヘルダーは、本書・第1章で見たカント、クニッゲ、レッシングと視点を共有している（この点については、本章の第6節と第7節も参照）。ヘルダーはまた、個人は「教育」によって形成されると考え、この脈絡で言語の習得や、知識・経験の継承・蓄積という意味での「伝統」、「伝承」、「啓蒙」が強調される（ebd., 343ff.）。だが、このことは個人を社会関係や民族集団に解消してしまうものではない。また、社会関係や民族集団を実体化して、個人をその単なる現われとするものでもない。ヘルダーはむしろ、人類史を個人の間の知識・経験の受け渡しと発展の過程、「人類の教育」の過程と考える（ebd., 345 u. 353）。この「人類の教育」という構想はレッシングに由来するものであるが、レッシングにおいても「人類の教育」の担い手は個人である（『人類の教育』第九三～一〇〇節）。ヘルダーはこれを引き継いでいる（この点については、注14と注66も見られたい）。先の引用（SWS XIII, 333f.）のある第II部・第八巻・第五章の表題に見られた「個体的」という語は、したがって、個性を持って展開する各民族集団の生活様式に関わると同時に、個人にも関わるものである。[☆26]

「幸福」についてのヨーロッパ中心的な見方を批判するこのような視点から、ヨーロッパ自身のあり方への批判的な省察も生まれてくることになる。同じ第II部・第八巻・第五章では、次のように述べられている。

［……］国家学者たちがこぞって説くように、よく整備された国家はどのようなものであれ、ひとりの人間の思

考だけが支配する機械（Maschine）でなければならないわけであるから、この機械のなかで思考を欠いた手足とな

☆22　『イデーン』における「幸福」をめぐる議論が広く知られている背景には、カントによる『イデーン』の書評がある。カントはそのなかで、以下に考察する『イデーン』第II部・第八巻・第五章を取り上げ、批評しているが、ヘルダーにおける「至福」と「幸福」の区別を無視している。カントは、同章末尾にある同章の議論をまとめた「各人はその至福（Seligkeit）の尺度を自分自身の内に持つ」（SWS XIII, 342）という命題を「各人はその幸福（Glückseligkeit）の尺度を自分自身の内に持つ」と変えて引用し、それをタヒチ島の「安らかな怠惰」を礼賛するものとして批判する（Kant, *Rezensionen von J. G. Herders Ideen zur Philosophie der Geschichte der Menschheit. Theil 1. 2.*, in: KGS VIII, 43ff., hier bes. 64ff.）。カッシーラー『啓蒙主義の哲学』も、ヘルダーの『人間性形成のための歴史哲学異説』にある類似の言葉、「それぞれの民族（Nation）はその幸福の中心を自らの内に持つ」（SWS V, 509）によって『イデーン』を含むヘルダーの思想を説明している（Cassirer, a. a. O., S. 244）。注19でふれた『カント全集14　歴史哲学論集』の「J・G・ヘルダー著『人類史の哲学考』についての論評」の解説も同じである。ヘルダー→カント→カッシーラーの間には、伝言ゲームのような内容のずれがある。『イデーン』で言われているのは、「至福の尺度」が「各人」にあるということであって、「幸福」の「中心」が「民族」にあるということではない。以下の論述で示すように、個人は『イデーン』を貫く視点のひとつである。また、「至福」と「幸福」は区別されている。ヘルダーは、人間は「至福」を直接に捉えたり、作り出すことはできず、それぞれが置かれた偶然的なあり方との相関で生じた「幸福」を持ちうるのみであるとするのである。この区別によってヨーロッパ人の「幸福」観や特定の民族の「幸福」観を絶対化することが斥けられることになる。さらには、ここから、地球上に多様な形で存在している「幸福」を結び合わせることによってそれらの共通項たる人間にとっての「至福」に迫ることが可能になるという思想を読み取ることができる（小田部前掲論文は、さまざまな地域や時代における「善」の現われを介してしか「善」を捉えることはできないという思想がヘルダーにあることを指摘している（小田部前掲論文、一九二頁以下）。「幸福」についても同様のことを指摘することができる）。「至福」と「幸福」、「各人」と「民族」の区別を無視した言い換えは議論を一面化するものと言わなければならない。また、『イデーン』における「幸福」概念は、カントが揶揄するような「安らかな怠惰」ではない。『イデーン』における「幸福」は、「過酷な偶然」（SWS XIV, 84）に翻弄されるなかで、「労苦（Mühe und Arbeit）」（SWS XIII, 337）によって生み出された望ましい生活のあり方、あるいは、過酷な現実とは異なった状態への願いだからである。なお、カントの『イデーン』批判の当否を個々に検討するのは本稿の主題ではない。カントの書評についてては必要な範囲でふれるにとどめる。

って仕えるより以上の幸福を、国家は与えることができるのだろうか。そしてことによると、間違っていると知り、感じながら生涯この機械のなかでイクシオンの車輪に繋がれることになる。この車輪は、自己決定する自由な魂の最後の働きすら愛児のように窒息死させ、感覚なき機械のなかに己が幸福を見つける以外の慰めを、哀しくも呪われた者に許すことがない。ああ、我々が人間であるのなら、摂理が人類の普遍的な目標をそのことに定めていないことを感謝しようではないか。地球上の幾百万もの人間は国家なくして生活している［……］。（Ebd., 340f.）

問題とされているのは、ドイツにおける啓蒙主義的な国家学である。ドイツ啓蒙の国家学は、国家目的のためにすべての人的・物的資源を総動員する絶対主義国家に理論的基礎を与えた。「よく整備された国家はどのようなものであれ、ひとりの人間の思考だけが支配する機械でなければならない」とは、まさに、そのような国家学の要点を言い当てたものにほかならない。[☆27] イクシオンは、ゼウスの妻ヘーラーを犯そうとした罰として火焔車に永遠に縛りつけられることになったという。絶対主義国家の総動員体制のなかでは、農奴はもとより、すべての者がそのような塗炭の苦しみを味わうことになるというのである。

ここに第1章・第4節の（3）でふれた市民層が官吏として絶対主義国家に進出しつつあったという十八世紀ドイツの状況を重ね合わせることができよう。ヘルダーのここでの語調は、市民層の宮仕えを辛辣に風刺するクニッゲ『人間交際術』とどこか重なるところがある。また、「自己決定する自由な魂の最後の働きすら愛児のように窒息死させ、感覚なき機械のなかに己が幸福を見つける」という言葉は、カントが『啓蒙とは何か』で「理性の公的使用」との対照で図らずも無批判に述べている「理性の私《プリヴァート》的使用」のあり方――公職にある者が「ひたすら受動的に振る舞わざるをえなくされるような［……］一種の機械装置（Mechanismus）」のもとに置かれ、そこにおいては「議論はもとより許されていない、ただ服従あるのみである」(KGS VIII, 37) というあり方――の現場を批判的に言い当てたものと読むことができる。[☆28]〈プリヴァート〉の語義通りに、各人は自己の思考と感情を奪われて、歯車となることを強いられるのである。

ただし、ヘルダーは、絶対主義国家は批判するものの、国家それ自体を否定しているのではない。先の引用の直前でヘルダーは、国家は「人為的に制作された道具」のひとつであり、あらゆる道具と同様、「きわめて注意深く繊細な用い方」が必要になると述べている(SWS XIII, 340)。いかに国家を制御するかが問題とされているのであり、その否定ではない。第IV部のヨーロッパ論において、「諸国の教育、法および国制(Constitution)によって遍く浸透してゆく、すべての身分と民族の陶冶」が肯定されている(SWS XIV, 493) こともそのことを示している。[☆29]なお、国家を「人

☆23 Vgl. Art. Glück, in: Paul, *Deutsches Wörterbuch*, u. Art. Glück, in: *Duden Das große Wörterbuch der deutschen Sprache.*

☆24 プーロスは、この「思い上がり」に対するヘルダーの批判の源泉をスピノザ(一六三二～七七年)の『神学・政治論』*Tractatus thelogico-politicus*(一六七〇年)第三章で展開された自宗教中心的な発想への批判に見る(MHA III/2, 486f.)。プロースが指摘する箇所は次である。――「各人の真の幸福・真の福祉は善の享受そのものの中に存するのであって、他の人は除外して自分だけが善を享受するという栄誉の中に存するのではない。物事が自分にだけうまく行って他の人びとにはうまく行かないという故をもって、或は自分が他の人々より仕合せであり他の人々よりいっそう運命に恵まれているという故をもって、自分をより幸福であると考える者は、真の幸福・真の福祉を知らないのであり、彼がそこから感ずる喜びは小児的なものにあらずんば嫉妬と悪しき心との所産に過ぎない」。Spinoza, *Tractatus theologico-politicus*, in: *Spinoza Opera, Bd. 3*, hrsg. von C. Gebhardt, Heidelberg: Winter, 1972, S. 44. スピノザ(畠中尚志訳)『神学・政治論――聖書の批判と言論の自由――』(上)、岩波文庫、一九七四年、一二〇頁。プロースは、スピノザがヘブライ人に対して述べたこの言葉を、ヘルダーが引きとって、彼の同時代のヨーロッパ人に向けていると考える。なお、スピノザ『神学・政治論』は、ヘルダーの蔵書に含まれている。Vgl. *Bibliotheca Herderiana*, Weimar, 1804 (Neudruck, Leipzig: Zentralantiquariat der DDR, 1980), S. 151. ヘルダーの蔵書の特色および蔵書中のスピノザ関連書籍の位置については次を参照。H. Stolpe, Die Handbibliothek Johann Gottfried Herders-Instrumentarium eines Aufklärers, in: *Weimarer Beiträge* 5/6 (1966), S. 1011ff.

為的に制作された道具」とし、「きわめて注意深く繊細な用い方」が必要であるとするヘルダーの議論は、本書・第1章で見たレッシングの『エルンストとファルク』における、国家を「人間が発明した手段」（LM XIII, 353）とし、「しばしば、意図に合致しないばかりか、その正反対のものをも生み出す」（ebd., 354）ものとする議論を引き継ぐものである。☆30

ヨーロッパ中心的なものの見方に対するこのようなヘルダーの批判において注意すべきなのは、次の点である。第一は、「幸福」にとどまらず、「啓蒙」についてもヨーロッパからの脱中心化が行なわれていることである。「人間はすべてを自分自身から生み出すと思い込むのを好むのではあるが、諸能力の展開にさいしては他者に依存している」と題された第II部・第九巻・第一章では、次のように述べられている。

〔……〕すべての教育は模倣と練習によって、つまり、模範（Vorbild）から模像（Nachbild）が生まれることによってのみ生じることができる。これを伝承（Überlieferung）と名づける以上に適切な表現はあるまい。〔……〕人間の生涯を貫くこの第二の生成（diese zweite Genesis）を耕地の耕作によって文化（*Cultur*）と名づけようと、光の形象によって啓蒙（*Aufklärung*）と名づけようと自由である。ともかくも、文化と啓蒙の連鎖は、地球の果てに及ぶ。カリフォルニア人やフエゴ島人も〔……〕言語と概念、熟練と技を持つ〔……〕。したがって、啓蒙された民族と啓蒙されざる民族、陶冶された（cultiviert）民族と陶冶されざる民族の差異は、種別的（specifisch）ではなく、度合いの問題にすぎない。この点において、諸民族が描き出す絵画は、空間と時によって変化する無限の階調（Schattierungen）を持つ。したがって、あらゆる絵画と同様、この絵画においても、もろもろの形態（Gestalten）を知覚する位置（Standpunkt）が重要なのである。（SWS XIII, 347f.）

時代を風靡していたヨーロッパ中心的な啓蒙観に対する大胆な批判である。非「啓蒙」と「啓蒙」の二項対立は斥

☆25　この点に関連して、ヘルダーの『中世英独文芸の類似性について』*Von Ähnlichkeit der mittlern englischen und deutschen Dichtkunst, nebst verschiedenem, das daraus folget*（一七七七年）が注意されるべきである。――そこにおいては、「文明に毒されていない諸民族」の「歌」について、「自然は彼らを圧迫する数多くの災厄に対する慰めを与え、我々が享受する数多くのいわゆる幸福の代替物を与えた。自由への愛、無為、陶酔と歌がこれである」と述べられている（SWS IX, 532）。災厄に満ちた現実のなかから、それとは異なった状態への願いとして「自由への愛、無為、陶酔と歌」が生まれ、それらには、現実において満たされることのない、彼らの「幸福」観が示されているとするのである。この言葉と先の『イデーン』の箇所における「幸福」概念を重ね合わせて読むことができる。なお、引用文中の「陶酔と歌（Taumel und Gesang）」は、ヘルダーの師ハーマンの『美学提要』*Aesthetica in nuce*（一七六二年）にある「陶酔によろめく舞踊（ein taumelnder Tanz）」を思い起こさせる表現である。ハーマンは同書において、「詩（Poesie）は人類の母語である」と述べた後、「深き眠りこそ我らが祖先の休息。そして彼らの動きは、陶酔によろめく舞踊。彼らは七日の間、あるいは沈思し、あるいは驚愕し、沈黙のうちに座していた。――そして口を開き――飛翔する言葉（geflügelte[n] Sprüche[n]）を語った」と述べる（Hamann, *Aesthetica in nuce*, in: *Johann Georg Hamann Sämtliche Werke. Historisch-kritische Ausgabe von Josef Nadler, Bd. 2*, Wien: Herder, 1950, S. 197）。文中の「七日の間［……］語った」は、前章でも見た『ヨブ記』の第二章・一三節～第三章・一節を踏まえたものである（vgl. Kommentar zu *Aesthetica in nuce*, in: J. G. Hamann, *Sokratische Denkwürdigkeiten. Aesthetica in nuce*, mit einem Kommentar hrsg. von Sven-Aage Jørgensen, Stuttgart: Reclam, 1983, S. 82）。ヨブは七日の沈黙の後に「我が生まれし日亡び失せよ。男子胎にやどれりと言ひし夜も亦然あれ［……］」と語る。これがハーマンの言う「飛翔する言葉」である。「詩」の生成を苦悩に見るこのような見方は、「幸福」への願いと「歌」を結びつけるヘルダーの見方と重なる。ヘルダーが編んだ『民謡集』*Volkslieder*（一七七八～七九年）の基底には彼のこのような見方が貫いていよう。注22でも述べたように「幸福」をめぐる先の『イデーン』の箇所は、カントのヘルダー批判との関連でしばしば問題とされるが、ヘルダーの「幸福」理解は、「我々のあらゆる傾向性〔＝習慣化された感性的な欲望〕の満足（多様性という点で外延的な、度合いという点で内包的な、また存続という点で持続的な満足）」という、欲望の量的・機械的な満足に平準化されたカントの「幸福」の定義（『純粋理性批判』B834）とは別の内容を持つことが注意されなければならない。

けられ、非ヨーロッパは、蒙昧な地域ではなく、「啓蒙」は地球上に遍在するとするのである。人類は、「言語と概念」によって世界と人間を捉え・思考し、「熟練と技」によって巧みに世界に働きかけ・順応してゆく。そのような知識・経験の蓄積の過程（「伝承」）としての「啓蒙」は、多彩なあり方で遍在している。[☆31] それは、十八世紀ヨーロッパを絶対的な座標軸とせず、観察する「位置」を変化させることによって、はじめて見えてくる。視点を変えることによって、さまざまな「形態」が「無限の階調」をともなって浮かび上がるのである。その「度合い」を測る尺度は複数であり、観察する「位置」に応じて変化する。先に『イデーン』第二〇巻・第四章に見られる「言語理性」という表現に注意を促した。「啓蒙」が地球上に遍在するというヘルダーの見方は、この表現に示されるような、言語と理性とを切り離さずに捉える発想に対応するものでもある。

なお、ヘルダーがここで「啓蒙」と「文化」を同一視していることも注意されるべきである。同時代の辞書であるアーデルングの『文法的・批判的高地ドイツ語辞典』*Grammatisch-kritisches Wörterbuch der hochdeutschen Mundart*（第二版、一七九三〜一八〇一年）の〈文化（Cultur）〉の項はこの語を次のように説明する。――「ある人間あるいはある民族の精神および身体のあらゆる力の醇化（Veredelung）ないし繊細化（Verfeinerung）。したがって、この語は、先入見からの解放による知性の醇化、啓蒙、を意味すると同時に、振舞い方（Sitte）の洗練（Politur）と繊細化を意味する。もとは耕作を意味するラテン語の Cultura、フランス語の Culture より」[☆32]。ヘルダーの見方は、この用法に沿ったものである。

アーデルングの辞書を踏まえるなら、ヘルダーは、非ヨーロッパに精神と身体の活動力の「醇化」、「繊細化」が多様な形態で遍在すると述べていることになろう。当時のヨーロッパを「醇化」、「繊細化」の極みとする見方に対する大胆な批判である。また、アーデルングの辞書が、「振舞い方」（社会的相互行為）の「洗練」に言及していることも注意されるべきである。ヘルダーは、非ヨーロッパをそのようなものが欠如した〈野蛮〉の地と見なすのは誤りであ

☆26　個人への視点に示されるように、ミクロなものを捨象せず、むしろミクロなものへ向かおうとするのが『イデーン』を貫く視点のひとつである。第II部・第七巻・第三章では、「風土」に関して「こちらでは海の近さ、あちらでは風、こちらでは土地の高さや低さ、別の場所では近くの山々、また別の場所では雨と靄が、一般的な法則にきわめて局地的な規定を与えるので、まったく隣接した場所でもしばしば正反対の風土を感ずるのである」と述べられている（SWS XIII, 266）。ヘルダーは、それぞれの土地のあり方が生み出す微妙な差異に着目している。この視点が、先に見た地球を球体と見るマクロな視点と結び合わされるのである。民族集団にしても、ヨーロッパ論を扱った第IV部では、ヨーロッパに居住してきた多彩な民族集団が十九世紀的な国民国家の枠にとらわれずに論じられている。ミクロなものに向かうのは、ヘルダーの感性にもよるであろうが、ライプニッツからの影響が考慮されるべきであろう。和辻哲郎『風土』における風土の類型論においては、ヘルダーに見られる、諸地域を相互連関の相のもとで見る「地球」というマクロな視点と同時に、人間にせよ地域にせよ、ミクロなものへ向かう視点がともに捨象されてしまうのである。

☆27　ドイツ啓蒙の国家学については、成瀬治他編前掲書、三七頁以下を参照。プロースは、この箇所を含む段落をカントの『世界市民的見地における一般史の理念』と関係づける（MHA III/2, 490）。ヘルダーがこの章でカントのこの論文への批判を述べていることは確かであるが（vgl. SWS XIII, 338f.）、この箇所に関してはドイツ啓蒙の国家理論や絶対主義国家との関連が考慮されるべきである。成瀬は、ヴォルフの国家理論に関して次のように述べる。「国家目的は「公共の福祉と安全」であるが、それを実現する責務はひとえに国家権力の側にもとめられ、個々人のイニシアティヴは完全に否定される。君主がしかるべきことを人民ないし臣民（「臣民《ウンターターン》」は元来「くびきのもとにおかれたもの」の意）に命ずるのも、臣民がそれにしたがうのも、ともに義務である」。成瀬はまた、当時の財政学者ヨーハン・ハインリヒ・ユスティ（一七二〇〜七一年）の次の言葉を引く。――「よくととのえられた国家とは、すべての歯車と起動力が正確に嚙みあった時計のようなものでなければならない。そして君主は、そういわせてもらえれば、すべてを動かす職工長であり、第一のぜんまいであり、または魂でなければならない」。なお、成瀬も指摘するように、このような国家理論によって啓蒙の思想運動全般が代表されるものでないことは言うまでもない。また、ヘルダーがここで近代国家全般を否定したと解するのは誤りである（この点については、注28、29、30も見られたい）。ドイツ啓蒙の国家理論と啓蒙絶対主義については、vgl. F. Hartung, Der aufgeklärte Absolutismus, in: *Historische Zeitschrift* Bd. 180 (1955).（ハルトゥング「啓蒙絶対主義」、F・ハルトゥング、R・フィーアハウス他（成瀬治編訳）『伝統社会と近代国家』、岩波書店、一九八二年）

ると述べていることになるからである。[☆33] このような視点から、「機械」としての絶対主義国家は〈野蛮〉ではないのかという問いが生み出されたのである。

エリアスが指摘するように、ドイツでは「文化」と「文明」を対置し、後者を貶める傾向があった。[☆34]「啓蒙」は「文明」に属するものとして指弾され、「文化」がドイツ固有のものとして称揚されるのである。だが、ヘルダーはこのような思考の枠組みに立っていない。「啓蒙」、「文化」、「洗練」は、観察者の「位置」の変化によって無限に相貌を変え、地球上に広く見出されるとするからである。非合理主義者ヘルダーという理解は、この点からも誤りと言わなければならない。

第二に注意すべきなのは、ヘルダーがこのような仕方で「幸福」や「啓蒙」の多様性を認めるにしても、しばしば誤解されているように、規範なき相対主義の主張を展開しているわけではない、という点である。『イデーン』において普遍的な規範は、人間の直立歩行する身体に基礎を持つものとして提示されている。「人間は人間性と宗教に向けて形成されている」と題された第I部・第四巻・第六章では次のように述べられている。

> 〔……〕人間の単なる共感（Mitgefühl）は、すべてにはゆきわたらない。それは、制約され複雑に組織された存在としての人間にとっては、遠く隔たったすべてのものに対しての曖昧な、しかもしばしば無力な導き手たりうるにすぎなかった。それゆえに、正しく導く母〔なる自然〕は、人間の幾重にも密やかに織り込まれた小枝を、より欺きようのない一つの基準のもとにまとめあげたのであった。これが、正義と真理の規則（*Regel der Gerechtigkeit und Wahrheit*）である。誠実（aufrichtig）たるべく人間は造られている。その形態のなかのすべてが頭に仕え、その二つの目がただひとつの事象を見、その二つの耳がただひとつの音を聴くように、〔……〕内面においても、公正と平衡の大いなる掟（das große Gesetz der Billigkeit und des Gleichgewichts）が人間の基準となったのである。他者が汝にすべ

きでないと汝が欲するものは、他者にも為すなかれ。他者が汝にすべきことは、他者にもせよ。［……］これは［……］人間の全感官の構造に基づいている。否、人間の直立の形態（die aufrechte Gestalt）そのものに基づくと言いたい。（Ebd., 159f.）

☆28　ヘルダーのここでの批判は、ハーマンの絶対主義国家への批判、『啓蒙とは何か』への批判と重なっている。ハーマンの批判については、川中子前掲書、一八六頁以下を参照。ヘルダーがハーマンに学び、大きな影響を受けたことは言うまでもない。第1章・第3節では十八世紀ドイツにおける〈交際〉への志向が、経済的な貧しさや移動の困難など、〈交際〉を押し留めるさまざまな力が働くなかで生じたことを指摘した。そのような力のひとつとして、公職にある者が「一種の機械装置」のもとに置かれていた状況を付け加えることができよう。

☆29　本書の第1章・第4節ではクニッゲが『ヨーゼフ・フォン・ヴルムブラントの政治的信仰告白』（一七九二年）のなかで、近代的な法の制定を説いていることを述べた。『イデーン』第IV部の公刊は、一七九一年である。クニッゲとヘルダーにフランス革命勃発時の状況のなかでの共通の問題意識があることが注意されるべきである。

☆30　第1章の注91で指摘したように、レッシングが『エルンストとファルク』の第四、第五対話の草稿を回覧したさい、ヘルダーもこれを読んでいる。レッシングは、ヘルダーの求めに応じて草稿を送り、ハーマンにも回覧するよう依頼したのであった（Lessing an Herder, 25. Januar 1780, in: LM XVIII, 332）。ボラッハーが指摘するように、ヘルダーは『エルンストとファルク』の続篇を書いている（vgl. FHA VI, 1025）。なお、プロースは、ヘルダーのこのような国家観の源泉をスピノザ『神学・政治論』第二〇章で展開された国家論に見ている（MHA III/2, 490 u. 336ff.）。注目すべき見解である。プロースが指摘する箇所は次である。「［……］敢えて言う、国家の目的は人間を理性的存在者から動物或は自動機械にする（ex rationalibus bestias, vel automata facere）ことではなく、むしろ反対に、人間の精神と身体が確実にその機能を果たし、彼ら自身が自由に理性を使用し、そして彼らが憎しみや怒りや詭計を以って争うことなく、又相互に悪意を抱き合うことのないようにすることである。故に国家の目的は畢竟自由に存するのである。」Spinoza, a. a. O., S. 241. スピノザ（畠中尚志訳）『神学・政治論』（下）、岩波文庫、一九七四年、二七五頁。プロースの指摘に従って考えるならば、レッシングの『エルンストとファルク』も『神学・政治論』の影響を受けていることになろう。

家族が「最初の社会」であり、その結合の原理として「愛」と「共感」があることを述べた箇所（ebd., 159）の次にある一段である。そのような「共感」は、親密さが働く領域の外側にある「遠く隔たった」ものに対しては無力である、というのである。親密性に囚われた局地的な見方をまぬかれて、広く他者を認め、自己の行為を律する原理がなければならない。ヘルダーはそれを「正義と真理の規則」、「公正と平衡の大いなる掟」と名づけ、その基盤を直立歩行する人間の身体に置く。「掟」、「規則」の意識としての「誠実（aufrichtig）」さと身体の「直立（aufrecht）」性が関係づけられるのである。

ボラッハーとプロースは、ヘルダーのこの議論をルソー『人間不平等起源論』*Discours sur l'origine et les fondements de l'inégalité parmi les hommes*（一七五五年）に対する反論と見る。[☆35] ルソーにおいては、「憐れみの情（pitié）」と「他者にしてもらいたいと思うように他者にもせよ」という「崇高な合理的正義の格率（maxime sublime de justice raisonnée）」とが分離され、前者のみが人間の自然（本性）に内在するとされている。[☆36] これに対してヘルダーは、後者もまた人間の自然（身体）に内在しているとするのである。ヘルダーのこの考えは、「啓蒙」が地球上に遍在するとした先の議論と平行的なものである。

前節で見たようにヘルダーは、「偶然の豊穣な多様性」を肯定し、人類は絶えざる変化のなかにあると考える。だがこのことは、人類が風土や時代や社会のあり方次第でいかなるものにも変質しうるということではない。ヘルダーは、「偶然の豊穣な多様性」に触発された多彩な人間生活のあり方を、人類という「同一の類」の「変容《メタモルフォーゼ》」の結果と捉えていたからである。歴史の多様性の基礎に、それを生み出す自然的存在（類）としての人間が置かれるのである。人間の自然（身体）に基礎づけられた普遍的な規範を述べた右の箇所も、ヘルダーのこのような考えに対応するものである。このような規範は「支配者の恣意」や「伝統の説得力（die überredende Macht der Tradition）」（SWS XIV, 230）によっては変更不可能なものとされるのである。[☆37]

☆31 ヘルダーはここで、「伝承」（別の箇所では「伝統（Tradition）」とも言われる）と「啓蒙」とを対置する通念に挑戦している。「言語と概念」による世界と人間の把握、「熟練と技」の蓄積は、人間が活動しているかぎり、ヨーロッパ、非ヨーロッパを問わず遍在する。この知識・経験の蓄積の過程を「啓蒙」と呼ぶのである。ヘルダーが挙げているわけではないが、たとえば、食物や薬草、染色、縄の結び方、布の織り方についての知識などがこれであろう（今日の〈文明〉もこれらの膨大な蓄積の上に成り立っている）。蓄積するためには、継承が前提となる。これがここに言う「伝承」、「伝統」であり、überliefern（手渡す）、tradere（手渡す）という語義を踏まえたものである。なお、『イデーン』においてヘルダーは、このような意味でのみ「伝承」、「伝統」を用いているのではない。以下の本論で示す「伝統の説得力（die überredende Macht der Tradition）」（SWS XIV, 230）という用例は、人間の洞察力を曇らせる〈因習〉という意味である。また、「伝承」、「伝統」が「非人間性（Unmenschlichkeit）」を生み出すものであることは、ヘルダーが他面において強調する論点である。

☆32 Art. Cultur, in: Adelung, *Grammatisch-kritisches Wörterbuch der hochdeutschen Mundart.*

☆33 和辻哲郎は、ディルタイやドストエフスキー（一八二一～八一年）の東洋観のなかに一種の〈オリエンタリズム〉を見出して次のように批判する。「「東洋」とは「原始的活力」のあり場所であり、依然として「半野蛮」である。東洋を恋うるそこばくの人々はまさにこの「原始的」な生活の姿のゆえにそれを恋うるにほかならぬ。［……］我らはヨーロッパ人のある者が抱くこの憧憬を理解し得ないではない。しかしそれはただ機械化されたヨーロッパの生活に苦しむものが「ヨーロッパ的ならざるもの」に対して抱く憧憬であって、「東洋」の生活の積極的な理解に根ざしたものではない。ヨーロッパ的でないことがどうして直ちに「原始的」であり得よう。たとえば日本の生活のごときはその「原始性」を失っている点においてはむしろヨーロッパ以上である」（『風土』、第四章「芸術の風土的性格」、『和辻哲郎全集』第八巻、一七四頁以下）。ヘルダーは、自ら東洋に赴いて、その「生活の積極的な理解」を獲得したわけではない。彼の東洋理解には多くの制約が見られる。だが、彼が提示した「啓蒙」、「文化」の地球上における遍在の論点は、和辻の批判する〈西洋〉＝〈文明〉、〈東洋〉＝〈半野蛮〉という〈オリエンタリズム〉的な循環を断ち切る可能性を持った見方と言えるのではあるまいか。

☆34 Elias, *Über den Prozeß der Zivilisation. Soziogenetische und psychogenetische Untersuchungen, Bd. 1 Wandlungen des Verhaltens in den weltlichen Oberschichten des Abendlandes*, Frankfurt a. M.: Suhrkamp, 1976（初版は一九三九年）, bes. S. 7ff. エリアスはこの傾向が一九一九年前後に強まったとする。これは、精神史の立場からの文学史叙述の生成と時を同じくしている。

第三に注意すべきなのは、このことと関連して、「啓蒙」、「文化」——さらには、知識・経験の継承の過程としての「伝承」、「伝統(Tradition)」——の二面性が主張されることになるという点である。ヘルダーが個々の「文化」や「伝統」を無条件に肯定したということは、しばしば述べられるヘルダー理解である。わが国の和辻哲郎においても、このような理解が押し出され、人口に膾炙している。[☆38] だが、このような理解は、少なくとも『イデーン』に関しては妥当ではない。先に『イデーン』における「啓蒙」の概念を検討したが、それが述べられた第II部・第九巻・第一章のなかに、次のような一節が含まれていることが注意されるべきである。

神が人間をその協力者に採用し、この地上での人間の形成を人間自身に委ねたということは、人間をきわめて得意にさせる。だが、神によって選ばれたこの手段こそ、地上でのわれわれの存在の不完全さを示すものにほかならない。元来われわれは、まだ人間であるのではなく、日々、人間となるのだからである。自分のなかから得るものは何もなく、すべてを模範や教えや練習によって得、それによって、まるで蠟のように形態を手に入れるとは、なんとみじめな存在(ein armes Geschöpf)であろう。理性を誇るというのなら、広大な地球上での同胞たちの活動の場を凝視するがよい。さまざまな音の入り混じった彼らの不協和な歴史を聴くがよい。ひとりの人間、ひとつの民族、——否、一連の諸民族であることもしばしばである——の習慣となり得なかったどんな非人間性があるだろうか。彼らの多く、否、ひょっとしたらそのほとんどが、同胞の肉を食らったのである。相続された伝統は、ありとあらゆる愚かしい想念を、そこここで現実に神聖化したのではなかったか。それだから、人間ほど低級な理性的存在者はありえないのである。(SWS XIII, 350f.)

引用のなかの「まるで蠟のように形態を手に入れる」という言葉は、第2節でのオヴィディウス『変身物語』からの引用にあった「柔かな蠟には新しい型を押すことができ、したがって、〔……〕いつも同じ形をたもつことはできない〔……〕」と対応している。第2節で明らかにしたように、人類の「変容《メタモルフォーゼ》」の多様性を肯定するのが『イデーン』の基本的な視点であった。だが、右の箇所ではこの肯定的な評価が逆転し、「変容《メタモルフォーゼ》」というあり方が人間の「不完全さ」を証明するものとされ、知識・経験の継承と発展の連鎖としての「啓蒙」、「文化」のなかに置かれた人間が「みじめな存在」であると断じられている。人間は、なんらかの「伝統」のもとに生み落とされ、なすすべもなく「蠟のように」「形成」されてゆくほかない。「第二の生成《ゲネジス》」(ebd., 348)とも呼ばれていたこの「形成」が、人間の生を破壊するという逆説を引き起こす。「相続された伝統」が「ありとあらゆる愚かしい想念」を、「そこここで現実に神聖化」し、人間が「同胞の肉を食ら」う惨状を生み出すことになるというのである。☆39

もちろん、先に見たように、人間には身体に根ざす普遍的な規範があるとヘルダーは考える。「蠟のように形態を

☆35 FHA VI, 985 u. MHA III/2, 301ff. 前者の注釈（FHA）は、ヘルダーの述べる「公正と平衡の大いなる掟」の内容が、『タルムード』などに見られるオリエント・ユダヤ的な智恵に遡るとする。後者（MHA）は、キケロに遡るとする。

☆36 Rousseau, *Discours sur l'origine et les fondements de l'inégalité parmi les hommes*, in: *Jean-Jacques Rousseau Œuvres complètes III*, S. 156. ルソー（本田喜代治・平岡昇訳）『人間不平等起源論』、七四頁以下。

☆37 ヘルダーの歴史哲学における普遍的規範の問題はカッシーラーも注意を促している（vgl. Cassirer, *Das Erkenntnisproblem in der Philosophie und Wissenschaft der neueren Zeit, Bd. 4, Von Hegels Tod bis zur Gegenwart (1832-1932)*, in: ECW V, 257ff.）。身体性に着目したヘルダーの議論はきわめて素朴なものであるが、そこで問題とされている文化の多様性と普遍的規範の関係、相対主義批判の問題は現代でもなお未解決である。

☆38 和辻前掲書、二〇九頁以下に述べられたヘルダー論を参照。また、和辻哲郎『近代歴史哲学の先駆者――ヴィコとヘルダー――』、『和辻哲郎全集』第六巻、三九六頁以下に述べられたヘルダー論を参照。なお、和辻は、先に指摘した『イデーン』における普遍的規範の問題も切り捨てている。この点については、笠原賢介「多元的思考の転生――和辻哲郎のヘルダー受容をめぐって――」、原研二他編前掲書、一九九頁以下を参照。

手に入れ」ながらも、人間が人間である（「人間性」を持った存在である）ことに変わりはない。「変容《メタモルフォーゼ》」にはそのような含意がある。だが、このことはこの規範が自ずと（自然に）行なわれるということではない。普遍的規範が提示された先の箇所に先立つ、「人間はより繊細な衝動へと、したがって自由へと組織されている」という表題を持つ第I部・第四巻・第四章（ebd., 142ff.）で述べられているように、人間は自由意志を持つ存在である。あるときは「伝統」の力によって、「ありとあらゆる愚かしい想念」を心から選び取ることもあるであろう。それを拒否することもあるであろう。「過酷な偶然」のなかで、あるいは「偶然の豊穣な多様性」が溢れるなかで、さまざまな選択を重ねてゆく。自由意志を持つがゆえに、人間は「しばしば動物よりも邪悪になる」（ebd., 147）可能性を持つとヘルダーは考えるのである。

　もとより、「啓蒙」、「文化」、「伝統」を批判した先の引用の直前においては、「人類について、我々の地球上での神の意図が存在するということは、混乱をきわめた人類の歴史においてすら見紛いようもない、ということを確信しようではないか」という呼びかけが、有機体としての人間の組織の素晴らしさとの類比においてなされている（ebd., 350）。地球上に遍在する「啓蒙」、「文化」、そしてそのもとにある諸個人は、それぞれの多様なあり方それ自体において、「神の意図」の現われとして価値を持つはずである、[☆40]というのである。「それゆえに、各人があるところのもの、ありうるもの、それが人類の目的でなければならない」（ebd.）。そしてそれぞれの「啓蒙」、「文化」や個人のなかで、またそれら相互の間で、無限に多様な方向での知識・経験の受け渡し（「伝承」）が行なわれてゆくのが人類史の過程であるとするのである。

『イデーン』の基本にある構想は、むしろこのようなものであろう。だが、このことが述べられた第II部・第九巻・第一章では、これと同じ重みを持って、先の「伝統」批判が登場する。「人間はすべてを自分自身から生み出すと思い込むのを好むのではあるが、諸能力の展開にさいしては他者に依存している」と題されたこの節の考察の帰結の第一点目が、右に見た多様なもののなかに「神の意図」が見られるはずだという観点であり、第二点目が先に引用した「伝統」への批判なのである。ヘルダーの視点は複眼的であると言わなければならない。「啓蒙」、「文化」、「伝統」を見る「位置」に応じて異なった図柄や隠された形象が浮かび上がるのである。

ボラッハーが指摘するように、『イデーン』は単一の視点によってではなく、複数の視点によって重層的に構成された作品である。[☆41] 前節と本節で見たように、『イデーン』には地球と人類を全体として見るマクロな視点と、歴史の細部や個人などのミクロなものに向かう視点とが交錯している。「文化」、「啓蒙」、「伝統」に対する複眼的な評価も、『イデーン』における視点の複数性を示すものにほかならない。[☆42]

視点の複数性と関連して、思考の結果を未完結のままにして、たえず思考が変化してゆくというヘルダーの思考様式が注意されるべきである。ヘルダーにおいて思考は、思考の試みの過程であり、なんらかの〈体系〉へと完結する

☆39　『イデーン』における「伝統」の概念については、この箇所と同時に、第III部・第一二巻・第六章の次の言葉が注意されるべきである。「伝統は、それ自体としては、我々人類に欠くことのできない優れた自然的秩序である。だが、伝統が、実践的な国家機構（Staatsanstalten）のなかで、また教育において万人の思考力を拘束し、新たな状況や時代に応じた人間理性のあらゆる進展や改良を妨げるや否や、伝統は、国家にとっても、宗派にとっても、個人にとっても精神の真の麻薬となる」（SWS XIV, 89）。――ヘルダーは、生活世界における自生的な伝承とも言うべき「自然的秩序」としての「伝統」を評価しながらも、「伝統」が「国家機構」や「教育」によって用いられて人びとの「思考力」や「人間理性」を拘束する危険性を指摘している。ヘルダーがここで考えているのは、前近代の中国やインドなどの事態であり、そのアジア観の当否については別途検討されなければならない。だが、「伝統」が「国家機構」や「教育」によって用いられて「精神の真の麻薬となる」となる危険性の指摘は、前近代のみならず近現代にもあてはまる事実である。

☆40　第2節の冒頭に引用した文においては、「自然の意図」という言葉が見られた。それは、ここに言う「神の意図」に等しい。「神の意図」と「自然の意図」を等置する思考の背景には、ヘルダーによるスピノザ受容があるであろう。

☆41　Vgl. M. Bollacher, „[...] die Vernunft des Menschen ist *menschlich.*“ Geschichte und Humanität in Johann Gottfried Herders *Ideen zur Philosophie der Geschichte der Menschheit*, in: *Herder-Studien* Bd. 5 (1999), S. 17f.

ことがない。彼が『人間の魂の認識と知覚について』*Vom Erkennen und Empfinden der menschlichen Seele*、『神についての対話』*Gott. Einige Gespräche* などの作品を書き直していったことがこれを示している。[☆43]『イデーン』も未完結の作品である。『イデーン』は、公刊の途中でさらに第Ⅴ部と第Ⅵ部が構想された。だが、これらは構想にとどまって完成されることはなかった。[☆44] 表題における〈構想（Idee）〉の語が複数形（Ideen）であることも、この作品の複眼的・試行的な性格を示している。

複数の視点と完結することのない動的な思考によって書かれた『イデーン』には、単純な図式化になじまないさまざまな発想が含まれることになる。これらがときに、『イデーン』の叙述の行間に亀裂や問いを潜ませるのである。自然法則や有機体において秩序を示す自然との「類比（Analogie）」（ebd., 9 u. a.）によって人類史のなかに「神の意図」を読み取るという『イデーン』の基本構想のみに注目して、『イデーン』を〈体系〉へと濾過するならば、これらの発想や亀裂や問いは見失われてしまうのである。

そもそも「類比」ということ自体が異なったものの間に対応関係を見いだすことであり、人類史が即、法則的ないし有機的な自然であることを意味するものではない。『イデーン』は、自然を手がかりにして、人類史という未知の領域に考察を進める試みである。[☆45] それが暫定的なものたらざるをえないことは、『イデーン』第Ⅰ部の「序論」でヘルダー自身が述べるところである。ヘルダーは、歴史が「地上の二大暴君たる偶然と時」が支配する場であり、「不恰好にも自らが蟻にすぎない強者の足が幾千もの蟻を踏み潰す蟻塚」という相貌を持つことを指摘しながら（ebd., 8）、「私のこの書物は、多くの箇所において、いまはまだ人類の歴史の哲学を書くことができないということを、だが、ひょっとしたら我々の世紀の終わりかこの千年紀の終わり〔二十世紀の終わり〕に書かれるかもしれない、ということを示している」（ebd.）と述べるのである。

「啓蒙」、「文化」、「伝統」の二面性を述べた先の箇所も、『イデーン』における亀裂を示す箇所である。ヘルダーは、人類史は最終的には肯定しうるものになるであろうと考えている。だが、「啓蒙」、「文化」、「伝統」によって生み出される「非人間性」を「人間性」を引き立てるための手段とは考えない。歴史のそのような筋書きは拒否される。「啓蒙」、「文化」、「伝統」の両側面は同じ重みをもって並列的に提示されるのみである。[☆46] このような二重の視点から、人類史は「迷宮（Labyrinth）」（ebd., 9 u. 351 u. a.）と名づけられることになるのである。

この「迷宮」においては、「智恵のごくわずかの財宝」（ebd., 351）が、人から人へと、多くは「静かに、隠されて」、

☆42　先にも述べたように、和辻哲郎においては、ヘルダーのこのような複眼的視点は切り捨てられ、「文化」、「伝統」の一面的な肯定のみが押し出されている。ヘルダーにおける「啓蒙」、「文化」、「伝統」への批判は、別の脈絡へと切り貼りされ、ヨーロッパ近代批判の脈絡でのみ登場させられている。この点については、笠原前掲論文、とりわけ、二〇九頁以下を参照。また、笠原賢介「和辻哲郎とヘルダー――和辻所蔵本 *Ideen zur Philosophie der Geschichte der Menschheit* を手がかりとして――」、濱田義文編『和辻哲郎の思想と学問に関する基礎的研究　付　法政大学所蔵和辻哲郎文庫マイクロフィッシュ収録目録』平成三年・四年度科学研究費補助金一般研究（B）研究成果報告書、一九九三年、五八頁以下も参照。

☆43　Ebd., S. 1f.『人間の魂の認識と知覚について』（一七七八年）には一七七四年と一七七五年の異稿がある。『神についての対話』（一七八七年）は、一八〇〇年に書き直されている。また、『彫塑』*Plastik*（一七七八年）には、一七七〇年の異稿がある。「ヘルダーと啓蒙の人間学」と題されたＭＨＡ第二巻には、詳細な解説とともにこれらの作品の本文と異稿が収録され、ヘルダーの思考の過程的な性格を提示するものとなっている。

☆44　Vgl. FHA VI, 909ff.

☆45　歴史哲学という概念はヴォルテール（一六九四～一七七八年）が、『歴史哲学』*La Philosophie de l'histoire*（一七六五年）においてはじめて用いた新しい概念である。それは、歴史をキリスト教的な救済史観（救済という目的因によって歴史を説明しようとする立場）から解放し、現実的・経験的な要因に基づいて歴史の全体を内在的に考察しようとするものである。『イデーン』に示されている〈人類の歴史の哲学（Philosophie der Geschichte der Menschheit）〉という構想は、ヴォルテールのこの新たな試みを批判的に引き継ぐものである。これらの点については、vgl. Bollacher, Herders Deutung der Geschichte in den »Ideen zur Philosophie der Geschichte der Menschheit«, in: FHA VI, 918ff. u. Cassirer, *Die Philosophie der Aufklärung*, in: ECW XV, 208ff., u. 230f.

「その結果を知ることもまれ」な形で受け渡され、新たに付け加えられてゆく (ebd., 353)。だが、あるとき、受け渡しは途絶えてしまう (ebd., 352)。歴史から消し去られることもあろう。幸運な場合には、断絶の後にふたたび過去が想起され、受け渡しが再興される。「伝統の連鎖」(ebd.)、「形成の黄金の連鎖 (goldene Kette der Bildung)」とも呼ばれることの知識・経験の継承の屈折した過程が、「諸個人を通って地球を取り巻いてゆく」(ebd., 353)。この「連鎖」が「迷宮」のアリアドネの糸である。この糸は無数であり、単一の筋書きに収まらない。他方で「迷宮」は、歴史的時間のなかにあるものとして、たえず増築される。「迷宮」は複数となって絡み合ってゆく。[☆47] だが、人類は未来において「迷宮」を抜け出すであろう。密やかな「形成の黄金の連鎖」のみが人類史を肯定しうるものにするのである。本節の始めで見たように、この「形成の黄金の連鎖」は、諸個人間の知識・経験の受け渡しによる「人類の教育」の過程とも言われていた。「迷宮」からの脱出は、レッシングの『人類の教育』、さらには『エルンストとファルク』や『賢者ナータン』におけると同様、「気づかれぬほどの歩み (unmerkliche[r] Schritt)」(LM XIII, 434) の集積によって可能となる遙かな未来に展望されているといえよう。

4 歴史への二重の視点の背景——ベールとゲーテ

前節の後半においては、「文化」、「啓蒙」、「伝統」に対するヘルダーの複眼的視点を指摘した。本節では、この点について、十八世紀の脈絡、とりわけ、ベールとゲーテの歴史観を考慮に入れながら考察してみたい。

十八世紀における歴史の探究は、カッシーラーが指摘したように、十七世紀からの世紀転換期に活動したベールに始まる。[☆48] この点は、ヘルダーを含め十八世紀の歴史叙述や歴史哲学を十九世紀歴史主義の先駆者と見るときに見落とされがちである。[☆49] だが、十八世紀の脈絡のなかでこれらを理解しようとするさいには不可欠の観点である。

ベールが歴史的伝承に対する批判的吟味を説いたことは、前章の第3節・（1）で見たところである。この吟味は、「隠された、幾世紀にもわたって引き継がれてきた誤謬」を指摘してやむことがない。[☆50] 批判的吟味による伝承の脱神話化の果てにベールが立てるのは、『歴史批評辞典』「マニ教徒」の項、注（D）で述べられている「歴史とは厳密に言えば、人類の悪徳と不運（Unglücksfälle[n]）の集積にすぎない」[☆51] という命題である。カッシーラーの言うように、ベールには「歴史のなかには脈絡のある計画や有意味な秩序を持った全体はどこにも発見できない」という「深いペシ

☆46 人類史の多様な展開のなかに「神の意図」を読み取ろうとする点で、ヘルダーは弁神論の立場に立っていると言うことはできる。だが、彼は、ヴォルテールの批判した救済史観とは異なって、歴史の内在的考察に徹している。したがって、「啓蒙」、「文化」、「伝統」の否定的側面を救済史のなんらかの筋書きによって正当化することはしない。ヘルダーは、人類史のなかに「神の意図」を読み取ろうとする立場から「愚かさは、智恵がそれを克服するために現われざるをえなかった」(SWS XIII, 352) と述べてはいる。だがこれは、「愚かさ」を「智恵」出現のための手段として正当化する歴史の筋書きや哲学的論理（たとえば、ヘーゲルの言う「理性の狡知」）を案出して『イデーン』を構成していることを意味するものではない。『イデーン』における各地域の叙述は並列されるにとどまる。ヘルダーのこの言葉は、未来の希望も含めて、歴史には肯定的側面があるはずだというヘルダーの確信を強調したものである。

☆47 「迷宮」は、第I部の「序論」で、「人類史という迷宮（die Labyrinthe der Menschengeschichte）」として、複数形で登場する（ebd., 9)。

☆48 Cassirer, a. a. O., S. 210ff.

☆49 たとえば、マイネッケの大著『歴史主義の成立』*Die Entstehung des Historismus*（一九三六年）においては、ベールは数回、事項的に触れられているに過ぎない。十八世紀の脈絡に注意を払ったボラッハーとプロースの注釈も『イデーン』とベールの歴史観との関係には注意を払っていない。

☆50 Cassirer, a. a. O., S. 215.

☆51 Art. Manichäer, in: Bayle, *Historisches und Critisches Wörterbuch, Bd. III*, Leipzig: Breitkopf, 1743（Neudruck, Hildesheim /New York: Olms, 1977), S. 307. ベール（野沢協訳）『歴史批評辞典II（E–O）』、七四七頁。

ミズム」がある。[☆52] この「深いペシミズム」が、伝統的な救済史観を打ち砕き、十八世紀における歴史の探究を引き起こしてゆくことになるのである。

ただし、同時に注意すべきなのは、「マニ教徒」の項、注（D）の右の言葉に引き続いてベールが、「しかし、ひとつは道徳的、ひとつは物理的なこの二つの悪が、歴史の全体をも個々人の経験の全体をも占めるわけではないことを指摘しておこう。至るところに道徳的善も物理的善も見られる。美徳の若干の例と幸福の若干の例も見られる。これがむずかしいところである」と述べていることである。[☆53] 前章では、『歴史批評辞典』「マホメット」の項に関連して、さまざまに干渉し合う主張を並列するベールの謎めいた思考の特色を指摘した（第2章・第3節・（2））。「マニ教徒」の項のこの箇所にも同様の特色が示されている。「歴史とは厳密に言えば、人類の悪徳と不運の集積にすぎない」と述べながら、「至るところに道徳的善も物理的善も見られる」とするのである。人類史を「迷宮」と見るヘルダーの視点には、ベールのこのような見方が受け継がれているといえよう。

興味深いのは、ゴットシェートによるドイツ語訳『歴史批評辞典』では、「マニ教徒」の項、注（D）のこの言葉に引き続いて、ライプニッツの『弁神論』第II部・一四五〜一四九節と一五一〜一五三節、一五五節の独訳が、「ライプニッツの解答（Leibnitzens Antwort）」と題されて挿入されていることである。[☆54] この部分は仏語原典にはない。挿入部分の内容は、先の言葉を含む「マニ教徒」の項、注（D）におけるベールの議論に対するライプニッツの反論である。歴史における摂理についてのベールの懐疑が、十八世紀のドイツで広く知られ、意識されていた争点であったこと、そしてヘルダーもそれを熟知していたであろうことが知られるのである。第2節と第3節で見たように、ヘルダーは、人類の可能性が展開するにあたっては、「偶然」が役割を果たすと考えている。この「偶然」は、「豊穣な多様性」であると同時に「過酷な偶然」でもあった。「過酷な偶然」は、ベールの言葉にある「不運」と重なる。歴史についてのベールの懐疑は、「偶然」を重視するヘルダーにおいて鋭く意識されたであろうと推測されるのである。[☆55]

『イデーン』出版のあとに刊行された『アドラステア』*Adrastea*（一八〇一～四年）には、ヘルダーのベール論が収められている（SWS XXIII, 86ff.）。それは、ヘルダーが『歴史批評辞典』を読み、ライプニッツとベールの間の争点を熟知していたことを裏づけている。

ヘルダーは、ベールの批判が神学的発想に凝り固まった「多くの頭脳の古びた強張りを除去した」（ebd., 87）こと、『歴史批評辞典』が歴史の考察に道を開いたことを評価する。だが、宗派対立のなかで行なったベールの論争を過去のものと見なし、論争よりは相違の間に橋をかけることが重要であると論じている。これとの関連で、ヘルダーは、ベールよりもライプニッツを評価する。だが、ベールがライプニッツの『弁神論』を読んだとしても（『弁神論』は、ベール死後の刊行である）納得しなかったであろう、ベールを読んだ者で『弁神論』を読む気の起きる者がいるであろうか、とも付け加えている。ヘルダーが『弁神論』とは立場を異にしていることが知られるのである。

☆52　Cassirer, a. a. O., S. 213.

☆53　Art. Manichäer, in: Bayle, a. a. O., S. 307ff. ベール（野沢協訳）前掲書、七四七頁。

☆54　Ebd., S. 307ff.

☆55　注13と注26においては、ライプニッツのヘルダーへの影響を示唆した。このことは、ベールのヘルダーへの影響を排除するものではない。前章で指摘したようにライプニッツ『弁神論』執筆のきっかけはベールとの論争にある。ライプニッツの合理論は単なる理性のオプティミズムではなく、ベールの懐疑との緊張関係のなかにあり、これが十八世紀ヨーロッパ思想にさまざまな影響を及ぼしていったと見ることができるのである（第2章・注75を参照）。ライプニッツについては、ライプニッツ研究において次のように述べられていることを指摘しておきたい。「〔ライプニッツにとって〕世界はすでに完全であるのではなく、また、つねにおのずからいっそう完全な状態へ発展してゆくものでもなくて、我々がこれを完全にしてゆかねばならないのであり、よりよき世界への進歩発展は我々自身の努力にかかっているのである。〔……〕それゆえライプニッツの最善観は、けっして単に過去的な現実肯定や自慰的な楽観主義に盡きるものではない。彼の幸福な生の理想が「実践における」努力を不可欠の条件としていたように、世界の完全性の主張と確信は真摯な道徳的実践的態度に立脚するものであった」、山本信『ライプニッツ哲学研究』、東京大学出版会、一九五三年、一〇五頁。

ヘルダーは、ベールを、懐疑を自己目的とする単なる論争家と見なすことを斥ける。ベールの時代は過ぎ去ったとしても、彼の仕事には後の者に彼を越えて進むよう促す偉大さがあるとするのである。その例としてヘルダーは『歴史批評辞典』を挙げる。歴史の探究はいまや辞典という形式を越えてゆくべきであり、「もろもろの学問、言語、発明、性格が時代と民族にしたがって配列される」ことによって「光と闇の絶えざる均衡（*fortgehende[n] Haltung von Licht und Dunkel*）」のなかにある歴史が明らかになると述べる（ebd., 88f.）。「もろもろの学問、言語、発明、性格が時代と民族にしたがって配列される」とは、『イデーン』の構成そのものである。また、歴史を「光と闇の絶えざる均衡」と見るのは、前節で見た、歴史を「迷宮」と把える視点と重なっている。ヘルダーの『イデーン』は、これらの点で、ベールを継承し、乗り越えようとする試みであったと見ることができよう。なお、ヘルダーは『歴史批評辞典』を「巫女の散り散りの紙片（zerstreute[n] Sibyllenblätter[n]）」のようであると述べている（ebd., 89）。注釈に注釈を重ねてゆく『歴史批評辞典』の文体の特徴を捉えた言葉である。ヘルダーはこの言葉を肯定的に述べているわけではないが、ヘルダーの作品に『みだれ草紙』*Zerstreute Blätter*（一七八五～九七年）があることを想起しておいてよいであろう。前節で述べたように、思考を未完結のままにしてたえず変化してゆくのは、ヘルダーの思考様式でもあったのである。

論文の末尾でヘルダーは、『歴史批評辞典』をはじめとするベールの著作が「異なった宗教的見解の寛容」に寄与したことを賞賛する（ebd., 90f.）。注意すべきなのは、ヘルダーがこのことを「その著作によってベールは、世界の大いなるパノラマ、さまざまな花の咲く牧草地を切り開いた」と言い換え、「ベールにちなんだバイリアーナ（Bailiana）という名を持つアメリカの花はないのだろうか」と結んでいることである（ebd.）。[☆56] ベールが説いた「異なった宗教的見解の寛容」の問題は、キリスト教内部にとどまるものではなく、それを超えて、アメリカ大陸を含む「世界」に関わる問題であるとするのである。前章（第2章・第7節）で見たように、ベールにとって「世界」とは、「地球上の既知の地域を三十等分すれば、キリスト教徒の地域は五、マホメット教徒の地域は六、異教徒の地域は十九」というあり方をしていた（『歴史批評辞典』「マホメット」の項、注（A））。ヘルダーの『イデーン』は、ベールの寛容思想を引き継ぎながら、そのような「世界」の多面的な「パノラマ」へと視野を拡大しようとする試みであったといえよう。「異教徒」を視野に入れる点でヘルダーはレッシングと重なるのである。

「文化」、「啓蒙」、「伝統」に関するヘルダーの二重の視点に関しては、ゲーテとの関係も付け加えておきたい。

一七八三年から八〇年代の終わりにかけては、ゲーテとヘルダーの思想的な交流が密になった時期である。この交流は、形態学とスピノザ（一六三二〜七七年）の哲学の研究をめぐって行なわれたが、『イデーン』執筆の時期に重なっている。一七八四年の『イデーン』第Ⅰ部の出版に先立って、ヘルダーは、一七八三年十二月、ゲーテのサークルで第Ⅰ部の最初の数章をゲーテとともに朗読している。[☆57] ヘルダーは、ハーマンに宛てた手紙のなかで、ゲーテの絶えざる励ましがなかったならば第Ⅰ部は日の目を見なかったであろうとも述懐している。[☆58]

☆56　この名づけの提案は植物学者の受け入れるところとはならなかったが（vgl. FHA X, 1037）、この言葉は、ヘルダーがベールの提起した寛容の問題をアメリカ大陸の問題を念頭に置いて考えていることを示している。ヘルダーは『人間性促進のための書簡』の第一一五書簡のなかで『インディアスの破壊についての簡潔な報告』*Brevísima relación de la destrucción de las Indias*（一五五二年）を書いたバルトロメー・デ・ラス・カサス（一四七四〜一五六六年）を高く評価している（SWS XVIII, 238）。また、ボラッハーはアメリカに関する『イデーン』の叙述にラス・カサスの影響を指摘する（vgl. FHA 1005 u. 1114）。ベール論の結びの言葉は、ヘルダーのこのような方向性に対応するものといえよう。

☆57　Goethe an Knebel, 8. Dezember 1783, in: *Goethes Werke*, hrsg. im Auftrage der Großherzogin Sophie von Sachsen, IV. Abteilung: *Goethes Brief, 6. Bd.*, Weimar: Böhlau, 1890 (Neudruck, Tokyo: Sanshysha, 1975), S. 224. ゲーテとヘルダーの交流については、vgl. H. D. Irmscher, Goethe und Herder im Wechselspiel von Attraktion und Repulsion, in: *Goethe-Jahrbuch* 106 (1989), S. 22ff.

☆58　Herder an Hamann 10. Mai 1784, in: *Johann Gotfried Herder Briefe, 5. Bd.*, Weimar: Böhlaus Nachfolger, 1979, S. 43. この点を含め、『イデーン』の成立とゲーテとの関係については、vgl. M. Bollacher, Herders »Ideen zur Philosophie der Geschichte der Menschheit«. Entstehung, in: FHA VI, 901ff.

いま、これらの細部に立ち入るのがここでの主題ではない。ヘルダーの二重の視点に関連して指摘しておきたいのは、後の発言ではあるが、ゲーテが歴史について次のように述べていることである。

> あなたがすべての資料を解明し、精査することができたとしても、あなたは何を発見するのだろうか。とうの昔に発見されていて、証明することがさほど困難ではない大いなる真理以外の何ものでもない。つまり、あらゆる時代、あらゆる国において悲惨であったという真理である。人間はたえず不安を与え合い、悩ませ合ってきた。互いに苦しめ合い、苛め合ってきた。自分と他人のつましい生活を辛いものにしてきた。世界の美しさや美しい世界が差し出してくれる生きていることの快さを、重んじることも味わうこともできなかった。生が快適で喜ばしいものとなったのは、ほんのわずかの人間である。多くの者は、ある程度の期間、生を経験すれば、それを最初から始めるよりは、世を去るほうがましだと思ったであろう。それでもなお、生に引きとどめる幾ばくかのものがあった、あるいは、あるとすれば、死ぬことへの恐怖にほかならない。[☆59]

一八〇六年に行なわれた、歴史家のハインリヒ・ルーデン（一七七八〜一八四七年）との会話の一部である。ゲーテは、ベールに呼応するかのように、人間は「あらゆる時代、あらゆる国において悲惨であった」と語る。[☆60]ゲーテは、この「大いなる真理」を無視し、濾過するような歴史叙述を拒否するのである。

ゲーテのこの発言に対してルーデンは、人間の状態がそのようなものであるとしても、人類の運命は別ではないか、と問い返す。それに対するゲーテの答えは次のようなものである。

> 人類だって？　そんなものは抽象概念にすぎない。昔から人間たちだけが存在したのであり、人間たちだけが存

在するであろう。[☆61]

ルーデンはさらに、人類とは人間精神のことであり、すべての民族の総体的精神（der Gesamtgeist aller Völker）が人類なのだと反論する。これに対してゲーテは次のように答える。

もろもろの民族についても人間と同じである。民族は人間たちからなっているのだ。民族もまた人間と同様に、生まれ出でて、いささか長く、だが同様に奇妙な仕方で活動し、同様に非業の死をとげるか、老年や衰弱によって死ぬ。人間たちの苦難と労苦の総体（Die Gesamtnot und die Gesamtplage der Menschen）がもろもろの民族の苦難と労苦にほかならないのだ。[☆62]

ゲーテは「人類」や「総体的精神」の〈進歩〉、あるいは「民族」の〈栄光〉の歴史のなかに「人間たちの苦難と労苦の総体」を解消し、それによって人間が「あらゆる時代、あらゆる国において悲惨であった」という「大いなる

☆59　*Goethes Gespräche*, begründet von Woldemar Frhr. von Biedermann, zweite, durchgesehene und stark vermehrte Auflage, *1. Bd.*, Leipzig: Biedermann, 1919, S. 434f.

☆60　ベールは『歴史批評辞典』「マニ教徒」の項、注（D）で「人間は邪悪で不幸である。自分のなかに起こることからも、隣人と持たざるをえない交際からも、みなそのことを知っている。この二つのことについての十全な確信に至るには、［……］ほんの五、六年生きるだけで十分である」と述べている。Vgl. Art. Manichäer, in: Bayle, a. a. O., S. 307. ベール（野沢協訳）前掲書、七四七頁。

☆61　*Goethes Gespräche*, S. 435.

☆62　Ebd.

真理」を隠蔽する歴史の見方を拒否するのである。レーヴィットによれば、ゲーテのこれら一連の言葉は、〈自由の意識における進歩〉のイデーをアリアドネの糸とするヘーゲル流の歴史哲学の拒否である。☆63

一七八三年からの交流において、ゲーテは自然研究に、ヘルダーは『イデーン』に取り組みながら、その成果を「互に分かち合い、戦いを交えることによって（durch wechselseitiges Mitteilen und Bekämpfen）」、学問的知見を洗練し、豊富化していったという。☆64「戦い」を含んだこの交流のテーマには、当然、歴史が含まれていたであろう。ゲーテがヘルダーに、ルーデンに対するかのように語ることはなかったかもしれない。ヘルダーとても、過酷な農奴制の支配する東プロイセンの出身者として、「大いなる真理」、「人間たちの苦難と労苦の総体」を無視する感性の持ち主ではなかっただろうからである。他方、カッシーラーが指摘するように、ゲーテは、過去を活き活きと甦らせるヘルダーの才能に感嘆し、ゲーテ自身もそのような感覚を詩人として持っていた。☆65これらの接点のゆえに、歴史をめぐる両者の「戦い」がすれ違いに終わることはなかったであろう。だが、ともかくも、自然との「類比」によって人類史のなかに「神の意図」を読み取るという『イデーン』の構想を、安易な歴史の物語にさせないベクトルのひとつとして、ゲーテがあったと想像されるのである。

第2節では「人類の全体も絶えざる変容《メタモルフォーゼ》のなかにある」という『イデーン』の視点を検討した。そこにおいては、「変容《メタモルフォーゼ》」の運動が「花は落ち、萎む。別の花が咲き、芽吹く」という草花の喩えによって、生成消滅の相のもとで捉えられていた。それに対応して、民族集団は「過酷な偶然」に曝されながら移動し、変化し、混合してゆくものと捉えられていた。民族集団を実体化せずに流動性の相のもとで見るこのような見方は、先のゲーテの言葉における「民族もまた人間と同様に、生まれ出でて、いささか長く、だが同様に奇妙な仕方で活動し、同様に非業の死をとげるか、老年や衰弱によって死ぬ」という見方と重なっている。また、第3節では『イデーン』の「幸福」概念について検討した。そこにおいては、「幸福」が「偶然」に翻弄される生活の「喜びや苦悩」の狭間から析出してくるものとされ、そのような「幸福」は、最終的には「各人の胸の内にある」ものとされていた。『イデーン』のこのような視点も、ゲーテにおける「民族は人間たちからなっているのだ〔……〕人間たちの苦難と労苦の総体がもろもろの民族の苦難と労苦の総体にほかならない」という見方、民族集団を実体化せず、諸個人が置かれている現実を注視する見方と重なっている。[☆66] これらの点に、一七八〇年代におけるヘルダーとゲーテの「分かち合い」と「戦い」が交錯した交流における共通項の一端があると思われるのである。

5 『イデーン』のヨーロッパ論

以上を踏まえて、『イデーン』では、ヨーロッパが考察されることになる。『イデーン』は全四部からなるが、最後の第Ⅳ部において、ヨーロッパが主題化され、中世から近世初頭に至るその形成史が考察されるのである。第3節で見たヘルダーのヨーロッパに対する批判は、地球を全体として眺める視点を一方に持ちながらも、自らをヨーロッパ外のなんらかの場所に置こうとするものではなく、ヨーロッパに生きる者の省察として、第Ⅳ部での論述に接合され

☆63 K. Löwith, *Von Hegel zu Nietzsche -Der revoltionäre Bruch im Denken des 19. Jahrhunderts*, in : *Karl Löwith Sämtliche Schriften, Bd. 4 Von Hegel zu Nietzsche*, Stuttgart: Metzler, 1988, S. 276ff. u. S. 283f. レーヴィットは、ゲーテとヘーゲルの歴史把握の違いの理由について、「ゲーテが詩人でありヘーゲルが思索家であったからではなく、ゲーテの純粋な人間的な感覚が歴史上の偉大な出来事に対してと同様に、自然および人間の日常生活に対しても開かれていたからである」と考え（ebd., S. 277）、そのような開かれた態度をゲーテは自然の研究によって得たとしている（ebd., S. 284）。

☆64 Goethe, *Morphologie*, in: HA XIII, 63.

☆65 Cassirer, *Goethe und die geschichtliche Welt*, in: ECW XVIII, 355ff. bes. 359f.

てゆくのである。

本章の序でも述べたように、ヘルダーはしばしばドイツ・ナショナリズムの始祖と理解され、西欧との対立における〈ドイツ的なもの〉の固有性を鼓吹した思想家とされてきた。だが、『イデーン』に関しては、そのような見方は的を射ていない。『イデーン』第Ⅳ部において主題化されているのはヨーロッパであり、しかもそれは、数多くの民族集団の混合や移動によって「ヨーロッパの共通の精神（*Allgemeingeist Europa's*）」（SWS XIV, 287）が形成されてきた場所とされているからである。ヘルダーは、『イデーン』第Ⅳ部・第一六巻でヨーロッパのいくつかの民族集団を考察した後、その暫定的な結尾をなす第六章（「一般的な考察と結論」）で次のように述べる。

> いかなる大陸においてもヨーロッパのように諸民族が混合したことはなかった。いかなる大陸においても諸民族がかくも激しくしかも頻繁に居住地を変え、それとともに生活様式と風習を変えたことはなかった。いまや多くの国において、その住民、とりわけ個々の家族や人間が、自分たちがどの一族や民族の者であるのかを言うのは困難であろう。彼らがゴート人、ムーア人、ユダヤ人、カルタゴ人、ローマ人であるのか、ゲール人、ウェールズ人、ブルグント人、フランク人、ノルマン人、ザクセン人、スラヴ人、フィン人、イリュリア人であるのか、また、彼らの先祖の連なりのなかでどのように混血してきたかを言うのは困難であろう。幾世紀が経過するなかで、幾百もの原因によってさまざまなヨーロッパ諸国民の旧来の部族形成は弱くなり、変化してきた。このような融合がなければ、ヨーロッパの共通の精神が呼び起こされるのは困難であったであろう。（Ebd.）

本章の第2節では、地球上の各地域で展開される人間の活動の多様性を「庭園」の「植物」（ebd, 84f.）のように見ることは誤りであり、民族集団はたえず移動し、交流し、変化している、という『イデーン』の基本視点を確認した。

☆66　ヘルダーは、『イデーン』第II部・第九巻・第一章において、カントの『世界市民的見地における一般史の理念』を批判的に暗示しつつ、〈人類〉を歴史の主体とする歴史哲学を個人軽視の「アヴェロエス哲学」として批判して、次のように述べる。――「[……]それゆえに人類の教育が存在する。各人は教育によってのみ人間となるからであり、人類の全体は、諸個人からなるこの連鎖のなか以外には生きていないからである。もちろん、個人ではなく類が教育されるのだと誰かが言うのであれば、その者は、私には理解不可能なことを語っていることになろう。なぜなら、類とは、それが諸個人のなかに存在するのでないかぎり、一般的な概念に過ぎないからである」（SWS XIII, 345f.）。「人類の教育」、人類の向上の主体は「諸個人」であり、「類とは、それが諸個人のなかに存在するのでないかぎり、一般的な概念に過ぎない」とするこのような見方も、「人類だって？　そんなものは抽象概念に過ぎない。昔から人間たちだけが存在したのであり、人間たちだけが存在するであろう」という先のゲーテの言葉に対応するものである。なお、ヘルダーは他方で、これまでも考察してきたように、地球上に展開する文化の多様性に積極的な意義を認め、その脈絡で各民族集団に焦点をあてる。そのさいにヘルダーは、民族集団の文化的特性を表わすために、「民族の創造的精神（Genius eines Volks）」（ebd., 364）、「民族の精神（Geist des Volks）」（SWS XIV, 382）などの語を用いることがある。これらの語は、後にヘーゲルにおいて〈民族精神（Volksgeist）〉として術語化される（この点は、vgl. A. Grossmann, Volksgeist; Volksseele, in: *Historisches Wörterbuch der Philosophie, Bd.11*, Basel: Schwabe, 2001, Sp. 1102ff.）が、『イデーン』においては、ヘーゲルとは異なって、これらの語が形而上学的な概念として実体化されていないことが注意されるべきである。先の引用（SWS XIII, 345f.）に見られるように、また第3節でも指摘したように、『イデーン』において「人類の教育」、人類の向上の過程を担う主体はあくまでも「諸個人」であって、もろもろの〈民族精神〉やそれらの弁証法的な葛藤を通して顕現する〈世界精神〉ではない。この点とならんで注意されるべきなのは、『イデーン』における「民族の創造的精神」、「民族の精神」などの語が、二十世紀前半のドイツにおけるような排外主義的な意味合いを持っていない点である。たとえば、「民族の創造的精神」という語が登場するのは『イデーン』第II部・第九巻・第二章であるが、問題とされているのは比較言語学的な考察である。ヘルダーは、「ある民族の創造的精神は、なによりもその発話の相貌のなかに現われる」と述べ、時制、文の構造、法（modus）、一人称の表わし方、愛・尊敬・諂い・威嚇の表現、等の比較研究の必要性を説く。めざされるのは、「人間の諸概念の豊穣きわまりない組み立て（die reichste *Architektonik menschlicher Begriffe*）」の解明である（SWS XIII, 363ff.）。ヘルダーが記すようにこれはフランシス・ベーコン、ライプニッツ、ズルツァー（一七二〇〜七九年）の試みを引き継ぐものである。

右の箇所では、この視点がヨーロッパに適用されている。夥しい数の民族集団を包含するヨーロッパほど「諸民族がかくも激しくしかも頻繁に居住地を変え、それとともに生活様式と風習を変えた」地域はない、とされるのである。しかも、諸集団は「混合」を繰り返し、ヨーロッパ諸国において、「その住民、とりわけ個々の家族や人間が、自分たちがどの一族や民族の者であるのかを言うのは困難」となっていると指摘する。これを踏まえてヘルダーは、ヨーロッパを「国民的性格のゆるやかな解消（allmälige[n] Auslöschung der Nationalcharaktere）」に向かいつつある地域と特徴づけるのである（ebd., 288）。

そのような「解消」の動向のなかでの諸集団共通の基盤とも言うべきものが「ヨーロッパの共通の精神」であるが、ヘルダーは、これが中世から近世を経るなかで徐々に形成されてきたと考える。その形成要因としてヘルダーが挙げるのが次のものである。

> ヨーロッパにおいては、いかなる民族もおのずから文化へと高められたことはなかった。〔……〕北部、東部および西部ヨーロッパの文化はすべてローマ‐ギリシア‐アラビアの種子から生い育ったものである。この生育物が、〔他地域〕より過酷なこの土地でかろうじて成長し、ついには固有の、当初はまったく甘みのない果実を実らすようになるまでには、長い時間が必要であった。否、これに加えて見慣れぬ手段（Vehikel）、外来の宗教（*eine fremde Religion*）が必要であったのである。その結果、ローマ人が征服によってできなかったことを宗教的な征服を通してなしとげたのである。（Ebd., 289）

ここに言う「文化」は、先に第3節で見たように、「啓蒙」の同義語であり、そこには知性の先入見からの解放のみならず、知識・経験の「伝承」、振舞い方の醇化・洗練が含まれている。ヘルダーは、西ローマ帝国の崩壊後のヨーロッパがそのような「文化」へと「おのずから」至ったのではなく、「ローマ－ギリシア－アラビアの種子」と「外来の宗教」が必要であったとするのである。

「外来の宗教」とは、キリスト教のことであるが、キリスト教はヨーロッパ「文化」形成にさいしての「手段」であったとされる。「手段」の原語はVehikelであるが、薬学における「賦形剤」も意味する。「賦形剤」は、それ自身は効力を持たないながらも、薬を溶かしたり服用しやすくするために加えられる物質のことである。☆67 ヘルダーは、「外来の宗教」がもろもろの民族集団の共通項となり、それが「手段」ないし「賦形剤」となって、そこに「ローマ－ギリシア－アラビアの種子」が播かれたことによって、ヨーロッパ「文化」の生成が可能になったとするのである。

キリスト教を「手段」ないし「賦形剤」と見なすヘルダーの視点は、〈キリスト教的ヨーロッパ〉の礼賛とは似て非なるものである。ヘルダーは、パレスチナの地に生きたイエスその人と制度化されたキリスト教を峻別する（ebd., 290ff.）。前者のなかに「最も真実な人間性（die *ächteste Humanität*）」（ebd.）を見ると同時に、後者に対しては批判的なまなざしを向けるのである。

第2章・第4節でふれたように、晩年のレッシングは、ゲッツェとの論争のなかで『聖書』の「精神（Geist）」と「文字（Buchstabe）」を峻別した。レッシングはこれに続いて断片『キリストの宗教』*Die Religion Christi*（一七八〇年成立、一七八四年公刊、LM XVI, 518f.）を書き、「キリストの宗教（Die Religion Christi）」と「キリスト教（die christliche Religion）」を峻別し、後者を批判した。「キリストの宗教」は、「キリストが人間として自ら認識し、行なった宗教」であり、

☆67　プロースはこの箇所のVehikelを賦形剤と取る（MHA III/2, 799）。なお、賦形剤の用例はレッシングにも見られる。ゲッツェとの論争のなかで書かれた『公理――このような事柄にそれがあると仮定して』（一七七八年）において、レッシングは「〔聖書の〕歴史的な言葉は預言的な言葉の賦形剤である（Die historischen Worte sind das *Vehiculum* des prophetischen Wortes）。だが、賦形剤は薬が元来持っている力を持つべきではないし、持ってはならない」と述べている（LM XIII, 114）。

「キリスト教」は、キリストが「人間以上であったことを真と見なして」「崇拝」するキリスト以後に制度化されたキリスト教である。ボラッハーとプロースが指摘するように、ヘルダーの見方はこれを引き継ぐものである。[☆68] プロースはこれに加えて、スピノザ『神学・政治論』*Tractatus theologico-politicus*（一六七〇年）のイエス把握の影響も指摘する。[☆69] ヘルダーのイエス把握とキリスト教の歴史に対する批判の背景には、スピノザからレッシングに至る、啓蒙およびそれに先立つ世紀における宗教に対する歴史的・批判的検討がもたらした思索がある。

このような地点からヘルダーは、ヨーロッパにおけるキリスト教の歴史に対して批判的なまなざしを投げかける。たとえば、「教権制度のヨーロッパへの影響」と題された第Ⅳ部・第一九巻・第二章でヘルダーは、中世において寺院や修道院が困窮者や戦乱に圧迫された者の避難所となり、産業の庇護や古代文化の伝承の場であったことなどを認めながらも、異教徒の改宗が「火と剣」によって行なわれたこと、非改宗者の奴隷化、財産の略奪がなされ、同様のことが現在でも「世界のあらゆる地域」で続けられていることを批判する（SWS XIV, 410f.）。[☆70] 十字軍に対しても批判的である。ヘルダーは、十字軍がドイツ各地でのユダヤ人虐殺とともに始まったことを記す（ebd., 467）。ヘルダーはまた、「技芸と学問もまた、十字軍に固有に従事した者によっては、いかなる仕方によっても促進されることはなかった［……］いかなる宗教的騎士団によっても、啓蒙がヨーロッパにもたらされたり、促進されることはなかった」と断ずる（ebd., 474）。[☆71]

第3節においては、「啓蒙」、「文化」、「伝統」に対するヘルダーの二重の視点を指摘し、「相続された伝統は、ありとあらゆる愚かしい想念を、そこここで現実に神聖化したのではなかったか」という言葉を含む一節（SWS XIII, 350f.）を考察した。この批判はヨーロッパを例外とするものではなく、ヨーロッパに向けられたものだったのである。そのまなざしは、第2章・第4節で見た、「コンスタンティヌス〔大帝〕から現在まで」のキリスト教に批判を向けるベール、[☆72] それを引き継いだレッシングとも重なっている。制度化されたキリスト教から距離を置いてそれを「賦形剤」と見なすヘルダーの視点の背後には、ヨーロッパにおけるその歴史に対する冷静な認識がある。〈人類の歴史の哲学〉というヘルダーの構想は、救済史観からの解放のうえになされているという、注45で述べた論点にいまいちど注意を促しておきたい。

こうして第IV部においては、ヨーロッパへの批判を交えながら「ヨーロッパにおける商業精神」（第二〇巻・第一章）、「十字軍とその諸帰結」（第三章）、「ヨーロッパにおける理性の文化《クルトゥア》（陶冶）」（第四章）、「ヨーロッパにおける制度と発見」（第五章）など、いくつかの観点からヨーロッパ「文化」の形成史への省察がなされるのであるが、ヘルダーの非ヨーロッパ把握を問う本章の主題との関連で重要なのは、イスラーム圏の与えた影響が高く評価されている点である。

先に、ヨーロッパ「文化」は「ローマ－ギリシア－アラビアの種子から」生い育ったというヘルダーの言葉を紹介した。原語は aus Römisch-Griechisch-Arabischem Samen であり、単数形の Samen（種子）を、連字符で繋いで一語となった Römisch, Griechisch, Arabisch が形容している。ヘルダーは、ローマ、ギリシア、アラビアがユニークな形で一体となった「種子」からヨーロッパ「文化」が生成したと見ている。このいずれが欠けてもヨーロッパ「文化」の生成は不可能であったとするのである。そのさいに注意すべきなのは、「ヨーロッパにおいては、いかなる民族もおのずから文化へと高められたことはなかった」と言われていたことである。ギリシア、ローマ、アラビアとい

☆68 Vgl. FHA VI, 1086f. u. MHA III/2, 803.

☆69 MHA III/2, 801.

☆70 ボラッハー（FHA VI., 1125ff.）とプロース（MHA III/2, 866）が指摘するように、ヘルダーの手稿ではより激しい直截な批判が展開されている。Vgl. SWS XIV, 533ff.

☆71 十字軍に対するヘルダーの批判的な評価は、第IV部・第二〇巻・第三章「十字軍とその諸帰結」（ebd., 466ff.）で具体的に展開されている。

☆72 Mahomet, S. 263. ベール（野沢協訳）『歴史批評辞典II（E－O）』、六六九頁。

うヨーロッパとは異なった「種子」が播かれたことによって、はじめてヨーロッパ「文化」が生成したとするのである。ヘルダーは、ヨーロッパやドイツをギリシアと同一視して自らの〈根源〉とするような、しばしばなされる見方とは異なった視点に立っているのである。☆73

ヘルダーのこの視点は、「文化」、「啓蒙」が地球上において時空的に遍在するとした本章・第3節で検討したヘルダーの見方に呼応するものである。ヘルダーは、ギリシア・ローマ「文化」をヨーロッパ「文化」と同一視し、後者によって前者を独占させることをしない。地球上に存在する（ないし存在した）さまざまな「文化」、「啓蒙」は他のさまざまな「文化」、「啓蒙」に影響しうるのである。アラビアへの注目もこのような見方によるものである。☆74

以下、イスラーム圏がヨーロッパに与えた影響についてのヘルダーの叙述を具体的に見ることにしたい。

イスラーム圏からの影響としてヘルダーは、哲学、数学、化学、薬学、天文学、文学を挙げる（第一九巻・第五章「アラビア諸国の影響」、第二〇巻・第二章「ヨーロッパにおける騎士精神」、第二〇巻・第四章「ヨーロッパにおける理性の文化《クルトゥア》〔陶冶〕」）。哲学に関しては、イスラーム圏において、アリストテレスの翻訳とイスラームの一神教的な神の観念が結びついて哲学的思弁と神秘主義の豊富な展開がなされ、ヨーロッパに引き継がれたことが指摘される。興味深いのは、次のように述べられていることである。

彼ら〔アラビア人〕は、形而上学的な詩作の総合命題（Die Synthese der metaphysischen Dichtung）をほぼ汲み尽くし、それを道徳の崇高な神秘主義と娶わせた。彼らの間にさまざまな分派が生まれ、互いに論争するなかで純粋理性の繊細な批判（eine feine Kritik der reinen Vernunft）が行なわれた。まさに、中世のスコラ哲学には、彼らによって与えられた概念をヨーロッパのキリスト教の教義にしたがって洗練させる以外、ほとんど何も残されていなかったのである。（SWS XIV, 441f.）

文中の「純粋理性の繊細な批判」という言葉は、カントの『純粋理性批判』*Kritik der reinen Vernunft*（一七八一年）を思い起こさせる。批判的な吟味による理性の権限と限界の確定＝〈純粋理性批判〉は、カントに先だって、アラビア人の論争のなかで行なわれ、洗練されていたとするのである。ヘルダーはこの問題をこれ以上くわしくは述べていないが、大胆な論点である。☆75 カントは『イデーン』の第I部と第II部の批評を書き（一七八五年）、本章の第2節と第3節で見たような「地球」、「変容《メタモルフォーゼ》」、「ヨーロッパ中心主義批判」を軸とするヘルダーの構想を斥けたわけであるが、一七九一年に刊行された『イデーン』第IV部でのアラビア人における「純粋理性の繊細な批判」の指摘は、カントに対するひそかな反論と見ることもできよう。カント自身の中心テーマである〈純粋理性批判〉が非ヨーロッパに存在し、継承され、変容してきたものであると指摘していることになるからである。☆76

数学、化学、薬学、天文学に関しては、アラビア人が古典古代を受け継ぎ、暦法、天体観測の精密化をはじめ独自の内容を付け加えたことによって「ヨーロッパ人の教師となった」と指摘する（ebd., 443）。ヘルダーは、そのさいに

☆73 和辻哲郎は『風土』においてヨーロッパを論じているが、和辻は、ギリシア、ローマ、ヨーロッパ文化を「牧場」という風土のなかでの内在的、連続的な展開として捉えている。アラビアの影響は無視されている（和辻哲郎『風土』、『和辻哲郎全集』第八巻、六二頁以下）。和辻はヘルダーのヨーロッパ中心主義批判を称揚したのではあるが（前掲書、二一九頁以下）、ヨーロッパ把握においてはヨーロッパ中心主義的であったと言わざるをえない。

☆74 『イデーン』におけるアラビア文化のヨーロッパへの影響の強調に注目した文献に次がある。W. Kayser, *Die iberische Welt im Denken J. G. Herders. Mit einem Nachwort von Hans Dietrich Irmscher*, Tübingen /Basel: Francke, 2002, bes. S. 32ff. カイザーは、アラビア文学に対するヘルダーの見方の変遷を追い、『イデーン』のアラビア論を高く評価している。この分野での古典的かつ希少な文献である。ただし、カイザーは、本章で見てきた〈文化〉、〈啓蒙〉の地球上における遍在と相互影響の論点、また、『イデーン』のアラビア論がその土俵のなかで展開されていることには注意を払っていない。

建築についても言及し、「〔……〕建築においても、我々がゴシック趣味と呼んでいるものの多くは、本来はアラビア趣味である。これは、この粗野だった征服者たち〔アラビア人〕がギリシア人のいた諸地域に見出した建築にしたがって独自の仕方で形成したものであり、彼らとともにスペインに渡来し、そこからさらに伝播したものである」と述べている（ebd., 444）。地中海地域のギリシア人、アラビア人を経てヨーロッパのゴシックへと建築様式の継承と変容が見られるとするのである。

これらの指摘を踏まえてヘルダーは、「アラビア人がいなければ、ジェルベールもアルベルトゥス・マグヌスも、アルノルト・フォン・ヴィラノヴァも、ロジャー・ベーコンも、ライムンドゥス・ルルスらも生まれなかったであろう」と結論づける（ebd., 482）。ジェルベールは、法王シルヴェストルII世（在位九九九～一〇〇三年）。アラビアの学問を学んだ学者でもあり、ヨーロッパにはじめてアラビア数字を導入したという。アルベルトゥス・マグヌス（一二〇六頃～八〇年）、ロジャー・ベーコン（一二二〇頃～九二年頃）は、いずれもアラビア哲学と科学の影響を受けた博学の哲学者である。アルベルトゥス・マグヌスの弟子にトマス・アクィナス（一二二五頃～七四年）がいる。ヴィラノヴァ（一二三八頃～一三一一年）はアラゴン生まれの医師、ルルス（一二三五～一三一六年）はマリョルカ島生まれの神秘主義者、哲学者、詩人である。ルルスは、基本概念を記号化しその組合せによって真理を発見するというライプニッツの〈結合法（ars combinatoria）〉の構想に影響を与えている。

学問への影響とならんで注意すべきなのは、文学への影響である。ヘルダーは、アラビア語文学の発展は、カリフの庇護ではなく、マホメット以前からの奔放不羈な「自由」の精神に淵源するとし、それが『コーラン』の言語と結びついて発展していったと考える（ebd., 438ff.）。彼らの詩への「情熱（Leidenschaft）」（ebd., 440）が、イスラームとキリスト教圏が並存・接触していたスペインを介してヨーロッパに波及し、「ヨーロッパ近代諸母語の最初の詩」（ebd., 460）、「すべての近代ヨーロッパ文学の母」（ebd., 461）たるプロヴァンス語文学の成立を促したとするのである。ヘルダーは次のように述べる。

リムーザン語ないしプロヴァンス語文学の悦ばしき智恵(gaya ciencia)は、彼ら〔キリスト教諸侯〕の敵、隣接のアラビア人によって、いわば彼らに押しつけられ(aufgedrungen)、歌いかけられた(aufgesungen)のであった。こうして

☆75　この点についてはボラッハーもプロースも注釈をしていない。ヘルダーの言う「論争」は、イスラーム圏の哲学者アル・ガザーリー(一〇五八～一一一一年)によるアリストテレス哲学批判に対するイブン・ルシュド(アヴェロエス)(一一二六～九八年)の反批判を指しているのではないか。前章の第4節で言及したギブ(井筒豊子訳)『アラビア人文学』は、この点について次のように述べる。「イブン・ロシッド〔ルシュド〕の主著がアリストテレス注解であることに疑問の余地はないのだが、イスラーム思想界一般には、むしろガザーリーの論争的論文〔『哲学者の自己崩壊』〕に対する彼の激しい批判と反論——イブン・ロシッドはこの自著を『自己崩壊の自己崩壊』と題した——や、宗教と哲学の関係を論じた一連の論考のほうに、より強い関心が寄せられたのである。〔……〕彼はこの本のなかで、以下のような大胆不敵な主張を展開する。すなわち、哲学的真理と啓示的真理との間のいかなる種類の齟齬矛盾も、すべて後者、つまり啓示的真理の寓意的解釈によって調整解決されるべきであ〔……〕る、と」、同書、二〇八頁以下。アル・ガザーリーとイブン・ルシュドの間で争われたのは理性と信仰の関係であり、イブン・ルシュドの見解はヨーロッパに大きな影響を与えた。この点については、次の文献を参照。M. R. Menocal, *The Ornament of the World. How Muslims, Jews, and Christians Created a Culture of Tolerance in Medieval Spain*, New York / Boston /London: Little, Brown and Company, 2002, S. 201ff. メノカル(足立孝訳)『寛容の文化　ムスリム、ユダヤ人、キリスト教徒の中世スペイン』、名古屋大学出版会、二〇〇五年、二一二頁以下。

☆76　ヘルダーは、この継承・変容の過程にユダヤ哲学を付け加える。ヘルダーは、先の引用に引き続いて、「〔アラビア人の〕神学的な形而上学の最初の学び手はユダヤ人であった」とし、彼らによってそれがヨーロッパの大学に伝えられたと述べる(SWS XIV, 442)。なお、ヘルダーは、神秘主義(Mystik)を詩作(Dichtung)と類縁のものと考えながらも、哲学的思索に背反するものとは考えない。ヨーロッパにおいてもそのような神秘主義がスコラ哲学に寄り添っていたと指摘する(ebd.)。ヘルダーは、ヨーロッパにおいて神秘主義が「自己自身への内省」、感覚(Empfindungen)の洗練をもたらしたとして、中世において果たした歴史的役割を評価する(ebd., 483)。

徐々に、しかしきわめて粗野な仕方で、ゆるやかに、ヨーロッパはふたたび、より洗練された活き活きとした文学への耳を獲得したのであった。(Ebd., 440)

問題とされているのは、十一世紀から十三世紀末にかけて興ったトルバドゥールの文学である。「悦ばしき智恵(gaya ciencia)」は、後にニーチェが著作『悦ばしき智恵』*Die fröhliche Wissenschaft „la gaya scienza“*（一八八二年）のタイトルとする言葉であるが（ヘルダーも別の著作では gaya ciencia に die fröhliche Wissenschaft という訳を当てている）[☆77]、ここではトルバドゥールの詩法を指す。ヨーロッパにおける文学は、古代以後絶えて久しかったが、隣接するアンダルシアから聞こえてくるアラビア人の詩の響き、彼らの詩への「情熱」に押されるようにして、プロヴァンス語地域において「文学への耳」が目覚め、トルバドゥールの詩が成立することになったとするのである。なお、ヘルダーはこの時代においてプロヴァンス語が宮廷文学の言語としてラングドック、プロヴァンス、また、ピレネー山脈を越えてバルセロナ、アラゴン、バレンシア、ムリシア、マリョルカ島、メノルカ島に広まっていたとする(ebd., 461)[☆78]。

ヘルダーが「文学への耳」と言っているのは、プロヴァンス語文学において詩が女性を含む宮廷人の社交の場で朗誦されたこと、また、古典古代とは異なった遊戯的性格に富んだ韻律で詩が朗誦されたことを指してのものである。これらの点とアラビア語文学との関係は、『イデーン』のこの箇所を引き継いでアラビア語文学のプロヴァンス語文学への影響を論じた『人間性促進のための書簡』*Briefe zu Beförderung der Humanität*（一七九三～九七年）の第八四、第八五書簡で具体的に論じられている。ヘルダーは次のように述べる。

ヨーロッパにおける民族でアラビア人ほど詩的な問いと答えを用いた者があったであろうか。技芸や生活様式が、なんの準備がなくても機知を働かせて韻を踏んだ詩句で返答することに向けられたのである。それゆえ、ここからプロヴァンス人の愛の応答が生まれることとなった。ヨーロッパにおいて他のいかなる民族が言語を彼らの最も高貴な聖域のひとつと見なし、そこにおいて、最も美しい詩的表現の競い合いを催したであろうか。他でもないアラビア人である。隣接するキリスト教徒は自らの粗野を恥じ、はじめは模倣欲からにすぎなかったかもしれないが、彼らのあとを追ったのである。(SWS XVIII, 39)

ヘルダーが指摘しているのは、アラビアの騎士が女性たちを前にして催した技の「競い合い」である。そこにおいて、詩作、受け答えの機知、さらには武芸が競われ(武芸の「競い合い」については『イデーン』(SWS XIV, 459)に記述がある)、女性たちが勝者の栄誉を称えたのであった。そのような「生活様式」を隣接するヨーロッパ人が模倣したとするのである。なおヘルダーは、詩作とともに「競い合い」を支える騎士的作法もまたアンダルシアからプロヴァンスに伝わったとする(ebd., 459f.)。

プロヴァンス語文学の韻律形式もまたアラビア詩の影響のもとで成立したとヘルダーは考える。彼の同時代のアラビア学者、ヨーハン・ヤーコプ・ライスケ(一七一六〜七四年)による、アラビア語の詩の韻律、また、散文と会話における韻律の重視を論じた論文を引用しながら、ヘルダーは、ソネット、マドリガル、テンツォーネ、シルヴェンテス、

☆77 Herder, *Briefe zu Beförderung der Humanität, 84. Brief,* SWS XVIII, 35 u. a.

☆78 現代においても、次のように言われている。「[……]両言語〔カタロニア語とプロヴァンス語〕ともまだ文学的表現の手段となりえていなかった十二世紀末に、プロヴァンス語の一種であったリモージュ(Limoges)方言で、ラモン・ビダル・デ・ベサル(Ramón Vidal de Besalú)が抒情詩を書いたとき、カタロニアの吟遊詩人たちはいっせいにプロヴァンス語(彼らにとっての外国語)で詩を吟じたり書いたりするようになった」(『言語学大辞典』第三巻、三省堂、一九九二年、「イベロ・ロマンス諸語」の項)。

ヴィラネスカ、カンツォーネなどの詩形式がアラビア詩の影響のもとで成立したと推測している（SWS XVIII, 41）[☆79]。

　こうしてヘルダーは、アラビア語文学の影響のもとで詩の言葉と響きを楽しむプロヴァンス語文学が成立したと考え、その〈社交的〉性格を強調する。トルバドゥールの「悦ばしき智恵」は、「会話（Gespräch[s]）の優美、問いと談話（Unterredungen）」（ebd., 37）から始まった「悦ばしき歓談（*fröhliche angenehme Unterhaltung*）」（ebd., 35）の技法、「韻律形式による、悦びをもたらす宮廷作詞法、遊戯」であったとするのである（ebd., 37）。『イデーン』において、ソネット、マドリガル、テンツォーネなどについて、それらは「愛についての含蓄に富んだ問い、会話、表現のために考案された」と述べられているのは（SWS XIV, 460）、これら詩形式の内部にこのような〈社交的〉性格が刻印されていることを指摘してのものである。ヘルダーは、アラビア語文学によって、言葉の受け答えの洗練がヨーロッパにもたらされたとするのである[☆80]。第3節で見たように、ヘルダーにおいて「振舞い方」の「洗練」は、「啓蒙」を織りなす要素のひとつであった。アラビア語文学を通して、この意味での「啓蒙」がヨーロッパにもたらされたとするのである。

　このような考察においてヘルダーが依拠しているのは、当時におけるアラビア文学とスペイン文学についての知識の進展である。『イデーン』と『人間性促進のための書簡』の双方で言及されているヴェラスケス『スペイン文学史』*Origen de la poesía castellana*（一七五四年）の独訳とアラビア学者のライスケに絞って、この点を補足しておきたい。ボラッハーもプロースもイスラーム圏のヨーロッパへの影響を見るヘルダーの論点にとって重要である両者の著作の内容には立ち入っていないからである。

　『スペイン文学史』は、スペインの考古学者で文学史家のルイス・ホセ・ヴェラスケス・デ・ヴェラスコ（一七二二〜七二年）が執筆したスペイン文学の概説書であり、ゲッティンゲン大学の文学史家ヨーハン・アンドレアス・ディーツェ（一七二九〜八五年）が詳細な注を付け加えて一七六九年に独訳した。ディーツェの「訳者序文」によれば、スペイン文学は、当時のドイツ語圏では評価もされず、無視されるに等しかったという。そのようななかで「スペインの詩人たちの名誉を回復する（die Ehre der spanischen Dichter zu retten）」ためになされたのがこの訳業である。☆81 刊行の反響はあり、この訳書がフリードリヒ・ユスティン・ベルトゥフ（一七四七〜一八二二年）による『ドン・キホーテ』*El ingenioso hidalgo Don Quijote de la Mancha* の独訳（一七七五〜七七年）を生み出すきっかけになったという。☆82
『スペイン文学史』は、古スペインの文学、ラテン語文学などとならんでアラビア語文学、プロヴァンス語文学をス

☆79 第八五書簡のこの箇所でヘルダーはアラビアの影響が見られるものとして「ソネット、マドリガル、およびプロヴァンス文学の他の韻文様式」と述べるにとどまる。だが、第八四、八五書簡全体の内容から、「他の韻文様式」にテンツォーネ、シルヴェンテス、ヴィラネスカ、カンツォーネも含まれると解した。これらのうちソネット、マドリガルは、通常、スペインではなくイタリアに由来する詩形式とされ、前者は十二世紀のシチリアに淵源するとされている（vgl. O. F. Best, *Handbuch literarischer Fachbegriffe. Definitionen und Beispiele*, Frankfurt a. M.: Fischer, 1996）。ヘルダーに混同があるともいえるが、彼の主旨は、スペインにせよシチリアにせよアラビア詩の影響によってこれらの詩形式が成立したという点にある。なお、ヘルダーが依拠したライスケの論文は次である。J. J. Reiske, *Antwort auf die Frage: Ob die Araber schon in den ältesten Zeiten gereimte Verse gemachet*, in: J. C. Gottsched (Hg.), *Neuer Büchersaal der schönen Wissenschaften und freyen Künste* 10, 1, 1750.

☆80 トルバドゥールへのアラビア文学の影響については、現代に至るまで賛否両論があり、その諸相は、前嶋信次「吟遊詩人とアラビア文化——アンダルシアとプロヴァンス」（『講座比較文学第六巻　東西文明圏と文学』、東京大学出版会、一九七四年）を参照。前嶋論文は双方の主張に目を配りながら、影響を肯定する見解に力点を置いて紹介している。また、第2章・第4節の注94で言及したルイス（林武・山上元孝訳）『アラブの歴史』は次のように述べている。——「〔スペインの〕風土の影響はおもに抒情詩などにうかがわれる。この分野でスペインのアラブは、東方のムスリムには未知の形式を創りだしていた。これが初期のスペイン・キリスト教徒の詩歌に相当な影響を与え、西洋のその他の文学にも影響を与えたものと考えられる」、同書、一二六頁。

☆81 Vorrede des Übersetzers, in: Don Luis Joseph Velazquez, *Geschichte der Spanischen Dichtkunst*, aus dem Spanischen übersetzt und mit Anmerkungen erläutert von Johann Andreas Dieze, Göttingen: Bossiegel, 1769, S. III. 貶められていたもの、無価値とされていたものの〈名誉回復（Ehrenrettung）〉という点でディーツェの訳業はレッシングの『カルダーヌス弁護』と共通する。

ペイン文学の「真の源泉」に数え、それぞれに一章を設けている。[☆83] アラビア語文学の章では、ムスリム支配下のアンダルシア出身者でアラビア語で詩を作った者が多数いたこと、そのなかには多くの女性が含まれていたことがバルトロメ・デルブロ（一六二五〜九五年）の『東洋全書』*Bibliothèque orientale*（一六九七年）、『スペイン文学史』の出版時点では未公刊であったミヒャエル・カシーリー（一七二〇頃〜九一年）の『エスコリアルのスペイン・アラビア語文献目録』*Bibliotheca Arabico-Hispana Escurialensis*（一七六〇〜七〇年）などに言及しながら述べられている。訳者のディーツェは、注のなかで『東洋全書』や『エスコリアルのスペイン・アラビア語文献目録』を詳細に紹介してヴェラスケスの論述を補強している。[☆84] ヘルダーは、アラビア詩についてのこのような報告に瞠目したことであろう。

プロヴァンス語文学の章では、プロヴァンス語文学の領域がバルセロナ、バレンシア、ムリシア、マリョルカ、メノルカ、サルディニアに及んだことが述べられ、トルバドゥールとその詩形式についての簡潔な叙述がある（「悦ばしき智恵」は、Gaya ciencia oder Gay saber, eine lustige und unterhaltende Wissenschaft と表記されている）。ディーツェの注では、プロヴァンス語文学がイタリア、フランス、スペインの詩の源泉であることやペトラルカ（一三〇四〜七四年）への影響などが指摘されている。これらは『イデーン』と『人間性促進のための書簡』の叙述に生かされているものと思われる。[☆85] ただしヘルダーは、ヴェラスケスでは併記されていたアラビア語文学、プロヴァンス語文学という二つの「源泉」の間に前者から後者への影響関係を見るのである。

アラビア学者ライスケは、ライプツィヒ大学で神学を学んでいたが、アラビア学を志し、オランダのライデン大学でアラビア語の原資料を筆写しながら研鑽を積んだ碩学である。[☆86] ライプツィヒに帰ってからも、困窮のなかで研究を続け、膨大な業績を残した。彼は「ドイツの生んだ最初の著名なアラビア学者」とされ、アラビア学を旧約聖書の釈義の補助学から自立させ、厳密な言語研究に基づいて「イスラーム史を普遍的な世界史のうちに組み込み、それを解釈しようとした」学者として研究史において評価されている。[☆87] 彼はまた、ギリシア学、ビザンツ学、ヘブライ学においても足跡を残している。

ヘルダーは『イデーン』第Ⅳ部・第一九巻・第五章「アラビア諸国の影響」においてイスラーム圏における年代記

☆82　Vgl. MHA III/2, 840. ヘルダーは、一七七七年からベルトゥフのもとでスペイン語を学んでいる。カイザーは、ヘルダーがスペイン語を学んでスペインのロマンセを知ったことが、アラビア文化と文学を高く評価するきっかけとなったと指摘している。Vgl. Kayser, a. a. O., S. 34.

☆83　Velazquez, a. a. O., S. 1f.

☆84　イスラーム研究史においてデルブロの『東洋全書』は、「このような作品には避けられない誤りにも関わらず、今日のイスラーム百科事典の祖である、驚嘆すべき」作品（Fück, a. a. O., S. 99、フュック（井村行子訳）前掲書、八三頁）として、カシリーの『エスコリアルのスペイン・アラビア語文献目録』は「ムスリム支配下のスペイン史に関する膨大な史料、スペインのアラビア語詩人の目録」等々を収めた「記念碑的な」作品（Fück, a. a. O., S. 125、フュック（井村行子訳）前掲書、一〇三頁）として評価されている。ヘルダーは『人間性促進のための書簡』第八五書簡で両者に言及している（SWS XVIII, 39）。

☆85　Velazquez, a. a. O. S. 50. ヘルダーは『イデーン』第Ⅳ部・第二〇巻・第二章「ヨーロッパにおける騎士精神」でヴェラスケスに言及している（SWS XIV, 460）。また、第一六巻・第一章「バスク人、ゲール人、キムリ人」でバスク文化に言及したさい（ebd., 260）、第一八巻・第一章「西ゴート人、スエービ人、アラン人、ヴァンダル人の国々」で古代ローマ時代のスペイン文化にふれたさいにも言及している（ebd., 344）。『人間性促進のための書簡』第八四書簡ではプロヴァンス語文学についての文献のひとつとしてヴェラスケスを挙げている（SWS XVIII, 34）。ヴェラスケスは、プロヴァンス語文学の詩形式としてソネットやマドリガルも挙げている（Velazquez, a. a. O., S. 60.）。ヘルダーの理解（注79を参照）にヴェラスケスからの影響があるのかもしれない。

☆86　ライスケはライデンへの旅の途中、ハンブルクでヘルマン・ザムエル・ライマルス（一六九四～一七六八年）に会っている。ライマルスは、理神論的な立場から聖書を批判的に検討、その遺稿をレッシングが刊行し、ゲッツェとの論争のきっかけとなったことで知られるが、ライデン大学とオックスフォード大学に学んだヘブライ学者でもある。一七三四年には『ヨブ記』の注釈も刊行している。これは、ヨーハン・アドルフ・ホフマン（一六七六～一七三一年）の注釈を増補したもので、次のタイトルで刊行された。Hoffmann, Johann Adolf: *Johann Adolf Hoffmanns Neue Erklärung des Buchs Hiob*, Hamburg: Felginer, 1734.

☆87　Fück, a. a. O., S. 108ff. u. 122ff. フュック（井村行子訳）前掲書、九〇頁以下、一〇一頁以下。

と地誌にふれたさいにライスケに言及し、「ところが〔年代記と地誌に関する〕これらの報告の多くはまだ活用されていないか埋もれたままである。ドイツの学者には勤勉と学識があるが、どのようなものであれ、それを出版する援助がない。［……］我らのライスケは自らのアラビア・ギリシア熱の殉教者となった。彼の亡骸に安らかな眠りあれ」と注記している（SWS XIV, 443）。研究史における評価とは異なって、同時代人でライスケの学問の価値を認める者は少なく、研究も生活も困難な状況に置かれていた。ヘルダーは、レッシングとともにライスケに注目した数少ないひとりである。[☆88]

ヘルダーは、『イデーン』の第二〇巻・第二章「ヨーロッパにおける騎士精神」でアラビアからの「軽快な遊戯、悦ばしき習練」の精神の伝播を論じたさいに、参照すべきもののひとつとしてアラビア詩に関するライスケの文献を挙げている（ebd., 460）。これは、イスファファン生まれの政治家で詩人のアッ・トゥグラーイー（一〇六一～一一二一年）の詩、『異邦人たちのL韻の詩』*Lâmîyât al-'Agam*（一一一一～一二年）の独訳にアラビア詩を概観した論文を「序文」として付けたものである。[☆89]

ライスケは「序文」のなかで、アラビア語とヘブライ語の親近性、アラビア詩の詩法、マホメット以前からトゥグラーイーまでのアラビア詩の歴史をギリシア文学との比較を織り交ぜながら述べている。詩の歴史のなかで言及されているのは、トゥグラーイーのほか、マホメット以前の詩を集めた『アル・ムアッラカート』*al-Mu'allaqât*、アブー・タンマーム（八〇四頃～八四五年）の編んだ同種の『ハマーサの書』*Dîwân al-Ḥamâsa*、ウマイヤ朝の詩人ジャリール（六五三頃～七三三年）、アッバース朝の詩人アル・ムタナッビー（九一五～九六五年）、アル・マアッリー（九七三～一〇五七年）などである。ライスケは、装われた「謙虚」や「狡知」や「偽装」の支配するヨーロッパ「市民社会」とは異なった奔放な想像力と感情表現の世界がアラビア詩にあると述べる。[☆90] 彼は、自身の感性や趣味とのずれを率直に認めながらも、アラビア詩が詩として優れた特質を持つものであることを繰り返し述べている。『アル・ムアッラカート』

にふれたさいには、アラビア人には古くから詩や弁論を競う習慣があったことが紹介されている。「序文」に述べられたこれらの内容は、ヘルダーにアラビア詩を再認識させ、『イデーン』や『人間性促進のための書簡』第八四、八五書簡での叙述に大きな影響を与えたものと思われるのである。[☆91]

なお先に述べたように、レッシングもライスケに注目したひとりである。ライスケが『ギリシア弁論家集』*Oratorum Graecorum quorum princeps est Demosthenes quae supersunt monumenta ingenii*（全八巻、一七七〇～七三年）を編んださい、レッシングは古刊本や写本の入手の手助けをし、ライスケは『ギリシア弁論家集』の第三巻をレッシングに捧げている。一七七一年の夏、ライスケはレッシングの招きでヴォルフェンビュッテルを訪れ、同図書館のアラビア語写本の整理を行なっている。また、一七七四年にライスケが世を去ったあとは、レッシングはライスケ夫人の要請で遺稿を預かることとなる。そのなかにはライデン大学で筆写したアラビア語文献や、ライスケがアラビア語とヘブライ語の知識を駆使して書いた『ヨブ記』の注釈が含まれていた。レッシングはこれらを高く評価している。[☆92]レッシングとライスケが、イスラーム、ギリシア、ヘブライの三点で結びついていたことが知られるのである。

☆88　ライスケは死後に出版された『自伝』のなかで「私はアラビア語文学の殉教者となった」と述べている（J. J. Reiske, *Lebensbeschreibung*, Leipzig: Die Buchhandlung der Gelehrten, 1783, S. 11.）。ヘルダーの表現はそれを踏まえたものである。

☆89　J. J. Reiske, *Thograi's sogenanntes Lammisches Gedichte, aus dem Arabischen übersetzt nebst einem kurzen Entwurff der Arabischen Dichterey*, Friedrichstadt: Hagenmüller, 1756.

☆90　Ebd., S. 9.

☆91　ヘルダーは『イデーン』と『人間性促進のための書簡』の当該箇所で、ライスケのほかに、前章でもふれたセール、オックレー、ポーコック、また、ウイリアム・ジョーンズ（一七四六～九四年）、ドゥニ・ドミニク・カルドンヌ（一七二〇～八三年）などの研究に言及している。これらを総合してヘルダーのアラビア詩理解を考察することは別途の課題である。

6 窓のあるモナド

以上考察してきたように、ヘルダーは、ヨーロッパの形成にさいしてのイスラームの影響を強調する。農奴制と教権制度の網の目が支配する中世ヨーロッパにあって唯一、光と空気の入り込む窓であったのが南部ヨーロッパ、ムスリムの支配するスペインであり、その影響が近世ヨーロッパの形成を可能にしたとするのである。ヘルダーは、『イデーン』第IV部・第一九巻・第五章で「アラビア諸国の影響」を論じた後、第六章「一般的考察」において次のように述べる。

> ヨーロッパは人でいっぱいになった。とはいうものの農奴でいっぱいになったのである。彼らを抑圧していた奴隷制は政治的な法規と因習によって規則化され、文書によって確認され、土地に縛りつけるキリスト教的な奴隷制であっただけにいっそう過酷であった。〔……〕学問と技芸は見られなくなった。〔……〕教権制度はその閃光によって自由な思考を窒息させ、その頸木によってより高貴な活動のすべてを麻痺させた。〔……〕ギリシアの帝国〔東ローマ帝国〕からも、ローマ教皇と皇帝の領域外の東に形成されつつあった唯一の帝国〔ロシア〕からはなおのこと、何かを期待することはできなかった。それゆえに、ヨーロッパの西部に残っていたのは、ヨーロッパ自身か、あるいは、啓蒙の新たな芽が盛んに芽吹いていた南の唯一の国民、イスラーム教徒であったのである。（Ebd., 446f.）

「啓蒙」がイスラーム圏からスペインを通ってヨーロッパに流入したとするのである。ここに言う「啓蒙」には、哲学、数学、化学、薬学、天文学などの知性の面にとどまらず、〈悦ばしき智恵（gaya ciencia, die fröhliche Wissenschaft）〉としての文学、文学とともに流入してきた遊戯と競い合いの精神、それを支える作法が含意されている。第3節で見たように、『イデーン』において「啓蒙」は「文化」の同義語であり、「振舞い方」（社会的相互行為）の「洗練」も意味するからである。☆93

ヨーロッパの形成にあたってのイスラームの影響を強調するヘルダーのこのような見方は、第2節で見た地球上における多様なものを孤立させずに相互連関の相のもとで見る見方、あるいはまた、第3節で見た歴史の「迷宮」のな

☆92 Vgl. Lessing an Theophilus Lessing, 8. Dezember 1774, in: LM XVIII, 122, u. Lessing an Eschenburg, 12. April 1777, in: ebd., 235.『ヨブ記』の注釈は『箴言』の注釈とあわせて一七七九年に『ヨブ記・箴言考』*Conjecturae in Iobum et Proverbia Salomonis, cum ejusdem Oratione de Studio Arabicae Linguae*として刊行された。

☆93 『人間性促進のための書簡』第八五書簡においてもヘルダーは「アラビアの領域に接するスペインとシチリアでヨーロッパ全体にとっての最初の啓蒙が始まった」と述べている（SWS XVIII, 38）。ここでの「啓蒙」も同様の意味の広がりを持つ。ただし、ヘルダーは、ヨーロッパの形成にあたっての内的要因を無視しているわけではない。そのひとつとして挙げられるのが、『イデーン』第IV部・第二〇巻・第四章「ヨーロッパにおける理性の文化《クルトゥア》〔陶冶〕」で述べられている中世の異端である。ヘルダーは、中世のさまざまな異端が東方のマニ教の影響によって形成されたとし、それをのちの宗教改革運動の先駆けと位置づける。ヘルダーはとりわけ、プロヴァンス語地域で盛んになった異端に注目する。彼らによって『聖書』がプロヴァンス語に訳され、プロヴァンス語の韻文で教えが表現され、これによって彼らは「ローマ的なキリスト教の導入以来、最初に民衆を民衆の言葉において教育し形成した者（die ersten *Erzieher und Bildner des Volks in seiner Landessprache*）となった」とするのである（SWS XIV, 478）。彼らはアルビジョア十字軍によって滅ぼされる。その先頭に立ったシモン・ド・モンフォール（一一六五〜一二一八年）をヘルダーは、「この地球がかつて知ったもっとも残忍な人間」と記す（ebd., 479）。プロヴァンス語地域の異端が教えを韻文で表現したことは、第5節でふれた韻律を重視するトルバドゥールの文学のあり方と重なっている。ヘルダーは歴史から消されたプロヴァンス語地域の人びとに格別の愛着を抱いているように思われる。なお、前章と本章で論じたピエール・ベールは、アルビジョア十字軍の対象となったトゥールーズの近傍の生まれである。ベールの苛烈な批判的精神は、異端運動を生み出したこの地方の伝統と無関係ではないであろう。

かに無数の個人から個人への微かな「形成の黄金の連鎖」を見て取ろうとするヘルダーの思考に対応するものである。ムスリム支配下のスペインにいたであろう女性を含む無数の詩人たち、彼らの朗誦の響きは、隣接する地のヨーロッパ人の耳に届いたことであろう。人びとは移動し、学芸を学び、技術の伝承を受けたことであろう。彼らのうちには楽人も含まれていたかもしれない。個人にせよ民族集団にせよ、あるいは複数の集団が混在するひとつの地域にせよ、それらが個性を持つというのがヘルダーの視点である。だがそれらは閉じられたものではなく、他に対して開かれている。窓のあるモナドとでも言うべきものがヘルダーの視点である。

初期のヘルダーが残した断片に『自然と恩寵に関するライプニッツの原則について』*Über Leibnitzens Grundsätze von der Natur und Gnade*（一七六九年）がある。そこにおいてヘルダーは、モナドは窓を持たないというライプニッツの考えに対する批判を試みている。ヘルダーは、「実体〔モナド〕が活動可能な存在であるのなら、そこから、実体の根拠から、ただちに、他の諸実体への影響（Einwürkung）が帰結しないということがあるだろうか」と問う。「そうでなければ、それぞれのモナドは、それ自身だけで〔孤立した形で〕ひとつの世界となり、他のいかなるモナドとも交流可能（communikabel）でなくなってしまうだろう」からである。ヘルダーは、モナドは活動的であるというライプニッツの論点を引き継ぎながら、活動的であるがゆえに相互に影響を授受してやまない存在、他なるものと「交流可能」な存在としてモナドを捉えようとしている。各モナドのなかに多様性が含まれるのは、他なるものと「交流可能」だからであるとするのである。言い換えれば、他なるものと「交流可能」でなければ、モナドに多様性が含まれることはありえないとするのである（SWS XXXII, 225ff.）☆94。

この断片でヘルダーは、ライプニッツの著作のうち『モナドロジー』*La monadologie*（一七一四年、独訳公刊一七二〇年）と『理性に基礎を持つ自然と恩寵の原理』*Principes de la nature et de la grâce fondés en raison*（一七一四年、公刊一七一八年）を論じているのであるが、後者には「なぜ、何もないのではなく、何かが存在するのか。というのは、無〔何もないこと〕は、何ものか〔何かがあること〕よりいっそう単純でいっそう容易であるから（[...] *pourquoi il y a plus tôt quelque chose, que rien.* Car le rien est plus simple et plus facile, que quelque chose)」という言葉が見られる。[☆95] 存在の複雑さ、多様性に対するライプニッツの驚きがこめられた言葉であるが、この驚きはヘルダーにも引き継がれていよう。ヘルダーにおいては、この存在の複雑さ、多様性が、相互交流の相のもとで捉えられるのである。

本書の第1章では、カント、クニッゲ、シュライアーマッハー、レッシングを手がかりとして、ドイツ啓蒙における〈社交性〉、〈交際〉のモチーフを考察した。そこにおいては、人間が自閉的なアトム的存在ではなく、交流を求める存在として捉えられていた。モナドを「交流可能」なものと捉えようとする若きヘルダーの断片もまた、この視点を共有している。ただ、モナドは人間のみならず、あらゆる存在に関わる概念である。ヘルダーの断片には、森羅万象を「交流可能」の相のもとで見る観点が孕まれることにもなるのである。

若きヘルダーのこのような方向性と視点は、『イデーン』にも引き継がれている。[☆96] 地球上の多様な風土や地域、また、そこに展開するそれぞれの「啓蒙」、「文化」は、マクロ的な視点からする相対的な意味でのモナドといえよう。それらはまた、微細な差異を持った無数の部分を含んでいる（注26を参照）。そのそれぞれが窓を持ち、相互連関のなか

☆94　Vgl. auch MHA II, 49ff. MHAの第二巻には、ズプファン版ヘルダー全集の第三二巻に収められた初期ヘルダーの断片から、この断片を含め哲学的なもの五篇が「ヴォルフ、バウムガルテン、ライプニッツについての諸断片」と題されて収められ、若きヘルダーの萌芽的な思考を俯瞰することが容易になった。プロースは、これらの断片が成立するにあたって、ケーニヒスベルクで聴講したカントの講義、またカントの『自然神学と道徳の原則の判明性』*Untersuchung über die Deutlichkeit der Grundsätze der natürlichen Theologie und der Moral*（一七六四年）の影響を指摘する（MHA II, 847f.）。

☆95　G. W. Leibniz, *Principes de la nature et de la grâce fondés en raison*, in: *Monadologie und andere metaphysische Schriften*, hrsg., übers., mit Einl., Anm. u. Registern vers. von U. J. Schneider, Französisch-Deutsch, Hamburg: Meiner, 2002, S. 162. 訳は増永洋三『ライプニッツ』、講談社、一九八一年、三〇八頁による。

で「変容《メタモルフォーゼ》」してゆくものとして捉えられるのである。各地域における「啓蒙」、「文化」は、民族集団、あるいは複数の集団が混在する地域の生活世界を単位とするまとまりであるが、ゲーテと同様にヘルダーも、民族集団や人類を実体化してそこに諸個人を解消・融解させる見方を取らない（第3節、第4節および注66を参照）。「啓蒙」、「文化」の最終的な担い手は諸個人となる。個人は、窓のあるモナドとして、それぞれの「啓蒙」、「文化」を受け入れ、形成されてゆく。だが同時に、活動的な存在として、それを形成し返しもする。それはまた、生活世界を越えて移動し、交流してやまない〈社交的〉な存在でもある（第2節、第3節を参照）。個人はそれを通して他の生活世界に影響を及ぼしてゆく。それは、モナド間の架橋の過程であると同時に、各モナドの多様性を豊富化する過程でもあるであろう。そのような無数のモナドの活動が「啓蒙」、「文化」を時々刻々、継承しつつ変化させるのである。ただし、モナドが窓を持つことによって、ライプニッツ的な予定調和を支える前提は崩れている。人類史は「迷宮」であり、それが豊穣なものとなりゆくか否かは、ひとえに窓のある無数のモナド＝個人の活動にかかることになるのである。

ヨーロッパの形成史を省察しながら、その終わり近くにおいて、ヘルダーは次のように述べる（第Ⅳ部・第二〇巻・第四章「ヨーロッパにおける理性の文化《クルトゥア》〔陶冶〕」）。

ヨーロッパにおいてふたたび目覚めつつある精神の状態をいくつかのより古い時代や民族と比べるならば、その光景は悲哀に満ちたものとなる。粗野で重苦しい野蛮のなかから、聖界と俗界の権力の圧迫のもと、よき物事はおしなべて、おずおずと現われている。最良の種子が過酷な路上で踏みしだかれ、獰猛な鳥によって掘り返されている。かと思えば、茨のもとでやっとのことで芽を出すことが許されながら、窒息させられ、干からびさせられている〔……〕。（SWS XIV, 485）

十八世紀は楽天的な人間が多かった時代であるという通念とはおよそ異なった情景である。ヘルダーにとって、宗教改革の激動期は数百年前、三十年戦争は百数十年前の近い過去である。ナントの王令廃止による宗教弾圧は、さらに近い過去である。中世に猖獗をきわめた農民を「土地に縛りつける〔……〕奴隷制」（ebd., 446）はなお眼前の現実であり続けている。また、戦争に明け暮れる、「機械」（SWS XIII, 340）のような絶対主義国家は中世以来の「俗界の権力」を不気味な仕方で反復、拡大するものとも映ったことであろう。

だがヘルダーは、このように述べながらも、後の箇所では「ヨーロッパの素晴らしさ」を指摘する（第Ⅳ部・第二〇巻・第六章「結語」、SWS XIV, 492）。ヨーロッパには、ある可能性、右の引用に言う「最良の種子」が潜んでいると考えるからである。ヨーロッパを見るヘルダーのまなざしは二重のものといわなければならない。

そのような「種子」としてヘルダーが挙げるのが、ヨーロッパにおける「都市」、「同職組合（Zünfte）」、「大学」といった「制度（Anstalten）」である（第Ⅳ部・第二〇巻・第五章「ヨーロッパにおける制度と発見」）。Anstalt には、〈制度〉と同時に〈準備〉という意味がある。☆97 ヘルダーの挙げるのは、完成された「制度」というよりも、未来を準備する萌芽、そのような意味での「種子」としての「制度」というべきであろう。

「都市」は「発明、勤勉、市民的自由、財政、統治（Polizei）、秩序」の覚醒と形成の場、「市民権」が享受される場である。「都市」は通商によって、ヨーロッパ中に「宗教や国民の違いを越え」たネットワークを作り、それによって、ある。

☆96 ドライケが指摘するように、『自然と恩寵に関するライプニッツの原則について』に示されたライプニッツ批判の論点は、のちのヘルダーの作品において深められ、たえず新たに基礎づけられて回帰すると見ることができる（vgl. B. M. Dreike, *Herders Naturauffassung in ihrer Beeinflussung durch Leibniz' Philosophie, Studia Leibnitiana Supplementa Bd. X*, Wiesbaden: Steiner, 1973, bes. S. 14f.）。『イデーン』もそのような作品のひとつである。

☆97 Art. Anstalt, in: Adelung, a. a. O.

君主も聖職者も貴族も作り出せなかったもの、「共同に活動するヨーロッパ（*ein gemeinschaftlich-wirkendes Europa*）」を生み出したとヘルダーは見る（ebd., 486f.）。「同職組合」は、技芸の発展を妨げる閉鎖的な性格を持つものの、その成員の勤勉が、貧しかったヨーロッパを「世界のあらゆる産物の加工者」に変身させたとして、高く評価する。修道院でも騎士の城砦でもなく、「都市」が競い合って建てた中世のゴシック建築は、彼ら職人の技の精華とされる（ebd., 487ff.）。「大学」は、「都市」や「同職組合」と同じく「共同体（Gemeinwesen）」として発足し、「教会の専制主義の戦闘的な野蛮に対抗する学問の砦、防波堤」、「学問の武器庫、貯蔵庫」となったとして高く評価される（ebd., 489f.）。「都市」、「同職組合」、「大学」いずれも、人びとを結び合わせる場としての「制度」であり、第1章で考察した〈社交性〉の主題と交叉するものであることが注意されるべきである。そのような準備的な「制度」形成の延長線上に「諸国の教育、法および国制によって遍く浸透してゆく、すべての身分と民族の陶冶《ビルドゥング》」がなされるであろうヨーロッパの未来が展望されるのである（第Ⅳ部・第二〇巻・第六章「結語」、ebd., 493）。

「都市」といい「同職組合」といい、また、それらと同じく「共同体」の性格を持つ「大学」といい、いずれもヨーロッパ近世を織りなす組織体である。そこにはまだ、蒸気機関も鉄道も製鉄所も現われていない。北海沿岸の「都市」であれば澄んだ空気のなかでカリヨンが鳴り響いていたであろう。『イデーン』の第Ⅳ部は、一七九一年、フランス革命勃発後の出版であるが、ヘルダーの省察が依拠している空間は、革命後に展開してゆくヨーロッパというよりも、それ以前の生活世界なのである。

ヘルダーは「都市」、「同職組合」、「大学」を支える階層として「学問、有益な活動、競い合う工夫の身分」＝市民層を挙げ、それを称えている（ebd., 493）。だが、第1章で考察したクニッゲの『人間交際術』が活写するように、ドイツの帝国都市の空気は停滞し、大学教授の視野は狭く、市民層は、家庭教師として、また、聖俗の官職を得ようとして辛酸を舐めていた。「都市」のネットワークはあったものの、人びとの移動はけっして容易ではなかった。[☆98] そもそも人びとそのものが諸「身分」に分断され、相互の〈交際〉も容易でないままに孤立し、停滞していたのであった（第1章・第4節・（2）および（3）を参照）。ヘルダーが未来への「種子」を見出そうとしたのは、そのような生活世界のなかにであり、彼の思考もまた、カントと同様、そのような生活世界に根ざしつつそれを越えようとする省察、ベンヤミンの描いた十八世紀ドイツの質素な「市民の集う部屋」からの省察であったといえよう（第1章・第3節を参照）。

ヘルダーは、ヨーロッパが形成されるにあたって通商が果たした役割を重視する。だがヘルダーは、同時に、ヨーロッパの通商のネットワークがそれ以前の人びとの生活を破壊することによって成立したことを指摘する。リューベック付近からバルト海、ラトヴィア、ノヴゴロド、キエフを経て黒海に至るスラヴ人都市の通商網、北部・西部ヨーロッパをオリエントやアジアとつなぐ通商ルート、そこに成立していたスラヴの人びとの生活である。それは、キリスト教化の旗印のもとドイツ諸民族がバルト海地方に進出し、同地のスラヴ人の商業と農耕を破壊し、彼等を絶滅ないし農奴化する過程でもあった。ヘルダーはこのことを『イデーン』第Ⅳ部・第一六巻・第四章「スラヴ諸民族」において記す（ebd., 277ff.）。第二〇巻・第一章「ヨーロッパにおける商業精神」においても、ヘルダーはこの主題を繰り返し、バルト海岸のスラヴ人通商圏の破壊の結果、ハンザ同盟に先行するドイツの「交易する諸都市の連合（*Verein handelnder Städte*）」が生まれたと指摘する（ebd., 449f.）。ヘルダーはまた、ドイツ諸民族によるスラヴ人の商業や農耕の破壊、彼らの絶滅、農奴化を記すさいに、スペイン人によるペルー人の隷属化を想起する（ebd., 279）。

☆98　帝国都市については、UM, 27f./六四頁以下、大学教授については、UM, 30f./六九頁、家庭教師については、UM, 246/三九三頁以下、家庭教師と聖職者志望者については、UM, 260ff./四一一頁以下、移動の困難については、UM, 266ff./四一八頁以下、などを参照。家庭教師については、レンツ（佐藤研一訳）『喜劇　家庭教師／軍人たち』、鳥影社、二〇一三年、佐藤研一『劇作家J・M・R・レンツの研究』、未來社、二〇〇二年、第八章「啓蒙のインテルメッツォ――喜劇『家庭教師あるいは家庭教育の利点』」（同書一七五頁以下）も参照。

第3節では、人間が「ありとあらゆる愚かしい想念をそこここで現実に神聖化し」(SWS XIII, 351)、「同胞の肉を食らう (ebd.) という惨状を呈すること、「非人間性」(ebd.) の展示場と化すことが歴史の半面であるというヘルダーの視点を見た。第5節では、ヘルダーがこのような視点からキリスト教の歴史や十字軍を見ていることを示した。だが、そのような事態は、過去のことではなく、ヨーロッパ人の通商の拡大によって、ヨーロッパ内部を含め、世界各地に起こりつつあったことでもある。これが、ヘルダーが「最良の種子」(SWS XIV, 485) との関わりで挙げていた「共同に活動するヨーロッパ」(ebd., 487)、「世界のあらゆる産物の加工者」(ebd.) としてのヨーロッパ、さらには、『イデーン』第Ⅳ部の最終節(「結語」)で称える「活動と発明、学問、および、共同の競い合う努力」に基づくヨーロッパ「文化」(ebd., 492) の他の半面である。窓のあるモナドたちによって切り開かれるであろう人類史の未来は「迷宮」たらざるをえないのである。

ヨーロッパにおける「都市」、「同職組合」、「大学」といった準備的な「制度」を論ずるに先だって、ヘルダーは「アテネでもスパルタでもなく、ヨーロッパが、この地において形成されなければならない。ギリシアの賢人や芸術家の善美 (Kalokagathie) にではなく、時とともに地球を包むであろうあるひとつの人間性と理性とに向けて (zu einer Humanität und Vernunft) である」と述べる (ebd., 486)。不定冠詞で述べられたこの「あるひとつの人間性と理性」が、世界のヨーロッパ化を意味するのか、あるいは、多様性を許容する世界の形成にヨーロッパが役割を果たし、多様なものが〈交際〉するなかで相互の架橋と豊穣化が進みゆくような世界のあり方を意味するのか。ヘルダーは具体的に語っていない。だが、これまで考察してきた『イデーン』の思考は、後者の方向を願い続けるものであったといえよう。

7　むすび――ヘルダーと啓蒙、カント、レッシング

本章では、人類の文化の多様性を肯定する『イデーン』の思想をさまざまな角度から考察してきた。本節ではそれを踏まえて、『イデーン』と啓蒙、カント、レッシングとの関係を整理して本章のむすびとしたい。

以上考察してきた『イデーン』の思考世界は、汎ヨーロッパ的な啓蒙を背景とし、それを養分とするものである。第2節で示したように『イデーン』には「地球」という視点が貫かれていた。ヘルダーのこの視点の背景には、コペルニクス、ケプラー、ホイヘンス、ニュートン、また、カント『天界の一般自然史と理論』など、啓蒙の世紀およびそれに先立つ諸世紀における自然認識の変革がある。ヘルダーにおいては、この「地球」という視点からヨーロッパ中心的なものの見方への批判がなされている。それは、より広い視点から眺めて自己中心的な視点を脱するという意味で、第1章で見たカントにおける「世界市民」の視点（第1章・第3節、第5節）、第2章で見たベールにおける「世界の住人」という視点、ベールを引き継ぐレッシングの視点（第2章・第7節、第8節）と重なる。ヘルダーを啓蒙の〈克服〉者と見て、十九世紀歴史主義の先駆者と位置づけるとき、このことの積極的な意義が見落とされてしまうのである。[☆99]

自然認識の変革に関わる「地球」という視点のみならず、歴史に関しても『イデーン』は、汎ヨーロッパ的な啓蒙

☆99　ヘルダーの「地球」という視点の背景には、コイレが「閉じた世界から無限宇宙へ」という句で特徴づけた十七世紀から十八世紀初頭にかけて生じた宇宙観の変動があると見ることができる。Vgl. A. Koyré, *From the Closed World to the Infinite Universe*, Baltimore /London : Johns Hopkins Univ. Press, 1968.（アレクサンドル・コイレ（横山雅彦訳）『閉じた世界から無限宇宙へ』、みすず書房、一九七三年）

を背景としている。歴史哲学という概念は、ヴォルテールが用いた新しい概念であり、歴史をキリスト教的な救済史観から解放し、現実的・経験的な要因に基づいて内在的に考察しようとするものであった。『イデーン』＝〈人類の歴史の哲学（Philosophie der Geschichte der Menschheit）の構想（Ideen）〉は、これを批判的に引き継ごうとする試みである。ヘルダーのこの構想には、歴史に対するベールのペシミスティックな視点（第4節）が、存在の多様性に驚き、肯定するライプニッツの視点（第6節）とともに流れ込んでいた。

第2章で述べたように、ベールの『歴史批評辞典』には、歴史的伝承に対する批判的検討の精神が貫かれていた。この精神は、ベールに先立って宗派を超えてなされた十七世紀における教会史をはじめとする歴史的伝承の批判的検討の膨大な蓄積を背景とするものであるが、[☆100] その成果が、十字軍や中世の異端、宗教改革運動など、『イデーン』第IV部のヨーロッパ史に関する叙述の基礎をなしている。本章の第5節で見た『イデーン』の支柱のひとつをなす「キリストの宗教」と「キリスト教」を峻別するレッシングの見方も、スピノザの『神学・政治論』から啓蒙の世紀に至る聖典に対する批判的検討の流れが可能にしたものである。

だがまた、本章でも指摘したように、啓蒙の哲学者カントが『イデーン』を批判したことも周知の事実である。このことによってヘルダーは、反啓蒙の非合理主義者とされることにもなる。しかし、本章の考察を踏まえるならば、カントとヘルダーの対立は、『純粋理性批判』（一七八一年）によって批判哲学を確立したカントとそれ以前の啓蒙を養分として独自の思想を生み出したヘルダーの間の対立として捉えなおすことができよう。ただ、批判哲学以前の啓蒙といっても一枚岩のものではない。序論で述べたように、啓蒙は、ドイツに関しては、ヴォルフやゴットシェートに代表される前期とカントやレッシングに代表される後期とでその特質を異にする。後期において啓蒙は、自己批評的な〈啓蒙の啓蒙（Aufklärung über Aufklärung）〉の段階に入り、感情や感覚に対する関心も高まってくる。ゴットシェートへの批判、また、第3節で見たヴォルフ的なドイツ啓蒙の国家学への批判が示すように、ヘルダーが背景とするのは、

ドイツの後期啓蒙である。さらには、ドイツ啓蒙の共通基盤をなすライプニッツの思想である。☆101

カントは後期啓蒙のなかにありながらも、批判哲学を確立し、哲学のあり方の革新、〈転回〉をもたらすことになる。カントによる『イデーン』批判は、この地点から書かれたものである。かつて、一七六〇年代前半にカントの講義によって、十八世紀ヨーロッパの思想・哲学、自然科学、自然史、人類史、民族史の知識を吸収し（後述）、『イデーン』でもカント『天界一般の自然史と理論』（一七五五年）を支えのひとつとしていたヘルダーは、酷評とも言うべきカントの批評に衝撃を受ける。以後、『イデーン』は〈非学問的〉なものとの烙印を押されることになるのである。☆102

だが、自然史と人類史を結合し、〈風土（Klima）〉という要因を考慮に入れながら地球上の多様な生活世界、文化、歴史を考察しようとする『イデーン』の構想が真に〈非学問的〉なものなのか。今日、さまざまな観点からの再検討

☆100　野沢協「メルキセデクの横死――『歴史批評辞典』の歴史批評」、ベール（野沢協訳）『歴史批評辞典I（A－D）』、一一六四頁以下。野沢は、ベールの同時代、およびそれに先立つ歴史的伝承の歴史的・批判的検討の営みを詳述している。とりわけ、ジャン・マビヨン（一六三二～一七〇七年）の『公文書論』*De re diplomatica*（一六八一年）は重要である。

☆101　ライプニッツの思想の影響はヴォルフ派にとどまるものではなく、レッシング、カント、ヘルダーなど十八世紀ドイツの全般に及ぶ。ヘルダーへのライプニッツの影響については、vgl. Dreike, a. a. O. ライプニッツに加えて、ドイツ啓蒙において再発見されたスピノザの影響も重要である。そのさいには、本章で示したように『エチカ』*Ethica ordine geometrico demonstrata*（一六七七年）だけでなく、『神学・政治論』の影響が考慮に入れられなければならない。また、ハイムが追跡したように、ヘルダーが聴講した前批判期のカントからの影響も見落とされてはならない。Vgl. R. Haym, *Herder nach seinem Leben und seinen Werken, 1. Bd,* Berlin: Gaertner, 1880, S. 30ff. ただし、イルムシャーが指摘するように、ヘルダーが終生、前批判期のカントの立場にとどまったとするハイムの見解は誤りであり、むしろ、前批判期のカントを養分としながら、感性論や言語論をはじめとするヘルダー独自の思想世界を生み出していったと見るべきである。Vgl. H. D. Irmscher, Die geschichtsphilosophische Kontroverse zwischen Kant und Herder, in: B. Gajek (Hg.), *Hamann-Kant-Herder. Acta des vierten Internationalen Hamann-Kolloquiums im Herder-Institut zu Marburg /Lahn 1985,* Frankfurt a. M. /Bern /New York /Paris: Peter Lang, 1987, S. 111ff.

☆102　Vgl. Adler, a. a. O.

と反論がなされている。☆103 その点の考察は、本書の主題ではないが、考察にさいしては、注22と注25で述べた、カントにによるヘルダーの「幸福」概念の曲解、また、両者の間の「幸福」理解のすれ違いなど、議論の前提そのものを繊細に解きほぐすことが求められよう。

カントとヘルダーに関しては、ここでは次の二点を確認しておきたい。

第一は、カントとの争点となった『イデーン』のヨーロッパ中心主義批判が、汎ヨーロッパ的な啓蒙を背景としているという点である。『イデーン』そのものが啓蒙を背景としていることは、本章の議論を整理する形で、本節において確認したところであるが、『イデーン』の主題であるヨーロッパ中心主義への批判にも同様のことが当てはまる。序論で述べたように、啓蒙の時代は、ヨーロッパの伝統的な価値観や制度が大きくゆらいだ時代であった。そのなかで、非ヨーロッパに目を向け、自らの文化や伝統の自明性を問いなおす流れが生まれてくる。ドイツ語圏では第2章で考察したレッシングがそれを代表する。本章の第5節で見たヘルダーのヨーロッパ論が示すように、『イデーン』にも自らの文化伝統の自明性を問いなおすモチーフが貫かれ、そこにはレッシングの視点との連続性が看取された。『イデーン』のヨーロッパ中心主義批判は、非西欧と自己理解したドイツ・ナショナリズムの鼓吹ではなく、このような流れに発する、ヨーロッパへの批判的な自己省察の所産であることが注意されなければならない。

啓蒙は偏見からの解放を唱えるものではあるが、すべての思想家、文学者がこのような省察の運動を遂行したわけではない。自らの暮らすヨーロッパを〈文明〉の頂点として礼賛する見方が一方で押し出されもしたのであった。啓蒙のなかに二つの異なった流れがあったというべきであろう。

カントとヘルダーは、この点で対極的な位置にある。本章の注22で述べたように、カントは『イデーン』の批評において、ヘルダーの見解をタヒチ島の「安らかな怠惰」(KGS VIII, 65) を礼賛するものとして揶揄する。カントは、それと相前後して『世界市民的見地における一般史の理念』*Idee zu einer allgemeinen Geschichte in weltbürgerlicher*

Absicht（一七八四年）を書き、人類の素質の展開を可能にするものとしての〈非社交的社交性〉、競争的な〈文明〉社会のあり方を称揚するのである。

すでに述べたように、カントの揶揄には、ヘルダーの論点の曲解がある。『イデーン』の「幸福」概念は、「安らかな怠惰」の礼賛ではなく、「過酷な偶然」(SWS XIV, 84) に翻弄されるなかで「労苦 (Mühe und Arbeit)」(SWS XIII, 337) のなかから生み出された望ましい生活のあり方、さらには、過酷な現実とは異なった状態への願いだからである。ヘルダーのこのような視点は、第6節で見た、ドイツの「交易する諸都市の連合」(SWS XIV, 449f.) の成立の背後にあるスラヴ諸民族の苦難、ヨーロッパ人の進出にともなうペルー人の隷属化を直視する視点とつながっている。

ヘルダーはまた、眼前の啓蒙主義的な絶対主義国家に対しても同様の批判を向ける。第3節で見たように、ヘルダーは、「[……] 間違っていると知り、感じながら生涯この機械〔啓蒙主義的な絶対主義国家〕のなかでイクシオンの車輪に繋がれることになる。この車輪は、自己決定する自由な魂の最後の働きすら愛児のように窒息死させ、感覚なき機械のなかに己が幸福を見つける以外の慰めを、哀しくも呪われた者に許すことがない。ああ、我々が人間であるのなら、摂理が人類の普遍的な目標をそのこと〔啓蒙主義的な絶対主義国家の形成〕に定めていないことを感謝しようではないか。地球上の幾百万もの人間は国家なくして生活している [……]」(ebd., 341) と述べていた。「地球上の幾百万もの人間は国家なくして生活している」とは、タヒチ島の「安らかな怠惰」への安易な憧憬から発せられたものではなく、農奴を

☆103　そのような試みとして、(1) H. B. Nisbet, *Herder and the Philosophy and History of Science*, Cambridge: Modern Humanities Research Association, 1970. (2) Irmscher, a. a. O. (3) Irmscher, Beobachtungen zur Funktion der Analogie im Denken Herders, in: *Deutsche Vierteljahrsschrift für Literaturwissenschaft und Geistesgeschichte*, 55. Jg., Heft 1 (1981). (4) Gaier, a. a. O. (5) W. Proß, Nachwort. ›Natur‹ und ›Geschichte‹ in Herders *Ideen zur Philosophie der Geschichte der Menschheit*, in: MHA III/1 などがある。

はじめ絶対主義国家のなかでの人びとの塗炭の苦しみへのまなざしからのものである。

第3節で述べたように、「間違っていると知り、感じながら生涯この機械のなかでイクシオンの車輪に繋がれることになる」という言葉に込められた批判は、カントが『啓蒙とは何か』のなかで「理性の公的使用」との対照で無批判に述べた「理性の私的《プリヴァート》使用」のあり方——公職にある者が「ひたすら受動的に振る舞わざるをえなくさせられるような〔……〕一種の機械装置（Mechanismus）」のもとに置かれ、そこにおいては「議論はもとより許されていない、ただ服従あるのみである」（KGS VIII, 37）というあり方——の現場を批判的に言い当てたものでもある。〈世界市民的見地〉からするならば、「美しくまっすぐに成長した」「森の木々」（『世界市民的見地における一般史の理念』、ebd., 22）と見える〈文明〉の競争社会も、その現場においては、ヘルダーの指摘を免れまい。そのような事態は、カントがめざす「完全な市民的な体制（eine[r] volkommene[n] bürgerliche[n] Verfassung）」（ebd., 24）においてもまた、形を変えて現われよう。

ヘルダーのこのような視点は、〈文明〉の前提、現場を批判的に問うという意味で、〈啓蒙の啓蒙（Aufklärung über Aufklärung）〉の地点を示しているのである。

だが、カントの論点は〈非社交的社交性〉や「機械装置」のなかでの〈私的《プリヴァート》〉な理性使用の禁止に尽きるものではない。『世界市民的見地における一般史の理念』に述べられた「人類（Menschengattung）」の目標としての「完全な市民的な連合（die vollkommene bürgerliche Vereinigung）」（ebd., 29）の構想が、ヘルダーやレッシングの視点とどのような形で架橋可能であるのかが、今後において問われるべき課題として立てられなければならない。

確認しておきたい第二点目は、架橋という観点から見た場合に浮かび上がるカントとヘルダーの共通点である。『世界市民的見地における一般史の理念』と『イデーン』に示されているように、両者は、〈人類〉という視点を共有している。また、第3節と第6節で見たように、ヘルダーにおいても、〈人類〉に関わる普遍的規範とともに「諸国の〔……〕法および国制（Constitution）」（SWS XIV, 493）が肯定されている。注35では、ヘルダーの普遍的規範がオリエント・ユダヤ的な智恵に遡ることが指摘されていることを示した。そのように見た場合、他者を他者として広く承認するヘルダーの規範は、レッシングの『賢者ナータン』において指輪の寓話の淵源とされた「はるかな昔、東の方」(LM III, 90) の智恵と重なってくる。信条を異にする者の間の架橋をめぐる非ヨーロッパからの智恵である。〈人類〉という視点を共有するカントとヘルダーをめぐって、レッシングを介して、智恵、規範、法制度の間の架橋を問うことが可能ではあるまいか。☆104

また、カントとヘルダーの間には、本書の第1章で見た〈社交性〉、〈交際〉という主題においても共通点がある。第1章では、『啓蒙とは何か』、『人間学』、『人倫の形而上学』、『判断力批判』の行間から〈思考の自主性〉、〈複数主義〉、〈社交性〉、世界大の〈交際〉の理念を取り出し、それらが、互いに関連してカントの思考の星座を形作っていることを示した。これが『世界市民的見地における一般史の理念』で強調されている〈非社交的社交性〉とどのように関わるかは、カント研究の主題として別途に問われなければならない。だが、〈社交性〉、〈交際〉は、それとは相対的に区別される主題として、カントの著作に認められるのである。カントにおいてこの主題は、〈世界〉ないし

☆104　ここでレッシングの『人類の教育』について一言述べておく。『人類の教育』は、歴史を〈多神教〉、〈ユダヤ教〉、〈キリスト教〉、〈新たな永遠の福音の時代〉に分け、これを〈人類の教育〉の過程としている。一見、キリスト教中心的な歴史観とも見えるが、次の三点が注意されるべきである。(1)『賢者ナータン』やゲッツェとの論争をはじめ晩年のレッシングの著作は、宗教の問題を複数の視点から多面的に取り扱おうとするものであること。言い換えれば、『人類の教育』は、ひとつの視点からの「眺望 (Aussicht)」(LM XIII, 415) であるということ。(2)『人類の教育』は、『キリストの宗教』と同様に、レッシングがキリスト教圏に生きる自己の立脚点を省察しようとする視点からのものであること。だが、キリスト教徒は、世界のなかの一行為者にすぎず、他の人びとと日々相渉っている。『賢者ナータン』は、この問題領域に目を向けたものであること。(3)『人類の教育』において、〈キリスト教〉と〈新たな永遠の福音の時代〉は、連続的には捉えられておらず、前者から後者への移行には一種の〈転回〉が不可欠であること(この点については、笠原賢介「十八世紀ドイツの歴史観――レッシング『人類の教育』を中心にして――」、日本18世紀学会『学会ニュース』第一四号、一九八四年を参照)。

〈世界市民〉という視点と結びつけられ、モノローグの「純粋主義（Purism）」を排し（KGS VII, 282）、多彩な言語による〈談話〉に満ちた〈世界〉のなかの〈単なる一世界市民〉として人びとと〈交際〉してゆく方向が打ち出されていた（第1章・第3節、第5節）。本章の第3節で見たように、『イデーン』においても人間は〈社交的〉な存在として捉えられている。また、第6節で確認したように、その根底には、モナドを他と〈交流可能（communikabel）〉なものと把えるヘルダーの視点がある。〈地球〉上の多様な文化、生活世界が、〈交流可能〉な諸個人が織りなす不断の相互交流の相のもとに捉えられることになるのである。カントとヘルダーは、人間を〈社交性〉、地球大の〈交際〉の相のもとで捉える点で視点を共有している。このような接点もまた、カントとヘルダーの架橋の可能性を示唆するものではあるまいか。

最後に、ヘルダーとレッシングの関係を整理しておきたい。本章での考察を通して、ヘルダーとレッシングの間には、共通性と継承関係が看取された。移動し〈交際〉する人間のモチーフ（第2節、第6節）、人間を〈社交〉的存在と捉える見方（第3節、第6節）、〈人類の教育〉という構想（第3節および注14、注66）、〈思考の自主性〉（第2節）、レッシング『エルンストとファルク』の国家観を引き継ぐ形での『イデーン』の国家観（第3節）、ベール『歴史批評辞典』からの影響（第4節）、レッシング『キリストの宗教』の継承（第5節）、レッシングによるヨーロッパの伝統的なイスラーム観の転換を引き継ぐ形でのイスラーム評価（第5節）、アラビア学者ライスケへの着目（第5節）、ベールの「世界の住人」を引き継ぐレッシングの「世界」へのまなざしと『イデーン』における「地球」という視点との交叉（本節）がそれである。

これらのうち、啓蒙の標語である〈思考の自主性（Selbstdenken / selbst denken）〉、およびレッシング『キリストの宗教』の継承について述べることでむすびとしたい。

〈思考の自主性〉は、カントに関しては、第1章で『啓蒙とは何か』、『人間学』、『人倫の形而上学』、『判断力批判』

によって確認した。レッシングに関しては『カルダーヌス弁護』の冒頭に〈思考の自主性〉の語が見られたが（第2章・第2節）、レッシングにおいて主題的に述べられているのは『ハンブルク演劇論』（一七六七～六九年）第九五篇の次の一節である。

ここに難問がある！　ここで読者諸氏に思い起こしていただきたいのは、この冊子は演劇の理論体系など含むべくもないということである。したがって私は、自分が提示する難問のすべてを解決する義務は負っていない。私のさまざまな考えがますます関連を失って、互いに矛盾さえするように見えてもかまわない。ただ、それらの考えが、読者諸氏が自ら思考する素材（Stoff [...], selbst zu denken）をそこに見出すようなものであるのなら。私はここで認識の酵母（Fermenta cognitionis）を撒こうとしているだけなのだ。（LM X, 187f.）

悲劇的性格の持つ〈普遍性〉概念の多義性を論じた一篇の結尾である。レッシングが行なおうとしているのは、複数の論点の交錯、衝突によって引き起こされる「難問（Schwierigkeit）」の提示であって、それを「解決」して見せたり、「理論体系（System）」に包摂して見せることではない。批評はむしろ、「ますます関連を失って、互いに矛盾さえするように見え」る複数の論点の発する光が散乱する「難問」の場の提示である。それが、「自ら思考する」こと、「認識」の発酵への端緒になるとするのである。すでに述べたように、〈思考の自主性〉は〈啓蒙（Aufklärung, Les lumières, Enlightenment）〉の標語であるが、レッシングにおいて〈啓蒙〉の光は、「認識」の発酵と〈思考の自主性〉を促す光の散乱を意味していよう。

第2章で見たように、これは、『カルダーヌス弁護』と『賢者ナータン』を貫く特質でもある。前者においては、さまざまな引用や暗示、ユダヤ教徒とイスラーム教徒が発する声によって、後者においては、劇中人物の声、その背景にある錯綜した人間関係、さらにはモットーをはじめとする引用や暗示によって、多方向的・多声的な光の場が形成されている。これによって、読者、観客（ないし演出家）に問い、謎が提示されるのである。

レッシングにおける〈思考の自主性〉と複数の論点や声の交錯との結びつきは、第1章で見た、カントにおける〈思考の自主性〉、〈複数主義〉、身分横断的な〈社交性〉、世界大の〈交際〉の理念が形作る思考の星座（第1章・第3節、第5節）に対応するものである。ただ、カントにおいては著作の行間に潜んでいた〈思考の自主性〉をめぐるこれらの要素が、レッシングにおいては、読者、観客に思考を促す多義的な作品へと造形されているのである。しかも、複数の論点と声には非ヨーロッパ、およびヨーロッパのなかの非ヨーロッパとも言うべきユダヤ教徒の声が含まれ、〈啓蒙〉されたヨーロッパの読者の思考と〈常識〉が揺るがされてゆくことになる。

ヘルダーもまた、〈思考の自主性〉を高く評価する。若きヘルダーの『人間性形成のための歴史哲学異説』の末尾では、ヴォルテールを批判しながらも、ヴォルテールの「思考の自主性における軽やかさ（*Leichtigkeit im Selbstdenken*）」が称えられている（SWS V, 583）。これは selbst denken（自分で思考する）を名詞として用いた最初の例である。[☆105]

ヘルダーが〈思考の自主性〉へと導かれたのは、若き日に聴講したカントの講義を通してであった。ヘルダーはこのことを『人間性促進のための書簡』第七九書簡で回想している。カントの講義は、次のようなものであったという。

彼は、ライプニッツ、ヴォルフ、バウムガルテン、クルージウス、ヒューム、を検討し、ケプラー、ニュートン、その他の物理学者の自然法則を追究した。これと同じ精神でもって、当時刊行されたばかりのルソーの著作『エミール』、『新エロイーズ』、そしてまた、彼の知るところとなったあらゆる自然の発見を取り上げて、それらを称えた。そしてつねに、自然についてのとらわれのない知見と人間の道徳的な価値へと立ち帰っていった。人間の歴史、諸民族の歴史、自然史、自然科学、数学そして経験こそが、彼の講義と交際を生き生きとしたものにした源泉であった。知るに値するもので彼の関心を引かなかったものはなかった。［……］彼は励まし、快適な仕方で、思考の自主性へと向かわせた（*zwang angenehm zum Selbstdenken*）。専制主義は彼の心には無縁であった。私が最大の感謝と尊敬をこめて記すこの人こそイマヌエル・カントである。（SWS XVII, 404）

カントが聴講者に向かわせようとした〈思考の自主性〉は、ライプニッツ、バウムガルテン、ヒュームなどの哲学者の声、ルソーの思想と文学、自然科学、歴史などの学問分野、経験、「人間の道徳的価値」への視点など、複数の観点や見解が交錯するなかで確立されるべきものとして説かれたことが知られるのである。それは、レッシングが『ハンブルク演劇論』で説いた複数の論点が交錯する「難問」の場を通して促されるとされた〈思考の自主性〉のあり方と重なり合っている。[105]

若き日に聴講した講義で提示されたこれらの視点は、ヘルダーの思想の展開過程において養分として働き続けたものと思われる。哲学、科学、文学、日常経験をはじめ、諸領域を切り離さずに横断し架橋しようとするのがヘルダーの思考の特性であるからである。[106] カントの講義で説かれたライプニッツの哲学、ケプラーやニュートンの自然科学的知見、「人間の歴史、諸民族の歴史、自然史」、「人間の道徳的価値」は、『イデーン』を構成する要素そのものである。ルソーの文明批判もその背景をなしていよう。『イデーン』は、カントが撒いたこれらの「認識の酵母」と対話しながら〈思考の自主性〉を行使した成果と見ることができる。しかも、レッシングと同様、ヘルダーにおいても視野は非ヨーロッパに拡大され、さらには、相互に交流する〈窓のあるモナド〉の観点のもとでイスラーム圏がヨーロッパそのものの形成要因として捉えられることになるのである。

☆105 Vgl. Dierse, a. a. O.
☆106 Vgl. Nisbet, a. a. O.

最後に『キリストの宗教』との関係について述べておきたい。

第3節で見たように『イデーン』には〈体系〉へと完結することのないヘルダーの思考様式に対応した亀裂と問いが潜み、それが読者の思考を促してゆく。そのひとつが「文化」、「啓蒙」、「伝統」に対する複眼的な視点であった。この複眼的な視点の背景には、ベールとゲーテがいた。だが、レッシングもまた、その視点を支えている。

第5節で見たように、『イデーン』においては、パレスチナの地に生きたイエスその人と制度化されたキリスト教とが峻別され、自らの「文化」、「啓蒙」、「伝統」たるヨーロッパのキリスト教の歴史に対する批判がなされていた。ヘルダーの複眼的視点は、「文化」、「啓蒙」、「伝統」が、「ありとあらゆる愚かしい想念をそこここで現実に神聖化」すること、「同胞」が「同胞の肉を食ら」う惨状を引き起こすこと（SWS XIII, 351）を直視するものであるが、この視点は、ヨーロッパを例外とするものではなく、ヨーロッパ自身に向けられていたのであった。この批判を支えるイエスとキリスト教との峻別は、同節で見たように、レッシングの『キリストの宗教』を引き継ぐものである。この批判によって、ヨーロッパ〈文明〉を尺度とせずに、地球上に展開する人類の活動を対等に見る視点が切り開かれているのである。[☆107]

『キリストの宗教』は、『賢者ナータン』と同じくレッシング晩年のものであるが、第2章で考察した初期の『カルダーヌス弁護』にも同様の視点を認めることができる。そこには、強制改宗を批判するベールの『強いて入らしめよ』の思想が継承されていた。これは、ナントの王令廃止の状況への批判であると同時に、「コンスタンティヌス〔大帝〕から現在まで」[☆108]のキリスト教の歴史への批判でもあった。他方で、〈イスラーム教徒の弁論〉においては「キリストとその使徒はまったく血を流さなかった」（LM V, 327）と述べられ、イエスその人への着目が見られる。これらと〈篤信のユダヤ教徒の弁論〉と〈イスラーム教徒の弁論〉の登場、〈異教徒〉の不在の示唆は相関的なものである。キリスト教の歴史に対する批判的省察が、人びとの異端審問的な〈常識〉を揺るがす声の登場、不在の〈異教徒〉の示唆を可能にするのである。

『イデーン』に述べられたヨーロッパ中心主義批判は、同様の省察の運動のなかに置かれたものである。それは、近現代においてしばしば見られる、非ヨーロッパ（あるいは、非ヨーロッパと自己理解した〈ドイツ〉）からする反西欧のスローガンのイデオロギー的な鼓吹ではない。批判は、自らの「文化」、「啓蒙」、「伝統」を省察して立脚点を探る思考の運動に裏打ちされている。この運動が、異なる「文化」、「啓蒙」、「伝統」への開眼をもたらすのである。

ヨーロッパにおけるキリスト教の歴史、十字軍の実相、新大陸におけるヨーロッパ人の所業、ドイツの「交易する諸都市の連合」（SWS XIV, 449f.）の成立にあたってのスラヴ諸民族の商業と農耕の破壊、隷属化——省察が切り開くこれらの光景が、地球上における「文化」、「啓蒙」、「伝統」の多様性への驚きと相俟って、読者に問いを提示し、思考を促してゆく。『イデーン』の作品としての性格は、このような省察の運動を引き起こす点に求められよう。☆109

☆107　イエスのなかに「もっとも真実な人間性」（SWS XIV, 290）を見るヘルダーの視点をヨーロッパ中心主義と断ずることはできないであろう。ヘルダーにおいては、むしろ、イエスとキリスト教が峻別されることによって、キリスト教を含むヨーロッパの歴史の相対化・批判が可能になっている。イエスは、非ヨーロッパたるパレスチナの地に生きたイエスその人である。この峻別によって、ヨーロッパ〈文明〉を尺度とせずに、地球上に展開する人類の活動を対等に見るというヘルダーの視点の支柱のひとつが獲得されている（他の支柱としては第2節で見た「地球」と「変容《メタモルフォーゼ》」がある）。もとより、「人間性」という概念が非ヨーロッパ地域の生活世界の理解を阻んでいるのではないかという問いは別に検討されなければならない。また、ヘルダーにおけるイエスとて、十八世紀のヨーロッパ人ヘルダーが見いだしたものに過ぎないと言うことはできよう。だが、自らの宗教的・文化的伝統を歴史的・批判的に検討するなかで、それを相対化・批判する立脚点を得てゆくという思考の運動そのものの意義を否定してはならない。

☆108　Mahomet, S. 263. ベール（野沢協訳）『歴史批評辞典II（E－O）』、六六九頁。

☆109　非ヨーロッパにおいて『イデーン』を読むさいには、このような省察をどのように読み替え、受容するかが肝要である。本章でたびたびふれた和辻哲郎は、一九五〇年に『近代歴史哲学の先駆者——ヴィコとヘルダー——』を刊行し、ヘルダーの『イデーン』を称揚・紹介している。そこにおいては、「文化」、「啓蒙」、「伝統」に対するヘルダーの複眼的な視点が消去され、「文化」、「伝統」の肯定的側面のみが押し出されている。「文化」、「啓蒙」、「伝統」の否定的側面を指摘するヘルダーの思想は、切り貼りされて、ヨーロッパ近代〈文明〉＝「啓蒙」批判の脈絡でのみ登場させられている。「文化」、「啓蒙」、「伝統」の否定的側面を直視するヘルダーの思想が、和辻自身の「文化」、「啓蒙」、「伝統」への批判的省察へと反転することは起こらない。ヘルダーの思想がヨーロッパ近代批判と和辻自身の「文化」、「伝統」の肯定の〈心地よい〉循環へと再構成されるのである（注38と注42に示した拙稿を参照）。このような循環が、和辻にとどまらず、我々のヘルダー理解、さらには、文化の理解をなおも呪縛し続けているのではあるまいか。

結語

以上、三章にわたる考察は、第2章のレッシングにおける非ヨーロッパ世界の把握の考察を核とし、第3章においてはレッシングとの連続性に着目してヘルダーの『イデーン』を考察した。第1章においては、両者の背景をなすドイツ後期啓蒙の共通基盤が浮き彫りにされた。レッシング、ヘルダーの非ヨーロッパに対する開かれた思考と感性は、単なる異国趣味ではなく、啓蒙において浮上した〈社交性〉、〈交際〉の主題を地球大に拡大したところに成立していると見ることができるのである。

ドイツ啓蒙と非ヨーロッパ世界という主題のもとに行なってきた本書の考察は、膨大な考察を要するこの主題に関して、いくつかの脈絡を浮かび上がらせる試みにすぎない。明らかにされた論点は、十八世紀ヨーロッパとドイツの広汎な連関のなかにある。以下、それらのいくつかを課題として指摘し、結びとしたい。

第1章の考察によって〈社交性〉、〈交際〉のモチーフがクニッゲ、カント、レッシングに共通して見られることが明らかとなった。第3章ではヘルダーに同様のモチーフを確認した。彼らにおいては、宮廷への批判（ヘルダーでは絶対主義国家への批判）がなされ、この点での前期啓蒙との違いが浮き彫りにされた。だが、〈社交性〉に対応するラテン語 sociabilitas, socialitas は、元来、フーゴー・グロティウス（一五八三〜一六四五年）の appetitus societatis（社会的欲求）を受け継いで、プーフェンドルフの自然法思想において用いられるようになった概念である。ドイツ啓蒙の父とされるトマージウスがこれを引き継いでいった。[☆1] 第1章の『エルンストとファルク』の考察のさいに述べたように、このことが前期のみならず、後期の啓蒙にまで共通の基盤として影響を及ぼしている可能性がある。〈社交の世紀〉としてのヨーロッパという横断的な観点と同時に、ドイツ啓蒙に共通する脈絡からの考察が求められていると思うのである。[☆2]

また、レッシングとヘルダーにおいては〈社交性〉、〈交際〉のモチーフが世界大に拡大されていた。その背景に、十七世紀から十八世紀にかけての非ヨーロッパからの文物の流入や人の交流の拡大、知識の革新と増大があることは言うまでもない。

文物に関しては、たとえば、イスラーム圏からのコーヒーと喫茶店文化の流入がある。十五世紀初頭からイスラーム圏で飲料として用いられるようになったコーヒーは、十六世紀にはイスラームの都市社会に定着し、喫茶店（マクハー）が発達する。これが十七世紀中頃にイスタンブールからイギリスに入り、ヨーロッパで大流行するに至る。[☆3]十八世紀の〈市民的公共性〉の展開を支えた〈施設（Institutionen）〉のひとつとしての喫茶店である。[☆4]ハバーマスは指摘していないが、〈社交〉の場としての喫茶店という〈施設〉そのものが、イスラーム圏から流入したのであった。ヘルダーの言う、地球上における〈啓蒙〉の遍在とヨーロッパへの流入の例がここにも見られるといえよう。[☆5]

文物の流入の拡大にともなって、異国趣味も盛んになる。イスラームに関しては、絵画、彫刻、舞台衣装、音楽をはじめとするトルコ趣味、また、一七六〇年代から七〇年代にかけて大流行した〈トルコものオペラ（Türkenoper）〉がそれであるが、ヨーロッパ人の願望やパターン化された想像上の異国のイメージや人物像を再生産するにとどまるものが多かったと言わなければならない。[☆6]

第2章で見たレッシングの『アダム・ノイザー』は、ドイツからトランシルヴァニアを経てイスタンブールに移住した十六世紀の一神学者を主題とするものであった。十七世紀から十八世紀にかけて、文物にとどまらず、このルートを通っての人の交流も加速していったものと思われる。そこには無名のアダム・ノイザーたち、またその逆の動きをした人びとがいたであろう。また、レッシングの劇断片『トンジーネ』には日本の女性が、パーヴィッシュの『ユダヤ教とキリスト教の啓示についての研究』には、〈インド人〉=日本人が登場していた。鎖国下の日本を含めて拡大しつつあったヨーロッパと非ヨーロッパの間の人の交流の一端を示すものである。この点は、今後さらに考察されるべき興味深い課題である。

レッシングとヘルダーの視点の背景にあるのは、このような文物の流入と人の交流の拡大であり、また、そのなか

☆1　Vgl. Schieder, a. a. O.

☆2　プーフェンドルフとトマージウスが後期啓蒙に至る文学に影響を与えたことについては、vgl. S. A. Jørgensen u. a., a. a. O., S. 7. 以上との関連で、ドイツにはフィヒテ（一七六二～一八一四年）やヘーゲルなど、人間を相互関係の相のもとで見ようとする相互承認論の流れがあることも指摘しておきたい。相互承認論については次の文献を参照。A. Honneth, *Kampf um Anerkennung. Zur moralischen Grammatik sozialer Konflikte*, Frankfurt a. M.: Suhrkamp, 1992. ホネットは、ドイツでの相互承認論の流れをホッブズと対比しているが、プーフェンドルフやトマージウスとの関係は論じていない。プーフェンドルフ、トマージウスの自然法論と相互承認論の流れとの関係が問われるべきではあるまいか。

☆3　次の二つの文献を参照。（1）S. Schmid, „That Newfangled, Abominable, Heathenish Liquor called COFFEE“: Türkeibilder in englischen Texten über den Kaffee, in: B. Schmidt-Haberkamp (Hg.), *Europa und die Türkei im 18. Jahrhundert /Europe and Turkey in the 18th Century*, bes. S. 163f.（2）R. S. Hattox, *Coffee and Coffeehouses. The Origins of a Social Beverage in the Medieval Near East*, Seattle /London: Washington Univ. Press, 1988（ラルフ・S・ハトックス（斎藤富美子・田村愛理訳）『コーヒーとコーヒーハウス　中世中東における社交飲料の起源』、同文館、一九九三年）。また、大塚和夫他編『岩波イスラーム辞典』、岩波書店、二〇〇二年、「コーヒー」、「喫茶店」の項も参照。

☆4　Habermas, *Strukturwandel der Öffentlichkeit*, S. 48f.

☆5　逆に、オスマン帝国は十八世紀の初頭に、それまでアルメニア人など帝国内少数派のみが営んでいた活版印刷術の導入を始める。この点については、次を参照。P. Figeac u. M. Hundertmark u. a., *Exotische Typen. Buchdruck im Orient -Orient im Buchdruck*, Berlin: Staatsbibliothek zu Berlin Preußischer Kulturbesitz, 2006. 文物の流入は双方向的であったと言わなければならない。

で生み出された、セール、オックレー、ライスケらに見られる非ヨーロッパ世界についての知識の革新であった。

そのさいに注意しなければならないのは、非ヨーロッパ世界への関心が孤立したものではなく、古典古代を含む古代の〈異教〉世界への関心やユダヤ教への理解と結びあっていたことである。『カルダーヌス弁護』執筆のきっかけとなったベールの『歴史批評辞典』は、レッシングの古代への関心を刺激し、『プラウトゥス論』、『古代人は死をいかに形象化したか』をはじめとする古代の探索がなされてゆく。同時に、ベールでは軽視されていた『ヨブ記』の世界を見出して〈篤信のユダヤ教徒〉の声が造形される。[☆7] これらの発見が、非ヨーロッパ世界への関心と連動しながら、キリスト教的〈常識〉への省察を促していったのであった。[☆8] 『賢者ナータン』においてはこの省察が、十八世紀をはるかに越えて、キリスト教世界がイスラーム世界に侵入した十字軍の歴史の記憶、また、三つの指環の寓話を生み出していった、ヨーロッパとオリエントにおける宗教の対立と共存の歴史の記憶に結びあわされるのである。[☆9]

十字軍の歴史を直視する『イデーン』の視点は、ここに先取りされているといえよう。また、ヘルダーは、一七七八年に『雅歌』の翻訳である『オリエントの最古で最美の愛の歌』*Lieder der Liebe Die ältesten und schönsten aus Morgenlande*、一七七八〜七九年には『民謡集』を出版し、一七七七年からはアラビアの文化と詩への高い評価のきっかけとなるスペイン語の学習を始めていた。『民謡集』には、スコットランド、ドイツ、リトアニア、スペインなどヨーロッパの歌謡のほか、古代ギリシア、グリーンランド、ペルーの歌謡が収められている。『イデーン』に先立ってなされた、ヘブライ、ヨーロッパ、古代ギリシア、非ヨーロッパにわたる広汎な歌謡と詩の声の世界の発見が互いに連動しながら『イデーン』に流れ込み、その視点を支えているのである。[☆10]

レッシングとヘルダーにおける非ヨーロッパ世界への関心は、こうした彼らの多彩な活動の連関のなかにあるものとして捉えられなければならない。

最後に、レッシングとヘルダーの基本視点をまとめておきたい。

☆6　トルコ趣味に関しては次を参照。Schmidt-Haberkamp, Einleitung: Europa und die Türkei im 18. Jahrhundert-Grenzüberschreitungen in kosmopolitischer Zeit, in: Schmidt-Haberkamp (Hg.), a. a. O., S. 12. 絵画については、十八世紀ヨーロッパのトルコ趣味絵画における女性と同時代のオスマン帝国の画家レヴニー（?～一七三二年）の描く女性を比較した次の論考を参照。B. Dogramaci, Orientalische Frauenbilder: Levnî und die Portraits *à la turque* des 18. Jahrhunderts, in: Schmidt-Haberkamp (Hg.), a. a. O., S. 27ff. 音楽におけるトルコ趣味については、次の二つの文献を参照。（1）R. Würtz, Das Türkische im Singspiel des 18. Jahrhunderts, in: R. Gruenter (Hg.), *Das deutsche Singspiel im 18. Jahrhundert*, Heidelberg: Winter, 1981. (2) U. Baur, Koblenz, Mozart und die türkische Musik, in: B. Dorfey u. M. Kramp (Hgg.): *„Die Türken kommen!“ Exotik und Erotik. Mozart in Koblenz und die Orient-Sehnsucht in der Kunst, Katalog zur Ausstellung im Mittelrhein-Museum Koblenz 25. November 2006 bis 18. Februar 2007*, Koblenz: Landesarchivverwaltung Rheinland-Pfalz, 2006. 〈トルコものオペラ〉については、次の文献を参照。（1）佐藤研一「18世紀ドイツ文芸に見るトルコ人像――モーツァルトの『後宮からの奪還』とヘルダーの『民謡集』を中心にして――」、『ヘルダー研究』第一三号、二〇〇七年。（2）佐藤研一「J・M・R・レンツの描く異邦人――プラウトゥスの翻案劇『トルコの女奴隷』と『アルジェの人びと』をめぐって――」、『東北ドイツ文学研究』第五二号、二〇〇九年。なお、（1）の佐藤論文は、モーツァルトの〈トルコものオペラ〉『後宮からの誘拐』*Die Entführung aus dem Serail*（一七八二年初演）について、モーツァルトが原作台本に手を加えたことによって〈トルコものオペラ〉の定型を突き抜けた人物造形がなされていると指摘している。

☆7　第2章・注146で述べたように、ベールの記述は、半頁ほどの短いもので、イスラーム圏にヨブ崇拝があるとすることの誤りの指摘とヨブの病に関する考証が主な内容である。レッシングが焦点をあてた苦難の神義論の問題は登場しない。ベールの記述とフランス啓蒙のヨブ像については次を参照。A. Hausen, *Hiob in der französischen Literatur. Zur Rezeption eines alttestamentlichen Buches*, Bern /Frankfurt a. M.: Herbert Lang u. Peter Lang, 1972. 第3章で述べたように、アラビア学者・ギリシア学者のライスケは『ヨブ記・箴言考』を書き、レッシングはこれを高く評価している。レッシングとライスケにおいてヘブライ、イスラーム、古代ギリシアへの関心が連動していたことを示すものである。なお、十八世紀ドイツにおける『ヨブ記』については、シュトローシュナイダー‐コールスの前掲書に考察がある（Strohschneider-Kohrs, a. a. O., S. 83f. u. S. 94ff.）。シュトローシュナイダー‐コールスの考察は貴重なものであるが、ヘブライへの関心とイスラーム、古代ギリシアへの関心の連動の問題は視野に入っていない。

☆8　以上の発見に加えて、カルダーノという型破りな人物の発見があったこともあわせて指摘しておきたい。

レッシングは、ベールから〈世界の住人〉という視点を受け継いでいる。それは、〈世界〉をイスラームのみならず、〈異教徒〉の広大な領域を含むものとして捉え、自己をその一〈住人〉として相対化するものである。この視点は、ヘルダーにおいて特権的中心のない〈地球〉、そこにおける多様な〈風土〉と生活の肯定となって現われる。〈世界〉／〈地球〉の〈住人〉は、言葉を交わし、交流する存在であり、その声が一〈住人〉としての自己の立脚点の探索を促してゆく。これによって、自文化を絶対的尺度とせず、〈世界〉／〈地球〉のなかで展開するさまざまな文化を対等に見る視点が切り開かれることになる。それは、ヨーロッパ中心主義批判のイデオロギーの鼓吹とは次元を異にするものであった。

レッシングにおいても、ヘルダーにおいても、〈世界〉／〈地球〉には、古代〈異教〉世界や十字軍の時代をはじめとする過去の時代、また、未来への展望が含まれていた。未来への展望は、レッシングにおいては〈幾千年〉、ヘルダーにおいては、〈この千年紀の終わり〉の単位でなされていた。そこには、困難な現実のなかで彼らが後世に託すこととなった願いが示されていた。

同様の願いは、〈社交性〉の回復を〈幾世紀〉の単位で語る『エルンストとファルク』の展望からも読み取られた。〈社交の世紀〉とは言うものの、自由な〈交際〉が理想的な形で実現していたわけではない。クニッゲにおける〈交際〉への希求と〈人間嫌い〉の相互反転を引き起こしていたのもそのような現実であった。人びとは、アーレントの言う〈暗い時代〉のなかで苦闘したのであり、クニッゲ、レッシング、ヘルダーをはじめ当時の人びとが書き残した膨大な手紙は、それを超えようとする努力の証左であったように思われる。異国趣味の流行とは裏腹に、イスラームを含め、非ヨーロッパ世界への理解を阻む底流的な〈常識〉の層も厚く堆積していた。カントが『人倫の形而上学』で用いた「やめろ、もうたくさんだ！(ohe, iam satis est!)」という言葉、閉塞した状況に向かってホラティウスを借りて発した言葉をここでいまいちど想起しておきたい。

現代において啓蒙に対する批判は喧しい。そのようななか、概括的な批判の声に掻き消されてしまう十八世紀ドイツの著作家の営みを発掘し、その声を届けようとするのが本書の意図であった。それが成功したか否かは、筆者の判断の外にある。だが、彼らの営みが乗り越えられたとするのは、啓蒙批判がアイロニカルに陥ってしまう〈進歩史観〉にすぎないであろう。十八世紀に生きた彼らが取り組み、作品化した問題群は、なお我々自身の問題であり続けていると思われるのである。

☆9　三つの指輪の寓話をこのようなスケールで研究した文献として次がある。F. Niewöhner, *Veritas sive Varietas. Lessings Toleranzparabel und das Buch von den drei Betrügern*, Heidelberg: Schneider, 1988. わが国における古典的な文献として林達夫「三つの指輪の話——寓話に反映したる宗教的精神の展開——」(初出は一九二七年)、『林達夫著作集3　無神論としての唯物論』、平凡社、一九七一年、がある。

☆10　なお、レッシングとは異なり、ヘルダーの十字軍やイスラームへの評価は変化している。若きヘルダーの『人間性形成のための歴史哲学異説』と『イデーン』の間の十字軍評価の変化については、プロース(MHA III/2, 894ff.)を参照。イスラーム評価の変化については、カイザー(Kayser, a. a. O.)を参照。また、『イデーン』自体にさまざまな制約が見られることも指摘されなければならない。たとえば、王朝の専制政体への激しい批判を内容とする中国論である(SWS XIV, 4ff.)。それは、ヘルダー眼前の絶対主義体制に対する批判的感情がないまぜになったものであり、ヨーロッパの王侯貴族の間で流行していた中国趣味を罵倒し、嘲笑うかのようである。ヴォルフに見られた中国への開かれた視点は消滅している。このような中国論がヘルダー以後の中国理解、アジア理解にさいしての偏見を育んだことは否めない。ヴォルフの中国論については、井川義次『宋学の西遷　近代啓蒙への道』、人文書院、二〇〇九年を参照。

あとがき

本書は、十数年来の筆者の啓蒙期ドイツの思想・文学の研究の所産である。この時代のドイツは手紙や著作をはじめさまざまな媒体によって、それまでにない多くの人びとが母語による表現を始めた時代であった。巨匠たちの作品から図書館の片隅に眠る群小作家・思想家、また、研究者の著作や翻訳家の翻訳に至る膨大な文字群を、後代に設定された領域の区分を取り払い、ドイツを含む汎ヨーロッパ的な交流のネットワーク、さらには、加速しつつあったヨーロッパ外との交流という視点から眺め直すとき、新たな相貌が蘇ってくる。そのような視点に立って、啓蒙の時代についての固定的イメージや巨匠たちの古びた後光を取り払いながら、テクストに込められた肉声を聞き取り、届けようとするのが本書の意図であった。

重厚長大な『人倫の形而上学』の行間に潜むカントの呻きと希求、クニッゲ『人間交際術』の両義性、「学者めいた顔つき」をしたレッシングの〈論文〉『カルダーヌス弁護』に潜む多義性、ベール『歴史批評辞典』の注釈が注釈を産む迷路のような空間、『賢者ナータン』のモットーに掲げられたヘラクレイトスの言葉、ヘルダー『イデーン』に潜む亀裂……それらとの出会いや発見が、これまでの研究の歩みの一齣一齣をなしている。それはまた、時代と言語を異にしながらの対話を通して、今という時代を生きる筆者自身の思考の足場を探り、確認してゆく作業でもあった。

本書は、東京大学大学院総合文化研究科超域文化科学専攻に提出した博士論文「ドイツ啓蒙と非ヨーロッパ世界――クニッゲ、レッシング、ヘルダーを中心にして――」（平成二十七年六月）に加筆・訂正を行なったものである。主査を務めていただいた梶谷真司先生、副査を務めていただいた菅原克也先生、齋藤渉先生、同大学院人文社会系研究科の小田部胤久先生、東北大学大学院国際文化研究科の佐藤研一先生には、詳細な査読と貴重なご教示をいただいたことを厚く御礼申し上げたい。

本書は、序論に示した全体構想のもとに執筆したものであるが、その一部は、次に示す既刊の拙稿を踏まえている。ただし、その後の筆者の研究の進展にしたがって、大幅な増補と書き換えがなされている。これらの論考を執筆する機会を与えてくださった編者の方々、公刊後に貴重なご意見、ご批判をいただいた方々に、この場を借りて御礼申し上げたい。

「クニッゲと啓蒙の社交性――カントとシュライアーマッハーとの連関の中で」、川那部保明編『ノイズとダイアローグの共同体――市民社会の現場から』、筑波大学出版会、二〇〇八年……第1章

第1章の論述は、次の論考での考察が踏まえられている。

「アドルフ・フライヘル・クニッゲと『人間交際術』――ヨーロッパ啓蒙の脈絡のなかで――」、佐藤研一編『18世紀ヨーロッパのなかのドイツ文学　日本独文学会研究叢書26』、日本独文学会、二〇〇四年

「啓蒙と社交性――クニッゲ『人間交際術』をめぐって――」、『ヘルダー研究』第八号、二〇〇二年

「レッシングのフリーメーソンの「非政治的」性格――対話編『エルンストとファルク』を読む一つの試み――」、法政大学教養部「紀要」第六二号人文科学編、一九八七年

「レッシングと非ヨーロッパ世界――『カルダーヌス弁護』におけるイスラームをめぐって――」、『東北ドイツ文学研究』第五二号「特集　十八世紀ドイツ文学の描く非ヨーロッパ像」、二〇〇九年……第2章

第2章の論述の一部は、次の論考での考察が踏まえられている。

「十八世紀ドイツの歴史観――レッシング『人類の教育』を中心にして――」、日本18世紀学会『学会ニュース』第一四号、一九八四年

「レッシングとイスラーム――『カルダーヌス弁護』と『アダム・ノイザーについて』を中心にして――」、『ヘルダー研究』第一三号、二〇〇七年

「十八世紀における非ヨーロッパ世界像とヨーロッパ――レッシングとヘルダーを手がかりにして――」、『シェリング年報』第一六号、二〇〇八年……第3章

論述の一部は、和辻哲郎のヘルダー受容、および、そこからヘルダーを捉え返すことを主眼とする次の論考での考察が踏まえられている。

「和辻哲郎とヘルダー――和辻所蔵本 *Ideen zur Philosophie der Geschichte der Menschheit* を手がかりとして――」、濱田義文編『和辻哲郎の思想と学問に関する基礎的研究　付　法政大学所蔵和辻哲郎文庫マイクロフィッシュ収録目録』（平成三年・四年度科学研究費補助金一般研究（B）研究成果報告書）、一九九三年

「多元的思考の転生――和辻哲郎のヘルダー受容をめぐって――」、原研二・佐藤研一・松山雄三・笹田博通編『多元的文化の論理――新たな文化学の創生へ向けて――』、東北大学出版会、二〇〇五年

Herders *Ideen* und Watsuji Tetsuro -Zur Geschichte der Herder-Wirkung im außereuropäischen Gebiet, in: Michael Maurer (Hg.), *Herder und seine Wirkung /Herder and His Impact*, Heidelberg: Synchron , 2014

本書に結実した研究の遂行にあたっては、日本学術振興会科学研究費補助金基盤研究（C）、十八世紀ドイツ文芸に

おける社交性と非ヨーロッパ世界（平成二十二〜二十六年度、課題番号 22520331）が大きな助けとなった。時あたかも、英語圏のデータベースＥＣＣＯ（Eighteenth Century Collections Online）などを呼び水として、ドイツでも十八世紀の原典資料に直接あたる研究動向が強まりつつあった。この動向を共有しながら、十八世紀に独訳された書籍や十八世紀以前の原典を含む資料の調査・収集を現地において数次にわたって行なうことが可能となったことは、本研究の遂行にさいしての大きな支えとなった。とりわけ、第2章におけるレッシングのテクスト読解は、このような資料収集なくしては不可能であったと考える。また、本書の刊行にさいしては、日本学術振興会の平成二十八年度科学研究費助成事業研究成果公開促進費の助成を受けた。関係の方々のご高配に深く感謝申し上げたい。

本書をこのような形にまとめることができたのは、多くの方々の学恩のゆえである。一九七〇年代以降の西ドイツにおける十八世紀を含む研究の新たな動向、その背後にある知の布置の変動に目を開いてくださった三島憲一先生、故グンヒルト・ニーゲシュティッヒ先生、ドイツとともにフランスを視野に入れること、またオランダへの亡命者ピエール・ベールの重要性に気づかせてくださった河原忠彦先生、領域横断的な精神とテクスト精読・文献学的調査の重要性をお教えいただいた東京大学大学院人文科学研究科比較文学比較文化専攻の先生方、十八世紀研究を学際的に行なう貴重な場である日本十八世紀学会の先生方、レッシングを中心にさまざまなご助言をいただいた南大路振一先生、カントを中心としてドイツ啓蒙をルソー、スミスをはじめとするヨーロッパ的な脈絡で考察することの重要性をお教えいただき、また、法政大学和辻哲郎文庫の調査を通して和辻哲郎からヘルダーをとらえ返す視点に気づく機会を与えていただいた故濱田義文先生には、深甚の感謝を申し上げたい。また、十八世紀ドイツ文学研究会や科研費による研究会をはじめ、日頃、さまざまな形で励まし、援助していただいたフリーデル・ゾンダーマン、水上藤悦、宮本絢子、北彰、藤田みどり、佐藤研一の諸兄姉の友情には心からのお礼を述べたいと思う。最後となってしまったが、困難な出版事情のなか、本書の出版をご快諾いただいた未來社の西谷能英氏には、この場を借りて厚く御礼を申し上げたい。

二〇一六年十一月

笠原賢介

SIMON OCKLEY'S, M.A.

Vicarii zu Swavesey in Cambridgeshire,

Geschichte

der

Saracenen,

oder ihre

Eroberung der Länder Syrien,

Persien und Egypten.

Worinnen die Lebensbeschreibungen der drey unmittelbaren Nachfolger des Mahomets: Ihre merckwürdigsten Schlachten und Belagerungen, und andere zur Erläuterung der Religion, Sitten, Gebräuche, Gewohnheiten und Lebens-Art solchen kriegerischen Volcks dienliche Nachrichten enthalten.

Aus den beglaubtesten Arabischen Scribenten, absonderlich Manuscripten, so bisher noch in keiner Europäischen Sprache heraus gegeben, gesammlet, und von

THEODOR ARNOLD

aus dem Englischen ins Teutsche übersetzt.

Leipzig und Altona,

Bey den Gebrüdern Korte. 1745.

Simon Ockley, *Geschichte der Saracenen, oder ihre Eroberung der Länder Syrien, Persien und Egypten,* von Theodor Arnold aus dem Englischen ins Teutsche übersetzt, Leipzig u. Altona: Korte, 1745.（ベルリン国立図書館所蔵）

liget, Tribut zu bezahlen und uns hinführo unterwürffig zu seyn; Sonst will ich Leute wider euch bringen, denen der Tod süsser ist als euch das Wein-Trincken oder Schweine-Fleisch-Essen. So will ich auch nicht eher wieder weichen, wenns GOtt gefällt, bis ich alle diejenigen, die für euch fechten vertilget, und euch und eure Kinder zu Sclaven gemacht habe. Omar. Alwakidi.

Das * Schweine-Fleisch-Essen und ** Wein-Trincken, sind in dem Alcoran beyde verbothen, welches den Abu Obeidah veranlasset, der Christen Gewohnheit durch diesen Ausdruck zu beregen. Das Verbot des erstern ist von dem Jüdischen Gesetz entlehnet; und wegen des letztern kan der Leser in dem * Leben des Mahomets ein mehreres nachsehen. Die Belagerten hielten gantzer vier Monate unerschrocken aus, in welcher Zeit nicht ein Tag ohne Fechten vergieng, und weil es Winter war, musten die Saracenen wegen Strengigkeit des Wetters, nicht wenig Beschwerlichkeit ausstehen. Als die Belagerten die Hartnäckigkeit der Saracenen endlich erwogen und gar wohl sahen, daß sie die Belagerung nicht eher aufheben würden, was es auch vor Zeit und Mühe hinweg nehmen möchte, bis sie die Stadt eingenommen hätten; gieng Sophronius, der Patriarch, zu der Mauer und redete durch einen Dollmet-

* Alcoran cap. II. 168.
** Alcoran cap. V. 92. 93.

* Dr. Prideauxs Life of Mahomet, p. 106.

Omar. Alwakidi.

gen sie an, die Stadt zu bestürmen. Die Jerusalemer wichen keinen Fuß breit, sondern sandten ihnen einen Pfeil-Hagel nach den andern von den Mauren herunter, und behaupteten den Streit mit unerschrockner Hertzhafftigkeit, bis an den Abend. Solchergestalt fochten sie zehen Tage, und am eilfften kam Abu Obeidah mit der übrigen Armee an. Er war nicht lange da gewesen, so sandte er den Belagerten folgenden Brief, welchen ich nicht aus dem Alwákidi, sondern † aus der Geschicht des heil. Landes genommen habe.

† M. S. Arab. Pocock. Num. 362.

Im Nahmen des allerbarmhertzigsten GOttes.

Von Abu Obeidah Ebn Aljerah denen vornehmsten Befehlhabern des Volcks Ælia und den Einwohnern darinnen, * Gesundheit und Glückseeligkeit einem ieden, der dem rechten Weg folget, und an GOtt und den Apostel glaubet! Wir verlangen von euch, zu bezeugen, daß nur ein GOtt, und Mahomet sein Apostel ist, und daß ein Tag des Gerichts seyn wird, da GOtt die Todten aus ihren Gräbern erwecken wird. Wenn ihr dieses Zeugniß ableget, so ist uns nicht erlaubt, euer Blut zu vergiessen oder uns an euern Haab und Gut oder Kindern zu vergreiffen. Wollt ihr dieses ausschlagen, so bewilliget,

* Alcoran, cap. XX. 49. Sie gebrauchen es fast allezeit wenn sie an Christen schreiben; Und also schreibet der König von Fez an unsere Printzen von Groß-britannien.

人名索引

（翻訳者名、二次文献冒頭の著者名は除く）

［サ行］

［ハ行］

［マ行］

［ヤ行］

［ラ行］

［ワ行］

文献表

I-1. 原典・資料（欧文）

Aristoteles, *Werke. Griechisch und deutsch und mit sacherklärenden Anmerkungen, Bd. 5 Über die Teile der Tiere*, Aalen: Scientia, 1978 (Neudruck der Ausgabe Leipzig 1853).

Babrius and Phaedrus, newly edited and translated into English by Ben Edwin Perry, London: Heinemann, 1965.

Bahr, Ehrhard (Hg.): *Kant, Erhard, Hamann, Herder, Lessing, Mendelssohn, Riem, Schiller, Wieland. Was ist Aufklärung? Thesen und Definitionen*, Stuttgart: Reclam, 1976.

Bayle, Pierre: *Dictionnaire historique et critique, Cinquième édition de 1740, Revue, corrigée et augmentée*, 4 Bde, Amsterdam u. a.: Brunel u. a., (Neudruck, Genève: Slatkine, 1995).

Bayle, Pierre: *Historisches und Critisches Wörterbuch. Nach der neuesten Auflage von 1740 ins Deutsche übersetzt; auch mit einer Vorrede und verschiedenen Anmerkungen versehen von Johann Christoph Gottsched, Bd. I*, Leipzig: Breitkopf, 1741 (Neudruck mit einem Vorwort von Erich Beyreuther, Hildesheim / New York: Olms, 1974).

Bayle, Pierre: *Historisches und Critisches Wörterbuch. Nach der neuesten Auflage von 1740 ins Deutsche übersetzt; mit Anmerkungen von Maturin Veyssiere la Croze und anderen von Johann Christoph Gottsched, Bd. II-IV*, Leipzig: Breitkopf, 1742-44 (Neudruck, Hildesheim / New York: Olms, 1975-78).

Bayle, Pierre: *Herrn Peter Baylens, weyland Prof. der Philosophie zu Rotterdam, verschidene Gedanken bey Gelegenheit des Cometen, der im Christmonate 1680 erschienen, an einen Doctor der Sorbonne gerichtet. Aus dem Französischen übersetzt, und mit Anmerkungen und einer Vorrede ans Licht gestellt von Joh. Christoph Gottscheden*, Hamburg: Felgier u. Bohn, 1741.

Bayle, Pierre: *Œuvres diverses, Bd. II*, avec une introduction Elisabeth Labrousse, Hildesheim: Olms, 1965.

Bayle, Pierre: *Extrait du Dictionaire historique et critique de Bayle, divisé en deux volumes avec une préface*, Berlin: Voss, 1765.

Bayle, Pierre: *Extrait du Dictionaire historique et critique de Bayle, divisé en deux volumes avec une préface, nouvelle édition augmentée*, Berlin: Voss, 1767.

Benjamin, Walter: *Gesammelte Schriften*, hrsg. von Rolf Tiedemann u. Hermann Schweppenhäuser, *Bd. IV・1 Kleine Prosa Baudelaire-Übertragungen*, Frankfurt a. M.: Suhrkamp, 1991.

Benjamin, Walter: *Gesammelte Schriften*, hrsg. von Rolf Tiedemann u. Hermann Schweppenhäuser, *Bd. VI・2 Kleine Prosa Baudelaire-Übertragungen*, Frankfurt a. M.: Suhrkamp, 1991.

Die Bibel oder die ganze Heilige Schrift Alten und Neuen Testaments nach der Uebersetzung D. Martin Luthers, Altona: Hammerich, 1815.

Die Bibel. Nach der Übersetzung Martin Luthers mit Apokryphen, Stuttgart: Deutsche Bibelgesellschaft, 1985.

Bibliotheca Herderiana, Weimar, 1804 (Neudruck, Leipzig: Zentralantiquariat der DDR, 1980).

Boccaccio, Giovanni: *Decameron. Zwanzig ausgewählte Novellen. Italienisch/Deutsch*, übers. u. hrsg. von Peter Brockmeier, Stuttgart: Reclam, 1988.

Brerewood, Edward: *Enquiries Touching the Diversity of Languages and Religions, through the Chief Parts of the World*, London: Norton, 1635.

Brerewood, Edward: *Recherches curieuses sur la diversité des langues et religions, par toutes les principales*

parties du monde, Paris: Olivier de Varennes, 1640.
Cardano, Girolamo: *De subtilitate libri XXI*, Nürnberg: Petrejus, 1550.
Cardano, Girolamo: *Opera omnia*, Faksimile-Neudruck der Ausgabe Lyon 1663, mit einer Einleitung von August Buck, *Bd. 1*, Stuttgart-Bad Cannstatt: Frommann, 1966.
Cardano, Girolamo: *Opera omnia,* Faksimile-Neudruck der Ausgabe Lyon 1663, mit einer Einleitung von August Buck, *Bd. 3*, Stuttgart-Bad Cannstatt: Frommann, 1966.
Cardano, Girolamo: *Des Girolamo Cardano von Mailand eigene Lebensbeschreibung*, aus dem Lateinischen übersetzt von Hermann Hefele, München: Kösel, 1969.
Cicero, Marcus Tullius: *De officiis. Vom pflichtmäßigen Handeln, Lateinisch/Deutsch*, übersetzt, kommentiert u. hrsg. von Heinz Gunermann, Stuttgart: Reclam, 1992.
Daunicht, Richard: *Lessing im Gespräch. Berichte und Urteile von Freunden und Zeitgenossen*, München: Fink, 1971.
Diderot u. D'Alembert (Hgg.): *Encyclopédie ou Dictionnaire raisonné des sciences, des arts et des métiers, tome troisième*, Paris: Briasson, 1753.
Diogenes Laertius, *Lives of Eminent Philosophers*, with an English translation by R. D. Hicks, *Bd. 2*, London: Heinemann, 1950.
Garve, Christian: *Versuche über verschidene Gegenstände aus der Moral, der Literatur und dem gesellschaftlichen Leben*, Breslau: Korn, 1792-1802 (Neudruck, Hildesheim/Zürich/New York: Olms, 1985).
Gellius, Aulus, *Noctium Atticarum Libri XX prout supersunt [...] Novo & multo labore exegerunt, Perpetuis notis & emendationibus illustraverunt Johannes Fredericus et Jacobus Gronovii*, Lugduni Batavorum: Boutesteyn; Du Vivié, 1706.
Gellius, Aulus: *Noctium Atticarum Libri XX sicut supersunt, Editio Gronoviana praefatus est et excursus operi adiecit J. L. Conradi, Pars 1*, Leipzig: Georgius, 1762.
Gellius, Aulus: *The Attic Nights of Aulus Gellius, Bd. 1*, London: Heinemann, 1984.
Gellius, Aulus: *Die attischen Nächte. Zum ersten Male vollständig übersetzt und mit Anmerkungen versehen von Fritz Weiss, Bd. 1*, Darmstadt: Wissenschaftliche Buchgesellschaft, 1981.
Gerlach, Stephan: *Tage-Buch der von zween glorwürdigsten römischen Kaysern, Maximiliao und Rudolpho [...] an die Ottomannische Pforte zu Constantinopel abgefertigten und durch den Wohlgebohrnen Herrn Hn. David Ungnad [...] zwischen dem Ottomannischen und Römischen Kayserthum [...] glücklichst-vollbrachter Gesandtschaft*, Frankfurt a. M.: Zunner, 1674.
Gesner, Conrad: *Epitome bibliothecae Conradi Gesneri*, Tiguri: Forschoverus, 1555.
Goethe, Johann Wolfgang von: *Werke Hamburger Ausgabe in 14 Bdn*, hrsg. von Erich Trunz, München: dtv, 2000. [**HA**]
Goethe, Johann Wolfgang von: *Werke*, hrsg. im Auftrage der Großherzogin Sophie von Sachsen, IV. Abteilung: *Goethes Brief, 6. Bd*, Weimar: Böhlau, 1890 (Neudruck, Tokyo: Sanshysha, 1975).
Goethe, Johann Wolfgang von: *Goethes Gespräche*, begründet von Woldemar Frhr. von Biedermann, zweite, durchgesehene und stark vermehrte Aufl., *1. Bd.*, Leipzig: Biedermann, 1919.
Groß, Felix (Hg.): *Immanuel Kant. Sein Leben in Darstellungen von Zeitgenossen. Die Biographien von L. E. Borowski, R. B. Jachmann und E. A. Ch. Wasianski*, Darmstadt: Wissenschaftliche Buchgesellschaft, 1993.
Hamann, Johann Georg: *Sämtliche Werke. Historisch-kritische Ausgabe von Josef Nadler, Bd 2*, Wien: Herder, 1950.
Hamann, Johann Georg: *Sämtliche Werke. Historisch-kritische Ausgabe von Josef Nadler, Bd 3*, Wien: Herder, 1951.
Hamann, Johann Georg: *Sokratische Denkwürdigkeiten. Aesthetica in nuce*, mit einem Kommentar

hrsg. von Sven-Aage Jørgensen, Stuttgart: Reclam, 1983.
Hegel, Georg Wilhelm Friedrich: *Werke in zwanzig Bänden, Bd. 7, Grundlinien der Philosophie des Rechts oder Naturrecht und Staatswissenschaft im Grundrisse*, Frankfurt a. M.: Suhrkamp, 1970.
Hegel, Georg Wilhelm Friedrich: *Werke in zwanzig Bänden, Bd. 12, Vorlesungen über die Philosophie der Geschichte*, Frankfurt a. M.: Suhrkamp, 1970.
Herder, Johann Gottfried: *Sämtliche Werke*, hrsg. von Bernhard Suphan, 33 Bde, Berlin: Weidmann, 1877-1913. [**SWS**]
Herder, Johann Gottfried: *Werke*, hrsg. von Wolfgang Proß, 3 Bde, München/Wien: Hanser, 1984-2002. [**MHA**]
Herder, Johann Gottfried: *Werke in zehn Bänden*, hrsg. von Martin Bollacher, Jürgen Brummack, Ulrich Gaier, Gunter E. Grimm, Hans Dietrich Irmscher, Rudolf Smend u. Rainer Wisbert, Frankfurt a. M.: Deutscher Klassiker Verlag, 1985-2000. [**FHA**]
Herder, Johann Gottfried: *Briefe, 5. Bd.*, Weimar: Böhlaus Nachfolger, 1979.
Hinske, Norbert (Hg.): *Was ist Aufklärung?: Beiträge aus der Berlinischen Monatsschrift*, in Zusammenarbeit mit Michael Albrecht ausgew., eingel. u. mit Anmerkungen vers. von Norbert Hinske, 3., im Anmerkungsteil ergänzte Auflage, Darmstadt: Wissenschaftliche Buchgesellschaft, 1981.
Holberg, Ludwig: *Nachricht von meinem Leben, in drei Briefen an einen vornehmen Herrn*, Frankfurt a. M.: Frankfurter Verlags-Anstalt, 1926.
Horatius Flaccus, Quintus: *Sämtliche Werke. Lateinisch und deutsch*, München Heimeran, 1970.
Jean Paul: *Vorschule der Ästhetik*, nach der Ausg. Norbert Miller, hrsg, textkritisch durchges. u. eingel. von Wolfhart Heckmann, Hamburg: Meiner, 1990.
Kant, Immanuel: *Gesammelte Schriften*, hrsg. von der Königlich Preußischen Akademie der Wissenschaften, Berlin / Leipzig, 1910ff. [**KGS**]
Kant, Immanuel: *Anthropologie in pragmatischer Hinsicht*, hrsg. u. eingel. von Wolfgang Becker. Mit einem Nachwort von Hans Ebeling, Stuttgart: Reclam, 1983.
Kant, Immanuel: *Anthropologie in pragmatischer Hinsicht*, hrsg. von Reihard Brandt, Hamburg: Meiner, 2000.
Kant, Immanuel: *Kritik der reinen Vernunft*. Nach der ersten und zweiten Original-Ausgabe hrsg. von Raymund Schmidt. Mit einer Bibliographie von Heiner Klemme, Hamburg: Meiner, 1990.
Kant, Immanuel: *Kritik der Urteilskraft. Beilage: Erste Einleitung in die Kritik der Urteilskraft*, mit Einleitungen und Bibliographie hrsg. von Heiner F. Klemme, mit Sachanmerkungen von Piero Giordanetti, Hamburg: Meiner, 2009.
Knigge, Adolph Freiherr: *Sämtliche Werke*, hrsg. von Paul Raabe, 24 Bde., München/London/New York/Paris: Saur, 1978-1993. [**KSW**]
Knigge, Adolph Freiherr: *Ausgewählte Werke in zehn Bänden. Im Auftrag der Adolph-Freiherr-Knigge-Gesellschaft zu Hannover*, hrsg. von Wolfgang Fenner, Hannover: Fackelträger, 1991-1996.
Knigge, A. Freyherr von: *Ueber den Umgang mit Menschen, in zwey Theilen*, Hannover: Schmidt, 1788.
Knigge, Adolph Freiherr: *Über den Umgang mit Menschen*, nach der 3. Aufl. von 1790 ausgew. u. eingel. von Iring Fetscher, Frankfurt a. M. /Hamburg: Fischer, 1962.
Knigge, Adolph Freiherr von: *Über den Umgang mit Menschen*, eigel. von Max Rychner, Bremen: Schünemann, 1964.
Knigge, Adolph Freiherr: *Über den Umgang mit Menschen*, hrsg. von Gert Ueding, Frankfurt a. M.: Insel, 1977. [**UM**]
Knigge, Adolph Freiherr: *Über den Umgang mit Menschen*, hrsg. von Karl-Heinz Göttert, Stuttgart:

Reclam, 1991.
Knigge, Adolph Freiherr: *Des seligen Herrn Etatsraths Samuel Conrad von Schaafskopf hinterlassene Papiere; von seinen Erben herausgegeben*, mit einem Nachwort von Iring Fetscher, Frankfurt a. M.: Insel, 1965.
Knigge, Adolph Freiherr von: *Sechs Sonaten für Klavier. Nach dem Erstdruck von 1781*, revidiert und hrsg. von Oliver Rosteck, Bremen: Eres, o. J.
Leibniz, Gottfried Wilhelm: *Nouveaux essais sur l'entendement humain*, in: Leibniz, Gottfried Wilhelm: *Die philosophischen Schriften, 5. Bd.*, hrsg. von C. I. Gerhardt, Berlin: Weidmann, 1882 (Neudruck, Hildesheim/Zürich/New York: Olms, 2008).
Leibniz, Gottfried Wilhelm: *Neue Abhandlungen über den menschlichen Verstand*, übersetzt, eingeleitet u. erläutert von Ernst Cassirer, Hamburg: Meiner, 1971.
Leibniz, Gottfried Wilhelm: *Essais de theodicée sur la bonté de Dieu, la liberté de l'homme et l'origine du mal*, in: Leibniz, Gottfried Wilhelm: *Die philosophischen Schriften, 6. Bd.*, hrsg. von C. I. Gerhardt, Berlin: Weidmann, 1885 (Neudruck, Hildesheim/Zürich/New York: Olms, 2008).
Leibniz, Gottfried Wilhelm: *Die Theodizee*, übersetzt von Artur Buchenau, Hamburg: Meiner, 1968.
Leibniz, Gottfried Wilhelm: *Monadologie und andere metaphysische Schriften*, hrsg., übersetzt, mit Einleitung, Anmerkungen u. Registern vers. von Ulrich Johannes Schneider, Französisch-Deutsch, Hamburg: Meiner, 2002.
Lessing, Gotthold Ephraim: *G. E. Leßings Schriften*, Berlin: Voß, 1753-55.
Lessing, Gotthold Ephraim: *Sämtliche Schriften*, hrsg. von Karl Lachmann, 3., aufs neue durchges. u. verm. Aufl., besorgt durch Franz Muncker, 23 Bde, Stuttgart/Leipzig: Göschen, 1886-1924. [**LM**]
Lessing, Gotthold Ephraim: *Werke. Vollständige Ausgabe in 25 Teilen*, hrsg. mit Einleitungen u. Anmerkungen sowie einem Gesamtregister vers. von Julius Petersen und Waldemar von Olshausen in Verbindung mit Karl Borinski u. a., T. 1-25 [=Bd. 1-20] nebst Ergänzungsband 1-5, Berlin/ Leipzig: Bong, 1925-35 (Neudruck, Hildesheim: Olms, 1970).
Lessing, Gotthold Ephraim: *Gesammelte Werke in 10 Bdn.*, hrsg. von Paul Rilla, Berlin: Aufbau, 1954-58.
Lessing, Gotthold Ephraim: *Werke*, hrsg. von Herbert G. Göpfert, 8 Bde, München: Hanser, 1970-1978. [**MLA**]
Lessing, Gotthold Ephraim: *Werke und Briefe in 12 Bdn.*, hrsg. von Wilfried Barner, Frankfurt a. M.: Deutscher Klassiker Verlag, 1985-2003. [**FLA**]
Lessing, Karl Gotthelf: *Gotthold Ephraim Lessings Leben, nebst seinem noch übrigen litterarischen Nachlasse, 1. Teil*, Berlin: Voss, 1793 (Neudruck, Hildesheim/Zürich/New York: Olms, 1998).
Menagiana sive excerpta ex ore Aegidii Menagii, Paris: Delaulne, 1693.
Menagiana, Ou Bons Mots, Rencontres Agreables, Pensées Judicieuses, et Observations Curieuses, De M. Menage, Suivant la Copie de Paris, Amsterdam: Braakman, 1693.
Menagiana ou les bons mots et remarques critiques, historiques, morales & d'érudition, de Monsieur Menage, recueillies par ses amis, tome quatrième, nouvelle édition, Paris: Delaulne, 1729.
Mozart, Wolfgang Amadeus: *Le nozze di Figaro. Die Hochzeit des Figaro KV 492. Opera buffa in vier Akten. Textbuch, Italienisch/Deutsch*, Stuttgart: Reclam, 1996.
Ockley, Simon: *Geschichte der Saracenen, oder ihre Eroberung der Länder Syrien, Persien und Egypten. Worinnen die Lebensbeschreibungen der drey unmittelbaren Nachfolger des Mahomets: Ihre merckwürdigsten Schlachten und Belagerungen, und andere zur Erläuterung der Religion, Sitten, Gebräuche, Gewohnheiten und Lebens-Art solchen kriegerischen Volcks dienliche Nachrichten enthalten. Aus den beglaubtesten Arabischen Scribenten, absonderlich Manuscripten, so bisher noch in keiner Europäischen Sprache herausgegeben, gesammelt, und von Theodor Arnold aus dem Englischen*

ins Teutsche übersetzt., Leipzig u. Altona: Korte, 1745.
Ovidius Naso, Publius: *Metamorphosen, Lateinisch/Deutsch*, übers. und hrsg. von Michael von Albrecht, Stuttgart: Reclam, 1994.
Parvish, Samuel: *An Inquiry into the Jewish and Christian Revelation. Wherein All the Prophecies relating to the Jewish Messiah are considered, and compared with the Person and Character of Jesus Christ, and the Times of the Gospel; the Authority of the Canon of Scripture; the Nature and Use of Miracles, &c. In a Dialogue between an Indian and a Christian*, London: T. Cooper, 1739.
Pascal, Blaise: *Pensées. Édition présentée, établie et annotée par Michel Le Guern*, Gallimard, 1977.
Reiske, Johann Jacob: *Thograi's sogenanntes Lammisches Gedichte, aus dem Arabischen übersetzt nebst einem kurzen Entwurff der Arabischen Dichterey*, Friedrichstadt: Hagenmüller, 1756.
Reiske, Johann Jacob: *Conjecturae in Iobum et Proverbia Salomonis, cum ejusdem Oratione de Studio Arabicae Linguae*, Leipzig: Sommer, 1779.
Reiske, Johann Jacob: *Lebensbeschreibung*, Leipzig: Die Buchhandlung der Gelehrten, 1783.
Reiske, Johann Jacob: *Antwort auf die Frage: Ob die Araber schon in den ältesten Zeiten gereimte Verse gemachet*, in: Johann Christoph Gottsched (Hg.), *Neuer Büchersaal der schönen Wissenschaften und freyen Künste* 10, 1, 1750.
Rohr, Julius Bernhard von: *Einleitung zur Ceremoniel-Wissenschaft der Privat-Personen*, Berlin: Rüdiger, 1728 (Neudruck, hrsg. u. kommentiert von Gotthardt Frühsorge, Leipzig: Edition Leipzig, 1989).
Rohr, Julius Bernhard von: *Einleitung zur Ceremoniel-Wissenschaft der Grossen Herren*, Berlin: Rüdiger, 1733 (Neudruck , hrsg. u. kommentiert von Monika Schlechte, Leipzig: Edition Leipzig, 1990).
Rousseau, Jean-Jacques: *Œuvres complètes II*, Bibliothèque de la Pléiade, 1964.
Rousseau, Jean-Jacques: *Œuvres complètes III*, Bibliothèque de la Pléiade, 1964.
Rousseau, Jean-Jacques: *Lettre à Mr. d'Alembert sur les Spectacles*, Lille u. Genève: Giard u. Droz, 1948.
Rousseau, Jean-Jacques: *Fortsetzung der Bekenntnisse J. J. Rousseau's. Uebersetzt von Adolph Freyherrn Knigge. Th.3-4*, Berlin: Unger, 1790.
Runckel, Dorothea (Hg.): *Briefe der Frau Luise Adelgunde Victorie Gottsched gebohrne Kulms, 1. Teil*, Dresden: Harpeter, 1771.
Sale, George: *Der Koran, oder insgemein so genannte Alcoran des Mohammeds, unmittelbar aus dem Arabischen Original in das Englische übersetzt, und mit beygefügten, aus den bewährtesten Commentatoribus genommenen Erklärungsnoten, wie auch einer vorläufigen Einleitung versehen von George Sale, aufs treulichste wieder ins Teutsche verdollmetschet von Theodor Arnold*, Lemgo: Meyer, 1746.
Schiller, Friedrich: *Über die ästhetische Erziehung des Menschen in einer Reihe von Briefen*, mit einem Nachwort von Käthe Hamburger, Stuttgart: Reclam, 1995.
Schlegel, Friedrich: *Philosophie der Geschichte. In achtzehn Vorlesungen gehalten zu Wien im Jahre 1828*, hrsg. u. eingel. von Jean-Jacques Anstett, Paderborn: Schöningh, 1971.
Schleiermacher, Friedrich Daniel Ernst: *Kritische Gesamtausgabe, Erste Abt. Schriften u. Entwürfe, Bd. 2 Schriften aus der Berliner Zeit 1796-1799*, Berlin/New York: Walter de Gruyter, 1984.
Spinoza, Baruch de: *Tractatus theologico-politicus*, in: *Spinoza Opera, Bd. 3*, hrsg. von Carl Gebhardt, Heidelberg: Winter, 1972.
Velazquez, Don Luis Joseph: *Geschichte der Spanischen Dichtkunst*, aus dem Spanischen übersetzt und mit Anmerkungen erläutert von Johann Andreas Dieze, Göttingen: Bossiegel, 1769.
Vogt, Johannis: *Catalogus historico-criticus librorum rariorum sive ad scripta hujus argumenti,*

Hamburg: Kisner, 1732.
Wolf, Christian: *Oratio de Sinarum philosophia practica. Rede über die praktische Philosophie der Chinesen*, übers., eingl. u. hrsg. von Michael Albrecht, Hamburg: Meiner, 1985.

I-2. 原典（邦訳）

アリストテレス（坂下浩司訳）『動物部分論・動物運動論・動物進行論』、京都大学学術出版会、2005 年。

ヴォルテール（安斎和雄訳）『歴史哲学『諸国民の風俗と精神について』序論』、法政大学出版局、2011 年。

オヴィディウス（中村善也訳）『変身物語』全 2 巻、岩波文庫、2009 年。

（山下太郎・坂部恵訳）『カント全集　第 14 巻　人間学』、理想社、1966 年。

（野田又夫編）『世界の名著　第 32 巻　カント』、中央公論社、1972 年。

（福田喜一郎他訳）『カント全集 14　歴史哲学論集』、岩波書店、2000 年。

（中務哲郎・高橋宏幸訳）『キケロー選集 9　哲学 II』、岩波書店、1999 年。

『舊新約聖書』、日本聖書協会、1979 年。

（関根正雄訳）『旧約聖書　ヨブ記』、岩波文庫、1971 年。

クニッゲ（中直一・笠原賢介訳）『人間交際術』、講談社学術文庫、1993 年。

（井筒俊彦訳）『コーラン』全 3 巻、岩波文庫、2008 年。

ジャン・パウル（古見日嘉訳）『美学入門』、白水社、1965 年。

（新約聖書翻訳委員会訳）『新約聖書』、岩波書店、2008 年。

スピノザ（畠中尚志訳）『神学・政治論――聖書の批判と言論の自由――』全 2 巻、岩波文庫、1974 年。

ディオゲネス・ラエルティオス（加来彰俊訳）『ギリシア哲学者列伝』（下）、岩波文庫、1994 年。

ディドロ（小場瀬卓三・平岡昇監修）『ディドロ著作集　第 2 巻　哲学 II』、法政大学出版局、1980 年。

デ・メゾー（野沢協訳）『ピエール・ベール伝』、法政大学出版局、2005 年。

パエドルス／バブリオス（岩谷智・西村賀子訳）『イソップ風寓話集』、国文社、1998 年。

ベール（野沢協訳）『歴史批評辞典』（ピエール・ベール著作集　第 3 ～ 5 巻）、法政大学出版局、1982 ～ 1987 年。

ベール（野沢協訳）『寛容論集』（ピエール・ベール著作集　第 2 巻）、法政大学出版局、1979 年。

ベンヤミン（浅井健二郎編訳・久保哲司訳）『ベンヤミン・コレクション 3　記憶への旅』、ちくま学芸文庫、1997 年。

ボオマルシェエ（辰野隆訳）『フィガロの結婚』、岩波文庫、1983 年。

ホラティウス（鈴木一郎訳）『ホラティウス全集』、玉川大学出版部、2001 年。

ライプニッツ（米山優訳）『人間知性新論』、みすず書房、1987 年。

ライプニッツ（佐々木能章訳）『ライプニッツ著作集 6　宗教哲学『弁神論』上』、工作舎、1990 年。

ライプニッツ（佐々木能章訳）『ライプニッツ著作集 7　宗教哲学『弁神論』下』、工作舎、1991 年。

ラス・カサス（染田秀藤訳）『インディアスの破壊についての簡潔な報告』、岩波文庫、2007 年。

ルソー（本田喜代治・平岡昇訳）『人間不平等起源論』、岩波文庫、1973年。

ルソー（安士正夫訳）『新エロイーズ』全4巻、岩波文庫、1974年。

ルソー（今野一雄訳）『演劇について――ダランベールへの手紙』、岩波文庫、1979年。

レッシング（有川貫太郎・浜川祥枝・南大路振一訳）『レッシング名作集』、白水社、1972年。

（浜川祥枝・有川貫太郎・宮下啓三・岩淵達治・近藤公一訳）『世界文学全集　17　レッシング／シラー／クライスト』、講談社、1976年。

レッシング（南大路振一訳）『ハンブルク演劇論』、鳥影社、2003年。

レンツ（佐藤研一訳）『喜劇　家庭教師／軍人たち』、鳥影社、2013年。

II-1. 研究書・研究論文（欧文）

Adam, Wolfgang, Markus Fauser (Hgg.): *Geselligkeit und Bibliothek. Lesekultur im 18. Jahrhundert*, Göttingen: Wallstein, 2005.

Adler, Hans: *Die Prägnanz des Duklen. Gnoseologie • Ästhetik • Geschichtsphilosophie bei J. G. Herder, Studien zum achtzehnten Jahrhundert, Bd. 13*, Hamburg: Meiner, 1990.

Adler, Hans: Ästhetische und anästhetische Wissenschaft. Kants Herder-Kritik als Dokument moderner Paradigmenkonkurrenz, in: *Deutsche Vierteljahrsschrift für Literaturwissenschaft und Geistesgeschichte*, 68. Jg. Heft 1 (1994).

Adorno, Theodor W.: Der Essay als Form, in: *Gesammelte Schriften*, hrsg. von Rolf Tiedemann, *Bd. 11 Noten zur Literatur*, Frankfurt a. M.: Suhrkamp, 1996.

Albrecht, Michael: Einleitung, in: Christian Wolf, *Oratio de Sinarum philosophia practica. Rede über die praktische Philosophie der Chinesen*, übers., eingl. u. hrsg. von Michael Albrecht, Hamburg: Meiner, 1985.

Albrecht, Wolfgang: *Gotthold Ephraim Lessing*, Stuttgart/Weimar: Metzler, 1997.

Albrecht, Wolfgang: Lessing-Editionen, in: Rüdiger Nutt-Kofoth u. Bodo Plachta (Hgg.), *Editionen zu deutschsprachigen Autoren als Spiegel der Editionsgeschichte*, Tübingen: Niemeyer, 2005.

Almond, Ian: *History of Islam in German Thought from Leibniz to Nietzsche*, New York/London: Routledge, 2010.

Aner, Karl: *Die Theologie der Lessingzeit*, Halle: Niemeyer, 1929.

Arendt, Hannah: Gedanken zu Lessing. Von der Menschlichkeit in finsteren Zeiten, in: ders., *Menschen in finsteren Zeiten*, hrsg. von Ursla Ludz, München/Zürich: Piper, 2012. (Hannah Arendt, On Humanity in Dark Times. Thoughts about Lessing, übers. von Clara u. Richard Winston, in: Hannah Arendt, *Men in Dark Times*, San Diego/New York/London: Harvest, 1970)

Arendt, Hannah: *Lectures on Kant's Political Philosophy*, edited and with an Interpretive Essay by Ronald Beiner, Chicago: Chicago Univ. Press., 1982.（アーレント（浜田義文監訳）『カント政治哲学の講義』、法政大学出版局、1987年）

Arndt, Andreas (Hg.): *Wissenschaft und Geselligkeit. Friedrich Schleiermacher in Berlin 1796-1802*, Berlin/New York: de Gruyter, 2009.

Arnold, Günter: Herder-Editionen, in: Rüdiger Nutt-Kofoth u. Bodo Plachta (Hgg.), *Editionen zu deutschsprachigen Autoren als Spiegel der Editionsgeschichte*, Tübingen: Niemeyer, 2005.

Bachmann-Medick, Doris: *Die ästhetische Ordnung des Handelns. Moralphilosophie und Ästhetik in der Popularphilosophie des 18. Jahrhunderts*, Stuttgart: Metzler, 1989.

Bahr, Ehrhard: Lessing: Ein konservativer Revolutionär? Zu „Ernst und Falk: Gespräche für Freimäurer", in: Edward P. Harris u. Richard E. Schade (Hgg.), *Lessing in heutiger Sicht. Beiträge*

zur Internationalen Lessing Konferenz Cincinati, Ohio 1976, Bremen/Wolfenbüttel: Jacobi, 1977.
Ballauff, Theodor: Metamorphose, in: Joachim Ritter u. Karlfried Gründer (Hgg.), *Historisches Wörterbuch der Philosophie, Bd. 5*, Basel/Stuttgart: Schwabe, 1980.
Bark, Joachim, Dietrich Steinbach u. Hildegard Wittenberg (Hgg.): *Epochen der deutschen Literatur. Gesamtausgabe*, Stuttgart/Düsseldorf/Berlin/Leipzig: Klett, 1997.
Barner, Wilfried, Gunter E. Grimm, Helmut Kiesel u. Martin Kramer: *Lessing Epoche-Werk-Wirkung*, 5., neu bearbeitete Aufl., München: Beck, 1987.
Barner, Wilfried: Literaturgeschichtsschreibung vor und nach 1945: alt, neu, alt/neu, in: Wilfried Barner u. Christoph König (Hgg.), *Zeitenwechsel. Germanistische Literaturwissenschaft vor und nach 1945*, Frankfurt a. M.: Fischer, 1996.
Barner, Wilfried: 'Rettung' und Polemik. Über Kontingnz in Lessings frühen Schriften, in: Ulrike Zeuch (Hg.), *Lessings Grenzen*, Wiesbaden: Harrassowitz, 2005.
Barth, Karl: *Die protestantische Theologie im 19. Jahrhundert. Ihre Vorgeschichte und ihre Geschichte*, 6. Aufl., Zürich: Theologischer Verlag, 1994.
Bauer, Gerhard u. Sibylle (Hgg.): *Gotthold Ephraim Lessing*, Darmstadt: Wissenschaftliche Buchgesellschaft, 1986.
Baur, Uwe: Koblenz, Mozart und die türkische Musik, in: Beate Dorfey u. Mario Kramp (Hgg.), *„Die Türken kommen!" Exotik und Erotik. Mozart in Koblenz und die Orient-Sehnsucht in der Kunst. Katalog zur Ausstellung im Mittelrhein-Museum Koblenz 25. November 2006 bis 18. Februar 2007*, Koblenz: Landesarchivverwaltung Rheinland-Pfalz, 2006.
Becker, Bernhard: *Herder-Rezeption in Deutschland. Eine ideologiekritische Untersuchung*, St. Ingbert: Röhrig, 1987.
Becker, Bernhard: Phasen der Herder-Rezeption von 1871-1945, in: Gerhard Sauder (Hg.), *Studien zum achtzehnten Jahrhunder 9, Johann Gottfried Herder 1744-1803*, Hamburg: Meiner, 1987.
Beiser, Frederick C.: *Enlightenment, Revolution, and Romanticism. The Genesis of Modern German Political Thought, 1700-1800*, Cambridge, Massachusetts/London, England: Harvard Univ. Press., 1992.（バイザー（杉田孝夫訳）『啓蒙・革命・ロマン主義　近代ドイツ政治思想の起源　1790-1800』、法政大学出版局、2010 年）
Benjamin, Walter: Über den Begriff der Geschichte, in: *Gesammelte Schriften*, hrsg. von Rolf Tiedemann u. Hermann Schweppenhäuser, *Bd. I • 2 Abhandlungen*, Frankfurt a. M.: Suhrkamp, 1990.
Benjamin, Walter: Über Sprache überhaupt und über die Sprache des Menschen, in: *Gesammelte Schriften*, hrsg. von Rolf Tiedemann u. Hermann Schweppenhäuser, *Bd. II • 1 Aufsätze Essays Vorträge*, Frankfurt a. M.: Suhrkamp, 1989.
Bennholdt-Thomsen, Anke, Alfredo Guzzoni: *Gelehrsamkeit und Leidenschaft. Das Leben der Ernestine Christine Reiske 1735-1798*, München: Beck, 1992.
Berliner Ensemble (Hg.): *Gotthold Ephraim Lessing Nathan der Weise, Programmheft Nr. 31*, Berlin: Druckpunkt, 2002.
Best, Otto F.: Noch einmal: Vernunft und Offenbarung. Überlegungen zu Lessings „Berührung" mit der Tradition des mystischen Rationalismus, in: *Lessing Yearbook XII* (1980).
Beyreuther, Erich: Vorwort, in: Pierre Bayle, *Historisches und Critisches Wörterbuch. Nach der neuesten Auflage von 1740 ins Deutsche übersetzt; mit Anmerkungen von Maturin Veyssiere la Croze und anderen von Johann Christoph Gottsched, Bd. 1*, Neudruck, Hildesheim/New York: Olms, 1974.
Birus, Hendrik: Introite, nam et heic Dii sunt! Einiges über Lessings Mottoverwendung und das Motto zum Nathan, in: *Euphorion Zeitschrift für Literaturgeschichte*, 75. Bd., 4. Heft (1981).
Bluche, Lorraine, Veronika Lipphardt u. Kiran Klaus Patel (Hgg.): *Der Europäer - Ein Konstrukt.*

Wissensbestände, Diskurse, Praktiken, Göttingen: Wallstein, 2009.
Bohnen, Klaus: Nathan der Weise. Über das "Gegenbild einer Gesellschaft" bei Lessing, in: *Deutsche Vierteljahrsschrift für Literaturwissenschaft und Geistesgeschichte*, 53. Jg. H. 3 (1979).
Bohnen, Klaus (Hg.): *Lessings Nathan der Weise*, Darmstadt: Wissenschaftliche Buchgesellschaft, 1984.
Bohnen, Klaus: Auf der Suche nach dem 'fremden Gott'. "Der asiatische Prinz" Pontoppidans und seine Spuren bei Lessing, in: ders., *G. E. Lessing-Studien. Werke-Kontexte-Dialoge*, Kopenhagen/München: Fink, 2006.
Bois, Pierre-André: Zwischen Revolution und aufgeklärtem Absolutismus. Knigges Vorstellung von der Politik, in: Martin Rector (Hg.), *Zwischen Weltklugheit und Moral. Der Aufklärer Adolph Freiherr Knigge*, Göttingen: Wallstein, 1999.
Bollacher, Martin: ›Natur‹ und ›Vernunft‹ in Herders Entwurf einer Philosophie der Geschichte der Menschheit, in: Gerhard Sauder (Hg.), *Studien zum achtzehnten Jahrhunder 9, Johann Gottfried Herder 1744-1803*, Hamburg: Meiner, 1987.
Bollacher, Martin: Herders Deutung der Geschichte in den »Ideen zur Philosophie der Geschichte der Menschheit«, in: FHA VI.
Bollacher, Martin: „[...] die Vernunft des Menschen ist *menschlich*." Geschichte und Humanität in Johann Gottfried Herders *Ideen zur Philosophie der Geschichte der Menschheit*, in: *Herder-Studien* [Herder kenkyû], Bd. 5, Tokyo, 1999.
Borinski, Ludwig: Antijudaistische Phänomene der Aufklärung, in: *Judentum im Zeitalter der Aufklärung, Wolfenbüttler Studien zur Aufklärung Bd IV*, Bremen/Wolfenbüttel: Jacobi, 1977.
Boubia, Fawzi: Der Geist der Ringparabel im Mittelmeerraum, in: Laura Auteri u. Margherita Cottone (Hgg.), *Deutsche Kultur und Islam am Mittelmeer*, Göppingen: Kümmerle, 2005.
Brown, Hilary: »Als käm Sie von der Thems und von der Seyne her«. Louise Gottsched (1713-1762) als Übersetzerin, in: Brunhilde Wehinger u. Hilary Brown (Hgg.), *Übersetzungskultur im 18. Jahrhundert. Übersetzerinnen in Deutschland, Frankreich und der Schweiz, Aufklärung und Moderne Bd. 12*, Wehrhahn, 2008.
Bruford, Walter H.: *Die gesellschaftlichen Grundlagen der Goethezeit* (übers. von Fritz Wölcken), [Weimar, 1936] Frankfurt a. M. /Berlin/ Wien: Ullstein, 1979.（ブリュフォード（上西川原章訳）『18 世紀のドイツ――ゲーテ時代の社会的背景――』、三修社、1978 年）
Butzmann, Hans: Lessings bürgerliches Trauerspiel »Tonsine«. Betrachtungen zu einem bisher verschollenen Entwurf, in: *Jahrbuch des freien deutschen Hochstifts* 1966.
Cassirer, Ernst: *Das Erkenntnisproblem in der Philosophie und Wissenschaft der neueren Zeit, Bd. 4, Von Hegels Tod bis zur Gegenwart (1832-1932)*, in: *Gesammelte Werke Hamburger Ausgabe*, hrsg. von Birgit Recki, 25 Bde, Hamburg: Meiner, 1998-2009［**ECW**］, Bd. 5.（カッシーラー（山本義隆・村岡晋一訳）『認識問題　近代の哲学と科学における 4　ヘーゲルの死から現代まで』、みすず書房、1996 年）
Cassirer, Ernst: *Freiheit und Form. Studien zur deutschen Geistesgeschichte*, in: ECW VII.（カッシーラー（中埜肇訳）『自由と形式――ドイツ精神史研究――』、ミネルヴァ書房、1972 年）
Cassirer, Ernst: *Kants Leben und Lehre*, in: ECW VIII.（カッシーラー（門脇卓爾・高橋昭二・浜田義文監修）『カントの生涯と学説』、みすず書房、1986 年）
Cassirer, Ernst: *Philosophie der symbolischen Formen*, in: ECW XI-XIII.（カッシーラー（生松敬三・木田元・村岡晋一訳）『シンボル形式の哲学』全 4 巻、岩波文庫、1989 ～ 97 年）
Cassirer, Ernst: *Die Philosophie der Aufklärung*, in: ECW XV.（カッシーラー（中野好之訳）『啓蒙主義の哲学』、紀伊國屋書店、1976 年）

Cassirer, Ernst: *Das Problem Jean-Jacques Rousseau*, in: ECW XVIII.（カッシーラー（生松敬三訳）『ジャン＝ジャック・ルソー問題』、みすず書房、1974 年）
Cassirer, Ernst: *Goethe und die geschichtliche Welt*, in: ECW XVIII.
Cassirer, Ernst: *The Myth of the State*, in: ECW XXV.（カッシーラー（宮田光雄訳）『国家の神話』、創文社、1985 年）
Cassirer, Ernst: *Zur Metaphysik der symbolischen Formen, Ernst Cassirer Nachgelassense Manuskripte und Texte Bd. 1*, hrsg. von John Michael Krois und Oswald Schwemmer, Hamburg: Meiner, 1995.（カッシーラー（笠原賢介・森淑仁訳）『象徴形式の形而上学　エルンスト・カッシーラー遺稿集 第一巻』、法政大学出版局、2010 年）
Collingwood, R. G.: *The Idea of History*, London: Oxford Univ. Press., 1966.（コリングウッド（小松茂夫・三浦修訳）『歴史の観念』、紀伊國屋書店、1970 年）
Contiades, Ion: Nachwort, in: *Gotthold Ephraim Lessing Ernst und Falk. Mit den Fortsetzungen Johann Gottfried Herders und Friedrich Schlegels*, hrsg. von Ion Contiades, Frankfurt a. M.: Insel, 1968.
Cottone, Margherita: Das Islam-Bild zur Zeit der Aufklärung in Europa. Mohammed und die muslimische Religion zwischen Voltaire und Lessing, in: Laura Auteri u. Margherita Cottone (Hgg.), *Deutsche Kultur und Islam am Mittelmeer*, Göppingen: Kümmerle, 2005.
Csampai, Attila, Dietmar Holland: *Wolfgang Amadeus Mozart Die Hochzeit des Figaro. Texte, Materialien, Kommentare*, Reinbek bei Hamburg: Rowohlt, 1982.
Dainat, Holger: Die wichtigste aller Epochen. Geistesgeschichtliche Aufklärungsforschung, in: Holger Dainat u. Wilhelm Voßkamp (Hgg.), *Aufklärungsforschung in Deutschland*, Heidelberg: Winter, 1999.
Dann, Otto: Herder und die deutsche Bewegung, in: Gerhard Sauder (Hg.), *Studien zum achtzehnten Jahrhundert 9, Johann Gottfried Herder 1744-1803*, Hamburg: Meiner, 1987.
Dannenberg, Lutz, Michael Schlott, Jörg Schönert, Friedrich Vollhardt: Germanistische Aufklärungsforschung seit den siebziger Jahren, in: *Das Achtzehnte Jahrhundert. Mitteilungen der Deutschen Gesellschaft für die Erforschung des achtzehnten Jahrhunderts*, Jg. 19 Heft 2 (1995).
Danzel, Theodor W.: *Gotthold Ephraim Lessing. Sein Leben und seine Werke, 1. Bd*, Leipzig: Dyk'sche Buchhandlung, 1850.
Danzel, Theodor W., Gottschalk E. Guhrauer: *Gotthold Ephraim Lessing. Sein Leben und seine Werke*, 2. berichtigte u. vermehrte Aufl., *2. Bd.*, Berlin: Hofmann, 1881.
Dierse, Ulrich: Selbstdenken, in: Joachim Ritter u. Karlfried Gründer (Hgg.), *Historisches Wörterbuch der Philosophie, Bd. 9*, Basel/Stuttgart: Schwabe, 1995.
Diller, Eduard August: *Erinnerungen an Gotthold Ephraim Lessing. Zögling der Landesschule zu Meißen in den Jahren 1741-1746*, Meißen: Klinkicht, 1841.
Dilthey, Wilhelm: *Friedrich der Große und die deutsche Aufklärung*, in: *Gesammelte Schriften, Bd. 3, Studien zur Geschichte des deutschen Geistes*, Stuttgart: Teubner, 1962.（ディルタイ（村岡哲訳）『フリードリヒ大王とドイツ啓蒙主義』、創文社、1975 年）
Dilthey, Wilhelm: *Das Erlebnis und die Dichtung. Lessing-Goethe-Novalis-Hölderlin*, zehnte Aufl., Leipzig/Berlin: Teubner, 1929.
Dobbek, Wilhelm: *J. G. Herders Weltbild. Versuch einer Deutung*, Köln/Wien: Böhlau, 1969.
Dogramaci, Burcu: Orientalische Frauenbilder: Levnî und die Portraits *à la turque* des 18. Jahrhunderts, in: Barbara Schmidt-Haberkamp (Hg.), *Europa und die Türkei im 18. Jahrhundert/Europe and Turkey in the 18th Century*, Göttingen: V&R unipress, 2011.
Dreike, Beate Monika: *Herders Naturauffassung in ihrer Beeinflussung durch Leibnitz' Philosophie, Studia Leibnitiana Supplementa Bd. X*, Wiesbaden: Steiner, 1973.
Dreitzel, Horst: Herders politische Konzepte, in: Gerhard Sauder (Hg.), *Studien zum achtzehnten*

Jahrhundert 9, Johann Gottfried Herder 1744-1803, Hamburg: Meiner, 1987.
Dülmen, Richard van: *Die Gesellschaft der Aufklärer. Zur bürgerlichen Emanzipation und aufklärerischen Kultur in Deutschland*, Frankfurt a. M.: Fischer, 1986.
Durzak, Manfred: Gesellschaftsreflexion und Gesellschaftsdarstellung bei Lessing, in: ders., *Zu Gotthold Ephraim Lessing. Poesie im bürgerlichen Zeitalter*, Stuttgart: Klett, 1984.
Ebert, Hans-Georg, Thoralf Hanstein (Hgg.): *Johann Jacob Reiske - Leben und Wirkung. Ein Leipziger Byzantinist und Begründer der Orientalistik im 18. Jahrhundert, Beiträge zur Leipziger Universitäts- und Wissenschaftsgeschichte Reihe B, Bd. 6*, Leipzig: Evangelische Verlagsanstalt, 2005.
Eggert, Dominic, Brunhilde Wehinger (Hgg.): *Europavorstellungen des 18. Jahrhunderts. Imaging Europe in the 18th Century, Aufklärung und Moderne Bd. 17*, Wehrhahn, 2009.
Elias, Norbert: *Über den Prozeß der Zivilisation. Soziogenetische und psychogenetische Untersuchngen*, 2 Bde, Frankfurt a. M.: Suhrkamp, 1976.（エリアス（赤井慧爾・中村元保・吉田正勝・波田節夫・溝辺敬一・羽田洋・藤平浩之訳）『文明化の過程』全 2 巻、法政大学出版局、1978 年）
Erhart, Walter: Nach der Aufklärungsforschung?, in: Holger Dainat u. Wilhelm Voßkamp (Hgg.), *Aufklärungsforschung in Deutschland*, Heidelberg: Winter, 1999.
Fabian, Bernhard: Zwanzig Jahre Deutsche Gesellschaft für die Erforschung des 18. Jahrhunderts. Ein persönlicher Rückblick auf die Gründung, in: *Das Achtzehnte Jahrhundert. Mitteilungen der Deutschen Gesellschaft für die Erforschung des achtzehnten Jahrhunderts*, Jg. 19 Heft 2 (1995).
Fauser, Markus (Hg.): *Gotthold Ephraim Lessing. Neue Wege der Forschung*, Darmstadt: Wissenschaftliche Buchgesellschaft, 2008.
Fehn, Ernst-Otto, Paul Raabe, Claus Ritterhof: *Ob Baron Knigge auch wirklich todt ist? Eine Ausstellung zum 225. Geburtstag des Adolph Freiherrn Knigge, Ausstellungskataloge der Herzog August Bibliothek Nr. 21*, Wolfenbüttel: Herzog August Bibliothek Wolfenbüttel, 1977.
Fenner, Wolfgang: Lessing wäre auch ein Mann für uns. Neuigkeiten über Knigge und Lessing, in: *Euphorion* 88 (1994).
Fenner, Wolfgang: Knigges Leben anhand seiner Briefe und Schriften, in: *Adolph Freiherr Knigge Ausgewählte Werke in zehn Bänden. Im Auftrag der Adolph-Freiherr-Knigge-Gesellschaft zu Hannover*, hrsg. von W. Fenner, Hannover: Fackelträger, *Bd. 10*, 1996.
Fenner, Wolfgang: »Bürgerfreund, Aufklärer, Völkerlehrer«. Knigge in Deutschland von 1796 bis 1996, in: *Text und Kritik. Adolph Freiherr Knigge* 130 (1996).
Fenner, Wolfgang: Vita Adolph Freiherr Knigge/ Bibliographie, in: *Text und Kritik. Adolph Freiherr Knigge* 130 (1996).
Fetscher, Iring: Der Freiherr von Knigge und seine Erben, in: *Der Monat* 13 (1961) Nr. 140.
Fetscher, Iring: Vorwort, in: Adolph Freiherr Knigge, *Über den Umgang mit Menschen*, nach der 3. Auflage von 1790 ausgew. u. eingel. von Iring Fetscher, Frankfurt a. M. /Hamburg: Fischer, 1962.
Fetscher, Iring: Hatte Knigge eine politische Philosophie?, in: Martin Rector (Hg.), *Zwischen Weltklugheit und Moral. Der Aufklärer Adolph Freiherr Knigge*, Göttingen: Wallstein, 1999.
Feuerbach, Ludwig: *Pierre Bayle. Ein Beitrag zur Geschichte der Philosophie und Menschheit*, in: *Gesammelte Werke Bd. 4*, hrsg. von Werner Schuffenhauer, Berlin:Akademie, 1967.
Fick, Monika: Die »Offenbarung der Natur«. Eine naturphilosophische Konzeption in Lessings *Nathan der Weise*, in: *Jahrbuch der Deutschen Schillergesellschaft* 39. Jg. (1995).
Fick, Monika: *Lessing Handbuch. Leben-Werk-Wirkung*, 2. Aufl., Stuttgart/Weimar: Metzler, 2004.
Figeac, Petra, Margit Hundertmark u. a.: *Exotische Typen Buchdruck im Orient - Orient im Buchdruck*, Berlin: Staatsbibliothek zu Berlin - Preußischer Kulturbesitz, 2006.
Fink, Gonthier-Louis: Von Winckelmann bis Herder. Die deutsche Klimatologie in europäischer

Perspektive, in: Gerhard Sauder (Hg.), *Studien zum achtzehnten Jahrhundert 9, Johann Gottfried Herder 1744-1803*, Hamburg: Meiner, 1987.

Fischer, Axel: »Cantores amant humores«. Adolph Freiherr Knigge und die Tonkunst, in: *Text und Kritik. Adolph Freiherr Knigge* 130 (1996).

Fischer, Gerhard: *Die Hugenotten in Berlin*, Berlin: Hentrich & Hentrich, 2010.

Fontius, Martin: Zur Lage der Aufklärungsforschung im vereinten Deutschland, in: *Das Achtzehnte Jahrhundert. Mitteilungen der Deutschen Gesellschaft für die Erforschung des achtzehnten Jahrhunderts*, Jg. 19 Heft 2 (1995).

Forester, Vera: *Lessing und Moses Mendelssohn. Geschichte einer Freundschaft*, Darmstadt: Lambert Schneider, 2010.

Foucault, Michel: *Les mots et les choses. Une archéologie des sciences humaines*, Gallimard, 1966.（フーコー（渡辺一民・佐々木明訳）『言葉と物――人文科学の考古学』、新潮社、1974年）

Frühsorge, Gotthard: Nachwort, in: Julius Bernhard von Rohr, *Einleitung zur Ceremoniel-Wissenschaft der Privat-Personen*, Berlin: Rüdiger, 1728 (Neudruck , Leipzig: Edition Leipzig, 1989).

Fück, Johann: *Die arabischen Studien in Europa bis in den Anfang des 20. Jahrhunderts*, Leipzig: Harrassowitz, 1955.（フュック（井村行子訳）『アラブ・イスラム研究誌　20世紀初頭までのヨーロッパにおける』、法政大学出版局、2002年）

Gadamer, Hans-Georg, *Wahrheit und Methode. Grundzüge einer philosophischen Hermeneutik*, 4. Aufl., Tübingen: Mohr, 1975.

Gaier, Ulrich: *Herders Sprachphilosophie und Erkenntniskritik*, Stuttgart -Bad Cannstatt: fromann-holzboog, 1988.

Gaier, Ulrich: Poesie oder Geschichtsphilosophie? Herders erkenntnistheoretische Antwort auf Kant, in: Martin Bollacher (Hg.), *Johann Gottfried Herder: Geschichte und Kultur*, Würzburg: Königshausen & Neumann, 1994.

Gawlick, Günter: Der Deismus als Grundzug der Religionsphilosophie der Aufklärung, in: *Hermann Samuel Reimarus (1694-1768). Ein „bekannter Unbekanter" der Aufklärung in Hamburg*, Göttingen: Vandenhoeck & Ruprecht, 1973.

Gawlick, Günter , Lothar Kreimendhal: Einleitung, in: Pierre Bayle, *Historisches und kritisches Wörterbuch. Eine Auswahl*, übers. u. hrsg. von Günter Gawlick u. Lothar Kreimendahl, Hamburg: Meiner, 2003.

Ginzburg, Carlo: *Il fromaggio e i vermi. Il cosmo di un mugnaio del'500*, Torino: Einaudi, 1976.（ギンズブルグ（杉山光信訳）『チーズとうじ虫　16世紀の一粉挽屋の世界像』、みすず書房、1984年）

Göbel, Helmut: Lessing und Cardano. Ein Beitrag zu Lessings Renaissance-Rezeption, in: Richard Toellner (Hg.), *Aufklärung und Humanismus*, Heidelberg: Schneider, 1980.

Göttert, Karl-Heinz: *Kommunikationsideale. Untersuchungen zur europäischen Konversationstheorie*, München: iudicium, 1988.

Göttert, Karl-Heinz: Nachwort, in: Adolph Freiherr Knigge, *Über den Umgang mit Menschen*, hrsg. von Karl-Heinz Göttert, Stuttgart: Reclam, 1991.

Göttert, Karl-Heinz: Anstandsliteratur, in: Gert Ueding (Hg.), *Historisches Wörterbuch der Rhetorik, Bd. 1*, Tübingen: Niemeyer, 1992.

Göttert, Karl-Heinz: Geselligkeit, in: Gert Ueding (Hg.), *Historisches Wörterbuch der Rhetorik, Bd. 3*, Tübingen: Niemeyer, 1996.

Göttert, Karl-Heinz: *Knigge oder: Von den Illusionen des anständigen Lebens*, München: dtv, 1995.

Göttert, Karl-Heinz: »Über den Umgang mit Menschen«, in: *Text und Kritik. Adolph Freiherr Knigge*

130 (1996).
Graevenitz, Gerhart v.: Innerlichkeit und Öffentlichkeit. Aspekte deutscher „bürgerlicher“ Literatur im frühen 18. Jahrhundert, in: *Deutsche Vierteljahrsschrift für Literaturwissenschaft und Geistesgeschichte*, 49. Jg. Sonderheft „18. Jahrhundert“ (1975).
Grafton, Anthony: *Cardanos Kosmos. Die Welten und Werke eines Renaissance-Astrologen*, übers. von Peter Knecht, Berlin: Berlin Verlag, 1999.（グラフトン（榎本恵美子・山本啓二訳）『カルダーノのコスモス　ルネサンスの占星術師』、勁草書房、2007年）
Grimminger, Rolf (Hg.): *Hansers Sozialgeschichte der deutschen Literatur, Bd. 3 Deutsche Aufklärung bis zur Französischen Revolution 1680-1789*, München/Wien: Hanser, 1980.
Grossmann, Andreas: Volksgeist; Volksseele, in: Joachim Ritter u. Karlfried Gründer (Hgg.), *Historisches Wörterbuch der Philosophie, Bd. 11*, Basel: Schwabe, 2001.
Gulyga, Arseni: *Johann Gottfried Herder. Eine Einführung in seine Philosophie*, aus dem Russischen übers. von Günter Arnold, Leipzig: Reclam, 1978.
Guthke, Karl S.: Der junge Lessing als Kritiker Gottscheds und Bodomers, in: ders., *Literarisches Leben im achtzehnten Jahrhundert in Deutschland und in der Schweiz*, Bern/München: Francke, 1975.
Guthke, Karl S.: Lessings sechstes Freimaurergespräch, in: ders., *Literarisches Leben im achtzehnten Jahrhundert in Deutschland und in der Schweiz*, Bern/München: Francke, 1975.
Guthke, Karl S.: Lessing und das Judentum. Rezeption. Dramatik und Kritik. Krypto-Spinozismus, in: *Judentum im Zeitalter der Aufklärung, Wolfenbüttler Studien zur Aufklärung Bd IV*, Bremen/Wolfenbüttel: Jacobi, 1977.
Guthke, Karl S.: *Gotthold Ephraim Lessing*, 3., erweiterte und überarbeitete Aufl., Stuttgart: Metzler, 1979.
Guthke, Karl S.: Berührungsangst und -lust: Lessing und die Exoten, in: ders., *Der Blick in die Fremde. Das Ich und das andere in der Literatur*, Tübingen/Basel: Francke, 2000.
Guthke, Karl S.: »Nicht fremd seyn auf der Welt«: Lessing und die Naturwissenschaften, in: ders., *Der Blick in die Fremde. Das Ich und das andere in der Literatur*, Tübingen/Basel: Francke, 2000.
Guthke, Karl S.: *Lessings Horizonte. Grenzen und Grenzenlosigkeit der Toleranz*, Göttingen: Wallstein, 2003.
Gutzen, Dieter: *Poesie der Bibel. Beobachtungen zu ihrer Entdeckung und ihrer Interpretation im 18. Jahrhundert*, Bonn: Rheinische Friedrich-Wilhelms-Universität, 1972.
Habermas, Jürgen: *Strukturwandel der Öffentlichkeit. Untersuchungen zu einer Kategorie der bürgerlichen Gesellschaft*, Darmstadt/Neuwied: Luchterhand, 1962.（ハーバーマス（細谷貞雄訳）『公共性の構造転換』、未來社、1973年）
Habermas, Jürgen: Vorwort zur Neuauflage 1990, in: ders., *Strukturwandel der Öffentlichkeit. Untersuchungen zu einer Kategorie der bürgerlichen Gesellschaft. Mit einem Vorwort zur Neuauflage 1990*, Frankfurt a. M.: Suhrkamp, 1990.（ハーバーマス（細谷貞雄・山田正行訳）『公共性の構造転換：市民社会の一カテゴリーについての探究』第2版、未來社、1994年）
Habermas, Jürgen: Die Moderne -ein unvollendetes Projekt, in: ders., *Kleine Politische Schriften I-IV*, Frankfurt a. M.: Suhrkamp, 1981.（ハーバーマス（三島憲一訳）「近代――未完成のプロジェクト」、『思想』1982年6月号）
Habermas, Jürgen: *Der philosophische Diskurs der Moderne Zwölf Vorlesungen*, Frankfurt a. M.: Suhrkamp, 1985.（ハーバーマス（三島憲一他訳）『近代の哲学的ディスクルス』Ⅰ・Ⅱ、岩波書店、1990年）
Habermas, Jürgen: Die befreiende Kraft der symbolischen Formgebung. Ernst Cassirers humanistisches Erbe und die Bibliothek Warburg, in: ders., *Vom sinnlichen Eindruck zum*

symbolischen Ausdruck, Frankfurt a. M.: Suhrkamp, 1997.
Haefs, Wilhelm, York-Gothart Mix (Hgg.): *Zensur im Jahrhundert der Aufklärung. Geschichte-Theorie-Praxis, Das achtzehnte Jahrhundert Supplementa Bd. 12*, hrsg. von der Deutschen Gesellschaft für die Erforschung des achtzehnten Jahrhunderts, Göttingen: Wallstein , 2007.
Hartung, Fritz: Der aufgeklärte Absolutismus, in: *Historische Zeitschrift* Bd. 180 (1955).（ハルトゥング「啓蒙絶対主義」、ハルトゥング、フィーァハウス他（成瀬治編訳）『伝統社会と近代国家』、岩波書店、1982 年）
Hattox, Ralph S.: *Coffee and Coffeehouses. The Origins of a Social Beverage in the Medieval Near East*, Seattle/London: Washington Univ. Press., 1988.（ハトックス（斎藤冨美子・田村愛理訳）『コーヒーとコーヒーハウス　中世中東における社交飲料の起源』、同文館、1993 年）
Hausen, Adelheid: *Hiob in der französischen Literatur. Zur Rezeption eines alttestamentlichen Buches*, Bern/Frankfurt a. M.: Herbert Lang u. Peter Lang, 1972.
Haym, Rudolf: *Herder nach seinem Leben und seinen Werken*, 2 Bde, Berlin: Gärtner, 1880-85.
Hazard, Paul: *La Crise de la conscience européenne 1680-1715*, Fayard, 1961.（アザール（野沢協訳）『ヨーロッパ精神の危機　1680 ～ 1715 年』、法政大学出版局、1973 年）
Hazard, Paul: *La Pensée européenne au XVIIIe siècle. De Montesquieu à Lessing*, Fayard, 1963.（アザール（小笠原弘親他訳）『十八世紀ヨーロッパ思想　モンテスキューからレッシングへ』、行人社、1987 年）
Heidegger, Martin: Die Zeit des Weltbildes, in: *Gesamtausgabe, I. Abteilung: Veröffentlichte Schriften 1914-1970, Bd. 5, Holzwege*, Franfurt a. M.: Klostermann, 1977.
Heinz, Jutta: *Wissen vom Menschen und Erzählen vom Einzelfall. Untersuchungen zum anthropologischen Roman der Spätaufklärung*, Berlin/ New York: de Gruyter, 1996.
Heise, Jens: *Johann Gottfried Herder zur Einführung*, Hamburg: Junius,1998.
Heppner, Harald (Hg.), *Katalog zum Kongress zur Erforschung des 18. Jahrhunderts. 25. -29. Juli 2011, Graz/Austria*, Graz: Karl-Franzens-Universität Graz, 2011.
Hillen, Gerd: *Lessing Chronik. Daten zu Leben und Werk*, München/Wien: Hanser, 1979.
Hinrichs, Wolfgang: Geselligkeit, gesellig, in: Joachim Ritter u. Karlfried Gründer (Hgg.), *Historisches Wörterbuch der Philosophie, Bd. 3*, Basel/Stuttgart: Schwabe, 1974.
Hinske, Norbert: Kants Idee der Anthropologie, in: Heinrich Rombach (Hg.), *Die Frage nach dem Menschen. Aufriss einer philosophischen Anthropologie. Festschrift für Max Müller zum 60. Geburtstag*, Freiburg/München: Alber, 1966.
Hinske, Norbert: Einleitung, in: ders. (Hg.), *Was ist Aufklärung?: Beiträge aus der Berlinischen Monatsschrift*, in Zsarb. mit M. Albrecht ausgew., eingel. u. mit Anm. vers. von N. Hinske, 3., im Anmerkungsteil erg. Aufl., Darmstadt: Wissenschaftliche Buchgesellschaft, 1981.
Hinske, Norbert: Nachwort zur zweiten Auflage. Die Diskussion der Frage: Was ist Aufklärung? durch Mendelssohn und Kant im Licht der jüngsten Forschungen, in: ders. (Hg.), *Was ist Aufklärung?: Beiträge aus der Berlinischen Monatsschrift*, in Zsarb. mit M. Albrecht ausgew., eingel. u. mit Anm. vers. von N. Hinske, 3., im Anmerkungsteil erg. Aufl., Darmstadt: Wissenschaftliche Buchgesellschaft, 1981.
Hoensbroech, Mario Gräfin: *Die List der Kritik. Lessings kritische Schriften und Dramen*, München: Fink, 1976.
Honneth, Axel: *Kampf um Anerkennung. Zur moralischen Grammatik sozialer Konflikte*, Frankfurt a. M.: Suhrkamp, 1992.
Horkheimer, Max, Theodor W. Adorno: *Dialektik der Aufklärung. Philosophische Fragmente,* in: *Theodor W. Adorno Gesammelte Schriften*, hrsg. von Rolf Tiedemann, *Bd. 3 Dialektik der Aufklärung. Philosophische Fragmente*, Frankfurt a. M.: Suhrkamp, 1996.（ホルクハイマー／ア

ドルノ（徳永恂訳）『啓蒙の弁証法——哲学的断想』、岩波書店、1990年）
Horsch, Silvia: *Rationalität und Toleranz. Lessings Auseinandersetzung mit dem Islam*, Würzburg: Ergon, 2004.
Im Hof, Ulrich: *Das gesellige Jahrhundert. Gesellschaft und Gesellschaften im Zeitalter der Aufklärung*, München: Beck, 1982.
Im Hof, Ulrich: *Das Europa der Aufklärung*, 2., durchges. Aufl., München: Beck, 1995.（イム・ホーフ（成瀬治訳）『啓蒙のヨーロッパ』、平凡社、1998年）
Irmscher, Hans Dietrich: Probleme der Herder-Forschung, in: *Deutsche Vierteljahrsschrift für Literaturwissenschaft und Geistesgeschichte*, 37. Jg. (1963).
Irmscher, Hans Dietrich: Beobachtungen zur Funktion der Analogie im Denken Herders, in: *Deutsche Vierteljahrsschrift für Literaturwissenschaft und Geistesgeschichte*, 55. Jg., Heft 1 (1981).
Irmscher, Hans Dietrich: Die geschichtsphilosophische Kontroverse zwischen Kant und Herder, in: Bernhard Gajek (Hg.), *Hamann-Kant-Herder. Acta des vierten Internationalen Hamann-Kolloquiums im Herder-Institut zu Marburg/Lahn 1985*, Frankfurt a. M. /Bern/New York/Paris: Peter Lang, 1987.
Irmscher, Hans Dietrich: Goethe und Herder im Wechselspiel von Attraktion und Repulsion, in: *Goethe-Jahrbuch* 106 (1989).
Irmscher, Hans Dietrich: *Johann Gottfried Herder*, Stuttgart: Reclam, 2001.
Irrlitz, Gerd: *Kant-Handbuch. Leben und Werk*, Stuttgart/Weimar: Metzler, 2002.
Iser, Wolfgang: *Der Akt des Lesens. Theorie ästhetischer Wirkung*, 2. durchgesehene u. verbesserte Aufl., München: Fink, 1984.（イーザー（轡田収訳）『行為としての読書——美的作用の理論——』、岩波書店、1982年）
Jäger, Hans-Wolf: Herder und die Französische Revolution, in: Gerhard Sauder (Hg.), *Studien zum achtzehnten Jahrhundert 9, Johann Gottfried Herder 1744-1803*, Hamburg: Meiner, 1987.
Jaumann, Herbert (Hg.): *Rousseau in Deutschland. Neue Beiträge zur Erforschung seiner Rezeption*, Berlin/New York: de Gruyter, 1995.
Jens, Walter: Feldzüge eines Redners, in: ders., *In Sachen Lessing*, Stuttgart: Reclam, 1983.
Jeßing, Benedikt: *Johann Wolfgang Goethe*, Stuttgart/Weimar: Metzler, 1995.
Jørgensen, Sven Aage: *Johann Georg Hamann*, Stuttgart: Metzler, 1976.
Jørgensen, Sven Aage, Klaus Bohnen, Per Øhrgaard: *Geschichte der deutschen Literatur von den Anfängen bis zur Gegewart, 6. Bd. Aufklärung, Sturm und Drang, Frühe Klassik 1740-1789*, München: Beck, 1990.
Kayser, Wolfgang: *Die iberische Welt im Denken J. G. Herders. Mit einem Nachwort von Hans Dietrich Irmscher*, Tübingen/Basel: Francke, 2002.
Kantzenbach, Friedrich Wilhelm: *Johann Gottfried Herder in Selbstzeugnissen und Bilddokumenten*, Reinbek bei Hamburg: Rowohlt, 1970.
Kapitza, Peter: Lessings *Tonsine*-Entwurf im Kontext europäischer Japonaiserien des 18. Jahrhunderts, in: *Die deutsche Literatur* [doitsu bungaku], H. 63 (1979).
Kasahara, Kensuke: Herders *Ideen* und Watsuji Tetsuro -Zur Geschichte der Herder-Wirkung im außereuropäischen Gebiet, in: Michael Maurer (Hg.), *Herder und seine Wirkung/Herder and His Impact*, Heidelberg: Synchron 2014.
Kern, Otto: Die Metamorphose in Religion und Dichtung der Antike, in: Johannes Walther (Hg.), *Goethe als Seher und Erforscher der Natur. Untersuchungen über Goethes Stellung zu den Problemen der Natur*, Halle a. S.: Kaiserlich-Leopoldinische deutsche Akademie der Naturforscher, 1930.
Kim, Soo Bae: *Die Entstehung der Kantischen Anthropologie und ihre Beziehung zur empirischnen Psychologie der Wolffschen Schule*, Frankfurt a. M. /Berlin u. a.: Peter Lang, 1994.

Knigge, Ernst August Freiherr: *Knigges Werke. Eine Bibliographie der gedruckten Schriften, Kompositionen und Briefe Adolphs, Freyherrn Knigge und seiner Tochter Philippine von Reden, geb. Freiin Knigge. Mit einem Anhang: Sekundärliteratur*, Göttingen: Wallstein, 1996.

Koch-Schwarzer, Leonie: *Populare Moralphilosophie und Volkskunde. Christian Garve (1742-1798) - Reflexionen zur Fachgeschichte*, Marburg: Elwert, 1998.

Köpke, Wulf: Herders Idee der Geschichte in der Sicht des frühen 20. Jahrhunderts, in: Martin Bollacher (Hg.), *Johann Gottfried Herder: Geschichte und Kultur*, Würzburg: Königshausen & Neumann, 1994.

Kopper, Joachim, *Einführung in die Philosophie der Aufklärung. Die theoretischen Grundlagen*, Darmstadt: Wissenschaftliche Buchgesellschaft, 1979.

Korff, Hermann Augst: *Humanismus und Romantik. Die Lebensauffassung der Neuzeit und ihre Entwicklung im Zeitalter Goethes*, Leipzig: Weber, 1924.（コルフ（羽白幸雄訳）『人間主義と浪漫主義』、改造文庫、1942年）

Korff, Hermann Augst: Das Wesen der Romantik. Ein Vortrag, in: *Zeitschrift für Deutschkunde* 43 (1929).

Körner, Elisabeth: Das Renaissancebild der Aufklärung, in: Richard Toellner (Hg.), *Aufklärung und Humanismus*, Heidelberg: Schneider, 1980.

Koselleck, Reinhard: *Kritik und Krise. Eine Studie zur Pathogenese der bürgerlichen Welt*, Frankfurt a. M.: Suhrkamp, 1973.（コゼレック（村上隆夫訳）『批判と危機――市民的世界の病因論』、未來社、1989年）

Koyré, Alexandre: *From the Closed World to the Infinite Universe*, Baltimore/London: Johns Hopkins Univ. Press., 1968.（コイレ（横山雅彦訳）『閉じた世界から無限宇宙へ』、みすず書房、1973年）

Kreimendahl, Lothar (Hg.): *Aufklärung. Interdisziplinäres Jahrbuch zur Erforschung des 18. Jahrhunderts und seiner Wirkungsgeschichte, Bd. 16 -Themenschwerpunkt: Die Philosophie in Pierre Bayles Dictionnaire historique et critique*, Hamburg: Meiner, 2004.

Kuschel, Karl-Josef: *Vom Streit zum Wettstreit der Religionen. Lessing und die Herausforderung des Islam*, Düsseldorf: Patmos, 1998.

Kuschel, Karl-Joseph: *»Jud, Christ und Muselmann vereinigt«? Lessings »Nathan der Weise«*, Düsseldorf: Patmos, 2004.

Lepenies, Wolf: Nachwort, in: Adolph Freiherr Knigge, *Über den Umgang mit Menschen*, Zürich: Manesse, 1999.

Lepenies, Wolf: Wissenschaftsfeindschaft und Dichtungsglaube als deutsche Ideologie, in: ders., *Die drei Kulturen. Soziologie zwischen Literatur und Wissenschaft*, Frankfurt a. M.: Ficher, 2002.

Lepenies, Wolf: Eine deutsche Besonderheit: Der Gegensatz von Dichtung und Literatur, in: ders., *Die drei Kulturen. Soziologie zwischen Literatur und Wissenschaft*, Frankfurt a. M.: Ficher, 2002.

Lichtenstein, Erich: *Gottscheds Ausgabe von Bayles Dictionnaire. Ein Beitrag zur Geschichte der Aufklärung*, Heidelberg: Winter, 1915.

Litt, Theodor: *Kant und Herder als Deuter der geistigen Welt*, Leipzig: Quell & Meyer, 1930.

Löchte, Anne: *Johann Gottfried Herder. Kulturtheorie und Humanitätsidee der Ideen, Humanitätsbriefe und Adrastea*, Würzburg: Königshausen & Neumann, 2005.

Löwith, Karl: *Von Hegel zu Nietzsche - Der revoltionäre Bruch im Denken des 19. Jahrhunderts*, in: *Sämtliche Schriften, Bd. 4 Von Hegel zu Nietzsche*, Stuttgart: Metzler, 1988.（レーヴィット（柴田治三郎訳）『ヘーゲルからニーチェへ』全2巻、岩波書店、1992年）

Lüsebrink, Hans-Jürgen (Hg.): *Das Europa der Aufklärung und die außereuropäische koloniale Welt, Das achtzehnte Jahrhundert Supplementa Bd. 11*, hrsg. von der Deutschen Gesellschaft für die

Erforschung des achtzehnten Jahrhunderts, Göttingen: Wallstein, 2006.
Luserke, Matthias: *Die Bändigung der wilden Seele. Literatur und Leidenschaft in der Aufklärung*, Stuttgart/Weimar: Metzler, 1995.
Maurer, Michael: Die Geschichtsphilosophie des jungen Herder in ihrem Verhältnis zur Aufklärung, in: Gerhard Sauder (Hg.), *Studien zum achtzehnten Jahrhundert 9, Johann Gottfried Herder 1744-1803*, Hamburg: Meiner, 1987.
Mehring, Franz: *Die Lessing-Legende.* Mit einem Einleitung von Rainer Gruenter, Frankfurt a. M. / Berlin/Wien: Ullstein, 1972.（メーリング（小森潔・戸谷修・富田弘訳）『レッシング伝説』第I部、第II部、風媒社、1968年、1971年）
Meier, Fritz: Zweite «Rettung des Cardanus», in: Erika Glassen u. Gudrun Schubert (Hgg.), *Bausteine II. Ausgewählte Aufsätze zur Islamwissenschaft von Fritz Meier*, Istanbul: Steiner, 1992.
Meinecke, Friedrich: *Die Entstehung des Historismus*, hrsg. u. eingel. von Carl Hinrichs, München: Oldenbourg, 1965.（マイネッケ（菊盛英夫・麻生建訳）『歴史主義の成立』全2巻、筑摩書房、1968年）
Menke, Christoph: *Tragödie im Sittlichen. Gerechtigkeit und Freiheit nach Hegel*, Frankfurt a. M.: Suhrkamp, 1996.
Menocal, María Rosa: *The Ornament of the World. How Muslims, Jews, and Christians Created a Culture of Tolerance in Medieval Spain*, New York/Boston/London: Little, Brown and Company, 2002.（メノカル（足立孝訳）『寛容の文化　ムスリム、ユダヤ人、キリスト教徒の中世スペイン』、名古屋大学出版会、2005年）
Mitralexi, Katherina: *Über den Umgang mit Knigge. Zu Knigges „Umgang mit Menschen“ und dessen Rezeption und Veränderung im 19. und 20. Jahrhundert*, Freiburg: Hochschulverlag, 1984.
Mommsen, Katharina: *Goethe und die arabische Welt*, Frankfurt a. M: Insel, 1988.
Moore, Evelyn: Lessings Rettung des Cardanus. Zur Entstehung einer epistemologischen Polemik, in: Wolfram Mauser u. Günter Saße (Hgg.), *Streitkultur. Strategien des Überzeugens im Werk Lessings*, Tübingen: Niemeyer, 1993.
Namowicz, Tadeusz: Herder und die slawisch-osteuropäische Kultur, in: Martin Bollacher (Hg.), *Johann Gottfried Herder: Geschichte und Kultur*, Würzburg: Königshausen & Neumann, 1994.
Niewöhner, Friedrich: *Veritas sive Varietas. Lessings Toleranzparabel und das Buch von den drei Betrügern*, Heidelberg: Schneider, 1988.
Niewöhner, Friedrich: Das muslimische Familientreffen. Gotthold Ephraim Lessing und die Ringparabel, oder: Der Islam als natürliche Religion, in: *Frankfurter Allgemeine Zeitung* vom 5. Juni 1996.
Nisbet, Hugh B.: *Herder and the Philosophy and History of Science*, Cambridge: Modern Humanities Research Association, 1970.
Nisbet, Hugh B.: Lessing and Pierre Bayle, in: Ch. Ph. Magill (Hg.), *Tradition and Creation. Essays in Honour of Elisabeth Mary Wilkinson*, Leeds: W. S. Maney & Son, 1978.
Nisbet, Hugh B.: *De Tribus Impostoribus*: On the Genesis of Lessing's *Nathan der Weise*, in: *Euphorion* 73, 4. Heft (1979).
Nisbet, Hugh B.: Herder und Lukrez, in: Gerhard Sauder (Hg.), *Studien zum achtzehnten Jahrhundert 9, Johann Gottfried Herder 1744-1803*, Hamburg: Meiner, 1987.
Nisbet, Hugh B.: Herder und die Geschichte der Wissenschaften, in: Martin Bollacher (Hg.), *Johann Gottfried Herder: Geschichte und Kultur*, Würzburg: Königshausen & Neumann, 1994.
Nisbet, Hugh B.: *Lessing. Eine Biographie. Aus dem Englischen übersetzt von Karl S. Guthke*, München: Beck, 2008.
Nohl, Herman: *Die Deutsche Bewegung. Vorlesungen und Aufsätze zur Geistesgeschichte von 1770-1830*,

hrsg. von Otto Friedrich Bollnow und Frithjof Rodi, Göttingen: Vandenhoeck & Ruprecht, 1970.
Nübel, Birgit: »jede Zeile von ihm mit dem wärmsten Interesse«. Aspekte der Rousseau-Rezeption bei Knigge, in: Martin Rector (Hg.), *Zwischen Weltklugheit und Moral. Der Aufklärer Adolph Freiherr Knigge*, Göttingen: Wallstein, 1999.
Oelmüller, Willi: *Die unbefriedigte Aufklärung. Beiträge zu einer Theorie der Moderne von Lessing, Kant und Hegel. Mit einer neuen Einleitung*, Frankfurt a. M.: Suhrkamp, 1979.
Osterhammel, Jürgen: *Die Entzauberung Asiens. Europa und die asiatischen Reiche im 18. Jahrhundert*, München: Beck, 2013.
Otto, Regine: Konflikte - Kompromisse - Korrekturen. Die Geschichtsphilosoph in Weimar, in: Martin Bollacher (Hg.), *Johann Gottfried Herder: Geschichte und Kultur*, Würzburg: Königshausen & Neumann, 1994.
Otto, Regine, John H. Zammito (Hgg.): *Vom Selbstdenken. Aufklärung und Aufklärungskritik in Herders »Ideen zur Philosophie der Geschichte der Menschheit«*, Heidelberg: Synchron, 2001.
Pikulik, Lothar: *Frühromantik. Epoche-Werk-Wirkung*, München: Beck, 1992.
Pittrof, Thomas, *Knigges Aufklärung über den Umgang mit Menschen*, München: Fink, 1989.
Pittrof, Thomas: Umgang, in: Joachim Ritter, Karlfried Gründer u. Gottfried Gabriel (Hgg.), *Historisches Wörterbuch der Philosophie, Bd.11*, Basel: Schwabe, 2001.
Pons, Georges: *Gotthold Ephraim Lessing et le Christianisme*, Paris: Didier, 1964.
Pons, Georges: L'intérêt de Lessing pour le monde islamique, in: Michel Vanhelleputte (Hg.), *Akten van het colloquium. G. E. Lessing und die Freiheit des Denkens*, Brussel: Vrije Univ., Centrum voor de Studie van de Verlichting en van het Vrije Denken, 1982.
Proß, Wolfgang: Herder und Vico. Wissenssoziologische Voraussetzngen des historischen Denkens, in: Gerhard Sauder (Hg.), *Studien zum achtzehnten Jahrhundert 9, Johann Gottfried Herder 1744-1803*, Hamburg: Meiner, 1987.
Proß, Wolfgang: Nachwort. ›Natur‹ und ›Geschichte‹ in Herders *Ideen zur Philosophie der Geschichte der Menschheit*, in: MHA III/1.
Pütz, Peter: *Die deutsche Aufklärung*, 3., unveränderte Aufl., Darmstadt: Wissenschaftliche Buchgesellschaft, 1978.
Quéval, Marie-Hélène: Johann Christoph Gottsched und Pierre Bayle - Ein philosophischer Dialog. Gottscheds Anmerkungen zu Pierre Bayles Historisch-critischem Wörterbuch, in: Gabriele Ball u. a. (Hgg.), *Diskurse der Aufklärung. Luise Adelgunde Victorie und Johann Christoph Gottsched*, Wiesbaden: Harrassowitz, 2006.
Raabe, Paul , Wilhelm Schmidt-Biggemann (Hgg.): *Aufklärung in Deutschland*, Bonn: Hohwacht, 1979.
Raabe, Paul: *Gotthold Ephraim Lessing 1729 bis 1781, Ausstellungskataloge der Herzog August Bibliothek Nr. 31*, Wolfenbüttel: Herzog August Bibliothek Wolfenbüttel, 1981.
Raabe, Paul (Hg.): *»... in mein Vaterland zurückgekehrt«. Adolph Freiherr Knigge in Hanover 1787-1790*, Göttingen: Wallstein, 2002.
Reh, Albert M.: Große Themen in kleiner Form. Gotthold Ephraim Lessings Rettungen -eine europäische Apologetik, in: W. Barner u. A. M. Reh (Hgg.), *Nation und Gelehrtenrepublik. Lessing im europäischen Zusammenhang, Sonderband zum Lessing Yearbook*, München: text + kritik, 1984.
Reinalter, Helmut: Einleitung. Zur Aufgabestellung der gegenwärtigen Freimaurerforsschung, in: Helmut Reinalter (Hg.), *Freimaurer und Geheimbünde im 18. Jahrhundert in Mitteleuropa*, Frankfurt a. M.: Suhrkamp, 1983.
Rengstorf, Karl Heinrich: Judentum im Zeitalter der Aufklärung. Geschichtliche Voraussetzungen und einige zentrale Probleme, in: *Judentum im Zeitalter der Aufklärung, Wolfenbüttler Studien zur*

Aufklärung Bd. IV, Bremen/Wolfenbüttel: Jacobi, 1977.
Rieck, Werner: *Johann Christoph Gottsched. Eine kritische Würdigung seines Werkes*, Berlin: Akademie, 1972.
Riedel, Manfred: Der Begriff der »bürgerlichen Gesellschaft« und das Problem seines geschichtlichen Ursprungs, in: Manfred Riedel, *Studien zu Hegels Rechtsphilosophie*, Frankfurt a. M.: Suhrkamp, 1969.（リーデル（清水正徳・山本道雄訳）『ヘーゲル法哲学　その成立と構造』、福村出版、1976 年）
Rilla, Paul: *Lessing und sein Zeitalter*, München: Beck, 1977.
Rosenberg, Rainer: „Aufklärung" in der deutschen Literaturgeschichtsschreibung des 19. Jahrhunderts, in: Holger Dainat u. Wilhelm Voßkamp (Hgg.), *Aufklärungsforschung in Deutschland*, Heidelberg: Winter, 1999.
Rousseau, G. S., Roy Porter (Hgg.): *Exoticism in the Enlightenment*, Manchester/New York: Manchester Univ. Press, 1990.
Rudolph, Enno, Bernd-Olaf Küppers (Hgg.): *Kulturkritik nach Ernst Cassirer, Cassirer-Forschungen Bd. 1*, Hamburg: Meiner, 1995.
Rüppel, Michael ,Walter Weber (Hgg.): *Adolph Freiherr Knigge in Bremen. Texte und Briefe*, Bremen: Temmen, 1996.
Rychner, Max: Adolph von Knigge, in: Adolph Freiherr von Knigge, *Über den Umgang mit Menschen*, eigel. von M. Rychner, Bremen: Schünemann, 1964.
Said, Edward W.: *Orientalism*, New York: Pantheon, 1978.（サイード（板垣雄三・杉田英明監修、今沢紀子訳）『オリエンタリズム』、平凡社、1986 年）
Sanders, Ruth H.: „Ein kleiner Umweg". Das literarische Schaffen der Luise Gottsched, in: Barbara Becker-Cantarino (Hgg.), *Die Frau von der Reformation zur Romantik. Die Situation der Frau vor dem Hintergrund der Literatur- und Sozialgeschichte*, Bonn: Bouvier, 1980.
Sauder, Gerhard: Bayle-Rezeption in der deutschen Aufklärung, in: *Deutsche Vierteljahrsschrift für Literaturwissenschaft und Geistesgeschichte*, 49. Jg. Sonderheft „18. Jahrhundert" (1975).
Schalk, Fritz: Lessing und die französische Aufklärung, in: *Lessing und die Zeit der Aufklärung. Vorträge der Joachim Jungius-Gesellschaft der Wissenschaften*, Göttingen: Vandenhoeck & Ruprecht, 1968.
Schalk, Fritz, Theodor Mahlmann: Aufklärung, in: Joachim Ritter u. Karlfried Gründer (Hgg.), *Historisches Wörterbuch der Philosophie, Bd. 1*, Basel/Stuttgart: Schwabe, 1971.
Schanze, Helmut (Hg.): *Romantik-Handbuch*, Tübingen: Kröner, 1994.
Schieder, Wolfgang: Sozialismus, in: Otto Brunner, Werner Conze u. Reinhart Koselleck (Hgg.), *Geschichtliche Grundbegriffe. Historisches Lexikon zur politisch-sozialen Sprache in Deutschland, Bd. 5*, Stuttgart: Klett-Cotta, 2004.
Schilson, Arno: *Geschichte im Horizont der Vorsehung. G. E. Lessings Beitrag zu einer Theologie der Geschichte*, Mainz: Grünewald, 1974.
Schindel, Ulrich: *Demostenes im 18. Jahrhundert. Zehn Kapitel zum Nachleben des Demostenes in Deutschland, Frankraich, England, Zetemata Monographien zur klassischen Altertumswissenschaft Heft 31*, München: Beck, 1963.
Schlobach, Jochen: Zur Geschichte und den Aufgaben der Internationalen Gesellschaft für die Erforschung des 18. Jahrhunderts, in: *Das Achtzehnte Jahrhundert. Mitteilungen der Deutschen Gesellschaft für die Erforschung des achtzehnten Jahrhunderts*, Jg. 19 Heft 2 (1995).
Schlott, Michael (Hg.): *Wirkungen und Wertungen. Adolph Freiherr Knigge im Urteil der Nachwelt (1796-1994). Eine Dokumentensammlung*, Göttingen: Wallstein, 1998.
Schlott, Michael: „Politische Aufklärung" durch wissenschaftliche „Kopplungsmanöver".

Germanistische Literaturwissenschaft und geschichtswissenschaftliche Jakobinerforschung zwischen 1965 und 1990, in: Holger Dainat u. Wilhelm Voßkamp (Hgg.), *Aufklärungsforschung in Deutschland*, Heidelberg: Winter, 1999.

Schlott, Michael: Zur Wirkungsgeschichte Knigges, in: Martin Rector (Hg.), *Zwischen Weltklugheit und Moral. Der Aufklärer Adolph Freiherr Knigge*, Göttingen: Wallstein, 1999.

Schmid, Susanne: „That Newfangled, Abominable, Heathenish Liquor called COFFEE“: Türkeibilder in englischen Texten über den Kaffee, in: Barbara Schmidt-Haberkamp (Hg.), *Europa und die Türkei im 18. Jahrhundert/Europe and Turkey in the 18th Century*, Göttingen: V&R unipress, 2011.

Schmidt, Erich: *Lessing. Geschichte seines Lebens und seiner Schriften*, 2 Bde., 2. Aufl., Berlin: Weidmann, 1899.

Schmidt, Gerhart: Der Begriff der Toleranz im Hinblick auf Lessing, in: *Wolfenbüttler Studien zur Aufklärung, Bd. 2*, Bremen/Wolfenbüttel: Jacobi, 1975.

Schmidt-Biggemann, Wilhelm: *Baruch de Spinoza 1677-1977. Werk und Wirkung, Ausstellungskataloge der Herzog August Bibliothek Nr. 19*, Wolfenbüttel: Herzog August Bibliothek Wolfenbüttel, 1977.

Schmidt-Biggemann, Wilhelm: Zwischen dem Möglichen und dem Tatsächlichen. Rationalismus und Eklektizismus, die Hauptrichtungen der deutschen Aufklärungsphilosophie, in: ders., *Theodizee und Tatsachen. Das philosophische Profil der deutschen Aufklärung*, Frankfurt a. M.: Suhrkamp, 1988.

Schmidt-Biggemann, Wilhelm, Ralph Häfer: Richtungen und Tendenzen in der deutschen Aufklärungsforschung, in: *Das Achtzehnte Jahrhundert. Mitteilungen der Deutschen Gesellschaft für die Erforschung des achtzehnten Jahrhunderts*, Jg. 19 Heft 2 (1995).

Schmidt-Haberkamp, Barbara: Einleitung: Europa und die Tükei im 18. Jahrhundert -Grenzüberschreitungen in kosmopolitischer Zeit, in: ders. (Hg.), *Europa und die Türkei im 18. Jahrhundert/Europe and Turkey in the 18th Century*, Göttingen: V&R unipress, 2011.

Schnädelbach, Herbert: Vernunft, in: Ekkehard Martens u. Herbert Schnädelbach (Hgg.), *Philosophie. Ein Grundkurs, Bd. 1*, Reinbek bei Hamburg: Rowohlt, 1994.

Schnädelbach, Herbert: »Sinn« in der Geschichte? -Über Grenzen des Historismus, in: ders., *Philosophie in der modernen Kultur. Vorträge und Abhandlungen 3*, Frankfurt a. M.: Suhrkamp, 2000.

Schneider, Heinrich: *Lessing. Zwölf biographische Studien*, Bern: Francke,1951.

Schneider, Jost (Hg.): *Herder im »Dritten Reich«*, Bielefeld: Aisthesis, 1994.

Schneider, Jost: Herder im ‘Dritten Reich’, in: Martin Bollacher (Hg.), *Johann Gottfried Herder: Geschichte und Kultur*, Würzburg: Königshausen & Neumann, 1994.

Schönert, Jörg: Konstellationen und Entwicklungen der germanistischen Forschung zur Aufklärung seit 1960, in: Holger Dainat u. Wilhelm Voßkamp (Hgg.), *Aufklärungsforschung in Deutschland*, Heidelberg: Winter, 1999.

Schoeps, Julius H.: Aufklärung, Judentum und Emanzipation, in: *Judentum im Zeitalter der Aufklärung, Wolfenbüttler Studien zur Aufklärung, Bd 4*, Bremen/Wolfenbüttel: Jacobi, 1977.

Schröder, Jürgen: Der »Kämpfer« Lessing. Zur Geschichte einer Metapher im 19. Jahrhundert, in: Herbert G. Göpfert (Hg.), *Das Bild Lessings in der Geschichte, Wolfenbütteler Studien zur Aufklärung, Bd. 9*, Heidelberg: Schneider, 1981.

Schütze, Ingo: *Die Naturphilosophie in Girolamo Cardanos De subtilitate*, München: Fink, 2000.

Sennett, Richard: *The Fall of Public Man*, New York: Knopf, 1977. (ders., *Verfall und Ende des öffentlichen Lebens. Die Tyrannei der Intimität*, übers. von Reinhard Kaiser, Frankfurt a. M.:

Fischer, 1983. セネット（北山克彦・高階悟訳）『公共性の喪失』、晶文社、1991 年）
Shammary, Zahim M. M. Al-: *Lessing und der Islam*, Berlin/Tübingen: Schiler, 2011.
Sichtermann, Hellmut: Lessing und die Antike, in: *Lessing und die Zeit der Aufklärung. Vorträge der Joachim Jungius-Gesellschaft der Wissenschaften*, Göttingen: Vandenhoeck & Ruprecht, 1968.
Simmel, Georg: Die Geselligkeit (Beispiel der Reinen oder Formalen Soziologie), in: ders., *Grundfragen der Soziologie (Individuum und Gesellschaft) 4*, unveränderte Aufl., Berlin/New York: de Gruyter, 1984.（ジンメル（清水幾太郎訳）『社会学の根本問題　個人と社会』、岩波文庫、1997 年）
Simon, Josef: Herder und Kant. Sprache und »historischer Sinn«, in: Gerhard Sauder (Hg.), *Studien zum achtzehnten Jahrhundert 9, Johann Gottfried Herder 1744-1803*, Hamburg: Meiner, 1987.
Sonderegger, Arno: *Jenseits der rassistischen Grenze. Die Wahrnehmung Afrikas bei Johann Gottfried Herder im Spiegel seiner Philosophie der Geschichte (und der Geschichten anderer Philosophen)*, Frankfurt a. M. u. a.: Peter Lang, 2002.
Sondermann, Frieder: *Herder und das Hohe Lied*, in: *Herder-Studien* [Herder kenkyû] Bd. 3, 1997, Tokyo.
Sontheimer, Kurt: *Antidemokratisches Denken in der Weimarer Republik. Die politischen Ideen des deutschen Nationalismus zwischen 1918 und 1933*, Studienausgabe mit einem Ergänzungsteil, München: Nymphenburger, 1968.（ゾントハイマー（河島幸夫・脇圭平訳）『ワイマール共和国の政治思想』、ミネルヴァ書房、1976 年）
Starobinski, Jean: *Jean-Jacques Rousseau. La transparance et l'obstacle* , Gallimard, 1971.（スタロバンスキー（山路昭訳）『透明と障害　ルソーの世界』、みすず書房、1973 年）
Steinhausen, Georg: *Geschichte des deutschen Briefes. Zur Kulturgeschichte des deutschen Volkes*, Dublin/Zürich: Weidmann, 1889-1891.
Steinmetz, Horst (Hg.): *Lessing - ein unpoetischer Dichter. Dokumente aus drei Jahrhunderten zur Wirkungsgeschichte Lessings in Deutschland*, Frankfurt a. M. /Bonn: Athenäum, 1969.
Stephan, Cora: Knigges Aktualität, in: *Text und Kritik. Adolph Freiherr Knigge* 130 (1996).
Stollberg-Rilinger, Barbara: *Europa im Jahrhundert der Aufklärung*, Stuttgart: Reclam, 2006.
Stolpe, Heinz: Die Handbibliothek Johann Gottfried Herders - Instrumentarium eines Aufklärers, in: *Weimarer Beiträge* 5/6 (1966).
Strohmaier, Gotthard: Johann Jacob Reiske -Byzantinist und Arabist der Aufklärung, in: *Klio Beiträge zur Alten Geschichte*, Bd. 58 Heft 1 (1976).
Strohschneider-Kohrs, Ingrid: *Vernunft als Weisheit. Studien zum späten Lessing*, Tübingen: Niemeyer, 1991.
Strohschneider-Kohrs, Ingrid: Lessings Hiob-Deutungen im Kontext des 18. Jahrhunderts, in: *Edith Stein Jahrbuch*, Bd. 8 (2002).
Takahashi, Teruaki: Triumph der bürgerlichen Humanität? Eine Studie zu Lessings „Nathan der Weise", in: *Die deutsche Literatur* [doitsu bungaku] H. 62 (1979).
Taylor, Charles, Jürgen Habermas u. a.: *Multiculturalism. Examining the Politics of Recognition*, Princeton: Princeton Univ. Press., 1994.（テイラー、ハバーマス他（佐々木毅・辻康夫・向山恭一訳）『マルチカルチュラリズム』、岩波書店、1996 年）
Tietz, Manfred: Herders Spanien in der Sicht der neueren Hispanistik, in: Martin Bollacher (Hg.), *Johann Gottfried Herder: Geschichte und Kultur*, Würzburg: Königshausen & Neumann, 1994.
Till, Dietmar: Komplimentierkunst, in: Gert Ueding (Hg.), *Historisches Wörterbuch der Rhetorik, Bd. 4*, Tübingen: Niemeyer, 1998.
Troeltsch, Ernst: Die Aufklärung, in: ders., *Aufsätze zur Geistesgeschichte und Religionssoziologie*, Tübingen: Mohr, 1925.（「啓蒙主義」、トレルチ（内田芳明訳）『ルネサンスと宗教改

革』、岩波文庫、1959 年）
Ueding, Gert: Rhetorische Konsellationen im Umgang mit Menschen, in: *Jahrbuch für Internationale Germanistik*, Bd. 9 H. 1 (1977).
Ueding, Gert: Die Kunst der gesellschaftlichen Beredsamkeit - Nachwort zu Knigges Diskurs »Über den Umgang mit Menschen«, in: Adolph Freiherr Knigge, *Über den Umgang mit Menschen*, hrsg. von Gert Ueding, Frankfurt a. M.: Insel, 1977.
Vierhaus, Rudolf: Deutschland im 18. Jahrhundert: soziales Gefüge, politische Verfassung, geistige Bewegung, in: *Lessing und die Zeit der Aufklärung. Vorträge der Joachim Jungius-Gesellschaft der Wissenschaften*, Göttingen: Vandenhoeck & Ruprecht, 1968.
Vierhaus, Rudolf: Aufklärung und Freimaurerei in Deutschland, in: Helmut Reimalter (Hg.), *Freimaurer und Geheimbünde im 18. Jahrhundert in Mitteleuropa*, Frankfurt a. M.: Suhrkamp, 1983.
Vierhaus, Rudolf: Die Erforschung des 18. Jahrhunderts. Aktivitäten - Desiderate - Defizite, in: *Das Achtzehnte Jahrhundert. Mitteilungen der Deutschen Gesellschaft für die Erforschung des achtzehnten Jahrhunderts*, Jg. 19 Heft 2 (1995).
Vierhaus, Rudolf: *Was war Aufklärung?*, Göttingen: Wallstein, 1995.
Voegt, Hedwig: *Der deutsche jakobinische Literatur und Publizistik 1789-1800*, Berlin: Rütten & Loening, 1955.
Vollhardt, Freidrich: Aspekte der germanistischen Wissenschaftsentwicklung am Beispiel der neueren Forschung zur „Empfindsamkeit", in: Holger Dainat u. Wilhelm Voßkamp (Hgg.), *Aufklärungsforschung in Deutschland*, Heidelberg: Winter, 1999.
Vollhardt, Friedrich: Ueber Eigennutz und Undank. Knigges Beitrag zur moralphilosophischen Diskussion der Spätaufklärung, in: Martin Rector (Hg.), *Zwischen Weltklugheit und Moral. Der Aufklärer Adolph Freiherr Knigge*, Göttingen: Wallstein, 1999.
Vollhardt, Friedrich: Lessings Lektüre. Anmerkungen zu den *Rettungen*, zum *Faust*-Fragment, zu der Schrift über *Leibnitz von den ewigen Strafen* und zur *Erziehung des Menschengeschlechts*, in: *Euphorion* 100. Bd., 3. Heft (2006).
Voßkamp, Wilhelm: Probleme und Aufgaben einer sozialgeschichtlich orientierten Literaturgeschichte des achtzehnten Jahrhunderts, in: Bernhard Fabian u. Wilhelm Schmidt-Biggemann (Hgg.), *Das achtzehnte Jahrhundert als Epoche*, Nendeln: KTO, 1978.
Voßkamp, Wilhelm: Aufklärungsforschung in Deutschland. Einleitung, in: Holger Dainat u. Wilhelm Voßkamp (Hgg.), *Aufklärungsforschung in Deutschland*, Heidelberg: Winter, 1999.
Walravens, Else: H. S. Reimarus und G. E. Lessing. Zwei Richtungen von Aufklärung in Deutschland, in: Michel Vanhelleputte (Hg.), *Akten van het colloquium. G. E. Lessing und die Freiheit des Denkens*, Brussel: Vrije Univ., Centrum voor de Studie van de Verlichting en van het Vrije Denken, 1982.
Watt, W. Montgomery: *Der Einfluß des Islam auf das europäische Mittelalter, Aus dem Englischen von Holger Fließbach mit einem Vorwort von Ulrich Haarmann*, Berlin: Wagenbach, 1988.
Weigl, Engelhard: *Schauplätze der deutschen Aufklärung. Ein Städterundgang*, Reinbek bei Hamburg: Rowohlt, 1997.（ヴァイグル（三島憲一・宮田敦子訳）『啓蒙の都市周遊』、岩波書店、1997 年）
Wellmer, Albrecht: Wahrheit, Schein, Versöhnung. Adornos ästhetische Rettung der Modernität, in: ders., *Zur Dialektik von Moderne und Postmoderne. Vernunftkritik nach Adorno*, Frankfurt a. M.: Suhrkamp, 1985.
Wetzels, Walter D.: Herders Organismusbegriff und Newtons Allgemeine Mechanik, in: Gerhard Sauder (Hg.), *Studien zum achtzehnten Jahrhundert 9, Johann Gottfried Herder 1744-1803*,

Hamburg: Meiner, 1987.
Wilson, W. Daniel: Vom internalisierten ›Despotismus‹ zur Mündigkeit. Knigge und die Selbstorganisation der aufgeklärten Intelligenz, in: *Text und Kritik. Adolph Freiherr Knigge* 130 (1996).
Witte, Bernd, Theo Buck, Hans-Dietrich Dahnke, Regine Otto, Peter Schmidt: *Goethe Handbuch in vier Bänden*, Stuttgart/Weimar: Metzler, 2004.
Wundt, Max: *Die deutsche Schulphilosophie im Zeitalter der Aufklärung*, Hildesheim: Olms, 1964.
Würtz, Roland: Das Türkische im Singspiel des 18. Jahrhunderts, in: Rainer Gruenter (Hg.), *Das deutsche Singspiel im 18. Jahrhundert*, Heidelberg: Winter, 1981.
Zaehle, Barbara: *Knigges Umgang mit Menschen und seine Vorläufer. Ein Beitrag zur Geschichte der Gesellschaftsethik*, Heidelberg: Winter, 1933.
Zamitto, John H.: *Kant, Herder, and the Birth of Anthropology*, Chicago/London: Chicago Univ. Press., 2002.
Zimmermann, Harro (Hg.): *Adolph Freiherr Knigge. Neue Studien*, Bremen: Temmen, 1998.

II-2. 研究書・研究論文（邦文）

赤木昭三・赤木冨美子『サロンの思想史　デカルトから啓蒙思想へ』、名古屋大学出版会、2003 年。

有福孝岳・牧野英二編『カントを学ぶ人のために』、世界思想社、2012 年。

井川義次『宋学の西遷　近代啓蒙への道』、人文書院、2009 年。

井筒俊彦『マホメット』、講談社学術文庫、1989 年。

井筒俊彦『イスラーム文化　その根柢にあるもの』、岩波文庫、1991 年。

伊東俊太郎『文明における科学』、勁草書房、1976 年。

伊東俊太郎『十二世紀ルネサンス』、講談社学術文庫、2006 年。

エンゲルハルト・ヴァイグル（三島憲一訳）「ラーエルのソファ——1800 年前後のベルリンのサロンにおける親密圏と公共圏のはざま——」、『思想』2001 年 6 月号（特集「公共圏 / 親密圏」）。

宇都宮芳明『訳注・カント『判断力批判』』全 2 巻、以文社、1994 年。

大村晴雄『ヘルダーとカント』、高文堂、1986 年。

小田部胤久「ヘルダーの原型論——その素地と射程——」、『モルフォロギア　ゲーテと自然科学』第 7 号、1985 年。

小田部胤久「ヘルダーの自然哲学——ライプニッツの受容と批判に即して——」、伊坂青司・長島隆・松山寿一編『ドイツ観念論と自然哲学』、創風社、1994 年。

小田部胤久『芸術の逆説　近代美学の成立』、東京大学出版会、2001 年。

小田部胤久『芸術の条件　近代美学の境界』、東京大学出版会、2006 年。

笠原賢介「レッシングの「市民社会」論——『エルンストとファルク』第二対話を中心にして——」、『桐朋学園大学研究紀要』第 7 集、1981 年。

笠原賢介「十八世紀ドイツの歴史観——レッシング『人類の教育』を中心にして——」、日本 18 世紀学会『学会ニュース』第 14 号、1984 年。

笠原賢介「レッシングのフリーメーソンの「非政治的」性格——対話編『エルンストとファルク』を読む一つの試み——」、法政大学教養部「紀要」第 62 号人文科学編、1987 年。

笠原賢介「和辻哲郎とヘルダー——和辻所蔵本 *Ideen zur Philosophie der Geschichte der Menschheit* を手がかりとして——」、濱田義文編『和辻哲郎の思想と学問に関する基礎

的研究　付　法政大学所蔵和辻哲郎文庫マイクロフィッシュ収録目録』（平成 3 年・4 年度科学研究費補助金一般研究（B）研究成果報告書）、1993 年。

笠原賢介「ヘルベルト・シュネーデルバッハ　歴史における‘意味’？——歴史主義の限界について——」、法政大学教養部「紀要」第 116 号人文科学編、2001 年。

笠原賢介「啓蒙と社交性——クニッゲ『人間交際術』をめぐって——」、『ヘルダー研究』第 8 号、2002 年。

笠原賢介「アドルフ・フライヘル・クニッゲと『人間交際術』——ヨーロッパ啓蒙の脈絡のなかで——」、佐藤研一編『18 世紀ヨーロッパのなかのドイツ文学　日本独文学会研究叢書 26』、日本独文学会、2004 年。

笠原賢介「多元的思考の転生——和辻哲郎のヘルダー受容をめぐって——」、原研二・佐藤研一・松山雄三・笹田博通編『多元的文化の論理——新たな文化学の創生へ向けて——』、東北大学出版会、2005 年。

笠原賢介「レッシングとイスラーム——『カルダーヌス弁護』と『アダム・ノイザーについて』を中心にして——」、『ヘルダー研究』第 13 号、2007 年。

笠原賢介「クニッゲと啓蒙の社交性——カントとシュライアーマッハーとの連関の中で」、川那部保明編『ノイズとダイアローグの共同体——市民社会の現場から』、筑波大学出版会、2008 年。

笠原賢介「十八世紀における非ヨーロッパ世界像とヨーロッパ——レッシングとヘルダーを手がかりにして——」、『シェリング年報』第 16 号、2008 年。

笠原賢介「レッシングと非ヨーロッパ世界——『カルダーヌス弁護』におけるイスラームをめぐって——」、『東北ドイツ文学研究』第 52 号、「特集　十八世紀ドイツ文学の描く非ヨーロッパ像」、2009 年。

桂壽一『スピノザの哲学』、東京大学出版会、1980 年。

神山伸広（研究代表者）『ヘーゲルとオリエント　ヘーゲル世界史哲学にオリエント世界像を結ばせた文化接触資料とその世界像の反歴史性』、平成 21 ～ 23 年度科学研究費補助金基盤研究（B）研究成果報告書、2012 年。

辛島昇編『南アジア史』、山川出版社、2004 年。

川中子義勝『ハーマンの思想と生涯』、教文館、1996 年。

河原忠彦『十八世紀の独仏文化交流の諸相』、白凰社、1993 年。

岸辺成雄『音楽の西流——サラセンよりヨーロッパへ——』、音楽之友社、1952 年。

ハミルトン・A・R・ギブ（井筒豊子訳）『アラビア人文学』、講談社学術文庫、1991 年。

アルセニイ・グリガ（西牟田久雄・浜田義文訳）『カント　その生涯と思想』、法政大学出版局、1983 年。

桑原武夫編『フランス百科全書の研究』、岩波書店、1954 年。

桑原武夫編『ルソー研究　第二版』、岩波書店、1981 年。

ピーター・ゲイ（中川久定・鷲見洋一他訳）『自由の科学——ヨーロッパ啓蒙思想の社会史——』全 2 巻、ミネルヴァ書房、1986 ～ 87 年。

後藤末雄（矢崎利彦校訂）『中国思想のフランス西漸』全 2 巻、平凡社東洋文庫、1969 年。

小林道夫編『哲学の歴史 5　デカルト革命　17 世紀』、中央公論新社、2007 年。

小堀桂一郎「森鷗外の処世哲学——『智慧袋』『心頭語』の原典について——」、『比較文學研究』第 20 号、1971 年。

小堀桂一郎「死の形象」、芳賀徹他編『講座比較文学 第 7 巻　西洋文学の諸相』、東京大学出版会、1974 年。

小堀桂一郎「クニッゲ——『交際法』を生んだ時代背景」、『ゲーテ年鑑』第 27 号、1985 年。

坂井榮八郎『ゲーテとその時代』、朝日選書、1996年。

坂井榮八郎「十八世紀ドイツの「市民社会」——理性と感性のソシアビリテ——」、『聖心女子大学論叢』98号、2002年。

酒井潔・佐々木能章編『ライプニッツを学ぶ人のために』、世界思想社、2009年。

坂部恵「『人間学遺稿』について」、『カント全集　第14巻』、理想社、1966年。

坂部恵『理性の不安　カント哲学の生成と構造』、勁草書房、1976年。

坂部恵『人類の知的遺産43　カント』、講談社、1979年。

坂部恵「和辻哲郎とヘルダー——精神史的観点から——」、『比較思想研究』第27号、2000年。

坂部恵「統制的原理としての自由　歴史哲学をめぐるカントとヘルダーの論争のいくつかの局面について」、坂部恵『坂部恵集2』、岩波書店、2006年。

佐藤研一『劇作家J・M・R・レンツの研究』、未來社、2002年。

佐藤研一「入植牧師A・W・フーペルとかれをめぐる作家たち——18世紀ロシア領リヴォニアにみるドイツ啓蒙の一断面——」、原研二・佐藤研一・松山雄三・笹田博通編『多元的文化の論理——新たな文化学の創生へ向けて——』、東北大学出版会、2005年。

佐藤研一「18世紀ドイツ文芸に見るトルコ人像——モーツァルトの『後宮からの奪還』とヘルダーの『民謡集』を中心にして——」、『ヘルダー研究』第13号、2007年。

佐藤研一「十八世紀ドイツ文学の描く非ヨーロッパ像　序説」、『東北ドイツ文学研究』第52号、2009年。

佐藤研一「J・M・R・レンツの描く異邦人——プラウトゥスの翻案劇『トルコの女奴隷』と『アルジェの人々』をめぐって——」、『東北ドイツ文学研究』第52号、2009年。

佐藤次高編『西アジア史1　アラブ』、山川出版社、2002年。

佐藤次高『イスラームの「英雄」サラディン』、講談社学術文庫、2011年。

柴田翔『内面性に映る歴史　ゲーテ時代ドイツ文学史論』、筑摩書房、1986年。

柴田翔『詩に映るゲーテの生涯』、丸善ライブラリー、1996年。

嶋田洋一郎『ヘルダー論集　比較社会文化論叢V』、花書院、2007年。

鷲見洋一「国際18世紀学会報告」、『日本18世紀学会年報』第11号、1996年。

鷲見洋一「ゲーテとディドロ——ゲーテのディドロ読解を中心に」、『モルフォロギア　ゲーテと自然科学』第25号、2003年。

関根正雄『旧約聖書文学史』全2巻、岩波書店、2008年。

高尾利数「レッシングの宗教思想」、廣松渉・坂部恵・加藤尚武編『講座ドイツ観念論　第1巻　ドイツ観念論前史』、弘文堂、1990年。

登張正実・小栗浩「ヘルダーとゲーテ　ドイツ・フマニスムスの一系譜」、登張正実編『世界の名著　続7　ヘルダー　ゲーテ』、中央公論社、1975年。

中川久定・J．シュローバハ編『十八世紀における他者のイメージ』、河合文化教育研究所、2006年。

永田雄三編『西アジア史2　イラン・トルコ』、山川出版社、2002年。

成瀬治『伝統と啓蒙　近世ドイツの思想と宗教』、法政大学出版局、1988年。

成瀬治・山田欣吾・木村靖二編『世界歴史大系　ドイツ史2—1648年～1890年』、山川出版社、1996年。

フェルナン・ニール（渡邊昌美訳）『異端カタリ派』、白水社、1979年。

野沢協「メルキセデクの横死——『歴史批評辞典』の歴史批評」、ベール（野沢協訳）『歴史批評辞典I（A-D）』（ピエール・ベール著作集第3巻）、法政大学出版局、1982年。

野沢協「護教と断念——『歴史批評辞典』の宗教観とカルヴァン派論争」、ベール（野沢協訳）『歴史批評辞典 II (E-O)』（ピエール・ベール著作集第 4 巻）、法政大学出版局、1984 年。

野沢協「機械論とアニミズムのはざまで——『歴史批評辞典』の世界像」、ベール（野沢協訳）『歴史批評辞典 III (P-Z)』（ピエール・ベール著作集第 5 巻）、法政大学出版局、1987 年。

野田又夫『西洋近世の思想家たち』、岩波書店、1974 年。

アイザィア・バーリン（小池銈訳）『ヴィーコとヘルダー　理念の歴史：二つの試論』、みすず書房、1981 年。

C・H・ハスキンズ（別宮貞徳・朝倉文市訳）『十二世紀ルネサンス』、みすず書房、1989 年。

濱田真「「感覚総体の哲学」としての詩——カントとヘルダーの論争における詩と哲学の位置づけについて——」、『ゲーテ年鑑』第 43 巻、2001 年。

浜田義文『若きカントの思想形成』、勁草書房、1967 年。

浜田義文『カント倫理学の成立』、勁草書房、1981 年。

浜田義文『カント哲学の諸相』、法政大学出版局、1994 年。

林達夫「三つの指輪の話———寓話に反映したる宗教的精神の展開——」、『林達夫著作集 3　無神論としての唯物論』、平凡社、1971 年。

深見奈緒子『イスラーム建築の世界史』、岩波書店、2013 年。

福田歓一『政治学史』、東京大学出版会、1985 年。

フランソワ・フュレ／モナ・オズーフ編（河野健二・坂上孝・富永茂樹監訳）『フランス革命事典 6　思想 II』みすず書房、2000 年。

フェルナン・ブローデル（浜名優美訳）『地中海』全 5 分冊、藤原書店、1991 〜 1995 年。

マルク・ブロック（松村剛訳）『歴史のための弁明——歴史家の仕事』、岩波書店、2004 年。

ジャック・ベールシュトルド／ミシェル・ポレ編（飯野和夫・田所光男・中島ひかる訳）『十八世紀の恐怖　言説・表象・実践』、法政大学出版局、2003 年。

ロイ・ポーター（見市雅俊訳）『啓蒙主義』、岩波書店、2004 年。

アミン・マアルーフ（牟田口義郎・新川雅子訳）『アラブが見た十字軍』、ちくま学芸文庫、2001 年。

前川貞次郎「啓蒙思想の特質——啓蒙思想像の変化——」、荒松雄他編『岩波講座　世界歴史　17　近代 4』、岩波書店、1970 年。

前嶋信次「吟遊詩人とアラビア文化——アンダルシアとプロヴァンス」、芳賀徹他編『講座比較文学　第 6 巻　東西文明圏と文学』、東京大学出版会、1974 年。

前嶋信次（杉田英明編）『イスラムとヨーロッパ　前嶋信次著作選 2』、平凡社東洋文庫、2000 年。

増永洋三『人類の知的遺産 38　ライプニッツ』、講談社、1981 年。

三島憲一「哲学と非ヨーロッパ世界」、大橋良介・野家啓一篇『〈哲学〉——〈知〉の新たな展開』、ミネルヴァ書房、1999 年。

三島憲一「ドイツにおけるイスラーム表象の問題」、別冊『環』第 4 号、藤原書店、2002 年。

三島憲一「歴史と歴史哲学——ヨーロッパ近代のトポスの崩壊——」、三島憲一『ニーチェ以後　思想史の呪縛を超えて』、岩波書店、2011 年。

水上藤悦「18 世紀ドイツの知識人とフリーメイソン」、佐藤研一編『18 世紀ヨーロッパのなかのドイツ文学　日本独文学会研究叢書 26』、日本独文学会、2004 年。

水上藤悦「詩人と専制君主——ゲーテの『西東詩集』について」、『東北ドイツ文学研究』第 52 号、2009 年。

南大路振一『18 世紀ドイツ文学論集』、三修社、1983 年。

南大路振一「解説」、レッシング（南大路振一訳）『ハンブルク演劇論』、鳥影社、2003 年。

南大路振一『18 世紀ドイツ文学点描』、鳥影社、2012 年。

南塚信吾編『ドナウ・ヨーロッパ史』、山川出版社、1999 年。

宮本絢子「ルイーゼ・アーデルグンデ・ヴィクトーリア・ゴットシェート——手紙に見る生涯——」、『十八世紀ドイツ文学研究』第 3 号、1993 年。

安酸敏眞『レッシングとドイツ啓蒙——レッシング宗教哲学の研究——』、創文社、1998 年。

山下肇『ドイツ・ユダヤ精神史　ゲットーからヨーロッパへ』、講談社学術文庫、1995 年。

山本信『ライプニッツ哲学研究』、東京大学出版会、1953 年。

バーナード・ルイス（林武・山上元孝訳）『アラブの歴史』、みすず書房、1985 年。

渡邊昌美『異端者の群れ　カタリ派とアルビジョア十字軍』、八坂書房、2008 年。

和辻哲郎『風土』、『和辻哲郎全集』第 8 巻、岩波書店、1962 年。

和辻哲郎『近代歴史哲学の先駆者——ヴィコとヘルダー——』、『和辻哲郎全集』第 6 巻、岩波書店、1962 年。

モンゴメリー・ワット（牧野信也・久保儀明訳）『ムハンマド　預言者と政治家』、みすず書房、2002 年。

III. 辞典類（本文中で注記・言及したもののみ）

Adelung, Johann Christoph: *Grammatisch-kritisches Wörterbuch der hochdeutschen Mundart*, zweite vermehrte und verbesserte Ausgabe, Leipzig: Breitkopf, 1793-1801 (Neudruck, Hildesheim/Zürich/New York: Olms, 1990).
麻生建・黒崎政男・小田部胤久・山内志郎編『羅独－独羅学術語彙辞典』、哲学書房、1989 年。
Best, Otto F.: *Handbuch literarischer Fachbegriffe. Definitionen und Beispiele*, Frankfurt a. M.: Fischer, 1996.
Campe, Joachim Heinrich: *Wörterbuch der deutschen Sprache,* Braunschweig: Schulbuchhandlung, 1807-1813 (Neudruck, Hildesheim/New York: Olms, 1969-1970).
Duden. Das große Wörterbuch der deutschen Sprache, Mannheim: Duden, 1976-81.
Gemoll. Griechisch-deutsches Schul- und Handwörterbuch von W. Gemoll und K. Vretska, zehnte, völlig neu bearbeitete Aufl., München/Düsseldorf/Stuttgart: Oldenbourg, 2006.
Grimm, Jacob, Wilhelm Grimm: *Deutsches Wörterbuch*, hrsg. von der Deutschen Akademie der Wissenschaften zu Berlin, Leipzig: Hirzel, 1854-1960.
Jöcher, Christian Gottlieb: *Allgemeines Gelehrten-Lexicon*, 4 Tle. nebst Fortsetzungen und Ergänzungen [= weitere 7 Bde], Leipzig: Weidmann, 1750-1897 (Neudruck, Hildesheim: Olms, 1960-61).
亀井孝・河野六郎・千野栄一編著『言語学大辞典』、三省堂、1988 ～ 2001 年。
Killy, Walter, Rudolf Vierhaus (Hgg.): *Deutsche Biographische Enzyklopädie*, München: Saur, 1995-2003.
Langenscheidts Taschenwörterbuch Französisch, Berlin/München/Wien/Zürich: Langenscheidt, 1982.

Meid, Volker: *Sachwörterbuch zur deutschen Literatur*, Stuttgart: Reclam, 2001.
大塚和夫他編『岩波イスラーム辞典』、岩波書店、2002 年。
Oxford Dictionary of National Biography. From the earliest times to the year 2000, hrsg. von H. C. G. Matthew u. Brian Harrison, Oxford: Oxford Univ. Press., 2004.
Paul, Hermann: *Deutsches Wörterbuch*, 7., durchgesehene Aufl., Tübingen: Niemeyer, 1976.
Ullstein Lexikon der deutschen Sprache, Frankfurt a. M. /Berlin: Ullstein, 1969.
Zedler, Johann Heinrich: *Großes vollständiges Universal-Lexicon aller Wissenschaften und Künste*, 64 Bde u. 4 Suppl. -Bde, Leipzig/Halle: Zedler, 1732-54 (Neudruck, Graz: Akademische Druck- u. Verlagsanstalt, 1961-64).

Zusammenfassung

Die deutsche Aufklärung und die außereuropäische Welt: Knigge, Lessing und Herder

Kensuke KASAHARA

In der vorliegenden Arbeit werden die außereuropäischen Reflexionen der deutschen Aufklärung in der letzten Hälfte des 18. Jahrhunderts, als die europäische Moderne sich zu bilden begann, im Kontext der Idee der Geselligkeit der Aufklärung behandelt. Die Arbeit besteht aus Einleitung und folgenden drei Kapiteln:

1. Knigge und die Idee der Geselligkeit der Aufklärung – im Zusammenhang mit Kant, Schleiermacher und Lessing. 2. Lessing und die außereuropäische Welt –Betrachtungen über den Islam in der *Rettung des Hier. Cardanus*. 3. Die außereuropäische Welt und Europa in den *Ideen zur Philosophie der Geschichte der Menschheit* Herders.

In der Einleitung wird der Stellenwert des Themas in der Forschungsgeschichte dargelegt. Die Ergebnisse der neueren Aufklärungsforschung in Deutschland seit den 60er Jahren, die das geistesgeschichtliche Verständnis der Aufklärung scharf kritisiert hat, werden etappenweise zusammengefasst. Es wird festgestellt, dass das Thema –die deutsche Aufklärung und die außereuropäische Welt– noch nicht hinreichend behandelt ist.

Im ersten Kapitel wird die Idee der Geselligkeit der deutschen Spätaufklärung anhand der Texte von Kant, Knigge, Schleiermacher und Lessing herausgearbeitet. Dadurch wird der Hintergrund der außereuropäischen Reflexion Lessings erörtert.

In Deutschland wird die Geselligkeit zuerst von Christian Thomasius nach dem Vorbild des französischen Hofs hervorgehoben. Die scharfe Kritik am aristokratisch-elitären Hof in der letzten Hälfte des 18. Jahrhunderts bedeutet aber nicht die pauschale Ablehnung der Geselligkeit, sondern hängt mit der Idee des freien Umgangs zusammen. Sie bezieht sich bei Kant und Lessing auf die ganze Welt.

Ausgehend von der *Beantwortung der Frage: Was ist Aufklärung?* wird Kants Idee der Geselligkeit anhand der *Anthropologie in pragmatischer Hinsicht* und der *Metaphysik der Sitten* rekonstruiert. Besonders werden § 2, § 43, § 88 der *Anthropologie* und § 12, § 48 des zweiten Teils der *Metaphysik der Sitten* näher analysiert.

Anschließend wird Knigges *Über den Umgang mit Menschen* behandelt. Seit den 60er Jahren ist in Deutschland ein neues Interesse für Knigge erweckt worden: man hat das herkömmliche Bild vom ‚guten alten' Knigge stark in Frage gestellt; seine Schriften über die

französische Revolution und somit Knigge als Aufklärer sind wieder entdeckt worden. In diesem Kontext wird Rousseaus Einfluss auf Knigge mit Recht betont. Das bedeutet aber nicht, dass seine Schriften auf Rousseau reduziert werden könnten. Besonders ist zu beachten, dass *Über den Umgang mit Menschen* die antihöfisch-bürgerliche Moral der Aufrichtigkeit eben mit dem Rousseau fremden Thema des gesellschaftlichen Umgangs verbindet. Die Eigenart Knigges wäre demnach im breiteren Kontext aufzufassen.

Zuerst wird die leitende Idee von *Über den Umgang mit Menschen* herausgestellt, dem ständisch und geographisch zerstreuten deutschen Publikum eine neue gesellige „Kunst" zu präsentieren, die frei von der höfischen „Schmeichelei" den Umgang „mit Menschen aus allen Ständen" ermöglichen soll. *Über den Umgang mit Menschen* kann als eine kritische Alternative gegen das „Komplimentierbuch", das den Leser in formelle Regeln am absolutistischen Hof einweihen will, angesehen werden. Auf der anderen Seite schildert aber Knigge satirisch und unermüdlich die unredlichen „Torheiten" der menschlichen Welt, die sich nicht nur auf den Hof sondern ebenso auf das aufkommende Bürgertum beziehen. Knigges Konzept des freien Umgangs wird stets von der Wirklichkeit zurückgedrängt. Somit wechseln der Wunsch nach heiterer Geselligkeit, die vorsichtige Haltung gegenüber dem offenen Verkehr und die Vorliebe für die familiäre Eingezogenheit einander schillernd ab. Sein trüber Blick auf die Welt, wo „Eigennutz und Undank" herrschen, hat jedoch einen gewissen Berührungspunkt mit Rousseau, z. B. mit dem zweiten Teil von *Les Confessions*, dessen Übersetzung Knigge gleichzeitig mit der dritten Auflage von *Über den Umgang mit Menschen* veröffentlicht hat.

Aufgrund der Analyse wird die Kontinuität und Diskontinuität der Idee der Geselligkeit zwischen der Spätaufklärung und der Frühromantik diskutiert. In diesem Zusammenhang werden Schleiermachers *Versuch einer Theorie des geselligen Betragens, Rezension von Immanuel Kant: Anthropologie* und Kants *Kritik Kritik der Urteilskraft* (§ 39, § 60) behandelt.

Abschließend wird Lessings *Ernst und Falk. Gespräche für Freimäurer* untersucht. Ausgehend von der ursprünglichen Geselligkeit des Menschen wird hier eine geschichtsphilosophische Überlegung „in finsteren Zeiten", die den schmalen Weg zur Versöhnung der „Kollisionen" zwischen Ständen, Staaten und Religionen sucht, angestellt. Lessings Blick richtet sich nicht nur auf Europa und das Christentum, sondern auch auf das Judentum, das im damaligen Kontext als Außereuropa innerhalb von Europa angesehen werden kann, und auf den Islam. Der Problemkreis von *Ernst und Falk* steht somit im Zusammenhang mit seinen außereuropäischen Reflexionen, die Lessing in der *Rettung des Hier. Cardanus* und *Nathan der Weise* angestellt hat.

Im zweiten Kapitel wird die *Rettung des Hier. Cardanus*, die der junge Lessing 1754

zusammen mit drei anderen *Rettungen* im dritten Teil von *G. E. Lessings Schriften* veröffentlichte, analysiert. Aufgrund der Ergebnisse der Untersuchung wird *Nathan der Weise* betrachtet.

Bei der *Rettung des Hier. Cardanus* handelt es sich um die Ehrenrettung Girolamo Cardanos (1501-1576), der wegen des nüchternen Vergleichs zwischen den vier Religionen –dem „Heidentum", dem Judentum, dem Christentum und dem Islam– als Atheist Verdacht erregt hatte. Die *Rettung des Hier. Cardanus*, die Lessing in der Vorrede zu seinen *Schriften* als „Aufsatz" einordnete, ist ein Prosatext besonderer Art. Im Verlauf der Erörterung treten plötzlich ein „Israelite" und ein „Muselman" auf. Durch die Reden, die sie nacheinander halten, wird die Abhandlung unterbrochen. Dem Leser werden somit mehrschichtige Kontexte vorgelegt. Damit wird die Basis, worauf sich die Diskussion über die Ehrenrettung stützte, verändert.

Der Schlüssel zum Verständnis der *Rettung des Hier. Cardanus* liegt im *Dictionnaire historique et critique* von Pierre Bayle. Lessing selbst hat seine *Rettung* als „einen guten Zusatz" zum Artikel „Cardan" im *Dictionnaire historique et critique* bezeichnet. Lessings *Rettung* kann, wie die Forschung gezeigt hat, als Fortsetzung der von Bayle (anhand *De propria vita* in der Anmerkung (D) des Artikels „Cardan") gemachten Rettung Cardanos betrachtet werden. Mit den Anmerkugen (X) und (Y) hängt aber Lessings Leidenschaft für die Ehrenrettung Cardanos und die philologische Akribie in Bezug auf *De subtilitate*, wo dieser die Religionen miteinander verglichen hatte, eng zusammen.

In der Rede des „Muselmans" wandelt Lessing das traditionelle Islambild in Europa um. Der Artikel „Mahomet" im *Dictionnaire historique et critique*, der Muhammad als „falschen Propheten" bezeichnet, teilt grundsätzlich die stereotype Sicht des Islams. Lessing, obwohl er lebenslang Bayle hochschätzte, ist nicht dessen blinder Verehrer, wie schon seine kritische Bemerkung über ihn in der *Abhandlung von dem Leben, und den Werken des Marcus Accius Plautus* zeigt. Es ist jedoch nicht zu übersehen, dass in den überhäuften Anmerkungen Bayles zum Artikel „Mahomet" einige Zeilen stecken, die über das Stereotype hinausreichen. Hinter dem Grundton des Artikels hat Lessing sie möglicherweise vernommen. Die Rede des „Muselmans" kann als eine Korrektur des Bayle'schen Artikels angesehen werden. Die Kontinuität des Toleranzgedankens, den er in *Commentaire philosophique sur ces paroles de Jésus-Christ, contrains-les d'entrer* entwickelt hat, muss dabei besonders beachtet werden.

Hinsichtlich der Rede des „Israeliten" wird die Beziehung zu *dem Buch Hiob* erörtert. Die Eigenart des Lessingschen Verständnisses wird im Zusammenhang der Rezeptionsgeschichte *des Buchs Hiob* im 18. Jahrhundert herausgestellt.

Goethe hat in *Dichtung und Wahrheit* Bayles *Dictionnaire* mit einem „Labyrinth" verglichen. Durch die Anhäufung der Anmerkungen wird oft die Richtung des Themas,

worum es sich anfangs handelte, aus den Augen verloren. Die *Rettung des Hier. Cardanus*, die von Lessing als „Zusatz“ zu Bayle konzipiert wurde, ist gleichfalls ein rätselhafter Text. Zusammen mit den eingeschobenen Reden wirft die Vieldeutigkeit der Schlüsselwörter des Textes für den Leser die Frage der Synthesis auf. Die fehlende abschließende Entscheidung über die Wahrheit der Religionen bei Cardano ist als Lücke, die vom Leser selbst gefüllt werden muss, wohl bewusst übernommen.

Im Religionsvergleich Cardanos, den Lessing in der *Rettung des Hier. Cardanus* ins Deutsche übersetzt hat, tritt die Stimme des „Heiden“ auf. Im Gegesatz dazu fehlt die Rede des „Heiden“ im Lessingschen Text. Es besteht die Möglichkeit, dass Lessing die Abwsenheit des „Heiden“ auch als Lücke im Text arrangiert hat. Sie weist auf seine Vernichtung im Gebiet der drei monotheistischen Religionen hin.

Nach dem Text *Von Adam Neusern, einige authentische Nachrichten* im Jahre 1774 schreibt Lessing in seinen letzten Lebensjahren *Nathan der Weise*. Der „rechtgläubige Israelite“ in der *Rettung des Hier. Cardanus* verwandelt sich nun zur dramatischen Figur Nathan. Zwischen dem „Muselman“, „der eben der gelehrteste nicht zu sein braucht“, und dem Derwisch Al-Hafi, der aus Jerusalem an den Ganges fliehen will, werden die Parallelität und zugleich die Wandlung der Haltung gegenüber den „Heiden“ beobachtet. Der Horizont Lessings umfasst nicht nur das Judentum und den Islam, sondern erstreckt sich auf die „Heiden“, die innerhalb der monotheistischen Region ehemals gelebt hatten und außerhalb ihrer noch immer leben; mitten im geselligen Raum der europäischen Aufklärung lässt Lessing die fremden Stimmen (und deren Abwesenheit) auftreten. Dem Publikum werden somit „fermenta cognitionis“ ausgestreut.

Im dritten Kapitel wird Herders Hauptwerk *Ideen zur Philosophie der Geschichte der Menschheit* behandelt. Er hat den Kulturen, die sich auf der Erdkugel vielfältig entwickelt haben, ihre je eigenen Werte zuerkannt. In diesem Kontext wird Herder oft als kultureller Relativist angesehen. Dabei wird aber der normative Gehalt, den die Idee der Humanität Herders enthält, übersehen. In diesem Kapitel werden seine Gedanken über „Kultur“, „Tradition“ und „Aufklärung“, die auf der Spannung zwischen der pluralistischen und der normativen Perspektive basieren, anhand der *Ideen* erörtert. Dadurch wird der innere Zusammenhang zwischen der Reflexion über die Geschichte Europas und der offenen Sicht gegenüber den außereuropäischen Kulturen herausgestellt; zwischen Lessing und Herder, die oft als Aufklärer und Aufklärungskritiker entgegengesetzt betrachtet werden, ist jedoch die Kontinuität der Optik, die über die ethnozentristische Enge hinausreicht, nicht zu übersehen.

Zuerst wird der Grundgedanke der *Ideen* mit den Stichworten „Erde“ und „Meta-

morphose“ rekonstruiert; aufgrund der neuen naturwissenschaftlichen Ergebnissen fasst Herder die Erde als „einen Stern unter Sternen“ auf. Wegen der Kugelform gibt es auf der Erde kein privilegiertes Zentrum. Die Neigung der Erdachse bringt die Mannigfaltigkeit des Klimas hervor. Die Menschen als Erdbewohner haben je nach der klimatischen Umgebung ihre eigene Lebensweise entwickelt. Deren Vielfalt wird als Resultat der „Metamorphose“ des Menschengeschlechts, das „ein' und dieselbe Gattung“ ist, begriffen. Die Kritik Herders am Eurozentrismus steht in diesem Kontext. Nicht nur der Begriff von „Glückseligkeit“, sondern auch der von „Kultur“ bzw. „Aufklärung“ wird pluralistisch umgedeutet. Auf der anderen Seite lässt die Idee der Humanität die doppelte Optik hervortreten, die in den „Aufklärungen“, „Kulturen“ und „Traditionen“ auch ihre Kehrseiten ansieht. Die Geschichte der Menschheit wird somit als „Labyrinth“ erfasst.

Anschließend wird der Hintergrund der Optik anhand des Essays über Bayle in *Adrastea* analysiert. Es handelt sich dabei um den Einfluss der skeptisch-pessimistischen Sicht Bayles auf Herder. In diesem Zusammenhang wird Goethes Gespräch mit dem Historiker Heinrich Luden am 19. August 1806 diskutiert.

Der letzte Teil der *Ideen* ist der Reflexion über die Entstehungsgeschichte Europas gewidmet. Die doppelte Optik Herders nimmt die europäische Geschichte nicht aus. Die Beziehung zwischen seiner Kritik an den Kreuzzügen und Lessings Fragment *Die Religion Christi* wird erörtert. Aufgrund des pluraristisch erweiterten Begriffs der „Aufklärung“ betont Herder die Einflüsse der arabischen Länder auf die Genese der europäischen Kultur. Dabei handelt es sich nicht nur um die Wissenschaften, wie Philosophie, Astronomie, Chemie, Arzneikunde, sondern auch um die „fröhliche Wissenschaft“ –die Kunst „der fröhlichen angenehmen Unterhaltung“, die sich als „gaya ciencia“ im provenzalischen Gebiet weiter entwickelt hat. Zurückgehend auf das Bruchstück aus der Rigaer Zeit *Über Leibnitzens Grundsätze von der Natur und Gnade*, das im Gegensatz zu Leibniz Monaden als miteinander „communikable“ Substanzen ansieht, wird die Sicht Herders, die seine Aufmerksamkeit auf die wechselseitigen Beziehungen zwischen Kulturen richtet, untersucht.

Abschließend werden die *Ideen* im Kontext der Aufklärung betrachtet. Es wird festgestellt, dass auch Herder die Idee der Geselligkeit der Spätaufklärung teilt. Als Hintergrund der *Ideen* wird zusammen mit der neuzeitlichen Entwicklung der Naturwissenschaft die historisch-kritische Untersuchung der Überlieferung im 17. Jahrhundert hervorgehoben. Hinsichtlich der Kritik Kants an den *Ideen* wird die Möglichkeit des Überbrückens vorgeschlagen. Anhand der *Hamburgischen Dramaturgie* (95. Stück) und der *Briefe zu Beförderung der Humanität* (79. Brief) wird zwischen Herder, Kant und Lessing die Kontinuität der Idee des Selbstdenkens ermittelt, das mit dem freien Raum der mehrstimmigen Kommunikation in engem Zusammenhang steht.

著者略歴
笠原賢介（かさはら・けんすけ）
1952年生れ
東京大学大学院人文科学研究科修士課程修了（比較文学比較文化専攻）、博士（学術）
現職：法政大学文学部哲学科教授
専攻：ドイツ思想史、比較文学比較文化
主な業績：
論文：「和辻哲郎『風土』とヘルダー」、『思想』2016年5月号
訳書：アドルノ『本来性という隠語――ドイツ的なイデオロギーについて』ポイエーシス叢書11、未來社、1992年。カッシーラー『象徴形式の形而上学――エルンスト・カッシーラー遺稿集第1巻』、法政大学出版局、2010年（共訳）。

ドイツ啓蒙と非ヨーロッパ世界――クニッゲ、レッシング、ヘルダー

発行――――二〇一七年一月三十一日　初版第一刷発行

定価――――（本体六八〇〇円＋税）

著　者――笠原賢介

発行者――西谷能英

発行所――株式会社　未來社
東京都文京区小石川三―七―二
振替〇〇一七〇―三―八七三八五
電話・（03）3814-5521（代表）
http://www.miraisha.co.jp/
Email:info@miraisha.co.jp

印刷・製本――萩原印刷

ISBN 978-4-624-01195-6 C3010

（消費税別）

本来性という隠語

テオドール・W・アドルノ著／笠原賢介訳

〔ドイツ的なイデオロギーについて〕戦後ドイツになお息づく数々の隠語のうちに見出され、ハイデガー『存在と時間』の読解を中心に非合理なからくりを暴きだしたアドルノ流哲学的エセーの真髄。二五〇〇円

［第2版］公共性の構造転換

ユルゲン・ハーバーマス緒／細谷貞雄・山田正行訳

〔市民社会の一カテゴリーについての探究〕市民的公共性の自由主義的モデルの成立と社会福祉国家におけるその変貌を論じる。第2版には批判への応答を含む。いまや古典的な名著。三八〇〇円

ドイツ的大学論

フリードリヒ・シュライアマハー著／深井智朗訳

プロイセンが自国の精神復興政策として推進したベルリン大学の開設をふまえ、一八〇八年に公刊され大きな影響力をもち、近年の研究で注目を集める大学の近代化論の先駆けとなった古典。二二〇〇円

歴史と啓蒙

ユルゲン・コッカ著／肥前榮一・杉原達訳

現代ドイツの歴史社会科学を代表する論客の、〈構造史〉と〈日常史〉の結合による新たな〈社会史〉の確立をめざし、歴史学方法論に一石を投じるアクチュアルでポレミカルな論集。三八〇〇円

カントと永遠平和

J・ボーマン、M・ルッツ-バッハマン編／紺野・田辺・舟場訳

〔世界市民という理念について〕暴力の世界化のなかで、『永遠平和のために』をハーバーマス、ヌスバウムら論客が論じ尽くす。新たな歴史的文脈のもとで蘇るカントの平和論。三二〇〇円

人間という仕事

ホルヘ・センプルン著／小林康夫・大池惣太郎訳

〔フッサール、ブロック、オーウェルの抵抗のモラル〕二〇世紀の哲学、歴史学、文学それぞれのジャンルでの代表的知性が、人間は危機にあたっていかに生きるべきかを語った歴史的な連続講演集。一八〇〇円

暗黒の大陸

マーク・マゾワー著／中田瑞穂・網谷龍介訳

〔ヨーロッパの20世紀〕政治、経済、社会、民族、福祉、性など多角的な視点から分析を加え、時代の暗部と栄光を正当に位置づけ、ヨーロッパ現代史を批判的に語り直す必読の歴史叙述。五八〇〇円

木前利秋著

理性の行方　ハーバーマスと批判理論

長年にわたるハーバーマス研究の成果。「未来」に連載され話題を呼んだ長篇論考に亡くなる直前まで徹底的な改稿を加え、ハーバーマスの思想の全体像を明快に描き出した渾身の力作。　三八〇〇円

田中秀夫著

啓蒙の射程と思想家の旅

ヨーロッパ啓蒙思想の普及の歴史を思想家たちの「旅」に注目して解き明かし、市民社会の構築へ向けて新たな課題を浮き彫りにするとともに、啓蒙思想の現代的可能性を追求する。　二八〇〇円